Third Edition

Culturally Responsive Teaching

Theory, Research, and Practice

文化回应式教学
——理论、研究与实践 （第3版）

［美］日内瓦·盖伊 著
Geneva Gay

余祖光 译
周满生 审校

教育科学出版社
·北京·

缅 怀 维 达

一颗闪亮的星星照亮了许多人认为无法穿透的黑暗。虽然您已不在我们身边,但您给予您所教导的年轻人、他们孩子以及他们的孩子的孩子的礼物一直被珍惜着。您为其他教师树立的榜样依然英勇无畏地引领他们前进。

奉献给我各地的学生们

愿你们也像那些有幸接受维达教导的人一样受到祝福。像他们一样,你们应该得到我们最好的教学天赋和创造力。

译 者 序

华盛顿大学（西雅图）教授日内瓦·盖伊于 2000 年推出了她的具有里程碑意义的著作《文化回应式教学：理论、研究和实践》（Culturally Responsive Teaching：Theory，Research，and Practice），她以理论结合实践的方式拓展了文化相关教学中的文化和教学两个方面的深度，对文化相关教学的发展做出了重要贡献，成为文化回应式教学的奠基者之一，其著作在世界各国被广泛引用并具有影响力[①]。这本专著经作者不断充实与完善，于 2010 年和 2018 年再版，得到了较广泛的赞誉。正如美国著名文化学、教育学专家詹姆斯·A.班克斯在序中指出的："她在学校工作了近 40 年，致力于改善教育公平"；"日内瓦·盖伊通过新出现的知识、见解和对实践的建议丰富了本书的第 3 版，读者将从这本充满研究性而易懂的书中，获得对文化和教学的全面理解，以及如何使学校成为对来自不同群体学生的更有效和快乐的场所"。国内对该专著并不陌生也有许多不同角度的学术探讨，遗憾的是一直未见中译本，为利于广大教育工作者参考，我们译出了第三版的中文版。

---

① Geneva Gay. Culturally Responsive Teaching：Theory，Research，and Practice[M]. New York: Teachers College Press，Teachers College，Columbia University，2018.

改革探索的缘起

文化回应式教学顾名思义是指教师在教学中对文化的回应。学术界将这一类在教育界流传多年的教育理念和实践探索，归类于"文化相关的教学"，主要应用于跨文化或文化多样性背景下的教育中。①20 世纪 80 年代，美国就提出了文化回应式教学法（Cultural Responsive Pedagogy）的概念。1995 年教育家拉德森·比林斯提出的文化相关教学（Cultural Relevant Teaching）理念，旨在改变美国传统教育制度对非裔学生的忽视，要求教师学会"解放、赋权、改造他们的课堂"，为转变白人至上的教学理念打下了基础。

对文化与教学的关系，日内瓦·盖伊曾从哲学角度做出解释，她说："既然教学和学习总是叠置于文化中，而且这两个过程都包含多样文化，那么只要有教师教和学生学，就离不开文化回应式教学。"为从根源上追溯这一教学改革的缘由，不能不先回顾一下美国黑人的教育史。美国历史上的南方种植园奴隶制和长期的种族隔离制，造成了少数族裔和原住民的社会经济地位低下，表现之一是其子女在教育中处于不平等地位，学业成绩明显偏低。直到 1965 年以立法形式使美国黑人获得选举权并结束各种公共设施方面的种族歧视和种族隔离制度后，这种教育不公平现状才有了转变的契机。为转变这一状态，美国教育界曾经前后有三种不同的成因分析，即传统学者的遗传基因决定论、进步社会学家和教育家的文化缺陷说和先锋教育家的文化差异说。第一种观点存在着明显的种族歧视。第二种解释认为，低收入和少数族裔学生家庭和社区的文化资本欠缺，是造成他们学业成绩低的主要原因。这种解释虽然替代了第一种，但仍给弱势群体学生贴上文化先天不足的标签，这种解释长期被许多教师默认，导致了对这些学生群体的低期望，这就在美国教育史上投下了很长的阴影。20 世

---

① 参考自维基百科相关题目：文化相关的教学（Cultural Relevant Teaching）。

纪70和80年代，在对文化缺陷论的批判中，先锋派学者构建了文化差异范式，而后创建了文化回应式教学理论和实践指导。该理论假定，低收入学生和有色人种学生的家庭、社区文化与学校文化间的不连续是造成其学业成绩低的重要因素。如果学校和教师能够反思并利用学生文化的优势，这些学生的成绩将会提高。这一理论突破了传统教育的束缚，打通了一条充满希望的改革之路。

经过近30年的教学改革试验，专著第3版呈现了丰硕的改革成果和成功教学案例。这一改革被视为多元文化教育的重要典范，得到了美国教师教育委员会和教学标准委员会的认可和采用，鉴于其操作性强的特点也率先列入了教育部门认可的教师培训推荐教材之中。随着文化回应式教学试验的深入，其服务的目标人群不断扩大，不仅服务有色人种，也适应了白色人种学生和不同社会经济阶层学生的需求。文化回应式教学在全球更大范围产生着影响，近年来已延伸到教育以外的社会事业和部分行业企业的经营、管理和服务之中。

文化回应式教学的内涵

何为文化回应式教学？日内瓦·盖伊是这样定义的，根据学生（特殊群体学生）的文化知识、先前经验、参考框架和表现风格以及学习经历，教学中采取文化差异性教学，对他们的学习更相关和更有效。其隐含着两个前提：一是文化是学习的中心，它不仅有传递和接收信息的功能，还能塑造群体和个体的思维过程；二是通过对学生的身份认同，表达了对其文化的尊重，这是学生树立自尊自信的重要基础。日内瓦·盖伊进而阐明了文化回应式教学的根本驱动力："它通过这些学生自己的力量进行教学。"[①]研究者的理论假设，即低收入和因社会、地域发展不均衡处于弱势状态学

---

① Geneva Gay. Culturally Responsive Teaching：Theory, Research, and Practice[M]. New York: Teachers College Press, Teachers College, Columbia University, 2018：36.

生的家庭文化、社区文化和学校文化之间的不连续性是其低学业成绩的重要原因，该假设经过多年教学实践得到了实证。教学实践和绩效评估也证明了学生文化与教师和学校文化间距离越近，学习效果越好，反之，学习效果越差。这些文化障碍如不能跨越，往往导致教师对学生的"文化偏见""忽视态度"或"低期望"，产生对文化差异学生的隐形不公，对其学习和成长极为不利。

如果我们将上述观点视为文化回应式教学最核心的教育信仰和核心理念，那么关于其内涵的进一步落实则体现为可操作的教学原则。文化回应式教学是一种新的教学方式，通常指教师和学习者为实现教学目的，完成教学任务而采取教与学相互作用的活动方式的总称，包括六个要素：教法和学法、教学活动的程序和方法、教学的资源与环境。

因此，文化回应式教学的完整内涵通常归纳为：创设民主、包容、尊重的学习环境，建构学生自信、师生平等沟通互动、关爱互惠的学习共同体；在课程和教学中重视学生群体经历、尊重其社会文化背景，努力架设学生种族文化和学校文化的桥梁；根据学生学习风格，采取不同的教学策略，依托学生自身已有经验知识建构获取新知识能力的脚手架；使学生获得公平机会，取得学业和社会文化的同步成长。

总之，通过认可、回应和赞赏各种文化的教学方式，为来自各种文化背景的学生提供充分的、真正受益的平等教育机会。

文化回应式教学的本质特征

文化回应式教学有哪些本质特征？日内瓦·盖伊从 8 个维度列出了一系列特征，她认为各个维度之间是相互关联的，但如果逐个拿出来单独分析的话，都能代表这一教学方式的一个核心要素。

文化回应式教学具有认可性。正如这一教学方式定义所述，认可文化差异学生群体的文化传统是这一教学方式的核心要素，从而使学生建立积极的自我概念、对自己民族文化身份的认同，与提高学业成就紧密相关。

由此，可根据学生不同的学习类型采取相应的教学策略。

文化回应式教学具有全面性和包容性。这是一个整体性的教学方式，它在支持学业方面的成就之外，鼓励学生仍然与自己所处的文化共同体保持联系并利用其丰富知识及信息网络支持学生的学业和个人成长。教师通过构建学习共同体，回应了青少年需要的归属感，尊重他们人格尊严，促进了他们的自我意识，同时也鼓励同学之间的文化交流与包容。

文化回应式教学具有多维性。这一教学方式渗透到教学的各个方面，包括课程内容、学习环境、课堂氛围、学生与教师之间的关系、教学技术、课堂管理和绩效评估。它需要广泛利用文化知识、经验、贡献和观点，要侧重于那些最直接影响学习的文化社会元素。它可以帮助学生澄清自己的种族价值观，同时纠正其文化传统中的实际错误。

文化回应式教学为师生赋权。盖伊认为文化回应式教学的"秘诀"是"通过这些学生自己的力量进行教学"。学生的力量来自何方？这就需要"调节基于种族、文化、民族和阶层出现的课堂权力失衡"，通过为学生和教师赋权来增加教学改革的力量。赋权转化为学术能力、个人信心、勇气和行动的意愿。换句话说，学生必须相信自己能成功地完成学习任务，并愿意不懈地追求成功，直到精通为止。教师必须向学生表明，他们希望自己的学生成功，并致力于实现成功。

文化回应式教学具有变革性。文化回应式教学打破了上学成为很多边缘群体学生"负面经历"的传统教学方式，实现了教学的多种变革。詹姆斯·A.班克斯认为，如果教育要赋予边缘群体权利，那么它必须具有变革性。在日内瓦·盖伊看来，文化回应式教学的变革议程是双焦点的，一是对抗和超越嵌套在许多课程课堂教学中的文化霸权，二是要发展学生的社会意识、知识批判、政治和个人效能，以便他们能与偏见、种族主义等做斗争。

文化回应式教学具有解放性。重视学生的经历以及他们所处文化共同体的历史，改革课程内容和教学实践以便能够更紧密联系学生的身份认同，实现了对传统教学方式的抛弃。[1]从而使边缘化学生群体的智力从传统知识准则和认知方式的束缚中解放出来。作者认为，改革所产生的认可、信息和自豪感都是学生心理上和智力上的解放。同时，得益于文化回应式教学的合作、联通性和共同体等核心特征，学生们以互助、相互依存和互惠为指导行为的标准，取代了传统课堂中很大一部分的个人主义竞争。教学努力的目标是人人成功，不是一部分人获胜而另一部分人失败。

文化回应式教学坚持人文主义。它最终关系到人类的福祉、尊严以及对构成美国和世界的各种个体和群体的尊重。它帮助学生获得自我和关于他人的知识以及伴随的价值观，从而使学生更好、更准确地了解和认识不同的人。它发展了相互依存是人类固有属性的观点，即当人们相互了解、相互尊重、相互联系时，所有的群体和个人都会过得更美好。

文化回应式教学符合规范和道德。文化回应式教学明确指出主流教育政策和实践是如何以及为什么由欧洲中心文化、观点和经验塑造。关于公平和社会正义的教育论述建议，赋予来自不同种族群体的学生同样的权利和机会，他们应该享有和大多数学生一样的权利和机会。由于文化和教育是不可分割的，而不同的民族有不同的文化，那么针对不同民族、不同种族和不同社会背景的学生的教育过程中融入文化多样性是正常的，也是正确的事情。

文化回应式教学的四大支柱

在文化回应式教学的研究框架中，支撑着根本宗旨、核心理念和原则并使之具体化实施的有四大支柱，它们分别是文化回应的关爱、课堂文化和沟通交流、课程内容的整合和教学的文化协调。

---

[1] 库珀.如何成为反思型教师：课堂教学必备技能（第九版）[M].赵萍，郑丹丹，译.北京：中国人民大学出版社，2018.

支柱之一　文化回应的关爱

鲁迅先生说过，教育植根于爱。教育关爱既是中华传统美德的应有之义，也是我国《教育法》和《教师法》对教师的规范要求，我们的教师历来具有"爱满天下"的胸怀。例如，具有110多年历史的北京第二实验小学的办学理念是"以爱育爱"。这里的爱不仅是教育手段，更是教育目标。校园中那座名为"爱"的雕像——老师和学生额相抵、心相连，是北京第二实验小学师生浓浓真情的写照，绘就了该校深厚的文化底蕴。文化回应的关爱有哪些重点关切，书中引用比尔曼（Berman，1994）的话说："关爱的本质是回应能力，它取决于对人的理解。"具体讲到教学，鲍尔斯和弗林德斯认为，回应能力是理解文化对课堂行为和心理生态的影响，并用此知识来指导行动。关爱是对人的了解、尊重、关心、帮助，不仅传授知识和技能，更要激发学生的自信心，增强他们的自我认同感，帮助他们找到属于自己的光芒。

在这里对学生"接受、拥抱并向上引导"的期望和信念，以及它们所伴随的行动，是课堂教学中关爱的关键组成部分，教师需要知道它们是什么，以及它们是如何影响学习的。除了尊重学生的文化背景、种族身份认同和人性外，关爱学生的教师还要求对学生高质量的学术、社会和个人表现负责，并确保这一切实现。他们不仅要求严格，而且对学生个人和专业上都能提供便利、支持和帮助。在文化回应式教学的背景下，这些关爱的不同方面一旦付诸实践，就会将教师与不同文化的学生建立道德的、情感的、学术上的伙伴关系，形成学习共同体。在学习共同体建设中，国内有一些学校走在了前面，他们认为师生在其中的体验是："我们有一种归属感、有一种信任感、有一种互惠感、有一种分享感。"学校要求在共同体中要"人关心人、人爱护人、人理解人、人帮助人"。①虽然，对于教育关爱，国内外有许多同感和共识，本书强调的文化回应关爱仍有以下一些值

---

① 朱建华.学校文化管理的思考与实践[M].北京：高等教育出版社，2011：266-268.

得关注的视角和观点。

关爱一旦与教学能力相结合，就会成为文化回应式教学强大的意识形态和实践支柱。为此，教师需要对自身对学生的了解、期望和教学帮助进行反思，排除对学生的刻板印象和冷漠态度，学习掌握在复杂课堂教学环境中的文化回应关爱能力。在此需要注意的是，教师对学生的关爱要一视同仁、平等对待，对生活和学习困难的学生要格外关注。这种关爱不仅体现在生活方面还要体现在学习方面，不仅要提高成绩还要注重社会文化和心理健康。而且在学习共同体中，师生关系是平等、相互尊重的，教师对于学生的关爱也是互惠的，这里并不强调学生的感恩而是要求学生通过自身进步和成长来回馈教师的关爱。

支柱之二　课堂文化和沟通交流

人类依赖沟通而生存。诸多实践表明，人是各种沟通方式的直接产物：我们的语言、我们的推理、我们的道德以及我们的社会组织。[①] 日内瓦·盖伊指出：有效的沟通既是课堂教学的目标，又是课堂教学的方法，也是课堂教学质量的本质。教师对学生的潜力发掘和成就实现所起的作用，取决于他们和学生的沟通能力。

无交流不文化，无文化不交流。教师若不理解或不接受学生的文化交流风格，则学生的学习可能被误诊或陷入交流错位。这一部分内容建构在萨维尔·特罗伊克的信念上，即"语言的形式和内容与语言使用者文化中呈现的信仰、价值观和需求之间存在着关联"。由于一个人的思维、写作和说话方式反映了文化并影响表现，因此根据不同种族的文化交流方式进行教学可以提高学校的成绩[②]。因此，教师要掌握丰富的语言能力，要了解学生群体沟通交流语言的不同方式，在家庭、社区和学校的交流互动模式

[①] 霍伊，米斯克尔.教育管理学：理论·研究·实践（第7版）[M].范国睿，译.北京：教育科学出版社，2007：329.
[②] Geneva Gay. Culturally Responsive Teaching: Theory, Research, and Practice[M]. New York: Teachers College Press, Teachers College, Columbia University, 2018.

间架设桥梁，提高交流互动能力和内在的文化内涵。教师需要将不同群体的语言和交流能力视为潜在优势和可利用的教学资源。教学和成绩评估中要运用不同的交流模式，发挥不同学生的长处及其多元智能的不同优势。

这里还需注意，沟通交流形成的正负面影响即"社会镜像"，对学生自我意识产生深刻作用，尤其是来自教师和家长的评价和态度对学生至关重要，其正面反映的"镜像"会使学生产生价值感、尊严感、能力感和自信感，从而促进学业、个人、社会和专业成就，而消极的负面"镜像"会导致学生自我贬低、怀疑、不确定和无价值感。正所谓"教师不经意的一句话，可能会创造一个奇迹；教师不经意的一个眼神，也许会扼杀一个人才"。

同时也要看到，教学实施是一种社会互动行为，所产生的课堂氛围与师生之间的关系直接相关。教师要具有尊重、同理心和公平性，才能共情、设身处地，给学生平等交流机会。教师要掌握公平合理的交流规则：保持师生、生生平等互动，使那些较为弱势群体的学生有更多参与和展示机会，从而增强有利于成功的自我效能感。在合作学习的分组中，要注意将不同社会经济、不同学习风格、不同性格群体学生混合编组，以利于他们相互理解、换位思考、包容和相互取长补短。在课堂交流中还要引导学生掌握交流的程序框架，如日内瓦·盖伊所倡导的"知晓、思考、感受、行动、反思"。在每一学习的单元中，第一步是了解有关的事实信息，第二步是进行思考分析明辨事理，第三步是唤起身临其境的情感体验和感受，第四步是身体力行付诸行动，最后一步是对整个学习实践过程的反思，这一完整程序有利于使学习过程进入更良性的循环。该倡导与美国教育学家韦伯2005年在《课堂内外的镜像策略：采用圆桌式学习》一书中提出的"教学是一个五阶段的过程，包括：问题、目标、期望、推动、反思"的教学理念是一脉相承的。他们都强调首先要找出多样化的学习中可能出现的问题；然后具体明确目标以避免学习活动中产生混乱；特别要明确表达对学生预期绩效质量水平的期望；而后推动学生参与创造性的建构和应用知识的活动或行动；最重要的是重视反思，他们认为反思是对学习任务的重新审视,可以指导未来的活动,提高成长潜力。实践证明,该教学理念是非常具有应用价值的。

支柱之三　课程内容的整合

日内瓦·盖伊认为,课程内容形式的知识是文化回应式教学为学生赋权增能的核心。要达到实际效果,这些知识必须具有学生相关性和参与性,即学生在生活中能接触并与其社会群体的历史和文化相联系。斯利特和格兰特(Sleeter & Grant,1991)解释说,知识自身没有内在的力量,只有通过与学生的兴趣、志向、愿望、需求和目的的互动,潜在而有力的信息和技能才能变得强大。因此,学校课程内容需要补充,校外课程资源需要选择。苏联著名心理学家维果茨基(Lev Vygotsky)的社会构建主义理论认为,高级的心智活动是通过社会互动完成的。因此,通过相关社会互动,学生在学习中的动力和兴趣会更高,获得的知识和文化资本也会更加丰富。此外,所使用的资源类型和所教的内容越多样化,学生的兴趣就越有可能达到顶峰,他们对所学习的知识和技能的投入和掌握程度也越高(Ginsgerg,2015)。书中阐述的课程内容整合的观点也与巴西著名教育家保罗·弗莱雷(Paulo Freire)的基于解放的教育思想十分吻合。保罗·弗莱雷倡导通过教育唤醒人民觉醒,其课程建构论重视全体成员参与、注重学生的生活经验、提倡培养批判意识、强调以原生主题来进行课程的建构。这一思想也被纳入建设型后现代主义教育范畴。

日内瓦·盖伊认为,要实现课程对学生文化的回应,教师应具有识别课程文化内涵是否正确、真实和全面的能力。教师要培养学生的审辩(批判)思维和分析能力,要指导学生分辨大众传媒中的种族和文化刻板印象及不公正评价。教师还要带领学生深入社会生活了解自己家庭、社群的文化,将其中具有积极和现实意义的内容纳入课程。使学生"作为知识构建者和形象创建者,并成为他们所见、所闻和阅读的批判性消费者"。要重视课程内容文化多样性的作用,学生在课程内容中看到自己,这很重要但还不够,他们也需要在他人身上认识自己,并理解他们共同是人类的一部分。

书中提供了几个鲜活的教学案例,其中一个名为"文化背景下的数学"是一个面向阿拉斯加原住民的长期合作项目。

该项目由数学家、数学教师、尤皮克族(Yupik)社区长老、尤皮克教师和阿拉斯加学区官员共同开发。项目为当地小学设计了包括 7 个日常生活模块的数学辅助课程,包括晒鱼架、浆果采摘、鲑鱼烘干、星光导航、皮大衣设计、蛋岛和熏蒸房建造。教育者团队收集信息、观摩示范并听取了社区长老的讲解,之后还身临其境参加星光航行,动手搭建鱼架并做了熏蒸房模型。由于团队与社区成员之间通过较长时间的平等参与、相互信任,长老透露了许多秘而不宣的"做法和程序"。这样使得嵌入日常生产活动中的数学变得更加明显,比如测量、计算、估值、设计、定位和导航方式。还有随后出现的交流与教学的文化回应方式也应用到项目中,如讲故事、使用符号表达思想、专家—学徒模式等。项目的教学成果突出表现为,一是当地民族学生在多层面认同教学内容,并有多样化参与内容的方式,有了取得好成绩的更多机会;二是教学中使用不同种族的知识、语言和文化对学生的身份认同有积极的影响,进而提高了学生的学业成绩和文化社会成长。

支柱之四　文化一致性的教学

文化回应式教学前面三个支柱,关爱是思想基础,沟通交流是工具,课程文化是资源,而最后一个支柱——文化一致性教学是将学习方式所有要素组合成协调一致的系统,并付诸实践。在教学过程中的文化一致性是成功的关键,体现在两个方面:一是书中提及的教学实例证实了当教学过程与文化差异学生的文化取向、经历和学习风格相一致时,他们的学业成就就明显提高。这种成功在教师的态度与期望、文化相关的课程内容以及教学行动相融合的学习空间中最为明显。二是教育的整体性原则,即将学生智力、社会、情感、心理、文化、政治和道德的发展和经验,作为学习过程中参考的重要因素和教学的终极目标。前者在于当不同类型的学习同时发生时，就会产生更好的成绩；而后者在于不仅提升其学术水平、还要促进其社会文化成长，他们不仅需要具备知识技能资本，还要具有社会文化资本。

如何达到文化一致性的教学要求？日内瓦·盖伊主要强调了三个方面。首先，作为文化回应式教学的基本要求，教师需要了解学生是如何学习的，这样就能通过学生自己的学习系统来传递新的知识技能了。只有将教学风格与学生群体的学习风格相匹配，才能帮助文化差异学生在不同文化和社区之间架设桥梁，提高其学习兴趣和动机从而提高其学业成绩。学习风格有知觉和思维两个维度。知觉维度涉及对感官刺激（例如，视觉、声音、触觉、运动等）的偏好，而思维模式与信息处理方式有关，如组织、分析、推断、评估和转化。其次，根据文化差异学生群体的集体文化取向，采取合作学习方式和注重学习共同体建设，普遍学习维果茨基（Lev Vygotsky）提倡的"社会构建主义"学习理论。再次，根据有色学生的智能优势和表达行为的文化特点，要充分利用多元智能教学方式和评价方式，激发他们的学习积极性，发掘他们的学习潜力。最后，考虑到21世纪以来，学生的心理情绪挑战受到越来越多的关注，特别是有色人种、移民、边缘化和经济贫困的学生经常遭受心理和情感攻击这一事实，将社会与情感学习纳入文化回应式教学的关联内容，以减少这方面的压力对正常学习的干扰。

《文化回应式教学》一书的价值

日内瓦·盖伊的这本专著凝聚了她在文化相关教学领域40余年深入研究与亲身实践的丰硕成果，教学研究与实践都有重要的理论参考和实践指导作用。这本专著在2018年第三版问世前，学术界就有了2000次以上的引用，并且在国际上形成广泛影响。

从其价值体现看，作者获得美国教育学会少数民族教育专委会颁发的杰出学者奖，以及美国全国多元文化教育协会颁发的首届多元文化教育工作者奖等表彰。正如作者对自身在多元文化教育领域的学术影响所述，她所引领的文化回应式教学率先解决了理论与教育实践的结合，并且鲜明凸显了"公平"的教育思想。作者的非裔美国人身份，使她亲身经历了美国教育体系中对有色人种群体的一些歧视和困境，也以其自身的成功经验探索并实践了如何回应文化差异群体教育需求的教育教学方式。专著展示了她终身为之奋斗的文化回应式教学理论体系来自教育学、社会学、心理学、语言学、传播学等领域的坚实基础和学术前沿的交叉知识，也彰显了她在教学课程领域的学术造诣、独到见解和教学实证。

日内瓦·盖伊在介绍理论概念和分析框架时，更多采取了教育叙事和案例研究的方式。正如她在书中说："个人的故事推动了对概念和原则的理解，超越了认知，拥抱了嵌入在所有优秀教学中的心理情感能量、活力和伦理信念。"她总是用文化回应式教学的大量故事和实例，包括中小幼教的教学名师、著名研究项目和她自己给师范专业本科生、博士生上课的实例，生动、活泼、富有情感地带入文化回应的学习情境。在盖伊看来这是该教学方式的精髓，她希望以自己的故事现身说法，使文化回应式教学在一线教师和其他教育者的头脑、心灵、价值观、信仰和行动中永久地"留存"下去。

《文化回应式教学》一书参考文献索引多达400多种，展现了900多位专家学者和优秀教师的相关成果。专著使读者不仅看到了教育学、课程设计、教学策略的系统化的理论构建，而且了解到相关民族学、心理学、社会学、文化学、语言学、传播学等多学科领域的前沿成果在文化回应式教学中的应用。诸如，话语研究的新范畴——话语动力在课堂文化交流沟通中应用、对大众传媒内容审辩中的语言批评分析、文化关爱中的课堂皮格马利翁效应以及知识、技能教学脚手架的社会建构主义原则。作者还展示了上述相关学科交叉在文化回应式教学中的综合运用，如文化、交流和教育间关系的分析，又如对性格化交流风格的研究。诸如此类都为读者提供了新的研究线索、新的视野与思路。

这本研究型著作贴近生活、接近地气地为一线教师提供了丰富、生动、多样和有效的实践教学资源。这在第三版中体现得尤其充分，书中不仅提供了课程教学策略方法的工具箱，也有社会调查了解学生多样化文化背景的知识库，还有可参考的教科书之外的大量可用的文学、艺术、音乐、美术、戏剧、电影、电视和自媒体的参考资料，并对其如何甄别、如何选择提出了建设性的指导意见。

作为 2018 年的版本，书中提到了文化回应的理念的发展出现了两个向度的边界扩展。一是在教育内部它突破了教学方式的局限，已经涵盖教育事业的所有方面，包括从教学管理、绩效评估到领导、政策、研究咨询和人事管理。二是跨越了专业界限，不再局限于教育。许多医疗保健、社会工作、心理服务、艺术和商业等也加入文化回应的行列，他们认识到在设计和向各自的客户提供产品和服务时体现文化回应，可以提高他们的工作效率和效益。这种单一领域向更多领域的延伸，不仅是教育的社会贡献，在盖伊看来也对文化回应式教学带来了更广泛的启发和借鉴。因为，"我们可以从不同领域和学科对文化回应的观点和思考进行借鉴，引入到我们的教育领域中。深入检验我们的教学实践，有助于拓宽我们的视野，使文化回应式教学走得更远"。[①]

学术探讨的理论意义

日内瓦·盖伊的文化回应式教学专著充满了新的理论概念和课程教学文化，如果仅从微观具体的教学方式层面可能有些难于理解，但从宏观的教育思想层面加以考量可能会更易于把握。宏观研判的一个重要参照系，就是现代主义和后现代主义教育思想的区别与联系。现代主义教育思想启蒙于宗教改革、文艺复兴，发展于工业革命，延续至今仍为世界主流教育思想。然而，20 世纪 70 年代概念重建运动兴盛，对现代主义教育思潮的

---

① Gay，王明娣. 文化回应教学理论：背景、思想与实践：华盛顿大学多元文化教育中心 Geneva Gay 教授访谈 [J]. 当代教育与文化，2017，009（1）：104-108.

一些不合时宜的弊端展开批判，阐释了知识建构、主题解放、价值赋予、课程理解、教学互动和社会公正的观念，其追求从技术和实践的线性取向转变为人文理解和价值多元建构的教学场域。在书中关于文化回应式教学的 8 个特征的阐释中，使人不仅全面了解了这一教学方式的理论和实践特色，而且看到了一个十分全面和鲜明的后现代主义教育思想追求。同时，在书中我们不仅看到盖伊及其他学者、教师对现代主义教育中一些弊端的批判，也看到了他们在研究与实践中对现代主义教育中一些行之有效的优秀传统的继承发展。

我国学界对于这本著作并不陌生，有若干围绕文化回应式教学的研讨，专著的一些学术观点也在一些相关的论文、著作包括研究生论文中得到引用。我国基础教育新课程改革就已经参考了后现代主义教育的一些有益因素，如"教学文化的人文情怀、解构中心、主体解放、个性张扬、差异共存和师生关系的平等与交往"[①]。《教学文化论》一书的作者龚孟伟教授做过的陕西省两所中学和陕西师大中小学教师硕士班教师的问卷调查、访谈和课堂观察也发现我国基础教育在一定程度上的类似文化转型，即从一元性转向多元性、从灌输性转向理解性、从封闭性转向开放性、从授受性转向对话性、从竞争性转向合作性、从控制性转向解放性。虽然在这种转型中存在各种问题，但毕竟顺应时代社会发展的需要，成为当代教学文化发展的趋势。[②]

教学改革的实践借鉴价值

虽然教育教学理论与方法创新，对教学实践具有引领作用，但更重要的是教学改革实践和成果推广，它不仅能解决教学过程中的实际问题，更是理论和方法创新的源泉。当然，这种教学试验和推广的困难会愈加突

---

① 龚孟伟.教学文化论 [M].北京：人民出版社，2016：179.
② 同①：187.

出，即使对于终身为文化回应式教学热情奉献、充满教育理想和教育公平坚定使命感的日内瓦·盖伊教授也不例外。她曾十分冷静、客观地看到了在美国推广文化回应式教学的种种困难，归纳起来至少有三方面：一是从微观教学改革实验推广看，缺乏统一的运行模式，造成有些自称文化回应式教学名不符实，有些坚持数年卓有成效的典型也并没有被名正言顺纳入文化回应式教学项目。二是自下而上的微观教育改革，未能都得到学校领导和教育主管部门的充分支持，因此改革成果得不到实质上的制度化认可与保障，反而受制于标准化考试与问责制度等。三是众所周知美国存在的种族不平等和种族矛盾冲突尖锐的社会大环境，也不利于以少数族裔为对象的文化回应式教学教育改革的顺利推进。改革试验和成果推广由于制度化和政策性支持不足，很多成功的优秀典型项目往往一结束就昙花一现地消失了，即使没消失也成为辐射力不强的"孤岛"，给人留下印象的只有一些在教改中孤军奋战杰出的个体教师。

有必要指出：美国是一个移民国家，虽然近年来朝野也在提倡"尊重民族、种族多样性"，但美国主流文化强调的是对"美国大熔炉"文化的认同。而日内瓦·盖伊更多强调教育的多样性、关注经济社会弱势群体，特别关注少数民族群体。无疑，她的文化回应式教学也与美国主流教育思想有一定距离，她个人也不是一位"正统"的主流的教育家。也许有人会问，文化回应式教学产生于美国"平权运动"，发展于全球化大潮之中，但当今"逆全球化"倾向几乎成为"政治正确的标签"，文化回应式教学的前景并不乐观，那么，这一理论与实践成果介绍到制度与国情有很大差别的我国，是否会"水土不服且不合时宜"？回答这一问题需要根据洋为中用的原则积极而冷静地思考。

首先，从教育的国际比较角度看，当今时代教育在国家现代化中的作用越来越突出，表现之一就是教育与政治、经济、社会和文化的契合度越来越高。因此，在教育研究中教育学科与政治、经济、社会和文化的学科交叉愈加广泛和深入。教育作为现代化的优先领域，迫切需要扩大多学科和跨学科研究的视域。另外，我们既要关注和建构好现代教育体系的基础，也要关注其前沿，以及后现代教育思想尤其是建设性后现代思想的发展走向，有必要了解并吸收其合理内涵。上述两个方面正是这本专著的长处所在。

其次，我国进入共同富裕社会和建设技能型社会阶段，教育公平的任务已经进入发展的优先领域。在教育普及和教育公平领域，我国具有社会制度优势，但也缺乏长期研究与实践的经验。文化回应式教学，以盖伊的定位，其理论与实践的基础是教育公平，其最大特点也是教育公平，该理论和实践体现了对美国教育实际存在的欧洲白人文化中心传统的批判和教育先锋派为广大社会弱势群体教育公平抗争的正义感，其参考价值不言而喻。当然，美国是多民族、移民国家，考虑到的重点服务对象与我国不同，专著的服务对象以不同种族和民族学生群体为重点。根据我国在社会公平、扶贫救困、共同富裕的社会主义新的发展理念和基本制度保障的背景和实际需要，我们将以家庭经济社会水平较低的学生群体作为主要服务对象，参考其共性理论和方法改变服务对象为重点。因此，我们可以参考文化回应式教学面对包括低社会经济特殊群体学生在内的不同学生群体采取的共性干预措施，同时开发中国化的具体方法和措施。

最后，从推进素质教育的角度看，盖伊十分强调尊重青少年的个性，保护青少年幼稚的心灵，让他们对社会上的事务有分辨力和批判性，尤其要培养学生的阅读能力和欣赏能力，强调激发学生多方面的兴趣，培养有独立人格和同情心、合作包容和创新能力强的人。这与我国《关于深化教育教学改革全面提高义务教育质量的意见》中所倡导的"突出学生主体地位，注重保护学生好奇心、想象力、求知欲，激发学习兴趣，提高学习能力"的要求是有共通性的。另一值得称道和参考的是，对于社会弱势群体学生，盖伊主张不能低期望，不仅要平等对待，还要进行教育补偿，如通过提供学习机会增加他们的文化资本和社会资本，助力他们的终身学习和全面成长。虽然，"文化资本"和"社会资本"在我国教育话语中并不多见，但这对我们对特殊群体学生的特别关注、重点帮扶、扶智扶志等方面具有一定的启迪作用。

希望本书的出版，能够为广大教师、学校管理者和教育改革研究者开展公平而有质量的教学改革，提供知识库和工具箱，我们将十分欣慰。由于专业与语言水平有限，译文中的纰漏敬请读者批评指正。本书由余祖光翻译了初稿，周满生对全书进行了审阅和修改，前后历时近2年。感谢来自众多教育专家和朋友的关心、指导和帮助！感谢哥伦比亚大学教师出版社的热情支持，教育科学出版社葛都副总编和叶小峰主任为译著的出版付出了诸多辛劳，在此一并感谢！

周满生[①] 余祖光

[①] 周满生，中国教育发展战略学会学术委员会常务副主任，研究员。

多元文化系列丛书前言

自本书上一版出版以来，在美国以及其他国家发生了一系列的种族和人种事件，加剧了少数族裔和种族群体的脆弱性，并使受害群体获得的教育公平面临濒危。这些事件包括针对移民、恐怖主义、全球化及其对就业和市场的影响而发生的民粹主义反抗运动，以及保守政治家（例如法国的马林·庞勒和美国的唐纳德·特朗普）制造的"另类事实"状态。英国脱欧公投通过并已离开欧盟，也是民粹主义的体现（Erlanger，2017）。这些反抗运动表现出仇外心理和制度化种族歧视，在世界各国刺激了国家主义和社会内聚力的增强（Castles，2017；Osler，2017）。这些趋势和发展将使这本有远见的书中描述的文化回应式教学的实施充满挑战性。然而，这本书仍有必要且又及时。

在美国以及其他国家，对于低收入、少数族裔和主流学生的学业成绩存在差异的解释是漫长而复杂的，并且存在争议的历史（Banks，2004，2009，2017）。由林登·B.约翰逊（Lydon B. Johnson）总统于1964年颁布的《反贫困战争法》重点关注的是包括弱势群体学生在内的美国穷人（Harrington，1962）。1960年，用遗传学解释成为对来自低收入和少数民族和族裔学生学业成绩低的一种惯例性解释。进步主义的社会科学家和教育工作者构建了文化缺陷范式（译者注：也称为文化剥夺范式），为遗传学解释提供了一种替代方法。这种遗传学解释在美国学校和高等教育机构中是根深蒂固的，在很大程度上没有争议（S. S. Baratz & J. C. Baratz，1970）。

文化缺陷论的解释必须在其历史、文化和政治背景下加以理解,它是由进步主义的社会科学家如本杰明·S. 布鲁姆(Benjamin S. Bloom)、艾莉森·戴维斯(Allison Davis)和罗伯特·赫斯(Robert Hess, 1965)构建的,他们是芝加哥大学教育系备受尊敬的教授。文化缺陷论认为,低收入和少数民族学生家庭和社区的文化资本有限,是造成他们学业成绩低的主要因素。这一解释很少关注其他因素,诸如更大的社会的政治经济因素或学校的结构组织因素。因此,正如瑞恩(Ryan, 1971)中肯地指出,文化缺陷论被广泛认为只是对受害者糟糕的教育地位和结构性排斥的"控诉"。

文化缺陷论在美国教育图景上投下了很长的阴影(Payne, 2013),这一判断被许多教师默认,从而导致了教师对这些学生的低期望(Green, 2014)和在许多由非裔和拉丁裔学生组成的市中心学校中的枯燥教学。20世纪70年代和80年代,一批先锋派学者构建了文化差异范式,对文化缺陷范式进行了批判和替代。这些学者包括斯蒂芬·S. 巴拉茨(Stephen S. Baratz)和琼·C. 巴拉茨(Joan C. Baratz, 1970),莫尼尔·拉米雷斯和阿佛里多·卡斯塔那达(Manuel Ramírez & Aflredo Castañeda, 1974),罗纳德·艾德蒙茨(Ronald Edmonds, 1986),A. 韦德·博伊金(A. Wade Boykin, 1986)和芭芭拉·A. 赛斯莫(Barbara A. Sizemore, 2008)等。

文化差异解释为文化缺陷范式提供了一种重要的解毒剂,并揭示了来自不同种族、族裔和语言群体的学生的家庭、社区和文化影响力的优势和复原力(Gorski, 2018; Wang & Gordon, 1994)。第二代文化差异理论家关注主流学生群体与学校和社会中被边缘化的学生群体之间学业成绩差距,他们做了研究并构建了具有教学意义的文化差异理论。这些学者包括凯瑟琳(Kathryn H. Au, 1993),丽萨·戴皮特(Lisa Delpit, 1995),雅格琳娜·约旦·伊万娜(Jacqueline Jordan Irvine, 2003),索尼娅·尼尔托(Sonia Nieto, 2010),建立了一种文化回应式教学理论(也称为文化相关的教学法),该理论为试图提高来自不同种族、族裔、文化、语言和社会阶层的学生的学业成绩的教育者带来了希望和指导。该理论假定,低收入家庭学生和有色人种学生的学校文化和其家庭文化、社区文化之间的不连续性是造成其低学业成绩的重要因素。因此，如果学校和教师反思并利用好学生的文化和语言优势，这些学生的学习成绩将会提高。

代表着新一代文化差异学者的姜戈·帕里斯和H·阿利姆（Django Paris & H. Samy Alim，2017）建立并延续了像拉德森·比林斯（Gloria Ladson-Billings，1994）和日内瓦·盖伊（Geneva Gay）这类先锋派学者的工作，令人尊重。帕里斯和阿利姆认为，文化回应式教学法是必要的，但还不够，应该加以扩展。教育者除了反映或回应不同群体的学生，还需要维持他们的文化特征。他们称这个概念为"文化上可持续的教学法"（Paris，2012）。

作为文化回应式教学的奠基人之一，日内瓦·盖伊的著作在世界各国被广泛引用并具有影响力。正如这本信息量丰富、引人入胜、洞察力强且广受欢迎的著作一样，她本人也辩才敏锐，极受尊敬。

这本实用且博学的书阐述了丰富的理论见解和教学方法，将有助于实践中的教育工作者有效应对美国及其学校中日益增长的种族、文化和语言多样性问题。尽管美国的学生越来越多样化，但美国的大多数教师都是白人、女性和单语教学。种族和制度性的种族主义是影响和调解来自不同种族、文化、语言和社会阶层的学生和教师互动的重要因素（G. R. Howard，2016；T. C. Howard，2010；Leonardo，2013）。正如普特南（Putnam，2015）《我们的孩子——危机中的美国梦》所说，成年人及年轻人之间的收入差距不断扩大（Stiglitz，2012）——这是为什么要帮助教师理解种族、性别和班级如何影响教学互动和学习成绩，并了解这些交易如何影响学生期望和学习参与的一个重要原因（Suárez-Orozco et al.，2009）。

自20世纪初以来，美国学校正经历着最大的移民学生潮。从2000年到2015年，美国大约有2150万有证件和无证件的新移民。移民中不到10%来自欧洲国家，而大多数来自墨西哥以及南亚、东亚、拉丁美洲、加勒比海和中美洲的国家（Camarota，2011，2016）。日益多样化的人口对美国学校、学院和大学的影响将持续增加。

如今的美国学校比 20 世纪初更加多样化，当时有大量移民从南欧、中欧和东欧进入美国。美国国家教育统计中心估计，从公立幼儿园至 12 年级的少数民族族裔学生从 2001 年的 40% 增长到 2014 年的 50% 以上（Hatrond Center for Education Statistics，2014），美国学生的语言和宗教多样性也在增加。2012 年美国人口普查局所做的《美国社区调查》估计，21% 的 5 岁及以上的美国人（6190 万）在家不说英语。哈佛大学教授戴安娜·埃克（Diana L. Eck，2001）称美国为"世界上宗教最多样化的国家"（p.4）。伊斯兰教现已成为美国以及法国、英国和荷兰等几个欧洲国家中发展最快的宗教（Banks，2009；O'Brien，2016）。

"多元文化教育丛书"的编写是为职前教育者、实践教育者、研究生、学者和政策制定者提供一套综合、相互关联的书籍，该丛书总结和分析了关于美国不同的民族、种族、文化和语言群体的教育，并且是多样化的主流学生的教育多样性的重要研究、理论和实践。班克斯（Banks，2004）在《多元文化教育研究手册》和《教育多样性百科全书》（Banks，2012）中对多元文化教育的维度进行了描述，为该系列出版物的发展提供了概念框架。维度包括内容整合、知识构建过程、减少偏见、公平教学法、赋权机构文化和社会结构等方面的内容。"多元文化教育丛书"中提供了有关文化差异学生行为和学习特征的研究、理论和实践知识，其中包括有色人种学生（Conchas & Vigil，2012；Lee，2007）、小语种族裔学生（Gándara & Hopkins，2010；Valdés，2001；Capitelli & Alvarez，2011）、低收入学生（Cookson，2013；Gorski，2018）以及其他少数族裔群体，例如说不同英语的学生（Charity Hudley & Mallinson，2011）和性少数群体（LGBTQ）（Mayo，2014）。

"多元文化教育丛书"的几本书是对本书的补充，因为它们描述了改革学校的方法，便于对来自不同种族、族裔、文化和社会阶层学生的学习特征做出更快的反应。这些书包括加里·R.霍华德（Gary R. Howard，2016）的《我们不能教我们不懂的东西：白人老师，多种族学校》，泰罗纳·C.霍华德（Tyrone C. Howard，2010）的《为什么种族与文化在学校很重要：弥补美国课堂上的成就差距》，奥兹勒姆·森色瑞和罗宾·代安杰罗（Özlem Sensoy & Robin DiAngelo，2017）的《人人真正平等吗？社会公平教育核心概念导论》，德洛尔·德拉盖多·伯纳尔和小厄里克·阿勒曼（Dolores Delgado Bernal & Erique Alemán Jr，2017）的《改变奇卡纳（墨西哥人）学生的教育途径：民族男女平等的重要实践》和杰米·思瑞曼和劳伦·安德森（Jamy Stillman & Lauren Anderson，2017）的《复杂时代的公平教学：高水平双语学校的执行标准》。

盖伊阐述的新出现的知识、见解和对实践的建议丰富了本书的第三版。她描述了文化回应式教学的一系列新进展，包括文化回应式教学"在概念、地理、人口和认识上的全球化"的方式。文化回应式教学在概念上正变得全球化，因为它正在跨领域和跨学科实施，并正在教育以外的领域和世界各国实施，比如领导力、咨询、绩效评估以及人员招聘和保留。第三版新增的一个重要内容是"实践可行性"，它描述了如何实施文化回应式教学。盖伊将这些实践可行性描述为"不同的、新颖的、创新的和非传统的"。

第三版的读者将从盖伊这本充满研究性而易懂的书中，获得对文化和教学的全面理解，以及如何使学校成为来自不同群体的学生更有效和快乐的场所。盖伊终生奉献于本书内容的研究、教学和反思。她在学校工作了近40年，致力于改善教育公平。她倾听了数千名在职教师的失败和成功经历，撰写了几十篇关于多样性教学的文章和专著，还在多元文化教育方面指导了一批博士研究生。盖伊总结了文化回应式教学法的研究，提供了她本人和他人工作的新见解和细微差别，分享了成功教师的故事，并描述了教师如何能使不同学生的生活得以改变。这本书的第一版和第二版被成百上千的实践者和未来的教育者阅读。我相信，第三版将像前两版一样受到热烈欢迎，其影响将是无穷的。

——詹姆斯·A. 班克斯（James A. Banks）

参考文献

Au, K. (1993). Literacy instruction in multicultural settings. New York, NY: Harcourt Brace Jovanovich.

Banks, J. A. (2004). Multicultural education: Historical development, dimensions, and practice. In J. A. Banks & C. A. M. Banks (Eds.), Handbook of research on multicultural education (2nd ed., pp. 3–29). San Francisco, CA: Jossey-Bass.

Banks, J. A. (Ed.). (2009). The Routledge international companion to multicultural education. New York, NY and London, UK: Routledge.

Banks, J. A. (2012). Multicultural education: Dimensions of. In J. A. Banks (Ed.), Encyclopedia of diversity in education (Vol. 3, pp. 1538–1547). Thousand Oaks, CA: Sage.

Banks, J. A. (Ed.). (2017). Citizenship education and global migration: Implications for theory, research, and teaching. Washington, DC: American Educational Research Association.

Baratz, S. S., & Baratz, J. C. (1970). Early childhood intervention: The social science base of institutionalized racism. Harvard Educational Review, 40(1), 29–50.

Bloom, B. S., Davis, A., & Hess, R. (1965). Compensatory education for cultural deprivation. New York, NY: Holt.

Boykin, A. W. (1986). The triple quandary and the schooling of Afro-American children. In U. Neisser (Ed.), The school achievement of minority children: New perspectives (pp. 57–92). Hillside, NJ: Erlbaum.

Camarota, S. A. (2011, October). A record-setting decade of immigration: 2000 to 2010. Washington, DC: Center for Immigration Studies. Retrieved from cis.org/2000-2010-record-setting-decade-of-immigration.

Camarota, S. A. (2016, June). New data: Immigration surged in 2014 and 2015. Washington, DC: Center for Immigration Studies. Retrieved from cis.org/New-Data Immigration-Surged-in-2014-and-2015.

Castles, S. (2017). The challenge of international migration in the 21st century. In J. A. Banks (Ed.), Citizenship education and global migration: Implications for theory, research, and teaching (pp. 3–21). Washington, DC: American Educational Research Association.

Charity Hudley, A. H., & Mallinson, C. (2011). Understanding language variation in U.S. schools. New York, NY: Teachers College Press.

Conchas, G. Q., & Vigil, J. D. (2012). Streetsmart schoolsmart: Urban poverty and the education of adolescent boys. New York, NY: Teachers College Press.

Cookson, P. W. Jr. (2013). Class rules: Exposing inequality in American high schools. New York, NY: Teachers College Press.

Delgado Bernal, D., & Alemán, E., Jr. (2017). Transforming educational pathways for Chicana/o students: A critical race feminist praxis. New York, NY: Teachers College Press.

Delpit, L. (1995). Other people's children: Cultural conflict in the classroom. New York, NY: The New Press.

Eck, D. L. (2001). A new religious America: How a "Christian country" has become the world's most religiously diverse nation. New York, NY: Harper San Francisco.

Edmonds, R. (1986). Characteristics of effective schools. In U. Neisser (Ed.), The school achievement of minority children: New perspectives (pp. 93–104). Hillside, NJ: Erlbaum.

Erlanger, S. (2017, March 29). Pillars of the West shaken by "Brexit," but they are not crumbling yet. The New York Times. Retrieved from nytimes.com/2017/03/29/world/europe/uk-brexit-article-50-analysis.html.

Gándara, P., & Hopkins, M. (Eds.). (2010). Forbidden language: English language learners and restrictive language policies. New York, NY: Teachers College Press.

Gorski, P. C. (2018). Reaching and teaching students in poverty: Strategies for erasing the opportunity gap (2nd ed.). New York, NY: Teachers College Press.

Green, R. L. (2014). Expect the most—Provide the best: How high expectations, outstanding instruction, & curricular innovations help all students succeed. New York, NY: Scholastic.

Harrington, M. (1962). The other America: Poverty in the United States. New York, NY: Macmillan.

Howard, G. R. (2016). We can't teach what we don't know: White teachers, multiracial schools (3rd ed.). New York, NY: Teachers College Press.

Howard, T. C. (2010). Why race and culture matter in schools: Closing the achievement gap in America's classrooms. New York, NY: Teachers College Press.

Irvine, J. J. (2003). Educating teachers for diversity: Seeing with a cultural eye. New York, NY: Teachers College Press.

Ladson-Billings, G. (1994). The dreamkeepers: Successful teachers of African American children. San Francisco, CA: Jossey-Bass.

Lee, C. D. (2007). Culture, literacy, and learning: Taking bloom in the midst of the whirlwind. New York, NY: Teachers College Press.

Leonardo, Z. (2013). Race frameworks: A multidimensional theory of racism and education. New York, NY: Teachers College Press.

Mayo, C. (2014). LGBTQ youth and education: Policies and practices. New York, NY: Teachers College Press.

Moll, L., & González, N. (2004). Engaging life: A funds-of-knowledge approach to multicultural education. In J. A. Banks & C. A. M. Banks (Eds.),

Handbook of research on multicultural education (2nd ed., pp. 699–715). San Francisco, CA: Jossey-Bass.

National Center for Education Statistics. (2014). The condition of education 2014.Retrieved from nces.ed.gov/pubs2014/2014083.pdf.

Nieto, S. (2010). The light in their eyes: Creating multicultural learning communities (10th anniversary ed.). New York, NY: Teachers College Press.

O'Brien, P. (2016). The Muslim question in Europe: Political controversies and public philosophies. Philadelphia, PA: Temple University Press.

Osler, A. (2017). Citizenship education, inclusion, and belonging in Europe: Rhetoric and reality in England and Norway. In J. A. Banks (Ed.), Citizenship education and global migration: Implications for theory, research, and teaching (pp. 133–160). Washington, DC: American Educational Research Association.

Paris, D. (2012). Culturally sustaining pedagogy: A needed change in stance, terminology, and practice. Educational Researcher, 41(3), 93–97.

Paris, D., & Alim, H. S. (Eds.). (2017). Culturally sustaining pedagogies: Teaching and learning for social justice in a changing world. New York, NY: Teachers College Press.

Payne, R. K. (2013). A framework for understanding poverty (5th rev. ed.). Highlands, TX: aha!.

Putnam, R. D. (2015). Our kids: The American dream in crisis. New York, NY: Simon & Schuster.

Ramírez, M., & Castañeda, A. (1974). Cultural democracy, bicognitive development, and education. New York, NY: Academic Press.

Ryan, W. (1971). Blaming the victim. New York, NY: Pantheon.

Sensoy, Ö., & DiAngelo, R. (2017). Is everyone really equal? An introduction to key concepts in social justice education (2nd ed.). New York, NY: Teachers

College Press.

Sizemore, B. A. (2008). Walking in circles: The Black struggle for school reform. Chicago, IL: Third World Press.

Stiglitz, J. E. (2012). The price of inequality: How today's divided society endangers our future. New York, NY: Norton.

Stillman, J., & Anderson, L. (2017). Teaching for equity in complex times: Negotiating standards in a high-performing bilingual school. New York, NY: Teachers College Press.

Suárez-Orozco, C., Pimentel, A., & Martin, M. (2009). The significance of relationships: Academic engagement and achievement among newcomer immigrant youth. Teachers College Record, 111(3), 712–749.

U.S. Census Bureau. (2012). Selected social characteristics in the United States: 2012 American Community Survey 1-year estimates. Retrieved from factfinder2.census.gov/faces/tableservices/jsf/pages/productview.xhtml?pid=ACS_12_1YR_DP02&prodType=table.

Valdés, G. (2001). Learning and not learning English: Latino Students in American schools. New York, NY: Teachers College Press.

Valdés, G., Capitelli, S., & Alvarez, L. (2011). Latino children learning English: Steps in the journey. New York, NY: Teachers College Press.

Wang, M. C., & Gordon, E. W. (Eds.). (1994). Educational resilience in inner-city America: Challenges and prospects. Hillside, NJ: Erlbaum.

鸣　　谢

非常感谢我所有的专业同事、研究生、朋友和家人,他们与我分享关于教学和学习的观察、经历和回忆。通过这些故事,令人难以置信地丰富了从公开报道中收集的信息,使关于成绩不佳的、种族多样化的学生的教育需求更加明晰。他们的援手使原本可能是纯粹的学术和冷静的分析变得活跃、个性化、生动和具体化。

我特别向我的朋友和同事班克斯表示感谢。班克斯对我的丛书写作给予了邀约和鼓励,并对我在写作中发挥更高水平给予了期望和帮助。即使在看起来最不可能的时候,我也会非常感激他的学术指导。

也非常感谢"辣椒",曾倾听了我表达的担忧和对是否有能力完成任务的怀疑,给了我很大的帮助。你可能不知道你在我身边对我有多重要,也不知道和你交谈如何帮助我重新集中注意力、坚持下去,并坚定了我对自己能力的信心。

我所有的"孩子们"在学校奋斗以及他们接受更好教育的权利是这些想法和解释背后的行动。

衷心感谢我的种族、民族、社会、语言和移民方面多元化的"学术孩子",感谢你们如此慷慨和亲切地教会我关于你们的文化多样性,这都是我很愿意学习的。

第 1 版序言

"文化回应式的教学是必要的,值得我们去做。"

美国学校需要对非洲、亚洲、拉丁美洲和美洲原住民学生的教学方法进行重大改革。它们目前成绩模式的两个特征突出了这一必要性:一是在不同学校成绩指标和衡量指标上,各种族之间的表现模式的一致性;二是种族群体内个体成就的可变性。这些特征表明需要同时进行系统的、整体的、全面的和特殊的改革干预。

应该通过教育事业的不同方面(课程教学、管理、评估、融资等)进行系统改革,以处理不同学科领域(数学、科学、阅读、写作、社会研究)的多方面学业问题(学术、心理、情感等),包括各个学校(学前班、小学、初中、高中)。这些改革还需要根据学生的社会差异进行多样化的调整,认真考虑种族、文化、性别、社会阶层、历史经历、语言能力等因素,充分了解这些对学生成绩的影响及其对改革的作用绝非一本书所能完成的,需要做出选择来确保分析的质量。这本书的选择是根据不同的文化取向来对那些种族多样化的学生进行教学,尤其是在阅读、写作、数学和科学方面成绩表现不佳的学生。

仅仅是指责某些有色人种学生的不成比例的糟糕学习成绩,或者指责他们的家庭背景和社会阶层背景,对于实施逆转成绩趋势的改革并没有多大帮助。就像在卫生保健中,诊断症状不能治愈疾病一样,简单地指出问题并不见得能解决问题。如果真是这样的话,就没有必要写这本书了。一些少数民族学生群体成绩不佳的问题一次又一次地暴露出来，延续了几代人，至今也没有好转，近些年可能变得更糟。不同种族的学习问题也确实有些归因于教育事业中的种族主义和文化霸权。但是，仅仅承认这些还不足以指导有效的变革议程，还必须采取建设性的改革战略。这本书的文化回应式教学法适应了这一需求。

各章概述

本书的每一章都以传达其主信息的前提或原理开头。这些主题在随后的叙述中进行了详细的介绍。第一章"挑战和观点"，提出了关于更有效教育成绩欠佳的有色人种学生的富有挑战性的独特观点。它树立了基调并为其余章节建立了概念框架。叙述故事的关键主题是将不同种族、民族背景的学生文化取向、经历纳入教学策略。美国各族裔学生之间的学习成绩问题存在很长时间了，不能仅归因于个体差异的限制，也在于学校、课堂和整个社会的制度结构、程序、假设和操作方式。

第二章"文化回应中的教学法潜力"中提出了纠正这些学习问题的框架性建议。该提案的理论参数是通过文化回应式教学来实现强有力的教学法，它是从不同学者、研究人员和实践者提出的对不同种族学生最有效的教学模式建议中总结出来的。文化回应式教学的这种特征包括对其突出组成部分的解释，以及其逆转有色人种学生成就趋势的潜在能力。其关键点是同时培养不同种族学生的学术成就和文化特征。这些普遍特点可作为组织和评估特定教学思想、程序和动作质量的基准，这些标准将在其他章节中讨论。因此，第二章充当了文化回应式教学的需求与实践之间、理论与实践之间、成就问题与解决方案之间的概念桥梁。

第三章至第六章更详细地阐述了文化回应式教学的四个关键点。它们是关爱、沟通、课程和指导。这些章节的顺序无意进行优先排序，也不附加任何优先级。关爱的教学倾向仅仅是首先讨论，并不意味着它比文化回应式教学的其他方面更重要。这些组成部分和相关章节的出现仅是对这些问题进行思考和分类的"逻辑模式"的反映，其他组织模式也是可能的。文化回应式教学的各个组成部分所划定的界限也不应被视为相互排斥。这种划分是人为的和任意的，通常用于集中注意力、促进讨论，并使信息的呈现更易于管理。事实上，文化回应式教学的组成部分是动态的、辩证的、相互交织的。

师生之间以及学生之间互动的课堂经常被视为决定学习成败的"实际场所"。在文化回应式教学的主要属性中，它们是突出的。传统智慧型教学和研究表明，教师在这些互动中扮演着核心的角色。事实上，教学的基调、结构和质量在很大程度上取决于教师的态度、期望以及他们的教学技能。因此，认真关注教师与学生的关系对于实现这本书的目的至关重要。这些关系模式是什么，以及它们如何影响来自不同种族的学生的成绩，将在第三章"文化关爱的力量"中呈现。由于智力以外的问题对学生能否达到成绩的假设有深远的影响，对教师期望的探索并不局限于学术领域，个人、社会和伦理维度也包括在内。

有效的沟通既是课堂教学的目标，又是课堂教学的方法，也是课堂教学质量的本质。然而，对许多老师来说，与不同种族的学生交流常常是一个问题，并在交流、文化和教育的互动中存在许多误解与混淆。一个典型的例子就是关于黑人英语（Ebonics，一种被许多非裔美国人使用的交流方式，有时被称为黑人英语、非裔美国英语或非标准英语）在教育过程中的地位反复引起争论。相比任何其他与有色人种学生相关的交流问题，它表征着将不同文化交流元素融入课堂教学的复杂性、挑战和学术潜力。第四章"课堂中的文化和交流"解释了文化、交流、教学和学习之间的紧密互动。它建构在萨维尔－特罗伊克（Saville-Troike，1989）的信念上，即"语言的形式和内容与语言使用者文化中呈现的信仰、价值观和需求之间存在着关联"（p.32）。由于一个人的思维、写作和说话方式反映了文化并影响表现，因此根据不同种族的文化交流方式进行教学可以提高教学成绩。为此，第四章中讨论交流方式的特征，在教学环境中的表现方式、程序和实践，最终证明了使用文化传播作为有效教学工具的积极作用。这些分析集中于非学术英语语言的话语特征和差异，而不是其语言结构。本文为这一选择提供了研究依据。

第五章致力于文化多样性的课程内容。它提出了一种理念，即针对不同文化和种族的学生进行教学，使他们能够获得高质量、高阶的知识。这种可获得性的一个主要前提是认识到，少数民族群体为学生应该学习的知识所贡献的信息的价值，并使他们能获得这些信息。本章探究了课程设计和教学材料开发中文化多样性的现状，以及研究能为有色人种学生带来积极成果的实践；审查了正式（如教科书和标准）和非正式（如文学和商业书籍、大众传媒）课程内容和教材。研究分析仅限于阅读、写作，数学和科学教学，之所以选择这些科目，是因为它们是教育过程中的"核心"，它通常具有很高的地位，并且在确定学生的成绩方面起着突出的作用。斯奎尔（Squire，1995）关于"读写技能"对所有教育质量的重要性的解释支持了这一选择。他说："阅读、写作和语言是课程的基石，因为它们发展了几乎所有后续教学和学习所依赖的能力。"（p.71）第五章对课程计划和研究进行了分析，并就如何进一步提高多元文化课程内容的质量及其对学生成绩的影响提出了建议。

第六章继续发展这种主张，即有意将不同种族的文化体系的特定方面纳入教学过程中，对学生的学习成绩产生积极影响。一些教育分析人士提出的论据表明，对种族多样化学生的成就进行干预往往是程序性的，而不是实质性的。有说服力的研究表明，将教学章程和教学程序与不同族裔学生的心理图式、参与方式、工作习惯、思维方式和经验参考框架同步时，学校的成绩就会提高。

第六章"教与学的文化一致性"中的讨论超出了仅对两极性学习风格的描述性特征进行分类的常见倾向。他们探查这些描述符的内在，以确定其定型属性和对教学的含义。有人认为，学习风格实际上是一种含有多个要素的构成体，如动机、环境、关系和感觉刺激偏好，所有这些都可能对学习过程产生不同的影响，了解这些对开展文化回应式教学是必要的。因此，第六章的主要信息是，与"全球广义的教学改革"相比，在教学和学习过程的构成部分层面上进行改进可产生更有效的学业成就。

跨章节的讨论共有四个主要特点。

第一，结合了理论、研究、学术和实践信息，对问题进行考察。因此，强调同步和综合的多视角分析。它们包括过去和现在的实例，以及对未来的展望。通过展示连续性和变化、前例和创新、以前的解决方案和持续的挑战，传承有色人种的文化遗产和知识基础以便更有效地对有色人种学生进行教学。尽管不是所有情况，但大多数教育学术包括了这些方面的内容，但通常的惯例是理论、研究和实践分别进行探索。本书将它们并置在一起，对于填补现有的概念空白、扩大有效教学、提高不同民族学生的学习成绩，似乎更合理、更有用。

第二，在对话题、议题、主题和策略讨论时，大量多民族实例和参考点会始终交织其中。为了实现这些种族之间的平衡，人们做出了共同的努力，但结果并不总是理想的，有时甚至是不尽如人意的。研究、理论和实践中的分析群体往往偏向某些种族而忽视其他种族。例如，对非裔美国人进行文化回应式教学的需求和经验所采用的数据往往要比对其他有色人种群体的数据更多。因此，全书中更多地出现了非裔美国人作为实践和改革建议的案例，并针对这种比例失调，扩大、改进和丰富了其他种族群体近期的文化回应式教学的实践。

第三，在任何可能的情况下，公开讨论其他影响研究、理论和实践有效性的因素，例如性别、年龄和社会阶层，以及它们对教育种族多样化学生的影响。与种族问题一样，这些变量之间存在许多不平衡。例如，关于性别对沟通、互动风格和课堂表现影响的许多研究都涉及中产阶级的欧美女性。大多数关于有色人种学生教学的信息都来自对社会经济和城市背景较低的个体的研究。亚裔美国人在文化回应式教学的研究、理论和实践的各个方面的代表性都很低。

第四，在理论思想和研究结果的陈述中穿插了独特场景和个人故事。把这些内容囊括进来，是为了明确自传和叙事是知识和研究以及教学技术的合法来源，对有说服力的案例的全面描述，也为文化回应式教学的力量和发展潜力提供依据，并展示它的实际行为表现。

第七章中介绍了"文化回应式教学实践的个人案例"。它产生于这样一个前提：教学效果的强有力的证据来自个人故事。在这个前提下，我对自己的信仰和教学风格做了一些简短描述。这些并非是每个人都应效仿的原型，而是一个人按照文化回应式教学法的原则去实践的活生生的实例。本章还展示了如何将这种教学方法用于参与师范教育项目的大学生。这些信念和行动共同构成了我自己的"文化回应式教学的信条"的一部分。它们挑战并引发其他教育工作者在教学中培养自己关于文化多样性的思想信条，并学习如何引导他们本身的教学行为。

故事通常以跋为结尾，它们在当前达到的故事高潮上，对人物未来发展提供了掠影。跋表示结局，但并不表示停止与本故事有关的所有行动。因此，这既是结局又是续篇。本书中文化回应式教学故事的跋，在第八章里呈现。本章内容有助于早期分析和预测对不同种族学生进行教学的可能性，所提供的信息既具有反思性又具有辐射性。从前几章的讨论得出，它总结了文化回应式教学中未来实践的主要信息和原则。这就是为什么它的标题为"回顾与展望"。文化回应式教学从始至终强调：（1）使亚伦和艾美（注：两个男女学生的化名）等学生在美国所接受的教育更加成功；（2）停止学业失败的恶性循环，让他们的下一代用一个截然不同的故事来描述他们的学习经历。

阅读文本

提高目前表现不佳的有色人种学生的学业成绩需要全面的知识、不可动摇的信念和高水平的教学技能。本书各章节中提供的信息旨在促进这些内容的发展，并抵制一些教育者对这些复杂问题提供的浅显分析、简单化注解和匆忙作答的诱惑。

这本书把处于边缘状态的非裔、亚裔、拉丁裔和美洲土著学生的教学活动通过文化情境或协调教学，纳入研究、理论和实践中。这主要基于国家数据和获得国家认可的地方项目。因此存在着一个重要但不可避免的限制，即未获得国家认可的地方项目和实践无法包括在内。其中许多项目的确存在，而且值得纳入。毫无疑问，他们的呈现将进一步丰富我们所做的分析和建议，但我不得不割舍了。

文化回应式教学是关于教学的，而教学的关注则是以多民族文化参照系为中心的课堂教学。因此，教学模式和技术可能是有效的，但在文化上并不适用于边缘化的、成绩不佳的种族群体——如拉丁裔、美洲原住民和非裔美国人——他们在讨论中未被纳入。影响学生成绩的教育机构的其他方面，如资助、基于机构的学校改革、教师的招聘和分配，以及行政领导等因素，也并未讨论。这些在全国教育改进计划中的重要性是毋庸置疑的，但它们与这个项目的概念参数不契合。让学校教育的各个方面同时具备文化多样性是理想的，但是这个项目不堪此重任。

此外，学校不能解决社会问题。作为一个约定俗成的问题，这里不做讨论。事实上，如果社会先改变，学校可以完成更快的改革。例如，如果社会真的停止了种族主义，它会坚持（强制）要求所有的机构，包括学校都这样做。到那时候，人们就不会再关注这方面的问题，甚至不再需要这样的书了。太多有色人种学生的教育处境岌岌可危，我们不能坐等那些伟大的愿望实现。我们必须现在就采取行动，渐进的改进总比没有更好。文化回应式教学认识到教学的力量，同时也充分认识到，如果不伴随着学校和社会的所有其他方面的改变，再好的教学也将无法完成系统的改革和对不同种族的学生实现真正的教育公平和卓越。

本书中各章节讲述的文化回应式教学的故事，就像其他故事一样，有背景、情节、人物和行动。这些独立的章节既具体服务于各章主题的分析，同时对文化回应式教学更全面的"特色轮廓和叙述发展"的构建做出了重大贡献。这些特征反映了如下理念：（1）许多有色人种学生的考试成绩、平均绩点、课程注册和其他学校成绩指标是问题的症状，而不是原因；（2）学业成绩不是学校成功或失败的唯一重要指标；（3）虽然学业失败是很多不同种族学生的经历，但这并不表明任何一种身份。这些理念既是对教师参与文化回应式教学的邀约,也是对教师的授权。本书提供的讨论,旨在帮助更多的老师达到这些期望,并为成绩不佳的有色人种学生取得更多的成功而努力。

教育行动的信念

几年前,玛瓦·柯林斯(Marva Collins,1992)作为芝加哥西区预备学校的创始人,创造了一种关于卓越教育的隐喻形象,抓住了本书所要表达的精神和要义。以诗歌的形式,赋予"卓越"一种个性的声音,并让它为自己代言。由于其鼓舞人心和令人激奋的品征,在此引用了部分的内容。用第一人称来表达,"卓越"意味着:

我携带着照亮世界的火焰。我点燃了想象力。我赋予梦想以力量,给人们的愿望以翅膀。

我创造了一切美好、坚定和持久的东西。我通过今天的每一次超越来创造未来。

我是进步的父母,富有创造力的创造者,机会的设计者,人类命运的铸就者。

我身上带着古往今来的智慧和贡献。我驱散昨天的神话,发现今天的事实。永无止境。

我摒弃平庸,不鼓励中庸。

要有雄心,锻造理想,发现开启梦想世界之门的钥匙。

我是创造的源泉,灵感的出口,远大抱负的梦源。

(pp.218-219)

这一信念应该激励所有教师致力于改善成绩不佳的有色人种学生在校表现。它可以作为他们教学实践的锚点和火炬。它所传达的价值观、期望、承诺和行动与文化回应式教学的动机是一致的。

第 3 版序言

本书继续利用从研究、理论和实践中收集到的见解，以文化和多样性应该成为美国学校教育的核心概念和方法论为主题，尤其是对那些在主流社会中被边缘化、受低教育成就影响的学生。它还包括过去十年中发生的一些重要变化，这些变化对如何理解文化和多样性并在教学实践中实施产生了深远的影响。与第 1 版和第 2 版一样，这些问题主要是在教学背景下分析的，但也充分认识到，需要进行全面的教育改革，而不仅仅是课堂教学的变革，还要做出更多的改进以确保成绩不佳的有色人种学生得到完全公平和卓越的教育。

本书起初构想中的问题和疑虑依然存在。自本书第 1 版和第 2 版发布以来已经发生了一些变化，然而不幸的是，这些变化既不深刻也不彻底。来自不同民族、种族、文化和社会经济背景的有色人种学生与来自占主导地位的欧裔的中产阶级群体的子女不同，他们仍然没有得到成比例的、公平的、高质量的教育机会和绩效评价。美国社会继续受到资源不平等、多元化居民和社区遭受不公平对待的困扰。种族主义、同性恋恐惧症、阶级主义以及其他形式的不平等和压迫仍然猖獗（在不同领域以多种形式频繁出现、负隅顽抗）。出现在学校与社会中的种族、民族和文化差异太频繁，偶尔做一些装饰性的修补，并没有任何实质性改变。传统状况和历史的权力与特权中心也未发生显著改变。因此，《文化回应式教学——理论、研究与实践》一书先前的组织结构和内容框架仍然保留，在本书第 3 版中基本未变。

尽管2010年自本书第二版发行以来，一些在教育领域的文化、种族、民族和社会多样性的"发展"就已出现了，但更多是意识形态和理论上的，而并非务实的。在本版修订中对它们进行了介绍，但是更多的是扩展了曾建立的多元文化教学和学习的模式，而不是深刻地转变或根本性地变革。因此，本书的整体结构保持不变，在适当的地方更新和延伸。其中对四个"增长趋势"和相关的"延伸"尤其恰当。

其一，文化回应的理念、需求和实践可能性正在概念上、地理上、人口上和认识论上"走向全球"。从概念上讲，文化回应不再局限于字面意义上的教学法。实际上，它针对教育事业的所有方面，包括领导、咨询、教室管理、绩效评估、政策、研究以及人员招聘和任用。这些延伸发展是值得称赞的，但不能在一本书中解决所有问题。因此，本版的重点继续放在教学上。文化回应的另一个"全球化"特征是其专业界限的跨越，它不再局限于教育，而是许多其他专业领域也加入了这一行列，他们认识到，在设计和向各自的客户提供产品和服务时体现文化回应，可以提高效率（在某些情况下，还可以提高利润率）。这些领域包括医疗保健、社会工作、宗教、心理服务、政治、艺术和商业。例如，美国最大的由少数族裔和女性拥有的私募股权管理公司美景资本（Fairview Capital）在2015年发布的一份声明中指出，多样化的员工队伍被证明富有优势，包括更高的财务回报、更好的人才开发、更好的决策与创新，以及更高的员工满意度。此外，企业领导层的多样性打破了狭隘的偏见，让组织更有可能采取包容的行动，培养沟通文化，同时创造一个让员工可以自由表达非传统观点并提出创造性解决方案的环境。（Fairview Capital，2015）

文化回应的全球化是显而易见的，因为世界各国都认识到在其教育系统中纳入种族和文化多样性的益处（Banks，2009；Moll & Combs，2015；Sutton，2005）。其中一些国家表面上看起来似乎不太可能有此认识，但这更多源于对现实的错误假设，不是事实。实际上，世界上每一个区域的国家（非洲、美洲、亚洲、欧洲、中东、南太平洋）都在某种程度上参与了文化的回应。显然，这些参与的动力是世界各国之间日益增长的相互依存和相互作用以及人口的多向流动。这些增长趋势也为如何在全国范围内理解和实施文化回应式教学带来了新的挑战和机遇。

其二，对文化回应式教学持续认可（以及一些修正）的需求在增强，这些认可涉及教育人口统计和学业成就模式。基于经济、种族、文化和民族多样性的学校成绩差距太大、过于持久和广泛，以至于无法在此详细阐述。这些差距足以说明需要继续寻找解决办法，其中一些方案可以在文化回应式教学中找到。它的逻辑连同研究证据（两者都在本版中提出），都支持这一主张。这一令人沮丧的现实的一个关键点是，随着美国学校中有色人种学生百分比的增加，学业成绩的差距会进一步扩大，这一点在教育话语中经常被忽视。即使美国各族裔的成绩比例保持稳定，负面后果的规模将是灾难性的。美国学校中越来越多的学生是近期来美国的，或者是移民的子女。尝试跨文化分界的学习往往会导致学业失败和持久的文化与社会边缘化。为了改变"学习成绩事件"的进程和防止进一步的危机，教学和学习的方式需要进行一些根本性改变。文化回应式教学仍然是一种值得追求的可能性。

这些学生的人口统计数据为文化回应式教学的"全球化"增加了另一个值得注意的维度。在民族和种族上多元化的学生中，有很高比例的人比前几代人的生活更流散。他们也不太可能为了适应和完全融入美国主流文化和语言而放弃他们祖先的遗产和身份。相反，他们可能更倾向于双元、多文化和多语言，或者混合性的文化和语言。这些生活选择将影响他们学校学习、文化能力、公民实践和其他领域的表现，这些表现属于文化回应式教学的范围，需要进行概念化改革。在第三版中提出了这其中的一些挑战。

其三，对文化回应式教学的"需要"，在本书写作之初就一直存在，这与教育过程的内在本质和不同学生的权利有关。教与学具有天然文化性，差异也是人类与生俱来的。考虑到越来越多的美国学校民族多样化、种族多样化和经济多样化，文化回应式教学成为一种必然，或者像一些分析人士所说，它是服务于多样化学生人性和权利的"好教学"。换言之，既然教育的目的是服务于全体学生，那么，它就应该像美国学校和社会一样，在民族、种族和文化上是多元的。这种多样性是本书所倡导的文化回应式教学的基本特征。

在本书早期版本中，优先考虑提高民族、种族、文化和社会背景多样化的学生（例如，有色人种学生）的学习成绩，在本版中再次强调。然而，并非完全如此，因为学习成绩并非孤立的存在。相反，它与其他因素密切相关，例如个性、文化取向、政治条件、社会阶层、经济背景和心理情绪倾向等。此外，虽然提高学习成绩势在必行，但学校教育工作必须更具包容性。它也包括自身和对待他人的文化品质，同种族主义和其他形式的压迫做斗争，道德和伦理发展以及推动社会政治变革。所有这些都是本书中文化回应式教学特征的一部分。

其四，在文化回应式教学领域的新兴发展中，具有丰富潜力的活动是通过少数群体内部和少数群体之间的学术活动来进行概念化分解，这有两种主要形式。一是关于种族和少数群体（例如亚裔美国人、非裔美国人、拉丁裔美国人、美洲土著人和阿拉斯加土著人）的复合类别教育的主张和建议，正越来越多地针对这些类别中的特定群体（即少数民族内部）。因此，越来越多的人关注日本人、韩国人、中国人、越南人，而不是更笼统的"亚裔美国人"。这些"特定的少数族裔"正在以自己的优势和方式讲述他们自己的故事，并坚持要求那些撰写、研究和教育他们子女和社区的"局外人"从文化上尊重和回应他们的特殊群体方式。二是新兴的群体间发展研究涉及一个少数群体的理论家和研究人员，对另一个少数族裔群体的研究（例如华裔美国人正在研究并呼吁墨西哥裔美国人的教育公平；一个希腊移民传统学者对索马里难民女童进行研究，从文化视角确定适合他们教育的干预措施）。这些少数族裔间和少数族裔群体内的研究应该产生更准确、更真实和更细致的民族、种族、社会和文化多样性的描述，从而为有色人种的学生提供更有效的教与学。这些研究的部分成果也呈现在本书中。

该版本的一个新特点是尝试明确回应许多教育工作者对如何实施文化

回应式教学的最新关切。本版提供了一些"实践可能性",但它们并非是在专业教育书籍中随处可见的惯常的教学策略建议。这些建议确实与众不同、新颖、创新、不落俗套,因为我们认为,给不同种族、民族和文化多样性的学生提供真正公平有效的教育机会,必须有别于现行的教育实践。与书中有关文化回应式的理论、研究和实践的整体重点保持一致,这些行动就会行之有效。它们还受到与目标学生相关的教学资源和技术需求的影响。因此,社会资本、流行文化的内容和资源优先选择主要源于互联网和网站。这两者在这一代学习者的生活中都是至关重要的,它们应具有很高的价值和实用性,可作为学生与老师之间共享的参考点。另一个假设是,更常规的内容信息和指导性建议可以从章节中呈现的实质性细节中获取,所以,章节结尾的实践可能性是对这些内容的补充和扩展,而不是重复。

这些行动思路比具体细节更具分类指导性,有两个原因:首先,文化回应式教学的教师在教学过程中需要不断学习;其次,文化回应为实际教学和学习情境的确定提供了强有力的证据。我们不可能想象或回应广大读者教学上的环境因素。一个更合理的选择是建议采取一些常规的行动策略和相关资源,使读者在实施文化回应式教学时得到额外的援助。

全书的八章中有六章提出了实践可能性。第一章讨论信仰和意识形态基础,实践可能性包括个人的信仰陈述样本,一些倡导教育公平、多样化和社会正义的专业组织的名称和政策。希望教师们能从课堂教学中找到自己的信仰和意识形态的亲和力、坚定性、忠诚度和认识的清晰度。第三、四、五和六章讨论文化回应式教学的各个方面(关爱、沟通、课程和指导),这些方面最容易陷入如何将思想转变为行动的困境。每一章都以"实践可能性"结尾,帮助教师实现从理论到实践的转换或激发他们的想象力和创造力。第二章从思想基础和一般目的出发,提出了文化回应式教学的"人格属性",所包括的实践可能性是政策声明的示例。第七章和第八章没有实践可能性的内容。在第七章中,介绍了我自己在文化回应式教学中的一些努力,因此,它是实践可能性的一个综合案例。第八章列举了通常被研究者、理论家和实践者认可的文化回应式教学(和一般教学)的策略，这是对经验的批判性反思，对所学课程以及未来追求的信息和策略的辨识。第八章反思的重点是前面各章中提出的文化回应式教学的特征。

  本书内容侧重说明性，并非详尽无遗。它也不够完整。所呈现的文化回应式教学的一些关键组成部分是来自我自己的建构，即使许多不同的个人和团队都对其内容有所贡献，但毫无疑问地反映了"我是谁"和我的观点。这些陈述是不完整的，因为我没有为可以想到的所有锚定文化回应式教育的观点、主张和问题发言和表态，并且该领域还在发展。在创作文本时，我一直在深思熟虑地举例说明教育中文化回应力的显著价值、信念和属性。例如，我在参考文献和引文中一直强调多种族性；我通过示例和解释涵盖了多种观点；我一直置身于多方面的感觉之中，为读者提供了机会来发展他们的知识、思想、信念、行动和对文化回应的前提和实践的反思；我为文化回应式教学提供了一般原则和参数，而没有指定在不同教育环境和情况下要采取的具体行动。有些读者可能认为我做的太多，而另一些读者可能觉得我做的还不够。对于这两种不同反应，我鼓励他们将本书用作他们为自己教学赋能的资源。对于前者，选择肯定你当前在民族、种族和文化差异的学生和社区进行的公平和社会正义的教育中所采取的行动（或功效水平），并为你进一步发展确定了方向。对于觉得我做的还不够的读者，我邀请您成为盟友，并通过添加自己的观点、视野、分析、解释和见解来丰富本书的贡献。当然，文化回应教育领域仍然存在着持续增长和发展的需求与空间。

目 录

第一章 挑战和观点 ·· 001
    引 言 ··· 001
    第一节 故事的需求和本质 ······································· 002
    第二节 个人故事和趋势的象征 ··································· 005
    第三节 成就的挑战 ··· 008
    第四节 提高学生成绩的主张 ····································· 009
    结 论 ··· 024
    实践可能性 ··· 025

第二章 文化回应中的教学法潜力 ·································· 031
    引 言 ··· 032
    第一节 从不能到能 ··· 032
    第二节 意识形态开端 ··· 036
    第三节 定性的属性 ··· 039
    第四节 文化回应式教学人格化 ··································· 050
    第五节 教师的角色和责任 ······································· 056
    结 论 ··· 057
    实践可能性 ··· 058

第三章　文化关爱的力量 ··· 062
引　言 ··· 062
第一节　关爱特点概述 ·· 066
第二节　关爱细节的属性 ······································· 069
第三节　预期趋势及效应 ······································· 076
第四节　实现文化回应式关爱 ································ 088
结　论 ··· 093
实践可能性 ·· 094

第四章　课堂中的文化和交流 ···································· 097
引　言 ··· 098
第一节　文化、交流和教育间的关系 ····················· 099
第二节　关于语言多样性的虚构故事 ····················· 104
第三节　文化交流中的争议 ··································· 108
第四节　"英语+"教学对学生成就的影响 ············ 115
第五节　民族话语风格的变化 ································ 127
第六节　话语风格中的性别差异 ···························· 144
结　论 ··· 150
实践可能性 ·· 151

第五章　课程内容的民族和文化多样性 ····················· 154
引　言 ··· 155
第一节　教科书作为课程内容的重要意义 ············· 156
第二节　不同教科书中的民族和文化多样性 ········· 158
第三节　标准、测试和多样性 ································ 166
第四节　文学和商业书籍中的种族多样性 ············· 174

第五节　大众传媒作为文化课程的内容 ……………………183
　　第六节　多元文化课程内容的效果 …………………………194
　　第七节　完善多元文化课程内容 ……………………………208
　　结　论 …………………………………………………………211
　　实践可能性 ……………………………………………………213

第六章　教与学的文化一致性 …………………………………221
　　引　言 …………………………………………………………222
　　第一节　学习风格的基线 ……………………………………224
　　第二节　文化自学和知识储备 ………………………………229
　　第三节　合作学习 ……………………………………………237
　　第四节　积极和情感参与 ……………………………………250
　　第五节　社会与情感学习（SEL）……………………………255
　　结　论 …………………………………………………………263
　　实践可能性 ……………………………………………………267

第七章　文化回应式教学实践的个人案例 ……………………272
　　引　言 …………………………………………………………272
　　第一节　提供支持与帮助 ……………………………………274
　　第二节　仪式和惯例 …………………………………………276
　　第三节　合作学习　成功学习 ………………………………279
　　第四节　选择和真实是学习的基本要素 ……………………280
　　第五节　教学使之可能并赋权 ………………………………283
　　第六节　知识+实践势在必行 ………………………………285
　　第七节　培养批判性取向很重要 ……………………………292
　　第八节　个人力量很强大 ……………………………………294

　　　　结　论 …………………………………………………………298

第八章　回顾与展望 ……………………………………………………299
　　　　引　言 …………………………………………………………300
　　　　第一节　以文化为中心的增量努力会带来改变 ……………301
　　　　第二节　直面惯例，对抗阻力 ………………………………302
　　　　第三节　文化回应式教学的综合效益 ………………………309
　　　　第四节　从哪开始、何时结束 ………………………………310
　　　　第五节　可供选择的实践范式 ………………………………312
　　　　第六节　挑战和邀请 …………………………………………316
　　　　第七节　恰逢其时 ……………………………………………316
　　　　第八节　进步的支柱 …………………………………………317
　　　　结　论 …………………………………………………………319

参考文献 ………………………………………………………………321

关于作者 ………………………………………………………………390

第一章 挑战和观点

"不清楚教什么，教谁，你就无法去教。"

长久以来，太多有色人种学生在学校没有取得他们应该并能够取得的成绩。这些不成比例的、大量的低学业成就的影响是长久和广泛的，对个人和公民、个体和集体都是如此。它们令人震惊，使人难以忍受。我们必须坚持，从现在起就停止这种剥夺权利的行为，为确保这一点，应立即采取变革策略。为实现这一转变，教师和其他教育工作者需要理解，学生的学业成绩优秀与否只是一种经历或成就。它不是学生个人身份的全部，也不是他们人生价值所在。几乎每个学生都能够把某件事做好。即使学生的能力不能直接转化到课堂学习中，它们仍然可以被教师作为参考点和激励手段，以唤起学生对学业的兴趣和参与积极性。教师必须学会如何认同、尊重并将学生的个人能力纳入教学策略。如果这样做了，有色人种学生在学校的成绩就会提高。阿·韦德·博伊金（A. Wade Boykin, 2002）将这些重点称为开发成绩欠佳的有色人种学生的天赋潜能，并将他们置于充满希望的环境中，而不是处于危险之中。

引　言

这本书为扭转有色人种学生成绩不佳的情况提供了一些建议，具体体现于"文化回应式教学"的实施方案。研究、理论和实践都证明了该方案潜在的有效性。然而，仅靠文化回应式教学并不能解决改善被边缘化的有色人种学生教育的所有问题。教育事业的其他方面（如资金、管理和政策制定）也必须改革，必须做出重大改变，以消除普遍存在的社会、政治和经济不平等现象（Anyon, 1997; Kozol, 1991; Nieto, 1999）。虽然很容易认识到需要全面的教育和社会变革，但对这些改革的分析超出了本研究的范围。因此，我们的研究聚焦于K12的教学。

这一章为本书的其余部分奠定了基调，建立在创建一个具有文化回应式教学故事的概念上。使用讲故事作为主题旨在说明，文化回应式教学具有许多不同的形态、形式和效果。相比于习惯用传统模式进行学术写作和研究，本书中的每一个"故事"都整合了更多的信息类型和展现风格。它为了展示研究、理论和实践是如何交织在一起形成了主要思想；确立学生的学业成就涉及的不仅仅是学业的事实；试图在分析中表达关注学生人格的一种感受；并解释为什么文化回应式教学是一个动态过程。为了实现这些目标，本章分为四个部分。第一部分阐释"讲故事"作为教育分析、研究和改革技术的重要性。第二部分用一个"象征性故事"，讲述许多有色人种学生所遇到的学习成就问题。第三部分接着讨论有色人种学生学习成就的一些发展趋势。第四部分介绍如何提高学生成绩的一些主张。这些将在后续章节中详细阐述。

第一节 故事的需求和本质

戴森和杰诺斯（Dyson & Geneshi, 1994）认为，"我们都有对故事基本的需求"。他们将"故事"定义为"将我们的经历组织成重要事件的讲述"的过程（p.2）。按丹曼（Denman, 1991）的说法，故事是"我们观察和回顾所有人类经历的镜头……。它们有一种力量可以触及我们的内心深处，并吸引我们热切的关注。通过故事我们看到自己……给我们的个人经历，披上一件意义非凡的外衣……看到活着是为了什么，何而为人"（p.4）。布鲁纳（Bruner，1996）补充说，叙述或故事是人们理解他们的遭遇、经历和他们的人类事物的方式。他进一步解释道：

我们用故事的形式来描述我们的文化起源和我们最珍贵的信仰，吸引我们的不仅是这些故事的"内容"，更是它们的叙事技巧。我们的直接经验，昨天或前天发生的事情，都是以同样的故事方式构建的。更引人注目的是，我们将自己的生活（对自己和他人）以叙事的形式呈现出来。（p.40）

戈德布拉特、威瑟雷尔和诺丁（Goldblatt，2007；Witherell & Nodding，1991）认为故事也是人们在跨越分割他们的其他因素（如种族、文化、性别和社会阶层），建立意义桥梁的有力手段，以穿透理解障碍，创造亲切的情感。换句话说，故事教育我们了解自己和他人；它们在一个非常个人的层面吸引我们的注意力，引诱我们去观察、了解、渴望、想象、构建，并超越我们现在的样子（Fowler，2006；Harvery，1994）。

叙事或故事包含了思维模式和话语文本，这些塑造了它们所传达的现实。它们的风格和内容彼此形成，"正如思想从表达它的语言中变得不可分割，并最终塑造了它"（Bruner，1996）。此外，叙述的"是什么"和"为什么"从来都不是偶发或巧合事件。它们有深思熟虑的意图、"声音"、定位和可争议性。布鲁纳（Bruner，1996）认为故事是由特定的价值观、信仰、欲望和理论驱动的，他们试图揭示行为背后的意图或原因，而不是借口。它们很少被视为"非自发性文本"；"那些值得讲述和解释的人或事通常都是在困境中产生的"（p.142）。

"故事也塑造，而不是简单地反映人类行为。因为它们体现了令人信服的动机、强烈的感情、模糊的抱负、明确的意图或清晰的目标"（Rosaldo，1989，p.129）。它们有许多不同的功能。它们可以娱乐、教育、告知、唤起记忆、展示民族和文化特征，并阐释抽象概念。故事是一个投射和呈现自己的方式，宣布什么是重要的和有价值的，给感知以结构，使一般的事实对特定的个人生活更有意义，连接自我和他人，作为文化存在宣扬自我，形成一个健康的自我意识，建立新的意义和关系，或者建立社区。故事通过文字图片和语言节奏赋予人物、概念和想法以生命，反过来又传达了新的体验和可能性（Bruner，1996；Delpit & Dowdy，2002；Denman，1991；Franklin & Dowdy，2005；N. King，1993）。

N. King（1993）在反思将故事创作和讲故事结合到她自己的教学经验时宣称，这些技艺"使抽象更加具体，多样的事实更易理解，使学生变得全神贯注并激发其学习兴趣的，不仅仅在故事本身，而是在它被讲述的文化或社会背景"（p.2）。一个故事的讲述是另一个故事的起源。它所唤起的影像、节奏和经历"在观众的记忆中产生了回响，他们会用自己的想法和感受来重建这个故事"。在这样的方式中，个体的生活通过故事的内容交织在一起（Dyson & Genishi，1994，p.5）。这些属性完全符合本书中所呈现的文化回应式教学的"故事"的特点和功能。《成为多元文化教育者》（Gay，2003）和《课堂上建立种族和文化能力》（Teel & Obidah，2008）也有力地说明了这一点，提出了让教师更好地与不同种族的学生合作的挑战。两卷书的作者都提供了自传式的叙述，讲述了他们自己在职业旅程如何成长，如何让自己和学生得以更熟练地参与民族、种族和文化多样化事务中。他们讲故事的内容和技巧是其他人模仿的榜样和动力。

尽管"故事"通常与人们讲述自己或他们所参与的事件有关，但对教育理念、范式的解释以及关于教育的提议对"故事"的构成也是必要的。与有色人种学生合作时，教育工作者需要将他们的想法和经验组织成有意义的"重要事件的故事"，就像个人也需要梳理他们的个人经历一样。若不这样做，成功的努力就不容易分享或复制。对有色人种学生的教育工作迫切需要在现有基础上做出更大的突破。这就是为什么我想以文化回应式教学的形式来创造一个关于权力教育学的"故事"。

在构建这个故事的过程中，我将其他研究者、学者和实践者的想象、想法、意义和经验，以我自己的理解结合起来，加以阐述，从而创造出更加丰富的意义和更广泛的可行性。研究结果旨在为提高有色人种学生的教育成就，提供更有效的途径。因此，《文化回应式教学——理论、研究和实践》是学术成功的故事。在某种情况下，它已经发生了，但在大多数情况下，它仍然是一个尚未实现的设想和可能性。

第二节　个人故事和趋势的象征

任何好的故事都有一个背景和情境，围绕着一些对讲故事的人来说很重要的话题、问题、事件、主题或情景展开。有时，可以通过使用较小的事件或经历来启动较大的事件。这就是文化回应式教学故事创建的开始——以一个小故事作为大故事的入门。这个小故事充当了一个预览，为后面更详尽的内容拉开序幕。它同时是隐喻性的和字面性的，象征性的和代表性的，个人的和集体的，真实的和想象的，事实的和虚构的。它在某种程度上将它们放到个人情景中，给出了这本书的动机和名称的信息。它作为一个参照点，确定了构成问题和个人的文化回应式教学法的宣传和代理。

这个故事的开头可以命名为"输赢共时"。虽然它的场景是关于真实生活中的个人和事件，但人物的名字都是化名。故事开始：

作为学习者，亚伦和艾米兄妹是一个矛盾的研究对象。在学校之外，他们表现出一些与天赋有关的典型特征，但在学校里，他们充其量只是普通学生。他们是有爱心、有责任心、有礼貌的青少年，被同龄人视为可交的朋友。他们对社交生活中遇到的人、事和经历有着无限的好奇心。他们能轻松、自信、有效地与各种不同年龄、地位、性别、民族、种族和教育程度的人交往。他们与教育学院的院长在一起，就像与同龄伙伴和蹒跚学步的小侄子在一起一样自在。

亚伦和艾米知道如何提出引人入胜的、令人深思熟虑的、探究性的问题，这样他们就能获得关于自己不理解的事情的信息，同时也能积极参与到对话中来。他们不会认为不知道某件事，是对他们自我、智力或自我价值的负面反映。他们认为询问和提问是自然的认知方式，并在他们的社会环境中大量使用。他们善于在与他人的互动中做贡献，这些贡献总是与情境和目的相适宜。亚伦和艾米喜欢学习，有兴趣探索各种各样的话题和问题。他们愿意尝试新的体验和思考新的事情，这种做法是经过深思熟虑的，而不是一时冲动或不负责任的。他们带着尊重与荣誉与他人一起勤奋探索，以扩展自己的知识。他们"处理"自己的经验和知识，能成为最好的倾听者，知道如何帮助他人构建话题。他们例行地反思、分析和评价，并将知识和经验及时归类整理，而不只是按照最初的接收方式。亚伦和艾米喜欢讲述他们所遇到的故事，并与他人分享他们的经验和见闻。因此，他们口头表达能力强，在人际关系和社会关系方面表现得很成熟。

亚伦和艾米也是很好的问题解决者和批判性思考者。他们知道如何评估自己的优势和劣势，并知道如何有效地处理问题。他们诚实、光明磊落地对待自己的责任和错误行为，他们不会逃避责任，也不会为不负责任的行为找借口。他们在寻找问题的答案和解决办法时，积极主动并足智多谋。一个恰当的例子就发生在几年前。一次可怕的大雷雨经历，让他们非常害怕打雷和闪电。在这种恐怖中生活了一段时间后，他们决定找一种规避的方法。于是，他们开始看电视上的天气频道，并学着阅读报纸上的天气图。通过这种方式，他们就能提前得知未来的天气变化，并在情感上和精神上做好准备。因此，他们就没有再让恐惧压倒自己，而是控制了它，并教会了自己如何超越它。

有了这些特质与技能，人们一定会认为亚伦和艾米在学校会成为"学霸"。不幸的是，事实并非如此。他们从上幼儿园开始，就在学业上困难重重，他们抱怨自己的科目枯燥乏味，听不懂老师在讲什么。老师对学生提问不耐烦，他们并不关心或关注学生。所有的测试，没人解释他们的答案错在哪儿，另外，他们也无法按时完成学校和课堂要求的所有学习任务。这些担忧，对他们来说都是烦恼不安的。然而，亚伦和艾米能够将他们的成绩和个人素质区分开来。当他们坦率地谈论考试不及格和在课堂作业中表现不佳时，从来没有听到他们说："我是个失败者。"他们也继续把学校仅看成他们学习的场所。这在他们谈论学校里发生的事情时表现得很明显，他们所讲述的事情在某种程度上都与学习有关。虽然他们在学校里有一个广泛、多样的朋友圈，但在社交联络中每天在校学习中发生的事情并不是他们谈论的焦点。

尽管在学业上有困难，亚伦和艾米从未对教育或上学表示过反感。他们从不抱怨或想要"翘课"、逃学。有时，他们甚至发现一些老师、课程、任务和阅读令人兴奋，激发智力。他们的一位老师将大量关于非裔美国人的信息融入美国历史中，并让学生们对历史事件进行批判性分析和解读，这位老师被学生铭记于心，特别受尊重。他们认为他的教学风格是"所有的教师都该这样教学"。阅读《礁石》（Taylor，1969）、《让圆圈不被打破》（Taylor，1981）、《雷的滚动》（Taylor，1984）和《马尔科姆·艾克斯自传》（Malcolm X & Haley，1966）以及观看《根》（Haley，1976）对他们来说都是在智识上取得成功的难忘的事件。为此，他们与父母和朋友在家中分享了深入的见解和反应，激发了他们的兴奋点。他们关于这些学习任务的报告和测试都得到了老师们的高分和好评。

高中快结束时，亚伦和艾米怀着忐忑不安的心情，但又满怀希望等待着他们在最新一次的学区能力测试的成绩。数学与写作是他们的宿敌，而科学是另一个。他们之前已经参加过几次了，可都没能成功。如果他们再不通过，他们该怎么办？他们会再考吗？他们经历多少次这样的痛苦，才会变得如此灰心丧气、意志消沉，以至于拒绝再坚持下去？按规定，即使他们已经通过了所有规定的课程并取得了合格的成绩，但如果没通过能力测试，就不能拿到毕业证。如果他们没有毕业，他们接受高等教育的机会几乎为零。

亚伦和艾米在学校里发生了什么情况？为什么这些年轻人在校外既聪明又有好奇心又有能力，而在校内却不行呢？这是否因为他们是非裔美国人和贫穷的城市居民而显得与他们的学业能力相矛盾呢？尽管从外表看他们仍然对自己非常自信和乐观，但反复地通不过测试对他们的自我意识还是产生了消极影响。如果教师们知道如何将非裔美国人的学习内容和学习风格融入他们的课堂教学和考试准备中,那么亚伦和艾米的学习故事是否就会有所不同?

第三节 成就的挑战

亚伦和艾米从 8 年级开始了他们的测试故事。他们在随后的几年中通过了一些必要的测试,但没有通过数学、科学和写作。他们连续 5 年参加了某种形式的能力测试。高年级期末,亚伦和艾米得到了一个好消息,他们终于通过了最后要求的考试,将和他们的班级一起毕业。这一消息对他们来说,更多的是心理上的安慰,而并不是学业成就的肯定。亚伦的议论证明了失败的威胁对他们而言是沉重的负担。最终的测试通过后,他露出了小心掩饰的深切忧虑。他想:"如果没有毕业我会遭遇什么?我会得到一份体面的工作吗?会不会没有任何一个体面的女孩跟我约会?社区中的人会怎么看我?我将会一直这样尴尬。"这些对青少年来说是严重的担忧,可能也是其他许多学生面临的痛苦。

不幸的是,亚伦和艾米的情况不是特例或孤立的。在美国的各地学校中,有成千上万像他们这样的学生。根据凯瑟琳·格韦兹 2017 年在《教育周刊》上发表的一份报告,美国有 12 个州要求学生通过能力测试才能从高中毕业,这比 2008 年的 24 个州有所下降。然而,所有 50 个州都出于种种原因使用了标准化测试,如对学生需求和学生安置的诊断、对教学的改进、项目评估和学校绩效报告等(Digest of Education Statistics,2008)。除了这些数字外,地方学区还制定了各种形式的必要学习、表现能力和毕业要求的标准化测试。由于政治家和政策制定者需要"基于数据的"证据证明学生达到了既定的表现标准,然而这一数字每年都在飞速增长。

在美国各地,奋力挣扎于能力测试和其他公认的"学业卓越的高标准"的学生并非仅有非裔美国人,而且还有美洲原住民、拉丁裔、亚裔和欧洲美国人；男性和女性；穷人和中产阶级；城市居民和农村居民；以英语为母语者及英语水平有限者；土生土长的公民和移民。很多人的状况比亚伦和艾米还要糟。他俩至少还在继续上学，还能在他们的课堂上发现一些有价值的头脑风暴，他们并没有把学业上的困难内化为对他们作为个人价值的消极体现。他们很清楚一家小企业最近宣传的一句励志格言的含义："失败只是一种经历，并不代表任何个人。"不幸的是，对于许多在学校不成功的学生来说，情况并非如此。他们和老师都把他们的学业困难和个人价值联系起来，这样他们就被视为失败者。

第四节　提高学生成绩的主张

本书的讨论基于六个主要的前提或主张。它们为提高成绩不佳的有色人种学生的表现提出的对策，塑造了分析文本和基调。由于它们贯穿在所有章节的叙述过程中，所以最好在开篇就将它们明确。

一、文化考量

第一个前提是，文化是我们以教育名义所做的一切事情的核心，无论是课程、教学、管理还是绩效评估。在这里，文化是指一个由社会价值、认知代码、行为标准、世界观和信仰组成的动态系统，用来给自己和他人的生活赋予秩序和意义（Delgado-Gaitan & Trueba，1991）。即使我们没有意识到，文化也强烈地影响着我们的思维、信仰、交流和行为方式，而这些反过来又影响着我们的教学和学习方式。因为教学和学习总是受到文化中介或塑造的影响，它们永远不可能是文化中立的（Ginsberg，2015；Kuykendall，2004；Ortiz，2013）。正如佩、阿黛尔和萨兜（Pai et al.，2006）所解释的那样："教育是一个社会文化过程，这是无法回避的事实。因此，对文化在人类生活中产生的作用进行批评性地审视，这在理解和控制教育的过程中是不可或缺的"（p.6）。乔治和路易斯·斯平德勒（George and Louise Spindler，1994）扩展并进一步明确了这个观点。这让教师有充分的理由去了解自己和学生的文化是如何影响教育过程的。他们解释说：

> 教师把他们个人的文化背景带入课堂。他们以不可避免的成见和偏见看待学生，因为他们都是文化的代理人。学生同样也带着个人文化背景来上学，这也会影响他们对老师、其他学生以及学校本身的看法。在没有意识到的情况下，学生和教师共同构建了一个在个体和群体行为中产生意义的环境，随之而来的是冲突与适应、拒绝与接受、疏离与退缩（p.xii）。

博伊金（Boykin，1994）对文化与教育之间的相互作用提供了另一种观点，它有助于构建本书各章中提出的分析框架。他也认为，"在美国，教育过程历来存在一种深刻而不可避免的文化结构"（p.244）。这种主要来自欧洲和中产阶级的"文化结构"，在学校的结构、校风、课程和礼仪之中根深蒂固，以至于它被简单地认为是做"正常"和"正确"的事情。正因为如此，正规教育：

> 是关于学习如何阅读、写作和思考……以特定的方式与特定的信仰一致，也与特定的优势点、价值承载的条件和价值承载的格式保持一致。这些规定的教育方式，包括这些特定的优势、条件、适当的做法和固有的价值观是一个深刻的文化社会化过程的基础和结构，这个过程形成了学校教育体系的结构。（pp.245-246）

由佩和同事、博伊金和斯平德勒（Pai，Boykin，Spindler）提出的文化和教育之间的联系在菲利普、赫茨、格里鲍斯科、阿姆斯通（Flippo et al.，1997）等的作品中得到了更加明确的阐述。他们宣称"读写能力和文化之间的关系是双向的"。文化多样性不仅会促进读写能力的提升，而且读写能力教育也会影响和塑造个性的文化身份（p.645）。 埃里克森

（Erickson，2010）对文化在教育中的重要性、必然性和挑战提出了另一种观点。他解释道：

> 从某种意义上说，教育中的一切都与文化有关——与文化的获得、传播和创新有关。文化存在于我们的内心和周围，就像我们呼吸的空气一样。就其范围和分布而言，它是个人的、家庭的、公共的、机构的、社会的和全球的。然而，文化作为一种观念往往难以把握。当我们在日常生活中学习和使用文化时，它就变成了一种习惯。我们的习惯在很大程度上变得透明。因此，文化从内部到外部都在我们的反思意识之外。在我们使用文化的时候，不会对文化的结构和特征思考太多，就像我们在使用任何熟悉的工具时，不会对它反思一样（P.35）。

这些观察强调了将文化置于技术分析中以改善成绩不佳的有色人种学生的表现的重要性，或者明确承认文化已经存在于中心，并扩大教育实践的"中心"，使之更加多元，而不是同质化。这种教学重心的转变势在必行，正如艾森哈特和卡茨-多德蒂（Eisenhart & Cutts-Dougherty，1991）所建议的那样，"获取知识……是被社会定位和文化构建的行为"，这意味着"社会障碍或文化规范定义并限制了社会群体内部和群体之间应该交换的信息的类型和数量"（p.28）。

文化像任何其他社会或生物有机体一样，它是多维的，并且在不断变化。它必须如此，才能对创建它的人和它所服务的人保持生命力和有效功能。沃德曼-瑟斯顿和考麦（Wurdeman-Thurston & Kaomea，2015）承认，尽管文化是复杂的、动态的和流动的，但它们在一些方面在许多代人之间持续存在。正如文化在表达上所呈现的那样，它受多种因素影响，包括时间、环境、年龄、经济状况和社会环境。这种表达上的可变性并没有否定某些核心文化特征和焦点价值在不同种族群体中的存在。相反，民族群体的成员，无论有无意识，都具有一些核心的文化特征。谢德、凯利和奥伯格（Shade et al.，1997）将其称为模态（必然、可能）人格，这意味着这是最有可能在一个民族人口样本中发现的文化特征。指定核心或典型特征并不意味着它们将在所有小组成员中得到相同体现。如果某些小组成员没有表现出所描述的任何特征，这些特征也不会被否定。由于种种原因，民族群体的个体成员如何表达他们的共同特征存在很大差异。造成这种差异的一些原因，以及它们之间的关系，在本书中将被构想和应用，并形象化地在图 1.1 中做了描述。

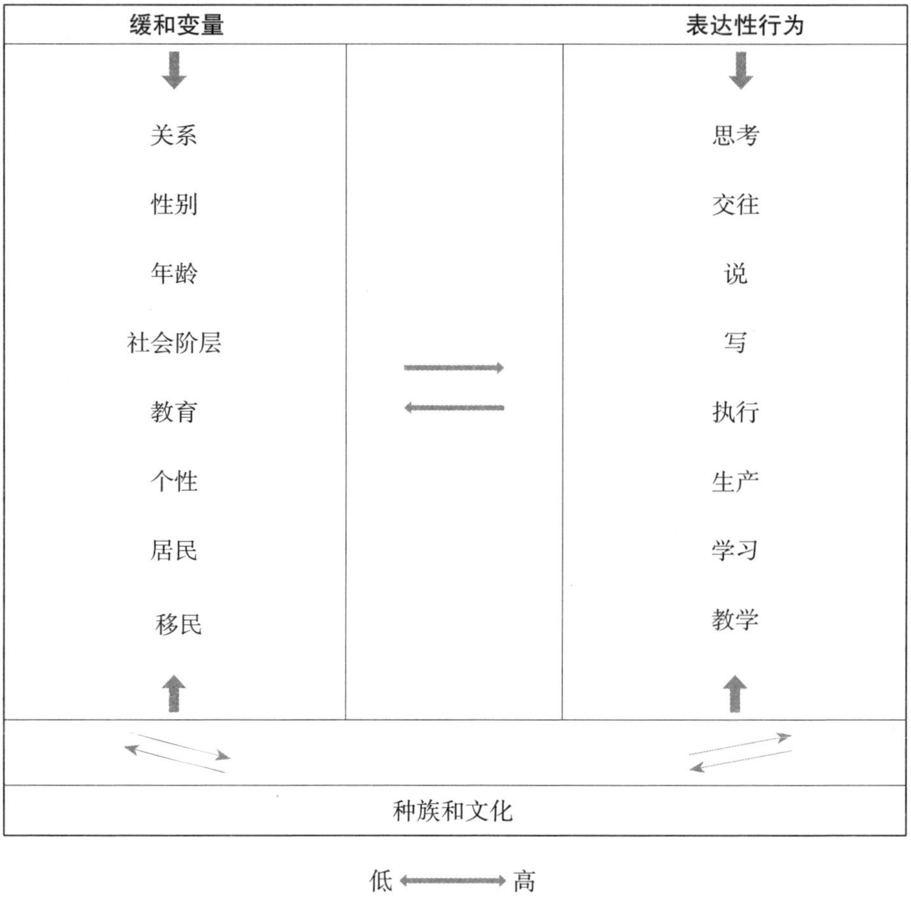

缓和变量		表达性行为
↓		↓
关系		思考
性别		交往
年龄		说
社会阶层		写
教育	→ ←	执行
个性		生产
居民		学习
移民		教学
↑		↑
⇄	种族和文化	⇄

低 ⟷ 高

图 1.1　文化动态图

该图表明，文化是动态的、复杂的、互动的和不断变化的，但在人类生活中是一种稳定力量。正如阿迪基（Adichie，2009）解释的那样，在处理文化问题时，假设、寻求或试图为一个民族或个人呈现一个庞然一体或单一的故事是危险的。如图1.1底部所示，"种族与文化"是所有其他行为的基础锚。它们表现在存在和强度的连续性上从高到低，如双向箭头所示。民族群体文化的核心特征如何在表达性行为（例如思考、说话、写作等）中得到体现，并受到社会环境和文化建设的不同缓和变量的影响，缓和变量如：性别、教育、社会阶层和归属程度。模型中确定的变量代表了各种影响，而不是所有的影响。族群与文化、缓和变量与表现行为之间的双向箭头，暗示着它们之间的关系是辩证的、动态的。

缓和变量也是相互影响的，就像各种表达性行为一样。这些关系由每一矩形块之间的双向箭头表示。然而，影响并不总是在相同方向或具有相同的强度。例如，受教育程度高并不一定与较高的民族归属和学习风格特征呈正相关。民族归属程度高确实与较高的文化认同和所有权相关。按时间顺序排列上的成熟度并不保证更高的种族归属或文化认同。虽然男性和女性表达他们的文化遗产的方式有所不同，但这更多是因其性别而产生的社会化差异，其影响比因其性别而产生的或多或少的文化关联更大。

本书中有关文化对教与学的影响的讨论集中在核心特征上，表现为更接近连续体的"高端"的清晰性、特异性、纯洁性和真实性的排列。表现出这些文化特征的想象中的个体在种族上具有很强的文化认同感。但他们可能无法在认知上向他人或自己明确表达自己的文化和种族。这里所描述的并不是为了捕捉每个人所能想象到的文化表现形式，也不是不同种族群体中所有个体的情况。此外，文化特征是随着时间的推移，在许多不同形势下，产生的群体行为的复合结构。它们不是纯粹描述群体中特定个体或特定时间点上的特定行为。相反，对文化的描述是现实的近似模板。如果你愿意——通过这些样板可以过滤个人的实际行为，以寻找其他解释和更深层的含义。从这个意义上讲，本书所包含的文化描述的目的与教育中任何其他概念模式的目的类似，例如对良好的教学、处于危险之中、有天赋的和与性别相关行为的特征。几乎没有人会在任何地方、任何时候都表现出以上所描述的特征。

学校文化和不同种族的文化也不总是完全同步的。这些不连续性可能会干扰学生的学业成绩，部分原因是一些种族和文化上不同的个人在智力活动、自我表现和任务表现方面的习惯与学校惯用的行为不同。知识和技能的表现可能会受到结构和程序上的不一致的限制（Au，1980；Cazden，John & Hymes，1985；Holliday，1985；Spindler，1987；Spring，1995）而被视为智力缺乏。因此，教师需要了解不同文化交叉点和不兼容之处，尽量减少紧张气氛，并弥合不同文化之间的差异。教育过程的顺序和传递方式与多样化学生的文化参照框架之间如果保持一致性，将提高有色人种学生的学业成就。

二、传统改革不充分

本书的第二个引导性假设是，提高有色人种学生学习成绩的传统的范式和方案注定会失败。这主要是由于一些人深陷于赤字取向中。也就是说，他们专注于民族、种族和文化多样性的学生欠缺的东西和不能做的事情，此外，他们还主张文化中立。这些立场在当前对"高风险"学生的认识和高度结构化的、只强调学习技术和学术层面的教学计划项目制定中表现得非常明显。这类备受瞩目的创新似乎对有色人种学生的成绩产生了一些显著的积极影响，如恢复阅读、优先阅读和公开法庭（PreK to12：Resuts Matter，n.d.；U. S. Department of Education，2007）。但这些影响可能经不起时间的考验，也并不像他们声称的那样全面。它们可能无意中使学生为了获得学业成就而牺牲他们的种族和文化认同感——至少可以说，这种情况是有问题的。

这些项目试图通过将学业成绩与影响因素，如文化、种族和个人经历分开处理。1980年在圣地亚哥县公立学校发起的"个人决心进步"（AVID）项目，向来自城市地区的拉丁裔和非裔美国学生证明了这一谬误。AVID的主任和老师发现，当学术干预被社会支持的基础设施强化时，学生的成绩要高得多。其中包括个人关怀、互助和协作、在教学中使用文化锚和调节者，以及在学生和教师之间创建社区意识（Mehan et al.，

1996；Swanson，1995）。幸运的是，一些有创造力的老师，如劳伦斯·谭（Lawrence Tan），正在继续努力，在高结构化的授权课程设计和教材的背景下，帮助学生达到学业标准。他们正在"阅读第一"和"开放法庭"（L. Tan，2003）等项目中寻求办法。

三、有意图没行动不行

第三个假设是，许多教育工作者都有良好的意图，即不让自己在学术上不公正，不歧视不同种族的学生。另一些教育工作者理解甚至支持在课堂互动中意识到文化差异的重要性。无论它们对于防止不同学生之间的学业不平等多么重要，但只有良好的意愿和意识，都不足以带来教育计划和程序所需要的改变。善意必须伴随着教育知识和技能以及打破现状的勇气。多年前，卡特·G.伍德森（Carter G. Woodson，1933/1969）对于没有熟练技能的良好意愿的局限性，做了一些富有批判性的观察，在内战结束后不久教育非裔美国人的尝试中很明显地证明了这一局限性。到南方去启发被解放的奴隶的传教士是认真和令人钦佩的，但在很大程度上是无效的，因为他们：

拥有热情胜过知识。他们不理解面前的任务。这项事业更多的是为了提高社会地位，而不是真正的教育。他们的目标是改变黑人，而不是发展他们。那些本应得到启蒙教育的自由人没有得到什么思想，因为他们这些种族最好的朋友自己也没有受过良好的教育。传教士们遵循了那个时代传统的课程，除了谴责或同情外，并没有真正考虑黑人（p.17）。

尽管这些观察是由一个半世纪前的情况引起的，伍德森的评论是75年前首次提出的，但它们的价值不仅仅是历史事件和记忆。不幸的是，它们被认为已过时且不合理而不予考虑。这些原则今天仍然适用的事实表明，为非裔美国人和其他有色人种群体提供适用教育的问题是长期的、持久的，而且日益紧迫。

对有色人种群体最恶劣的谴责不再以公开的方式存在，但在处理影响他们的社会问题时，传教士的热情仍在继续。他们采取良性失察的态度，只要不挑战老师或破坏课堂秩序，有色人种学生就经常被忽略或被置之不理。伍德森所描述的"启蒙意图"在当代的另一种常见表现是宣称对文化差异的认识和欣赏，足以应对为有色人种群体提供有效教育的挑战。这些立场的捍卫者似乎没有意识到问题的复杂性，不采取任何行动只停留在认识或欣赏层面，就不会改变教育事业。掌握与不同文化背景的学生一起在教育环境中工作的知识和技能是这项任务的当务之急。

另一种"善意"立场是"种族、文化、民族与社会阶层同等重要。最受关注的教育问题是个人及其学习成果"。学生的种族、文化和民族、个性和智力不具有独立属性，不可整齐地划分为不同类型，有些可以被忽略，而另一些则容易被忽略。相反，它们是相关的、密不可分的，所有这些必须被认真理解，从这种理解中收集到的见解应该成为重新设计文化多样性教育的驱动力。按照伍德森的精神，这种全面的理解才是发展有色人种学生智力的更合适的基础，而不是试图让他们放弃种族身份和文化基础。

四、文化多样性的力量和活力

本书讨论的第四个主张是，文化的多样性是一种力量，是我们个人和公民生活中的一种持久而充满活力的力量。尽管，其潜力可能无法全部实现，但它是为所有学生教育提高效率的有用资源。正如它们对欧裔美国人的唤起一样，中产阶级的文化遗产有助于白人学生的成就，种族、文化多样性学生利用美洲原住民、亚裔及太平洋岛美国人、拉丁裔和非裔美国人的文化和经验，同样也能促进他们在学校取得成功。

一些研究人员和从业人员，提供了支持这些主张真实性的证据。例如，麦卡蒂（McCarty）、华莱士（Wallace）和林奇（Lynch）（1991）和麦卡蒂（2002）发现纳瓦霍族（Navajo）孩子沉默和被动的形象，被将学校学习与文化背景和生活经历相联系起来的教学彻底改变了。当学生们的社会经验被整合到课程和教学中，他们的文化和语言资源被用来解决学业问题时，纳瓦霍族的学生在课堂上变得精力充沛、智力投入和语言流利。博格斯、沃森·葛杰奥和迈克米兰（Boggs et al.，1985），撒普和加里莫尔（Tharp & Gallimore，1988）和奥（Au，1993）报告说，使用文化上熟悉的内容和教学风格来提高夏威夷土著学生的学术成就，得出了类似结果。克拉特、泽尼和卡森（Krater et al.，1994），博伊金（Boykin，2002）和C.李（C. Lee，1993，2007）也为非裔美国学生做过同样的事情。埃斯卡兰特、蒂尔曼（Escalante & Dirmann，1990）和希茨（Sheets，1995）为拉丁裔学生提供此服务；飞利浦（Philips，1983）为暖水泉保留地的学生，格林鲍姆（Greenbaum，1985）为切诺基小学的学生提供了这种服务。威金顿（Wigginton，1985，1991）的服务对象是生活在阿拉巴契亚社区中的贫穷的农村欧裔美国人。诸如此类的实践及它们促进学生成就的效果，为本书的标题、意向赋予了名称、内容和有效性。他们支持社会文化背景因素对有色人种学生的学业成就的转化作用。换句话说，"将学习的情境条件与学习者的文化经验相匹配，由此增加学习任务投入，从而提高任务绩效"（Allen & Butler，1996，p.137）。

对于种族和文化多样性学生来说，学习经历和成就应不仅仅局限于学术领域的认知表现和标准化考试成绩。道德、社会、文化、个人和政治素养发展也很重要。所有这些对于人类和社会的健康、完整地运作是必不可少的。如果教育本应致力于培养一个完整的孩子，那么这种综合培养应该贯穿整个课程、教学和评估。约翰·加德纳（1984）颇有说服力地阐述了这一点。他告诉我们，卓越的教育是一种过程：

不断的自我发现，不断的自我重塑，以实现最好的自我，成为自己可能成为的人。它不仅包括智力，还包括情感、性格和个性——不仅是表面，而且是更深层次的思想和行动……适应性、创造性和活力……道德和精神成长。（p.124）

在美国的学校里，为促进学生文化多样性的全面发展，应该在一个道德价值观和多元文化视角的框架内进行，因为"每个时代、在每个重要的情况下，以每一种可以想象的方式"（Gardner，1984，p.125）必须重新创造自己。这些重要的非学术性学习通常不包括在标准化的考试分数中。如果考试是决定学生表现的唯一衡量标准，那么成绩的一些重要的成就领域将被系统地、反复地忽视。因此，就像学生应该被看作是多维的和背景多样性的一样，评估他们在学校表现的常规技术也应该是多元的。

《全面教育评论》的执行主编杰弗里·凯恩（Jeffrey Kane）提出了高质量教育的另一个视角，与本书的假设和意图相呼应。它是关于"认知和存在"（1994）的，它讲到教育的道德层面。之所以在此提出它，是因为总体上的教育和旨在消除长期存在于有色人种学生身上的教育不公正现象的具体改革行动，既是道德挑战也是教学挑战。正如凯恩（Kane，1994）所解释的：

认知和存在紧密地交织在一起。知识是被嵌入并由人类智能创造，这些智能存在于内部经验的宇宙中，存在于人类的经验中。孩子获得的每一件事实，每一项技能，无论多么微小和看似谨慎，都与我们的意义感、目的感和身份感相关……无论我们是否有能力去思考、去探索自身存在的深度、去迎接挑战、去说出"我是"这句话，还是让自己屈从于技术和方法……很大程度上取决于我们在课程中为孩子们提供的平等的教育经历。（p.4）

五、能力非万能并不代表一切

教育实践中普遍存在的趋势是基于这样的假设，即学生在任何一个领域表现出的能力，与在所有领域都是相同的。尽管意识形态上的主张与此相反，而且这些主张往往没有在实践中得到反映。因此，在科学方面有天赋的学生被认为在数学、社会研究、语言艺术和美术方面也具有相同的能力。相反，例如，阅读成绩不佳将与写作、公民教育、科学和数学方面的成绩不佳并行。这个假设的另一个例子是，能力的普遍性是经济学、民族性和教育成就之间的相互作用。教育工作者的倾向是，把所有贫困和有色人种孩子都认为存在学校失败的危险。尽管有支持性证据表明这些因素之间存在高度的正相关，但仍然存在明显的常规例外。然而，在常规的教育话语中，明显没有成绩优异的有色人种贫困学生的描述（除极少数，或者在不寻常的情况下）。这些假设也被强加于母语为非英语的学生身上。他们有限的英语技能往往与低智商联系在一起。因此，假定一个领域的有限能力通常会延伸到其他领域。

事实上，能力总是随着环境变化而逐渐变化发展的。无论一些（甚至大多数）学校的学习对一部分学生来说是多么具有挑战性，但总有一些事情他们可以做得很好。这些能力可能得不到教育工作者认可和重视，它们也可能在学校环境中行不通，但这不意味着它们不存在。它们可能是社会的、文化的、个人的或政治的，而不是学业的，不一定适用于所有时间和环境，但它们确实存在并且有用。相反，拥有最高学业成绩的能力并非在任何时间适用于任何情境。学业成绩优异的学生可能会在社交技能和自尊心方面遇到困难。而一些被社会抛弃、在学校学习不佳的人会成为其文化社区的青年领袖、导师和活动家。文化回应式教学认可并进一步发展了这种自然的多样性和不同学生群体之间的能力流动性。一些重点相关的理论发展被称为知识基金（Gonzalez, Moll & Amanti, 2005; Moll et al., 1992），或作为资产或基于力量的教学（Lopez, 2017）或人才开发（Boykin, 2002）。

六、考试分数和等级是成绩问题的症状而非原因

本章讨论的最后一个关键的前提是，学生标准化考试分数和学生课堂学习任务分数，并不能解释为什么他们的表现没有达到可接受的水平。这些只是问题的症状，而不是问题的原因或补救办法。除非教师了解是什么在妨碍学生表现，否则他们将不能适当的干预，以消除取得高成就的障碍。简单地指责学生和他们的社会经济背景，责怪他们缺乏学习的兴趣和

动机以及家长在教育过程中的参与度不高，这些都不是很有帮助。"为什么"的问题仍然没有答案。其他一些原因也可以解释为什么非裔美国人、拉丁美洲人、印第安人和一些亚裔美国人在学校表现不佳者比例过高的问题。原因包括群体内部的差异性、不同的技能和能力、由种族偏见和刻板印象引起的压力和焦虑、学校文化和种族多样性学生家庭文化之间的不连续性，以及缺乏教育项目和机构的认可和支持（Fuligni, 2007; Steele, 2010）。他们提出的意见，可以为扭转目前的成就模式带来更多希望。

要想找出学生表现与其应有表现为什么不同的原因，首先应该更仔细地对成绩数据进行剖析。描述不同种族群体的"平均"表现和"综合技能"只会掩盖事实而不能阐明原因。因此，给人留下这样的印象：参加考试的某一年级的学生，与下一年参加同样年级考试的是同一批学生。例如，报告称，8岁、13岁和17岁的非裔美国学生在全国教育进步评估测试中阅读分数是所有种族中最低的，而且各州的水平测试漏掉了许多关键信息。报告没有具体说明成绩是如何按性别、社会阶层、居住地点、移民身份和语言背景分布的；也没有详细说明构成阅读的各种技能（如词汇、理解、推理、解码等）。这些报告潜移默化地忽视了非裔美国人群体内的差异性。然而，必须理解这种差异，所获得的见解才会影响教学改革的设计和实施，才能促进这些学生取得更好的学业成绩。

没有哪一个民族在文化上或智力上是完全单一的。例如，非裔美国人包括在美国被奴役的非洲人的后代、其他来自加勒比地区的人，以及最近来自非洲各国的移民。有些人说流利的学术英语，有些人说方言，还有一些人把英语作为第二语言。一些非裔美国人在学业上很有天赋，有些学生成绩一般，还有一些学生成绩不及格。这种差异性在美国所有的种族群体中都存在，它以不同的方式影响着学生的成就。如果教师想进一步鼓励那些已经表现良好的学生，纠正那些表现不佳的学生，就必须更明确地界定这些差异是什么。因此，针对不同学生的有效教学和学习，取决于对学生人口特征和学业技能成绩数据的深刻剖析。

对美国移民教育的研究图文并茂地说明了为什么移民应该被理解为某

些族裔成就模式的原因之一。维恩兹（Vernez，1996）发现，移民上高中的概率（87%）低于美国出生者（93%）。拉丁裔移民，尤其是来自墨西哥的移民几乎是造成这些差异的主要原因。1990年，只有1/4的15—17岁的墨西哥移民青年入学；拉丁裔移民的表现低于其他移民群体，但高于其在美国出生的同龄人。麦克唐纳、希尔（McDonnell，Hill，1993）和法斯（Fass，1989）报告说，表现最好的亚洲移民学生是日本人、中国人、菲律宾人、韩国人和亚洲印度人。东南亚人，例如越南人、柬埔寨人和泰国人表现不佳。

其他研究人员（First & Carrera，1988；Igoa，1995；Lee & Bean，2010；Lee & Zhou，2015；Olneck，2004）的研究认为，许多移民家庭及子女陷入了一种社会文化悖论。他们来美国是为了摆脱贫困和迫害，以改善他们的生活质量。在这过程中，他们经常遭受自身社会和家庭关系方面深刻的情感伤害。这些孩子在移民前，接受的正规教育是零星的、支离破碎的。来到美国后，一些移民家庭的住所频繁发生变化，这干扰了孩子们的教育连续性。他们必须适应新的文化、语言、生活方式和教育体系。这种地理、文化和心理情感的提高会为他们带来压力、焦虑、脆弱感、孤独、孤立和不安全感。所有这些都可能对学业成绩产生负面影响。

移民和本地出生的有色人种学生也会遭遇偏见、刻板印象和种族主义，这对他们的自尊、心理健康和学业都有负面影响。几位研究人员的工作证明了这些对非洲、亚洲和美洲原住民学生的影响。普罗默和斯莱恩（Plummer and Slane，1996）以及C.琼斯和肖特-古登（C. Jones, Shorter-Gooden，2003）发现，种族主义对非裔美国人造成了极大的压力，他们需要采取与欧裔美国人截然不同的应对行为。两项研究均得出结论，因为"种族主义本身就是潜在的压力来源"（p.314），因此个人不必亲自经历，也能体验到针对其族裔群体的种族主义态度和行为。

斯蒂尔（Steele，1997，2010），斯蒂尔和阿隆森（Steele & Aroson，1995），阿隆森（Aroson，2004）考察了关于对种族和性别群体的社会刻板印象，如何影响了个体成员的智力功能和身份发展。他们称这种效应为

"刻板印象威胁效应"。它被定义为"对自己所属群体中的负面刻板印象事件,逐渐变得自我相关。通常是指对自己正在做的某事,正在经历的某事或自己所处的某种情况近乎合理的解释,它与一个人的自我定位有关"(Steele,1997,p.616)。斯蒂尔和阿隆森(Steele & Aroson,1995)提出,对于那些最在意自身表现是否良好的学生,"刻板印象威胁效应"最为明显。关于他们种族智力低下的无端指控,又造成了额外的自我威胁,这会缩减学生的智力水平,将注意力转移到与任务无关的担忧上,产生不自然和过度谨慎,并导致他们脱离学业。兰德里和克洛诺夫(Landrine & Klonoff,1996),高吉斯(Gougis,1986),斯蒂尔和黑格阿德(Steele & Hilliard,2003)也报告了类似的结果。

戴勒(Deyhle,1995)记录了对纳瓦霍族学生的种族主义歧视,造成了对他们学业成就的严重威胁。它采取了许多不同的形式,从明显的种族主义行为到更加微妙的家长式作风,到扭曲文化价值观,再到贬低学生的智力。在纳瓦霍保留地外上学的年轻人,谈到了由于反复被捉弄、嘲笑、被宣称不受喜欢,给自己所带来的社会心理和情感压力、尴尬和愤怒。教师对他们感到不舒服或害怕,大概是因为纳瓦霍族学生被认为在基本课程和实践教学中表现得比较好,而教师给他们提供的却是低水平的、非专业性的教学。他们的文化信仰和习俗常常被嘲笑或轻视为无关紧要。一些纳瓦霍族学生对欧裔美国学生和教师的刻板化印象以同样方式还击,而另一些人则试图消除刻板化印象,避免显露头角。还有一些人则公然无视课堂规则,或者自身完全脱离环境——通过辍学或更确切地说被"赶出去"摆脱了窘迫局面。

基昂和卡普兰(Kiang & Kaplan,1994)报告了越南学生在一所波士顿高中,受到种族压力和焦虑影响的例子。学生们讲述了他们每天遇到的种族冲突,包括那些无关紧要的和被视而不见的,比如因讲越南语而被嘲笑。越南学生常被起贬损性的"外号"和受到种族主义的污蔑,经常目睹和经历骚扰,感到威胁和愤怒,被嘲笑和受侮辱。这些经历可能是整个社会的后遗症。米恩(Min,1995)提供了一些证据,表明由于美国人口中亚裔美国人的增加被一些群体视为经济威胁,造成反亚洲偏见和"仇恨犯罪"上升。美国联邦调查局关于种族仇恨犯罪的年度报告显示,针对非裔美国人的种族仇恨犯罪持续高发,针对拉丁裔公民和移民以及穆斯林的种族仇恨犯罪也显著增加("New FBI Hate Crimes",2008)。不难想象,这些经历对学业、社会和个人成就,或对消除学校和社会的偏见而可能带来的情感和智力上的好处产生了深远的全面影响。尽管存在这些困难,但大多数少数民族创建了社区,安居乐业。如周和班克斯顿(Zhou & Bankston,1999)所描述的新奥尔良的越南社区,以及海因(Hein,2006)研究的美国四个城市中的赫蒙族(Hmong)和柬埔寨难民。

福特汉姆(Fordham,1993,1996)和戈托(Goto,1997)提供了有助于解释不同种族学生的成就模式和找到改革机会的其他因素。他们认定,一些具有较高学业潜力的学生会故意诋毁或掩饰自己的智力,以避免与那些在学校不擅长学习的族裔朋友疏远。福特汉姆解释说,在她的研究中,有学识的非裔美国女性有时会表现为"故意沉默",在这种情况下,她们在课堂上很少发言,回答问题也只是言语简练并无进一步阐述,而通常会有意避免引起他人注意。戈托发现华裔美国学生也会如此行事。为了避免被同学嘲笑或被老师关注,华裔学生低头努力学习,以给人留下他们只是"普通人"的印象。他们寻求的是一种能让自己"匿名安心"的课堂身份。

"两面讨好",即同时具有高度的种族从属关系和学业成就,但当这两个方面不能互补时,就会对学生造成可怕的伤害,这在传统学校中时有发生。两种存在方式的权衡和协商都可能引起压力和情绪上的筋疲力尽,它甚至会导致一些学生完全放弃学业。有些人可能会为了学业的成功而牺牲他们的朋友圈和种族关系。这两种选择对参与其中的学生来说都不理想,也没有为取得最大成就提供最佳条件。学生应该能够在学业、民族、文化和社会方面同时取得成就,而不是受这些方面的相互干扰。

结　论

　　在种族多样化学生身上，许多智力才能和其他类型的智力尚未得到开发。如果这些都被认可并用于教学过程中，学校的教育水平将会从根本上得到提高。文化回应式教学是一种通过同时培养种族多样化学生的学业能力和社会心理能力，释放其高阶学习潜力的一种手段。

　　如果某些种族及其对美国历史、生活和文化发展的贡献被忽视或贬低，最高质量的教育项目和实践将永远无法实现。所有学校和教师，不论其当地学生的民族和种族构成如何，都必须积极参与到促进公平和卓越的教育事业中，所有学生都必须成为这些努力的受益者。最低限度的合格教育必须教给学生必要的知识、价值观和技能，使学生在多元化的美国社会中，有效发挥公民的作用。这些是对所有学生的要求，而不是自愿选择。

　　尽管美国人口日益增多，但大多数美国人生活的社区中，与他们相似的人多于与他们不同的人。这些社区的学生来到学校时，对与自己不同的人知之甚少。然而，他们的生活却与这些"陌生的人"交织在一起，而且在未来会变得更加紧密。如果我们要避免群际的冲突，如果个人要过上尽可能高品质的生活，我们必须教学生如何更好地与来自不同种族、族裔、文化、语言和性别背景的人们相处。这些人际能力包含理解、评价、做事、关心和对权力、资源和责任的分享。因此，在多元文化社区，有效地发挥其社区成员的社会公民技能，与提高有色人种学生的学业成绩和个人发展一样，也是文化回应式教学法的重要目标。

　　研究和生活经验都证实了，多样性是人类生活许多方面的迫切需求，并能带来积极影响。这些包括但不限于少数族裔学生的教与学，多样化是人类与生俱来的。因此，完善我们的为人与接纳多样化是相互关联的。这一生活现实得到了研究的肯定，如菲利普斯（Phillips, 2014）进行的研究。尽管她的研究定位在企业界，但其得出的结论也适用于其他地方。菲利普斯承认，应对多样性是困难的，但也是必要的。我们与不同的人在一起，会使我们更具创造力，更加勤勉和更加努力工作。换句话说，社会多元化的群体比同质化群体更具创新性。这对于多种族、多民族、多语言和多元文化的学校和老师来说，这是一个强有力的、具有启发性的信息。

为了在文化上最大限度地发挥潜能，多样化的学生必须使自我和他人"融为一个社区"。当他们在建立人际关系和相互沟通、激发各种多样性时，他们将变得更聪明、更完整、菲利普斯研究中的参与者也是如此。她的结论值得在这里重复，以激励教育工作者加快实施文化回应式教学。

如果你想建立有创新能力的团队和组织，你需要多样性。多样性提高创造力。它鼓励人们寻找新奇的信息和观点，从而更好地决策和解决问题。多元化可以改善公司的短板，带来无拘无束的发现和突破性的创新。即使只是简单地接触到多样性也能改变你的思维方式……当人们聚集在一起以小组形式解决问题时，他们会带来不同的信息、观点和见解。当我们谈到学科背景的多样性时，这是显而易见的道理……同样的逻辑也适用于社会多样性。在种族、性别和其他维度上彼此不同的人们，会给你正在承担的手头任务带来独特的信息和经验。（Phillips，2014，pp.3-4）

她补充说，这些观察"不仅仅是一厢情愿"的想法；相反，它们来自"组织科学家、心理学家、社会学家、经济学家和人口统计学家几十年的研究（p.4）"。尽管这是菲利普斯专门针对企业组织的多样性研究，但可以很方便地用于描述学生的学习情况，或者学校和班级成员之间的关系。因为文化回应式教学是建立在多个多样性的基础之上，所以它对两者都是适用的。

实践可能性

关于教师的信念存在一些争议和不确定性，但人们普遍认为这很重要，以某些方式与行为相互影响，而且往往是含蓄的和无意识的。它们通常被视为行动指南（Fives & Gill，2015）。这种感知意味着，信念先于行为或引领行为。许多研究、学术和实践表明，教师对于民族、种族、文化、社会、语言及其在教育中的"位置"的信念往往是矛盾的、有问题的（Gay，2015）。这样的取向不利于积极而明确地支持文化回应式教学。因此，实施文化回应式教学的一个重要开端是，发展教师的信念意识，并澄清与种族、民族、文化、社会、语言和居住在不同地区的学生、社区、文化遗产和教育有关的信念。下面列出的名言和谚语都是信念陈述。可以用来激发教师的意识和增强他们自身的信念，并可作为一种文化回应的学习活动，为学生审辩性分析提供箴言。

一、对文化回应相关的教育思想、研究和实践有启发性的名言和谚语

"对于那些习惯了特权的人来说，平等的感觉就是受压迫。"
——佚名者
"他人享有平等权利并不意味着你享有的权利会减少。"
——乔治·奥威尔
"与其接受你无法改变的事情，不如改变你无法接受的事情。"
——安杰拉·戴维斯
"我们都应该知道，多样性造就了一幅色彩丰富的挂毯；我们也必须明白，挂毯上所有的线，不管他们是什么颜色，价值都是一样的。"
——玛雅·恩格勒斯
"要么尊重存在，要么期待反抗。"
"当别人受压迫时，没有人是自由的。"
"永远不要轻视别人，除非你在帮助他们成长。"
"多样性中有美，也有力量。"
——玛雅·恩格勒斯
"平等不是以相似的方式看待不同的事物，平等是对不同的事物有不

同看法。"

——汤姆罗宾斯

"平等是自由的灵魂,事实上,没有自由就没有平等。"

——弗郎斯·怀特

"衡量一个男人(女人)的终极标准不是看他在舒适和便利时所处的立场,而是他在挑战和争议时所处的立场。"

——马丁·路德·金

"任何地方的不公平都是在威胁全天下的不公平。"

"宇宙的道德弧线在正义的肘部弯曲。"

——马丁·路德·金

"没有要求,权力就不会让步。从来不会,也永远不会。"

——弗雷德里克·道格拉斯

"不了解自己的历史、起源和文化的人们就像没有根的树木。"

——马库斯·加维

"最好的风景来自最艰难的攀登。"

"人与人之间的差异非常小,但这个小差异会造成大不同。"

——克莱门特·石头

"可爱的社区不是通过消除差异而形成的,而是通过对差异的肯定,通过我们每个人宣称自己的身份和文化遗产而形成的,这些文化遗产塑造了我们是谁以及我们在这个世界上如何生活。"

——贝尔钩

"没有差异和多样性就没有美。"

——奥贡拉鲁

二、倡导文化多样性、公平和社会正义的组织

教师实施文化回应式教学需要多层次的支持。其中包括思想层面和实践层面。以下这些组织在这两个领域都具有可利用的资源。

A Better Chance（ABC）。一个在美国的有色人种青年中识别、招募和发展领导者的组织。

The American Friends Service Committee（AFSC）。一个致力于社会正义、和平和人道主义服务的贵格会（Quaker）组织。它的工作基于"每个人都是有价值"的信念，以及"用爱战胜暴力和不公"的信念。

American Indian Higher Education Consortium（AIHEC）。一个由部落和联邦特许机构组成的社区，致力于加强部落州对美国印第安人和阿拉斯加原住民的生活产生持久的影响。

The American Textbook Council。致力于进行教科书分析、评论和评价；确保人文课程的完整性，历史标准和教科书的准确性；并进行国民多元文化主义教育。

Anti-Defamation League。与反犹太主义和对民主的广泛威胁做斗争，包括网络仇恨、欺凌、学校和刑事司法系统中的偏见、恐怖主义、仇恨犯罪、对宗教少数派的胁迫，以及对任何异类的蔑视。

Asian American Psychological Association（AAPA）。促进亚裔美国人的心理健康和教育，并处于多元文化心理学运动的前沿。

Association of Black Culture Centers（ABCC）。致力于支持中心作为弘扬、促进和批判性审视少数民族生活方式的场所，并与全国各地的中心合作，发展项目和理念，教育所有人关于非裔美国人、拉丁裔美国人、亚裔美国人和印第安人的历史和文化。

Association of Black Woman in Higher Education（ABWHE）。促进黑人女性在高等教育中的智力成长和教育发展；努力消除种族主义、性别歧视、阶级歧视和其他阻碍黑人妇女发挥潜力的社会障碍；记录了黑人男女的个人的职业成就。

The Association of Women's Rights in Development（AWRD）。一个致力于实现性别平等、可持续发展和妇女人权的国际女权主义会员组织。

The Children's Defence Fund（CDF）。它的使命是确保每个儿童都能有一个健康的开端，一个领先的开端，一个公平的开端，一个安全的开端，一个道德的开端。特别关注贫困儿童、少数民族儿童和残疾儿童的需要，并在他们生病或陷入困境、辍学或遭受家庭破裂之前进行预防性投资。

Chinese American Educational Research & Development Association (CAERDA)。促进对所有学生特别是华裔和美籍华人的优秀教育，并提供与之相关的学术讨论和研究机会。

The Committee for Hispanic Families and Children (CHFC)。在青年发展、儿童保育、艾滋病预防和教育、移民服务、公共政策和宣传等关键领域，发展和实施满足低收入拉丁裔家庭和儿童需求的项目。

Equity Alliance。促进研究和学校改革努力，为所有学生争取公平、机会、包容和高质量成果，促进价值观的多样化，并支持学生的公民权利。

Girls Incorporated。一个全国性的非营利性青年组织，致力于激励所有女孩变得坚强、聪明和勇敢，尤其是那些处于高风险、服务不足地区的女孩。

Japanese American Citizens League (JACL)。处理对居住在美国的日本血统的人们的歧视问题。它是美国最大、最古老的亚裔美国人组织之一。

Korean American Coalition (KAC)。一个非营利性服务、教育和倡导组织，旨在促进韩裔美国人参与公民社会、立法和社区事务。

National Alliance of Black School Educators (NABSE)。致力于提高非裔美国青年的教育经验和成就，通过开发和使用教学和激励方法提高他们的灵感、出勤率和学业水平。

National Association for Multicultural Education (NAME)。影响促进民族、种族和文化多样性的学生和社区的社会、政治、经济和教育的平等、正义和卓越的政策、计划和实践。

National Black Child Development Institute (NBCD)。针对黑人儿童在幼儿教育、健康、儿童福利、识字和家庭参与等问题上的独特优势和需求，开发并提供与文化相关的资源和服务。

National Coalition of 100 Black Women（NCBW）。培养能帮助她们重建社区的领袖，树立平等权利和机会的原则，促进黑人文化意识，发展有效的领导力和参与公民事务的能力。

National Congress of American Indians（NCAI）。美国历史最悠久、规模最大、最具代表性的美洲印第安人和阿拉斯加原住民组织；为部落政府及其公民倡导权益。

National Council of Jewish Women（NCJW）。通过支持妇女、儿童和家庭的需要，同时在诸如儿童福利、妇女权利和生育自由等问题上采取进步的立场，促进社会变革。

National Council of La Raza（NCLR）。美国最大的以拉丁美洲选民为基础的全国性组织，旨在减少贫困和歧视，改善拉丁裔美国人的生活机会。

National Indian Child Care Association（NICCA）。代表美国印第安人和阿拉斯加土著的组织，为美国 266 个部落社区提供服务。为组织和社区提供高质量儿童护理服务。

National Organization for Woman（NOW）。作为美国最大的女权主义者组织，其目标是采取行动实现所有女性的平等。

Native people Magazine。全美唯一一本面向本土美国人的杂志，被认为是美国土著集体的定期代言者。

Rethinking Schools。促进初等和中等教育的改革，强调种族平等和社会正义，尤其关注城市学校；在为教师、家长和学生撰写和由他们自身撰写的出版物中试图平衡课堂实践和教育理论。

Teaching Tolerance。南方贫困法律中心的一个项目。它致力于减少偏见，改善群体之间关系，促进课堂平等、包容和公平的学习环境。

Women Empowering Women for Indian Nations（WEWIN）。为原住民妇女提供必要的知识、支持和资源，使她们在个人和职业生活中取得成功，并从事职业更新、激励他人和联络交际。

第二章　文化回应中的教学法潜力

"个人叙事和文化故事是至关重要的教学内容和方法。"

教学是背景化、情景化和个人化的过程，是一个复杂而永无止境的历程。威廉·艾尔斯（William Ayers，2001）描述了这一过程的三个关键阶段。

第一步是成为你学生的学生，学生具有事业合伙人的特征。第二步是创造一个学习环境，一个培养人和具有挑战性的空间。最后，教师必须开始构建复杂的、多层的桥梁，这些桥梁将填满整个空间，将学生带入课堂的所有梦想、希望、技能、经验和知识与更深入、更广泛的认知方式联系起来。（p.122）

因此，最有效的教学是将教育生态因素，如先前的经验、社区设置、文化背景和师生的种族身份认同，纳入实践过程之中。这一基本事实在教育一些原住民、拉丁裔、非裔和亚裔学生时，尤其是那些贫困的学生时，经常会被忽略。相反，他们是用中产阶级的、以欧洲为中心的框架塑造的学校实践。这种"文化盲目"的状态有以下几个根源。

第一，"教育与文化和传统无关"的观念。它是关于传授知识、职业和公民技能的。学生，尤其是成绩欠佳的学生，需要学习可以应用在生活中的知识和技能，以及如何达到高水平的学业成就，而不是把时间浪费在关于文化多样性的幻想概念上。第二，很少有教师对传统教学实践如何反映欧美文化价值观有足够的了解。他们也没有充分了解不同种族群体的文化差异。第三，大多数老师都想为所有学生做到最好，并错误地认为，区别对待学生就表明他们的文化取向是种族歧视。第四，有一种信念认为良好的教育是超然的，适用于所有学生、设置和环境条件。第五，有些人声称，教育对于来自不同文化传统、种族群体、社会阶层和起点的人们来说是融入主流社会的有效途径。这些学生需要忘记自身差异，并学会适应美国社会，促进这一过程的最好办法是让所有学生在学校都有相同的经历。

引　言

本章对这些假设提出了质疑。它首先通过美洲土著、非裔、拉丁裔和亚裔学生在传统教学中的学业成绩表现不佳的事实，披露了教学上出现的文化中立性和同质性综合征的谬误。它也驳斥了这样的观念，即有色人种学生的学校成功可能源于对他们的生活经历、文化背景和智力能力的负面认识。相反，教学改革需要建立在对这些学生的文化遗产和学术潜力的积极信念的基础上，本章提出了一种具有这些特征的教学范式。该范式的概念性解释包括简短的历史背景、描述性特征，在实践中例证其理论原则的两个案例，以及教师如何进行教学改革，以提高其与有色人种学生合作的文化回应效果。

第一节　从不能到能

许多教育工作者仍然认为，好的教学可以超越人、时间、地点和背景。他们认为这与学生和老师的阶级、种族、性别、民族或文化无关。这种态度体现在一句口头禅中，即"好老师，无论到哪里依旧是好老师"。信奉这种信念的人没有意识到，他们在教与学中的"善"的标准是由文化决定的，并非对所有种族群体都一视同仁。传统教育事业单位的结构、假设、实质和运作都是以欧美文化为偶像的（Pai et al.，2006）。一个恰当的例子是在课堂上关于注意力的规范和强调。学生被期望在长时间内密切关注教师，大部分时间不受外界干扰。特定的迹象和信号已经进化，并与适当的关注行为相关联。这些包括非语言交流线索，例如凝视、眼神交流和身体姿势。在老师指定的时间点、间隔和持续时间内，学生关注教师没有表现出来，他们就被判断为心不在焉、注意力分散、注意力持续时间短，或思想"开小差"或在干别的事。所有这些都被老师视为有效教与学的障碍。

许多学生被老师告诫"当我与你交谈时看着我"。作为关注信号的直接的眼神交流可能被认为是凝视，这是一种文化禁忌，会引起一些阿帕切（Apache，美洲土著之一）学生的怨恨（Spring，1995），或者在一些拉丁美裔、亚裔和非裔美国人看来是一种对权威的不尊重或挑战的表现（McCarthy et al.，2006）。在多元文化课堂上，行为规范和期望的其他不连续现象，并不是孤立事件也并非罕见。它们经常发生，而且发生在许多不同方面，只不过是因为教师没有认识到，不理解或不懂得欣赏文化对他们自己和学生态度、价值观和行为的无所不在的影响。

将教学和学习从学生的种族、文化和经历中剥离出来，会使他们的成就潜力得到发挥的机会降到最低。佩和同事（Pai et al.，2006）同意这一论断，并更加强调这一点，他解释说：

我们如何教，我们教什么，我们如何与孩子和其他人相处，我们的目标是什么——这些都植根于我们的文化规范中。我们的社会中占主导的世界观和文化规范，在我们教育孩子的方式中根深蒂固，以至于我们很少考虑可能存在的其他不同但同样合法和有效的教学和学习方法。在一个像美国这样社会文化和种族多样性丰富的社会里，缺乏替代性的奇妙思路往往会导致教育不平等和社会不公正。（p.233）

另一种常见而矛盾的表现是基于"良好的教学完全没有文化信条"，持这一观念的人们经常宣称"尊重学生的个体差异才是有效教学的关键，而不是种族、民族、文化或性别"。与此同时，有太多的老师以对拉丁美洲人、非洲人、土著、亚裔美国人和移民群体的一无所知为借口。不可思议的是，如果教育者不了解学生的个性特征，他们如何能识别并培养他们。对与我们不同人的无知常常会滋生消极的态度、焦虑、恐惧，或者产生把他们变成同类的冲动。学生的个性与他们民族身份和文化紧密相连。教师需要非常透彻地了解两者之间的关系和区别，以避免损害他们自己最关心的事情——学生的个性。不能区分种族、文化和个性的教师，增加了将其观念强加于学生、侮辱其文化传统或在整个教学过程中忽视他们的风险。教师们似乎没有认识到，"把学生作为重要的个体来对待"这一宣言是一种文化价值观，文化、种族和个性并不是相互排斥的。在现实中，种族和文化是一个人彰显个性的重要底蕴。

　　为了帮助即将进入多元文化课堂的准教师们掌握这些区别和相互关系，我和我的助教要求他们完成一个由三个部分组成的项目。在第一部分中，他们要做一个关于种族、文化和民族对他们个人意味着什么的自由写作。在关于民族和文化的短文中，明显有许多不同的观点和含糊不清的地方，但对种族的认识比较清楚。因此，在活动的第二阶段，他们要构思一首关于自己民族、文化和个性的"镜像对话"诗。他们要问一位在他们生活中很重要的人对这三个维度的看法，然后用这个结果，在重要人物和他们自己之间创造一种诗意的对话。在小组分享完这些诗歌后，全班的同学列出了描述一个人存在的这三个方面的8个共识要点。然后，这些要点被用作指导每个学生创作代表他们民族、文化和个性的拼贴海报。该项目的亮点是在教室周围展示海报的画廊通道，以及"艺术家"回答关于他们创作的问题。

　　在提高民族、种族和文化多样化学生的成就方面，传统教育民族精神和实践的第二个令人不安的特点是"缺陷综合征"。太多的教育工作者把学校的失败，归咎于有色人种学生所不具有或不能做的事情。关于纳瓦霍族学生在学校表现不佳的一些具体原因就证实了这种想法。在一个学区中，纳瓦霍族学生占到48%，每4个纳瓦霍族学生就有一个在毕业前辍学，学校管理者认定的学业失败原因都是"缺陷综合征"。其中包括学生缺乏自尊；家庭不和和前期准备不足；教育过程中父母育儿技能差和父母对学校教育的参与程度低；语言发展不足；缺乏学术兴趣、志向和动力；很少有丰富文化的机会；旷课和缺勤率高；健康问题，如胎儿酒精综合征（Deyhle，1995）。除了酒精综合征外，类似的"缺陷"也被归咎于学习成绩不佳的拉丁美洲人、非裔美国人和一些亚裔美国人群体。

试图从这种"指责受害者"和"缺陷"心态中进行教育，听起来更像是"纠正或治愈"的基础，而不是教育。成功不是从失败中产生的，软弱不能产生力量，勇气不是从怯懦中产生的。相反，成功会带来成功。在一个层面上对任务的掌握能鼓励个体完成更复杂的任务（Boykin，2002；Kim，Roehler & Pearson，2009；Ormrod，1995）。高水平的学习是一项高风险的探索。要有坚定的信念和终极能力去追求它，学生需要有一定程度的学术能力以及个人的信心和勇气。换句话说，学习的基础来自力量和能力，而不是弱点和失败。阿姆罗德（Ormrod，1995）将其称为自我效能感，即"当学生在过去成功完成过该任务或类似的任务时，学生对成功完成这项任务感到更加自信"（p.151）。相反，"当学生在执行某项任务总是失败时，他们对自己未来成功的能力将缺乏信心"，并且"每一次失败都意味着他们又了解了自己所做不到的任务"（p.152）。这种"习得性的无助"和"累积性失败"毁灭了许多不同类型成就的可能性，包括学业、学校舞蹈队出勤率、个人福祉、防止辍学和避免违反纪律问题。

因此，需要一种截然不同的教学范式来改善各个族裔学生成绩欠佳的表现——通过他们的个人和文化优势、他们的智力能力和他们之前的成就进行教学。具有文化回应能力的教学就是这种范式。这既是例行公事，又是一项激进的提议。这是常规操作，因为它对美洲原住民，拉丁美洲人，亚裔、非裔美国人和低收入家庭学生而言，与以传统的教学思想和行为对中产阶级的欧洲美国人而言是一样的。也就是说，它通过文化参考框架过滤课程内容和教学策略，以使内容更具有个人意义，并且更易于掌握。之所以如此激进，是因为它明确了文化在教学和学习中原先隐含的作用，并且坚持教育机构接受少数民族文化在提高学习成就中的合法性和可行性。

这些是相当常规和显而易见的方向，研究证据和课堂实践表明，以社会文化为中心的教学确实可以提高学生的学习成绩。当成就指标不仅仅局限于学术指标和标准化考试分数时，这一点尤其正确。这些研究和实践大多集中于非裔美国人（Chapman，1994；Erickson，1987；M. Foster，1991，1994，1995，1997）和夏威夷原住民（Au，1993）。民族认同、文化背景和学生成就（即文化和认知）之间的紧密互动日益明显。基于多元文化的贡献、经验和取向的教学变革潜力也是如此。正是这些互动和相关数据，为在美国学校使用的非中产阶级、非欧裔美国学生的教学范式转变，提供了源泉、焦点、力量和方向。这是一个广泛实施文化回应式教学的呼吁。

如果教育者仍然对不同种族群体的文化取向、价值观和表现风格视而不见、忽视、指责和沉默，就会继续把文化霸权、个人诋毁、教育不平等和学业不佳强加给他们。接受这些学生的文化社会化和以往经历的有效性，将有助于扭转成就低下的趋势。教师、管理者和评估者有责任在教育种族多样化的学生时，有意创造文化的连续性。如果所有这些事情都是系统有效地完成，那么像福特汉姆和奥格布（Fordham & Ogbu，1986）、福特汉姆（Fordham，1996）所描述的困境可能会显著减少。具有学术能力的非裔美国学生（或任何其他种族和肤色学生）会觉得没必要破坏或伪装自己的学业成就，以免损害他们的文化和种族完整性，或与不那么成功的族裔群体同伴的关系，也不会像亚伦和艾米（在第一章中）那样，继续有如此痛苦的经历和记忆。

第二节　意识形态开端

从一开始，文化回应式教学的理念，就一直是文化多样性教育的重要组成部分。这并不令人惊讶，因为多元文化教育起源于 20 世纪 70 年代早期，出于对学习机会和成果方面明显的种族和民族不平等的关注。亚伯拉罕斯和特罗伊克（Abrahams & Troike，1972）认为，如果要有效地教育少数族裔学生，教师"必须了解他们的文化差异所在之处，并将其作为一种资源加以利用，而不是无视差异从而贬低学生们"（p.5）。教育工作者还需要分析他们自己的文化态度、假设、机制和规章制度，这些因素往往是他们成功路上的绊脚石。让少数民族学生在学校时拥有一种与生俱来的尊严，并在此基础上展示他们的社会环境、语言和文化，是大势所趋（p.6）。

椿-胡恩（Chun-Hoon，1973）提出，在学校实施文化多样性，对主流社会和亚裔美国人都有智力和心理上的好处。它有助于规避开放、民主性社区同质化多样化人群的危险，并帮助亚裔美国人超越大众传媒所倡导的心理殖民化，这种心理殖民让他们几乎无形，完全沉默。如果没有这些教育干预措施，有色人种群体和整个社会都会被贬低，因为"智力自由只能在精神空间的背景下存在，而精神空间只能在差异性和对比性的观点之间建立"（Chun-Hoon，1973，p.139）。"智力自由"和"精神空间"对于促进最好的学业和其他形式的学校成就都是必要的。从有色人种的文化角度去教育他们，是实现这一目标的方式之一。

亚伯拉罕和特洛伊克以及椿-胡恩所表达的关于在教学中使用多元文化做参照的潜力的强烈信念，也渗透到了帮助塑造多元文化教育运动的教育者的思想。其中一些早期的评论说明了这些信息的相似性。阿西涅加（Arciniega，1975）提出："需要采取一种教育过程，使所有学生都能成为与文化起源相一致的文化动态社会的积极贡献者"（p.165），了解彼此的文化，并获得更高水平的学业成就。从文化多元的教育范式中获得的最大好处之一就是，"用内在的双文化视角来解决问题的创造能力。这就是我们谈论消除少数民族学生的文化生活方式与当前学校之间的不协调之处时所涉及的内容"（p.167）。卡尔森（Carlson，1967）建议教育工作者不要再试图回避种族差异的现实和他们在美国教育中所扮演的角色。在美国的教育中，他认为"由于种族差异存在于重要方面是一个事实，必须承认它们的存在，以及它们对学习和学术成果的影响"（p.28）。

因为涉及美洲原住民学生，福布斯（Forbes，1973）进一步发展了这一主题。他概述了一个以美洲原住民文化的核心价值观和学习的全部组成部分为中心的教育议程。福布斯建议，文化价值观以及由此产生的社会文化、宗教哲学和政治行为风格，应成为所有课程和教学决策的基础。应向美洲原住民学生传授继续在其部落或民族中生存发展所需要的知识和技能；特定的美国印第安人社会所珍视的个性特征；与自然和与他人和谐相处的方式；以及在不同生活领域达到最高技能水平的方法。所有这些技能都是在互惠关系、相互分享、对他人表现热情、自我实现以及个人和群体的精神和品格发展的背景下培养的。福布斯也表达了一些关于社区建设和"成功"对美洲原住民学生的重要性的想法，这些想法后来成为文化回应式教学的核心要素。他建议：

个人应开发一个深刻的生命整体概念，认同他属于一个社区相关人群的这一事实，他感恩他的存在，以及他和同胞所依赖的自然生活的整个网络……个人应该意识到，生活中的"成功"源于能够为自己的同胞和所有人的幸福做出贡献。这意味着个人寻求完善的行为和技巧，这将为世界增添"美"。在行动、言语和对象上创造"美"，是人类在这个世界上的总体目标（Forbes，1973，p.205）。

班克斯（Banks）劝诫少数民族学生的教师，停止按部就班地做事，也不要使用传统的教学惯例。取而代之，他们应该"尊重少数民族青年的文化和语言特征，并改变课程，使其能够反映出他们的学习和文化风格，并大大提高他们的学业成就"。此外，"不应教导少数民族学生蔑视自己的文化。教师应运用学生们的文化元素帮助他们获得他们需要的技能，以过上另一种生活"（J. Banks，1974，pp.165-166）。固班（Cuban，1972）警告教育工作者在教育有色人种学生遇到复杂的挑战时，不要寻找简单、单一的解决方案。仅仅将种族内容纳入学校课程并不能解决这些困境。在教学过程中也需要进行一些根本性改变。虽然民族内容有可能激发学生的求知欲，并能促进与种族多样化的学生进行有意义的接触，但它应该与强调探究、批评和分析的教学策略相结合，而不是偏好传统的死记硬背和重复事实信息。

阿拉贡（Aragon，1973）将改革需要的重点转移到教师准备上，他认为，少数族裔学生在学校表现不佳的原因更多是教师的限制，而不是学生的能力不足。教师，而不是学生，是被"文化剥夺"了，因为他们不了解或不重视少数民族群体的文化遗产。教育改革必须从改变教师对非主流文化和种族群体的态度开始，然后发展将文化多样性纳入课堂教学的技能，这些变化有利于学生成绩的提高。

早在1975年，盖伊（Gay）就提出了一些发展多元文化课程内容的具体方式，以及除了基本技能和学术学科以外的一些重要成就维度。她的成就概念包括种族认同发展，适合多元社会的公民技能，关于种族与文化多样性的知识，跨文化互动能力以及学术成就。她认为，关于文化多样性的内容对于课堂教学既有内在的价值，又具有实用的价值。实用性价值包括提高不同类型学生学习的兴趣和学习动机，学校学习的相关性，建立学校、家庭和社区之间的联系。盖伊具体建议：

应该使用民族材料来教授诸如阅读、写作、计算和推理等基本技能。学生可以使用由黑人、墨西哥裔美国人、意大利裔美国人和犹太裔美国人所写的，或关于他们的材料来学习阅读技巧，就像他们可以通过阅读"迪克和珍妮"来学习一样。民族文学……可用来教授情节、高潮、隐喻、语法结构和象征主义，以及英美人编写的东西……民族文化、反思性自我分析、决策和社会行动主义……对于生活在一个文化和种族多元的社会来说，知道如何阅读和拥有一项可销售的技能是必不可少的……民族内容的目的是将学术任务从外来人和抽象的领域引入到具有民族差异的青年的经验参照框架中。（pp.179-181）

第三节 定性的属性

在我们讨论教学方式时，尽管有许多不同的名称，包括与文化相关的、敏感的、以文化为中心的、一致的、反思的、中介的、情境化的、同步的和回应性的,然而它们在关于为什么让课堂教学更符合文化取向的观点上,以及如何做到这一点上,实际是相同的。此后,在我偏爱的术语中,采用的是文化回应式教学。它汇总了各类学者的观点和解释。在整个讨论中,只有当被引用的学者直接使用不同的术语时,才会出现"文化回应"以外的标签。以下 8 个描述构成了文化回应式教学的"特征",即其显著特征或品质。

一、文化回应式教学是有效的

文化回应式教学可以定义为,采用种族差异性学生的文化知识、经验、参考框架和表现风格,以使学习经历对他们更相关和更有效。它教导学生并通过学生自己的力量进行教学。文化回应式教学是知识、信念和价值观的行为表现形式,他们认识到种族和文化多样性在学习中的重要性。蒂尔和奥比达(Teel & Obidah,2008)详细总结了一组种族和文化能力。其中包括将文化差异视为资产;创建重视文化差异的个人的有爱心的学习型社区;利用多样化种族、家庭和社区的文化知识来指导课程开发、课堂气氛、教学策略以及与学生的关系;挑战种族和文化的刻板印象、偏见、种族主义和其他形式的不宽容、不公正和压迫;成为社会正义和学术公平的变革推动者;调解基于种族、文化、民族和阶级出现的课堂权力失衡;接受文化回应是所有族裔学生在所有学习领域接受有效教育的必要条件。文化回应式教学之所以有效并被肯定是因为:

——它承认不同种族群体的文化遗产的合法性,既作为影响学生性格、态度和学习方法的遗产,也作为学习的途径和正式课程中值得教授的内容。

——它在家庭和学校的经历之间,以及在学术抽象和生活的社会文化现实之间建立了意义的桥梁。

——它使用各种各样的教学策略,这些策略与不同的学习风格相联系。

——它教给学生了解和赞美自己和他人的文化遗产。

——它包含了在所有科目以及学校日常教授的技能中的多元文化的信息、资源和材料。

因此,对不同文学体裁的研究充满了来自不同民族作家的样本和例子。通过学习日常生活中的数学概念和运算(如计算、模式、比例、统计等),学生可以探索不同民族的手工艺、经济、建筑、就业模式、人口分布和消费习惯。为学生提供实践和展示语言艺术、社会研究和科学方面的信息、概念和技能掌握的机会,可以包括范围广泛的感官刺激(视觉、触觉、听觉),个人和团体,竞争和合作,积极参与和久坐活动,以挖掘不同学生的学习风格。这些教学方法基于这样的假设:积极的自我概念、对自己民族身份的认同和自豪与学业成就的提高是相互影响的。此外,挑战现有社会秩序和权力结构所需的文化联系、理解、知识和技能是学校教育的理想目标。

二、文化回应式教学具有全面性和包容性

在四卷本的《教育多样性百科全书》(Encyclopedia of Diversity in Education)中,班克斯(Banks,2012)及其他撰稿人提供了广泛而多样的主题、议题、群体和观点,它们属于教育的范畴,并与民族、种族、文化、社会、语言和民族多样性有关。拉德森-比林斯(Ladson-Billings,1992)解释说,具有文化回应能力的教师通过使用文化资源来教授知识、技能、价值观和态度,完成智力、社会、情感和政治学习。换句话说,他们教完整的孩子。霍利斯(Hollins,1996)补充说,专门为有色人种学生设计的教育包括了"以文化为介质的认知、文化适宜的学习社会情境,以及在课程内容中具有文化价值的知识"(p.13)。在提高学业成绩的同时,这些教学方法还致力于帮助有色人种的学生保持身份认同,并与他们的族群和社区保持联系;培养社区意识、友爱意识和共同责任感;获得成功的道德准则。期望和技能不是作为单独的项目来教授的,而是交织在一起成

为一个完整的整体，渗透到所有课程内容和课堂教学中。学生要对彼此的学习负责。他们被期望将学习视为一种公共的、互惠的、相互依赖的事情的价值内化，并习惯性地在他们的表达行为中表现出来。这些期望和相关行为以互补的方式在教育机构的不同层面传递给学生。这里包括教师、辅导员、行政人员和辅助人员；教室、学校和学区；学校教育的正式（政策、计划和教学实践）和非正式（课外活动、学校形象、社区关系）的维度，并通过整个学校的课程的文化多样性来进行教学。

拉德森-比林斯（2009）观察到，这些价值观在她研究的小学课堂的实际教学中得到了体现。她看到了期望的表达、技能的教授、人际关系的展示，以及整体团队精神的运作，学生成为促进学术和文化卓越的集体的一部分。他们像大家庭的成员一样，互相帮助、支持和鼓励。整个班级都要共进退，确保小组每个成员都能成功，这对每个人都是有利的。教师通过构建学习者的学习共同体，回应了青少年需要的归属感，尊重了他们的人格尊严，促进了他们的个人成长价值。学生相互关爱、共享资源、紧密合作，与教师获得共同的学习成果。卓越的教育包括学术成就，以及文化能力、社会批判意识、政治行动主义和社区成员的责任。在所有这些学习过程和结果中，都渗透着一种强烈的信念，即学生有权成为高成就者群体中互相支持的一员（M. Foster，1995，1997；Irvine & Foster，1996；Ladson-Billings，1995；Lipman，1995）。文化回应式教学包容性的其他方面包括：（1）面向从学前到研究生学习的整个学段的学生；（2）针对少数族裔和多数族裔学生，但原因和方式各不相同；（3）培养本国和移民学生的跨文化边界技能，以适应不同的生活和学习环境。

三、文化回应式教学具有多维性

文化回应式教学是多维的，它包括课程内容、学习环境、课堂氛围、学生与老师之间的关系、教学技术、课堂管理和绩效评估。例如，语言艺术、音乐、艺术和社会研究的教师可以合作教授"抗议的概念"。这可以从他们各自学科的角度考察，例如不同种族对种族歧视的抗议是如何通过在诗歌、歌词、绘画和政治行动中表达。学生和老师可能会模拟社会抗议活动非常突出的时期，分析和扮演不同种族的个体。在这些模拟中，可以举行联合会议，不同种族的个人可以就不同类型的争论问题表达他们的立场（例如辩论、静坐、歌曲、政治口号、视觉和表演艺术）。学生面临的挑战之一是理解这些不同表达形式所传达的主要观点，并尝试能否达成跨种族群体的共识和协作行动。学生还可以帮助教师决定如何评估他们的表现，是通过笔试、同学反馈、观察、推断种族抗议的信息，还是将其以一种表达形式呈现出来，再转移到另一种形式，或是这些形式的某种组合。

要做好这类教学工作，需要广泛利用文化知识、经验、贡献和观点。情感、信仰、价值观、道德观、观点和感受，以及面部信息和身体行为都要经过仔细审查，以便课程和教学更能反映和回应种族多样性。然而，种族文化中可以想象的方方面面不可能都在课堂上得到复制。这些文化也不可能仅在该族裔群体学生的课程中使用。文化回应式的教学法侧重于那些最直接影响学习的文化社会化元素。它可以帮助学生澄清自己的种族价值观，同时纠正文化传统中的实际错误。在实现这些目标的过程中，学生有责任去了解、思考、提问、分析、感受、反思、分享和行动。

四、文化回应式教学为师生赋权

因为文化回应式教学是赋权的，它使学生能成为更好的人和更成功的学习者（Rajagopal，2011）。赋权转化为学术能力、个人信心、勇气和行动意愿。换句话说，学生必须相信自己能成功地完成学习任务，并愿意不懈地追求成功，直到精通为止。教师必须向学生表明，他们希望自己的学生成功，并致力于实现成功。这些都是高风险的尝试。具有文化回应能力的教师能够意识到学习中的风险，以及学生在掌握知识过程中取得成功的必要性。他们制定相应的计划，建立基础设施，以支持学生的努力，使他们能够坚持取得高水平的学业成就（Tomlinson & Javius，2012）。这是通过提高学生士气、提供资源和个人帮助、培养成就精神以及庆祝个人和集体的成就来实现的。然而，除了学术之外，赋权还有一些其他方面也属于文化回应式教学的范畴，比如文化、社会、公民和道德发展。这种更广泛的教学观点，即赋权予文化多样性背景的学生，有些类似于金斯伯格（Ginsberg，2015）的"提升意义"和"产生能力"的概念。它们包含的学习经验可以实现人们在有价值的事情上的高效愿望，学生们的整个人生将从中受益，而不仅仅是学业成就。

"个人决定进步"（AVID）项目是一个很好的例子，说明这种赋权过程如何在实践中运作（Mehan et al., 1996; Swanson et al., 1995）。成绩较差的拉丁裔和非裔美国学生被鼓励参加大学先修课程。伴随而来的教学干预被梅阿和他的同事（Mehan et al., 1996）称为"社会脚手架"系统。这些是社会和个人的支持，在接受高水平的学术技能和如何承担自己的学习所有权时起到缓冲作用。其中包括学生：

——在小组中相互解释他们解决问题的技巧；

——展示标志（例如，象征、标志、别针、徽章、标识）以表明他们是 AVID 热心参与者；

——在一个为 AVID 专门设计的空间共度时光；

——学习学校成功的"文化资本"（考试策略，适应教学风格的自我技能、学习技能，笔记，时间管理）；

——在学术和社交技能方面，接受其他已经成功完成课程的学生的指导。

肖尔（Shor，1992）进一步阐述了赋权教育的性质和作用。尽管他的解释并没有明确地出于对改进被边缘化的有色人种学生学业成绩的担忧，但仍然是中肯的。他把赋权教育描述为：

它是一种对自我和社会变革的批判性民主教育。这是一个以学生为中心的项目，旨在促进学校和社会的多元文化民主。它把个人的成长看成是一个积极的、合作的社会过程，因为自我和社会彼此创造……这种教学法的目标是将个人成长与公共生活联系起来，培养强大的技能、学术知识、探究的习惯，以及对社会、权力、不平等和变革的关键好奇心……学习过程是协商的，需要教师的指导，以及师生之间的相互权威。此外，……赋权班教导学生在追求自我利益的同时不能忽视公共福利（pp.15-16）。

这些赋权教育概念中隐含着意识形态的要求，要教授的实质性内容，要使用的教学过程和对学生行为的期望。在他们当中，学生是知识的主要来源和中心、主体和成果，是知识的消费者和生产者。课堂教学在肖尔（Shor，1992）所称的"价值观议程"的背景下体现和展开，强调参与性、问题提出、情境化、多元文化、对话、去社会化、民主、探究性、跨学科和积极学习。

五、文化回应式教学具有变革性

文化回应式教学打破了有关有色人种学生的传统教育惯例。这可以通过几种方式实现。它非常明确地尊重非裔美国人、印第安人、拉丁裔和亚裔美国学生的文化和经历，并将这些作为教学和学习的宝贵资源。它认识到这些学生现有的优势和成就，从而在教学过程中进一步提高他们。例如，一些非裔美国人在非正式的社会交往中表现出来的语言创造力被认为是一种讲故事的天赋，并被用来教授他们写作技能。这可以通过让学生们用言语表述完成他们的写作作业，经过记录和转录，然后使用他们口语思想的誊写能力来教授写作技能。许多日本、中国和菲律宾学生以小组形式一起学习的趋势可以在课堂上正式化，这为他们和其他学生提供更多参与合作学习的机会。

文化回应式教学使学术成功成为所有学生不可讨价还价的任务，也是一个可以达到的目标。它促进了这样一种理念，并发展了实践它的技能，即学生有义务成为各自民族社区和社会的生产性成员，并为之提供服务。它不会让学术成就和文化归属相互对立。相反，学术成就和文化意识是同时发展的。学生被教导以自己的民族身份和文化背景为荣，而不是为之道歉或感到羞愧。文化回应式教学还可以避免传统公立学校中一些有色人种学生习得性无助的倾向，在那里他们的学业水平会随着在校时间的延长而降低（Holliday，1985）。

文化回应式教学法的特点和功能符合班克斯（Banks，1991）提出的针对种族多样化学生进行高质量教育的要求。他认为，如果教育是要赋予边缘群体权力，那么它必须具有变革性。具有变革性包括帮助"学生发展成为社会批评家所需的知识、技能和价值观，他们能够做出反思性的决定，并在有效的个人、社会、政治和经济行动中实施他们的决定"（p.131）。学生必须学会分析不平等对不同种族个人和群体的影响，并对此采取零容忍态度，成为致力于促进种族群体间更大的平等、正义和权力平衡的变革推动者。他们将在不同的社区环境中，如教室、学校、操场、街区以及整个社会实践这些道德和技能。因此，文化回应式教学的变革议程是双焦点的。一方面涉及对抗和超越嵌套在许多课程内容和课堂教学中的文化霸权。另一方面则是要发展学生的社会意识、知识批判、政治和个人效能，以便他们能够与偏见、种族主义和其他形式的压迫和剥削做斗争。

六、文化回应式教学具有解放性

文化回应式教学是一种解放（Asante，1991/1992；Au，1993；Erickson，1987；Gordon，1993；Lipman，1995）。因为它将有色人种学生的智力从主流知识准则和认知方式的束缚中解放出来。这种教学的核心是教给学生不同种族可接受的真实知识。它所产生的认可、信息和自豪感都是心理上和智力上的解放。这种自由让学生可以更紧密专注于学术学习任务，从而获得多方面的成绩改进，其中包括更清晰和有见地的思维，更多关怀、关心和友善的人际交往技能，更好地了解个人、地方、国家、种族、全球和人类身份之间的相互联系。同时，接受知识作为一种可以不断被共享、批判、修正和更新的东西（Chapman，1994；M. Foster，1995；

Hollins，1996；Hollins et al.，1994；Ladson-Billings，1992，1995a，1995b，2009；C. Lee & Slaughter-Defoe，1995）。

克里奇诺、古德温和夏凯和斯沃茨（Crichlow，Goodwin，Shakes & Swartz，1990）提供了另一种解释，说明为什么基于多元文化主义为基础的教育对于教与学都具有解放性。他们认为：

它利用知识包容性和代表性的框架，其中学生和教师都有能力公开表达……通过多样化文化和群体的共同表达，使其成为知识的生产者，它促进了一种自由的师生关系，从而开启了对书面文本和口头话语的分析和重构（p.103）。

换句话说，文化回应式教学揭开了学校通常教授的学术真理概念中假定的绝对权威的面纱。它帮助学生认识到，没有单一版本、完全正确和永久不变的"真理"，也不应允许它毫无争议地存在。学生被引导如何运用不同民族的学者开发的新知识来分析社会历史、议题、问题和经验。这些学习活动鼓励学生参与并帮助他们找到自己的想法，将问题置于多元文化视角下，以更多的方式了解和思考，并成为塑造自己学业的更积极的参与者（Crichlow et al.，1990；J. King & Wilson，1990；Ladson-Billings & Henry）。这些关于知识及其相匹配技能的启示构成了知识和文化解放的核心，而文化回应式教学则促进了这一解放。它们类似于弗雷（Freie，1980）的观点，即批判意识和文化解放是通向彼此的大门。可以补充的是，种族表达的自由消除了心理压力和释放了通过"掩盖"和"克制"一个人的文化倾向所构成的心理能量。这种回收的心理情绪能量可以重新被引导到学习任务中，从而提高专注力和学习成绩。

合作、社区和连通性也是文化回应式教学的核心特征。学生们被期望在一起工作，并对彼此成功负责任。互助、相互依存和互惠作为指导行为的标准，取代了传统教室中很大一部分的个人主义的竞争。我们的目标是让所有学生成为赢家，而不是某些人获胜、某些人失败，让学生们承担起帮助彼此发挥最大能力的责任。福斯特（M. Foster，1989，1994，1995）在她对有效的非裔美国教师的研究中发现，这些价值观和行为体现在他们的课堂上。他们向学生传授尽可能地参与社会以及文化社区的价值观、知识和技能。他们还借鉴社区模式和规范来构建和运行课堂，并将学生的文化和交流风格纳入教学实践中。

七、文化回应式教学坚持人文主义

严格意义上讲，文化回应式教学最终关系到人类的福祉、尊严以及对世界各种个体和群体的尊重。虽然，其主要支持者是一些个人和团体，他们的人性经常被主流人群的政策和做法所诋毁，但其他人也被认为是受益者。这意味着，出于相似和不同的原因，文化回应式教学对大多数学生都有价值。而且，无论是直接还是间接的，对个人还是集体都有益处。对所有跨民族、种族和社会群体的学生来说，一个好处是获得关于美国社会和人类不同群体的文化、生活、经历、成就和更深入、更准确的知识。这些知识要用于纠正扭曲的事实和错误，其中一些延续已久的歪曲和错误使人产生了根深蒂固的印象，比如"少数民族和族裔团体一直是美国建设和发展的旁观者"。事实上，他们已经（或正在）参与其中并做出了重要贡献，而且这些贡献并不仅限于对美国。

文化回应式教学帮助学生获得自我和他人的知识，以及伴随而来的价值观，从而使学生更好、更准确地了解和认识不同的人，以及个体、群体和国家是如何形成的。因此，它提出了相互依存是人类固有属性的观点，即当人们相互了解、相互尊重、相互联系时，所有的群体和个人都会过得更美好。文化多样性的人也需要在文化上相互回应，这包括：对自己和他人的观点、思想、经历和感受保持开放、接纳、尊重和批判；从自己群体的成员和其他文化、种族、民族和社会阶层身上，探索和尊重自我和他人的差异；认识到人们通过不同的视角看待世界和生活并积极促进平等和社会正义（Goodman，2013；Williams，2017）。

八、文化回应式教学符合规范和道德

美国评估协会（AEA）在 2011 年关于对教育评估中需要文化能力的政策声明中，提出了有规范和伦理的文化回应的本质，其思想也适用于教育事业的其他方面。声明说：

评估不可能与文化脱离。那些参与评估的人，从反映他们的价值观、世界观和文化的观点进行评估。文化塑造了评估问题概念化的方式，这反过来又影响了搜集什么数据，如何搜集和分析数据，以及如何解释数据（AEA，2011）。

毫无疑问，文化的一些特征和形式总是嵌入在教学与学习之中。这种存在及其影响并非意外，不罕见、也不反常。因为，国家建立学校，就是要将国家的文化传统、价值观和行为期望传授给年轻人，使其得以保存和延续。然而，在美国主流教育的观念和实践中，普遍与现实存在明显的矛盾。一方面，否认在学校常规项目和实践中反映任何人的文化；另一方面，想要反映所有人的文化的学校常规项目和实践是失败的。文化回应式教学化解了这种矛盾，明确指出主流教育政策和实践是如何以及为什么由欧洲中心文化、观点和经验塑造，并反映这些强大的、特权的、人口占主导地位民族的观点和经验。换句话说，通常被认为缺少文化的美国主流学校，现实中是以欧洲为中心的文化回应式教育。

关于公平和社会正义的教育论述建议，扩大同样的权利和机会给予来自其他种族群体的学生，特别是那些受到歧视、压迫和边缘化（即有色人种的少数群体）的学生。他们应该享有和大多数学生一样的权利和机会。由于文化和教育是不可分割的，而不同的民族有不同的文化，那么针对不同民族、不同种族和不同社会背景的学生的教育过程中融入文化多样性是正常的，也是正确的。因此，这个建议实际上是针对不同种族的（或少数群体）的文化回应式教育。从意识形态上讲，这不是一项不寻常或例外的提议，相对于美国学校的惯例或常规目的、设计、功能和传授方式，这样做是正当、必要和光荣的事。

第四节　文化回应式教学人格化

本文以两个故事来说明文化回应式教学的属性是如何在实践中发挥作用的。两者都是不完整的肖像。每个故事都提供了这种教学方式的一个或几个维度的概括视图，合在一起，就更接近创造出一个完美的画面。将二者分别或结合考虑，有助于直观地理解文化回应式教学从理论到实践的转变。这样做与范例本身的一个主要特征相一致，即在教非裔美国人、拉丁裔美国人、亚裔美国人和印第安人成绩不佳的学生时，一般案例和特殊案例同样重要。这些故事涉及批评和象征符号。

一、批评

本场景是一个教师教育课题。学生们正在研究文化回应式教学法的哲学基础。分析的原则是"从幼儿园到高中教育对美国的所有学生来说是免费的、公共的和平等参与的事业"。学生被要求对他们所遇到的问题、想法和主张进行批判性、分析性、反思性和变革性地思考。教师邀请他们在种族和文化多样性的背景下"思考"这一原则意味着什么。同学们的回应如下：

学生1："教育自由"对美洲原住民学生到底意味着什么？如果自由意味着学习权利没有不当的阻碍，那么当早期的传教士教育者把原住民孩子从家庭和社区中带走，强迫他们"看起来"像欧裔美国人，要接受传教士的宗教信仰及其强加的价值观时，他们有多少自由呢？这其中的自由何在？那今天呢？美国原住民在现代学校学习、实践和弘扬他们文化传统有多少不受限制的机会？

学生2：我担心的是菲律宾人和其他移民，在美国出生的第一代移民，可能英语不流利。学习自由和受教育机会的平等权利对他们来说意味着什么？当老师在学校里不讲塔加禄语、泰语、柬埔寨语、西班牙语或其他语言，这些学生必须尝试在一种陌生的语言系统中生存，这种情况下，平等在哪里？他们是否有机会像那些精通教学语言的孩子一样掌控学习？人们可能会说，就像他们经常说的那样，"这些孩子现在在美国，他们必须学会说英语。"我并不反对这样做，但我仍然想知道，丧失母语的后果是什么？这种缺失会如何影响学生的文化归属和认同感？学习一种陌生的语言对成绩水平有何影响？"学习自由"和"机会均等"之间有什么联系？在机会均等的等式中，使用双语或多语和文化多样性应置于什么位置？

学生3：在我看来，公共教育作为"伟大的制衡器"，实际上意味着把所有非欧洲血统的学生都英国化了。我认为学校做的更多的是使文化上多样性学生同质化，而不是使教育经历为美国所有不同种族和文化的真正融合做贡献。如果这种情况在几年前就发生了，那么现在就没有理由呼吁将种族研究、女性研究、多元文化教育和双语纳入学校课程。

学生4：我认为，在教科书中要么看不到自己种族的贡献，要么以偏见和刻板的方式描述他们，这是不公平的。想象一下，当非裔美国学生被一次又一次地告知他们是奴隶、别人的移动财产、愚蠢的小丑的后代时，他们会做何感受，这些人几乎被当作动物来对待。或者美洲原住民被描绘成未开化的异教徒和杀人的野蛮人。或者，就此而言，欧裔美国人的"天定命运"概念可能导致自我膨胀。在我看来，这些与教育自由和平等相距甚远。它们听起来更像是"心理和文化帝国主义"。在这种情况下，来自不同种族背景的学生能发挥出最好的智力水平吗？我不这样认为。

学生5：整个想法都是一个骗局，一个神话。在这个国家，教育从来就不是平等的。拥有最少的孩子们总是不得不做出最大的牺牲，付出最高的代价，得到最低的利益。看看废除种族隔离的实验，那些公共汽车上的人是谁？把城市学校和郊区学校的条件比较一下，最好的老师被分配在哪里？最好的建筑和材料在哪里？最好的教学程序在哪里？大部分教育资金花在哪里？如果真正的平等从一开始就存在，我们就不会有现在这样的成就差距。

学生6：我认为我们需要仔细看看是谁提出了这些想法，以及他们的意思是什么。他们的观念可能和我们的大不相同。如果我们知道这一点，我们就能更准确地从概念上理解它们，并决定是继续盲从地接受它们，还是修改它们，使它们更适合今天的现实。我想在此提出的建议是，我们按照我的另一位教授所说的"地位分析"来做。

学生7：（对学生6的评论大笑）我们知道他们是谁了。他们肯定不是我们。如果我们做了那样油嘴滑舌的声明，你就不会想知道我们是什么意思了，因为我们会预先直截了当地告诉你到底是什么。

其他几个学生：啊哈（其他学生支持第7位学生评论的表情）！

教师：这很好。你们在质疑、批判、解构、唤起各种各样的观点，寻找适用于通用教学法的特定文化基础。继续"思考"吧！

二、象征符号

洛伊丝（Lois）教习的幼儿园班级包括来自许多国家的移民和第一代美国学生，以及不同本土族裔的混血儿。因此，这里有许多种族、民族，文化和语言的多样性。通过观察她的课堂，我们了解了如何通过使用视觉图像和符号来实现文化回应式教学。本学年已过去了4个月，通过拥抱和赞美彼此的文化多样性，洛伊丝已经和她的学生建立了一些明确的规则。当我们快速浏览这间教室时，我们看到了以下内容。

大门上挂着一个巨大的"欢迎"标志，上面用孩子们自己的艺术作品装饰得色彩鲜艳。牌子上面写着"欢迎来到我们的艺术之家"，并附有全班同学的集体照，使用了不同的语言（西班牙语、日语、德语、法语和各种美国方言）。一走进房间，你就像被一堆令人难以置信的多姿多样的种族和文化的影像冲击。"我们来自很多地方"标题下突出显示了世界和美国地图，显著地展示在前墙上。一串箭头将世界各地与美国连接起来。它们代表了班级学生的家庭或种族的原籍国。在房间的另一个角落标记为"我们有许多不同的面孔",它包括班级成员特写面部照片的蒙太奇。这些照片周围有来自不同种族的成年人的身影,他们身穿参加各种仪式的礼服(婚礼、成年礼、洗礼等)和职业装(神职人员、医生、建筑工人、舞者等)。

房间的"阅读中心"是多元文化儿童文学的原型,这是一个图书馆员的文化回应梦想!包括许多不同的种族、主题和文学类型。书籍、诗歌、漫画、歌曲歌词、海报、杂志和报纸吸引着学生,发现并阅读各种亚裔、非裔、欧洲、中东、拉丁美洲、美洲原住民和太平洋岛民组织和个人的历史、家庭、神话、民间故事、旅行、烦恼、胜利、经验和日常生活。并有大量录音带、录像带、DVD 和 CD,包括音乐、磁带、书籍、讲故事和电视节目,另外一些看起来像学生的作品。在所有这些媒体材料中,一台摄像机和一台录音机随时可以使用。另一个有趣的项目引起人们的注意,它是一堆有些残破的旧相册。这些资源引导学生探索过去,反思现在,想象未来。

这些资料的范围和质量引发了这样一个问题:"洛伊丝,您是怎么想到这一切的?"她把这一成就归功于家长。在新学年开始时,她与学生的父母达成了一项协议,将两本书或其他形式的媒体捐赠给班级收藏。这些书中的一本是关于他们自己族群的,另一本是关于其他族群的,并且这些书应该是他们与子女在家中一起使用或希望其子女在学校里学习的。将每件物品都盖上"捐赠方"的印章,以此来表彰这些家庭的贡献。如果藏书太多,教室很难容纳,或者学生"长大了",就会把一些物品和书捐赠给学校图书馆或社区机构。这是一个课堂项目,由学生决定哪些物品可以保留,哪些可以送人。这些礼物仅附加一个条件,即接收者必须同意以"幼儿园某某班级捐赠给某某小学"的荣誉证明对捐赠者表示感谢。

洛伊丝是"种族形象"的坚定信徒。她十分认真地确保对教室中各族裔和个人的视觉描绘准确、真实和多元。她解释说,自己希望学生能够很容易地辨认民族视觉符号代表的是谁,而不必去想它们应该是什么。她还希望学生能够接触到群体内部和群体之间的各种各样的形象，以避免种族刻板印象。为了帮助学生进行身份识别，整个教室中显示的所有种族个体图片都包括个人和种族身份。这些文字是："我的名字是×××；我是××族群。"洛伊丝用一句简单的话概括了这一协议，"学生应做到，认识别人的种族，也希望别人承认自己的种族。"种族是我们个人身份的一个重要特征。

在这间充满刺激、智力激励和文化多样性的教室中，还存在另外两个永久的文化多元化展示。一个名为"我们能做很多事情"。这里有不同民族的贡献和成就的图像、样本和象征，如手工艺、艺术、科学、技术、医学和音乐。他们包括不同年龄的儿童和成年人、名人和普通人、斐然的成就和有规律的日常活动。有一张照片，其中三位学生对其他族裔的同学特别有帮助；另一张是6位曾祖父母的照片年龄都在75岁以上。主磁带代表不同种族对音乐的贡献，包括歌剧、爵士乐、说唱、灵歌、电影原生曲、乡村流行音乐和儿童歌曲的节选。其他人的名字均附有显示他们贡献的微型样本。有一位带着一个小篮球的运动员，令人振奋的是，她是1996年美国奥林匹克运动会代表队的一员。维纳斯和塞丽娜带着她们的小网球拍也在那里。一些玉米棒出现在印第安人旁边，一个小小的虚构心脏手术包和非裔美国人有关。

另一个永久性展品是一个多元文化的字母彩色纸带。字母表中的每个字母都有不同的种族和贡献。例如，字母J下方显示"牙买加人"和"日裔美国人"以及"爵士"，字母L下方显示"Lasso"和"拉丁美洲人"。

这间教室的参观也让我们得以一窥洛伊丝如何将各种族的符号融入她的正式教学中。一组学生正在学习不同的技能，当洛伊丝在他们中间走动时，阅读和数学小组的活动非常引人注目。现在轮到卡洛斯选择故事时段要读的书了，他选择了一个日裔美国人家庭的故事，洛伊丝让他告诉小组成员为什么做出这个选择。卡洛斯解释说，他周末在麦当劳见过了幸子（同学），他想给她读一本"她的"书，为她做点好事。他还说，他在书中看到了一些类似的人，他想更多了解他们，因为他们看起来不像他居住地的人。

在洛伊丝开始读这个故事之前，她向学生介绍了这个民族的一些信息，比如它的正确名称，原籍国家，其一些文化的象征（他们吃大量不同种类的面条），以及其大量成员住在美国。她问是否有人可以在地图上找到日本和加利福尼亚，她帮助小组找到了这些地方。当学生们回到他们的座位并静下心听故事时，我们听到了洛伊丝的询问："如果我们想去有很多日裔美国人的地方，我们该怎么去？谁想去？"想到这样一个富有想象的旅程，几只小手迅速举起。顺便说一句（也许去不了），卡洛斯选择读的书是关于一个小男孩和他的父母第一次乘飞机去看望住在远方的祖父母。一旦"背景设置"完成，洛伊丝就会继续以对话的方式阅读这本书。她经常停顿下来，探究学生对书本中所提示的相关含义的理解，了解他们的感受，并倾听他们预测故事的未来发展。

在数学方面，学生们正在练习双语数数。他们已经知道如何用英语数数，以及如何将数字与相应的单词联系起来。这次，他们正在学习用西班牙语从1数到10。在洛伊丝的指导下，学生们进行了一个用西班牙语表示数字的口语练习。一个学生指着单词，其他人大声说出来。洛伊丝在对他们的发音表现出窃笑和温柔的惊愕之后，称赞了学生的努力，同情地表达了关切，并提醒他们，正在学习语言的人发音，不会像以英语为母语的人那样完美。塔米卡（Tamika）提醒大家，罗西塔（Rosita）在家里会说西班牙语，并坚定地宣布："我敢打赌，她能说得很好。"洛伊丝询问罗西塔是否想尝试一下，在小组其他成员的鼓励下，她同意了。洛伊丝告诉小组成员，罗西塔现在是老师，其他学生要像她一样练习说这些单词。接下来，要求学生安静地坐着，听并观察一位以西班牙语为母语的人数数。这是以录像带的形式呈现的，使用类似于《芝麻街》的主题。

符号是意义的有力传达者，洛伊丝的课堂证实了这一点。她的学生们沉浸在种族和文化多样性的正面形象和互动中。他们学习和赞美他们彼此的身份和能力，同时被鼓励去扩展他们的知识和技能的边界。所有这一切都发生在一个温暖的、支持性的、肯定性的和启发性的课堂氛围中，在这种氛围中，在教学中使用文化多样性的参照物是习惯性的。这种类型的教学非常有利于来自各个民族群体的学生取得各种不同类型的高水平成就。

第五节 教师的角色和责任

　　文化回应式教学法的任务、属性和人格化中隐含着教师的一些关键角色和责任。戴蒙德和摩尔（Diamond & Moore，1995）将其组织角色分为三大类型：文化组织者、文化调解者和学习的社会环境协调者。根特曼和怀特黑德（Gentemann & Whitehead，1983）将这些任务合并为单一的文化经纪人角色。作为文化的组织者，教师必须了解文化如何在日常课堂动态中运作，并营造辐射文化和种族多样性的学习氛围，以及促进所有学生取得很高学业成就。教师必须为来自不同种族背景的学生提供机会，让他们自由地表达个人和文化，使他们的声音和经验能够定期地纳入教学和学习过程。这些适应需要使用各种以文化为中心的认知、思考、语言、情感和行为方式。

　　作为文化调解者，教师为学生提供机会，让他们参与有关文化间冲突的批判性对话，并分析主流文化理想和现实与不同文化体系之间的不一致。他们帮助学生澄清自己的种族身份，尊重其他文化，发展积极的跨种族、跨文化的关系，并避免永久的偏见、刻板印象和种族主义。我们的目标是创建一个由不同文化的学习者组成的社区，他们互相赞美和肯定，并为实现共同的成功而合作，在这里，赋权取代了无能为力和压迫。

　　作为学习的社会环境协调者，教师必须认识到文化对学习的重要影响，使教学过程与种族多元化学生的社会文化背景和参照框架相兼容。他们还帮助学生把他们的文化优势转化为学校的学习资源。斯普林（Spring，1995）对文化参照框架的定义有助于实现教学与学习的同步。他将其定义为："那些导致一个文化群体以一种特殊方式诠释世界的元素"（p.5），或者通过一种过滤，使外界的印象、经验和知识得以有序并变得有意义。

结　论

概括地说，文化回应式教学同步发展了学术成就、社会意识与批判、文化认可、能力与交流；社区建设和个人联系；个人自我价值和能力；以及关心关怀他人的准则。它在教授学术科目、过程和技能时采取了认识、了解、理解和代表不同种族和文化群体的方式。它培养了学生之间、学生与老师之间的合作、协作、互惠以及相互学习的责任。该课程将不同种族的高层次的、准确的文化知识融合到所有学科和技能学习中。

具有文化回应能力的教师对学生人格的尊严和智力能力有明确的信念。他们认为学习具有智力、学术、个人、社会、道德和政治等维度，所有这些维度都是相互促进、协调发展的。他们搭建教学"脚手架"，并在多种族学生文化体验和学术科目的课程内容之间架起桥梁，以促进更高水平的学习。这些教师对教育过程的不同方面都采取了各种各样的方法，包括课程、教学和评估，都融入在多元文化的背景中。他们认为，批判性的、相互的对话和参与性的协定是学习中习得和展示的核心。学业成就对每个人来说都是一个不容置疑的目标，也是教学过程中所有参与者的责任。在与学生的人际关系中，具有文化回应能力的教师温暖、支持、个性、热情、理解和灵活（Shade et al., 1997），对自己和学生的高质量学习表现都有严格的要求。

因此，文化回应式教学通过同时培养不同种族学生的文化完整性、个人能力和学业成就来验证、促进、解放和赋权。它植根于实践的四个基本支柱——教师的态度和期望、课堂中的文化交流、课程内容的文化多样性、内容方法和文化一致性的教学策略。如果要实现具有文化回应式教学的潜力，就需要进行广泛的教学改革，以及专业发展、问责制和教学人员评估方面的重大变革。它对教师有以下要求。

（1）全面认知不同种族群体的文化价值观、学习风格、历史遗产、贡献和成就；

（2）勇于停止责怪学校教育失败的受害者，并承认现有的教育系统存在严重问题；

（3）直面当前的教育准则和信念，反思传统的文化普遍性和文化中立性的假设；

（4）有效地将文化多样性的知识和敏感性迁移到教学实践的行动和技能中；

（5）坚韧不拔地为目前在学校成绩欠佳的孩子们追求全面、高水平的表现而努力。

希望到那时，第一章中描述的像亚伦和艾米这样的学习经历将成为历史记忆，而不是日常事件，并且他们的孩子将用更多成功的故事来讲述他们的学习经历和学习成就。

实践可能性

教育者需要明确和透明地了解支撑其文化回应实践的道德和意识形态。可以用政策声明——承诺宣言的形式去呈现理想和预期的行动方针。它们表明了反映价值观和信仰的一般行为期望和方向。因此，关于文化回应式教学的政策声明可以认为是将意识形态主张和信仰转化为行动的第一个阶段。文化回应的新手教师可能不确定如何起草相关教与学的政策声明。以下有六种不同的关于教育多样化和公平性的政策声明摘录，作为启动器帮助教师制定自己的预期、课堂行动和行为结果的政策。为了使这个练习更有意义，读者可以考虑在阅读第一章后开始阐明关于文化、种族和民族多样性和教育的信仰，并使其成为政策声明的重点。

《文化多样性和教育公平政策声明样本》摘录

之一:"如果教育者要与学生建立联系,文化回应能力的教学就变得越来越必要。为了建立联系,教育工作者需要掌握新的教学策略,以适应学生理解世界、与世界互动的方式。这些方法将有助于提高学生的成绩和测试等级,增加其获得更严格课程的机会,并促进学生成绩达到高中毕业及更高水平。换句话说,文化回应式的教学将在缩小种族、性别、语言和社会阶层之间存在的成就差距方面发挥主要作用……当我们了解学生带入学校的文化时……如何将这些经历和文化与教育者所教的内容联系起来,我们还必须反思渗透在学校中的文化,以及它对某些学生的利与弊"(National Educational Association;nea.org)。

之二:"我们都希望孩子在一个没有偏见和歧视的世界中成长,能够实现他们的梦想,并感到他们在生活中想要实现的一切都是可能的。"我们希望他们感到被爱、被包容,从不经历被拒绝或排斥的痛苦。但现实是,我们确实生活在一个种族主义和其他形式的偏见持续影响着我们的世界里。歧视伤害和留下的伤疤会持续一生,影响目标、抱负、生活选择和自我价值感……我们如何能更好地让孩子们做好准备,迎接挑战,并从他们将继承的日益多样化的世界中获益?我们可以培养孩子庆祝和重视多样性,为他们自己和他们家庭的传统感到自豪。我们可以教育孩子尊重和重视他人,而与他们的肤色、身体能力或语言无关。(Association for Supervision and Curriculum Development;Rajagopal,2011,p.3)

之三:"在多元文化社会中,教师需要保持尊重文化差异的态度,了解学生带到课堂的文化资源,并在教学过程中熟练利用学生的文化资源。虽然这些特质一直都是需要的,但组织学校提供文化回应式教学可能是推进'不让一个孩子掉队'及其后续的《每个学生成功法案》目标的有力工具。通过减少少数族裔学生的疏离感,提高他们的学习动机,学生和教师更有效地一起工作,以提高成绩……文化理解(政治、历史、文学、技术、金融、医学、法律等)。……不应该是无意中传播的,而应是有意而为之。"

之四:"多元文化教育重视文化的多元性;……拒绝学校'应该寻求消除文化差异'的观点;……申明学校应通过……来(促进)所有儿童和青年的文化丰富通过有选择的方式实现文化的保存和扩展……承认文化多样性是美国社会生活的一个事实,并予以肯定,它是一种值得保护和推广的宝贵资源。支持文化多元主义就是赞同这样一个原则,即美国没有一个唯一的榜样……它将国家公民之间的差异视为一种社会持续发展的积极力量,这个社会宣称对每个人的内在价值都充分地尊重。文化多元主义不仅仅是安抚少数民族和种族的临时安排,还是一种旨在提高个体存在感和社会完整性的概念,它是根植于社会各个部分的独特力量。"(American Association of Colleges of Teacher Educution,1973)

之五:"各地的家长教师协会(PTA)必须理解并拥抱所有个体的独特性,并赞赏这一点,每个人都贡献了不同的观点、经历、文化遗产/传统、技能/能力、价值观和偏好。当家长和教师尊重差异,承认他们共同的共性,团结他们的社区,然后根据他们的知识制订有意义的优先事项时,他们就真正代表社区获得力量和有效性……组织内部对多样性的认识是通过行动和问责来重视人们之间的差异和相似性。这些差异和相似之处包括年龄、种族、语言和文化、经济地位、教育背景、性别、地理位置、婚姻状况、心理天赋、国籍、组织职位和任期、父母身份、身体能力、政治哲学、种族、宗教、性取向和工作经历"。

之六:"我们相信学生成功的责任由学区职员、行政管理人员、教师、社区和家庭共同承担。我们致力于缩小机会差距,创建学习社区,为所有学生提供支持和充实的学术项目。此外,我们相信每个学生都有权利在西雅图公立学区拥有一个公平的教育经历。

教育公平的概念超越了普通意义的公平,对所有学生都一视同仁,以营造一个无障碍的环境,让所有学生,不论其种族、阶级或其他个人特征,如信仰、肤色、宗教、血统、国籍、年龄、经济状况、性别、性取向、怀孕状况、婚姻状况、外貌，是否存在任何感官、精神或身体上的残疾，是否是由受过训练的导盲犬或其他动物服务的残疾人，都有机会享受平等。这意味着在预算限定范围内区分资源分配，以满足需要更多支持和机会的学生在学业上取得成功的需求。与被迫克服文化障碍的学生相比，历史和遗产受到欣赏和赞扬的学生会学得更好、更成功。"

第三章　文化关爱的力量

"关爱的教师对学生总是高期望、真诚沟通和不倦地促进。"

她通常以这样的声明开始上课："我相信所有学生都可以进行合作教学和成功学习。本课程的设计旨在确保这样的效果。我们要努力工作就会乐在其中，我们将一起来做这件事。我非常擅长自己的工作，既然你们要和我一起做，你们也会表现得很好。事实上，作为我的学生，你们别无选择，只能做个好学生。"这些声明既是承诺又是命令，既是道德使然又是行动所必须。他们激发了一种团队精神，一种氛围，一种教学风格，以及一系列旨在实现学生高水平成就的期望。传达给学生这一信息的意图是："我相信你们的学习能力，我关心你们的学习质量，我保证你们一定会学到东西。"

引　言

这些声明为本章关于关爱的讨论奠定了基调和轮廓。他们也符合韦伯、威尔逊、科比特和莫迪凯；吉利根、奥比达；杰克逊、迈诺特、莫若尔和威廉姆斯士（Webb et al., 1993; Gilligan, 1982; Obidah et al., 2004）提出的标准，即关爱是一种价值，一种伦理和道德责任，它将"自觉"转化为社会责任，并用知识和战略思维来决定如何为他人的最大利益而采取行动。"关爱将个人与他们的社会、社区以及彼此联系在一起"（Webb et al.，pp.33-34）。这里关切的利益是成就的提高，而"社区"是成绩不佳的有色人种学生和他们的老师。

大多数教育工作者都认为，关爱他人对于有效地与学生相处很重要，但他们很难在教学实践中彰显这一特征，或者在实际工作中难以顾及他人的感同身受和情绪表达。感觉很重要，正如加尔扎、亚历杭德罗、布莱思和菲特（Garza，Alejandro，Blythe，Fite，2014，p.1）所解释的那样，"教育者不应该忽视情感领域在培养学生学业成功中的重要性。"但是，文化回应关爱能力作为教育过程中的基础组成部分则更加重要。顾及不同种族学生的个人幸福和学业成绩，它着重以关爱替代关心，要清楚认识这两者之间的关联。关心表达的是对一个人的状态的关注，而关爱是积极参与做一些事情来对他产生积极影响。因此，它包括了关切、同情、承诺、回应和行动的组合。埃克-里奇和凡·盖伦（Eaker-Rich and Van Galen，1996）支持将关爱的焦点从"关心"（Caring about）转移到"关怀"（Caring for），将在文化多元教育环境和互动中关爱焦点从态度转变为行动，关心只是态度，而关爱才是实践行动。"关心"是指有情感而无有意和有目的的行动，而"关爱"是指有意和有目的的行动加上情感。"关爱"的预期结果是对学校或其他地方的种族文化差异的学生，从角色功能（学生）和生存质量（个人）两个方面提高能力、能动性、自主性、效能和角色功能的赋权。

迈耶罗夫（Mayeroff，1971）多年前就曾经解释说，关爱他人需要能够从局内人的角度理解他们及其世界，能够了解他们正在努力成为什么样的人，以及他们需要如何成长。有关爱之心的人在情感上投资于被照顾者，并为他们的最大利益而行动。默多克和米勒（Murdock and Miller）建议，除了人际和情感上的支持和尊重外，关爱致力于帮助学生学习成为现实的行动承诺。塔罗（Tarlow，1996）进一步详细说明了这一具体的教师承诺。

（1）在场并准备帮助学生，即平易近人、亲切、热情和可靠；

（2）识别并照顾学生的情绪和情感；

（3）通过支持、示范、授权和培养自信心和自力更生的能力来促进和助力学生的成功；

（4）利用一切必要手段或方法，助力学生学习。

从学生自身优点去观察、尊重和帮助他们，教师可以更好地帮助他们在学术、文化、心理和情感上成长。他们不把自己的愿望强加于学生（也不期望他们模仿自己），也不假定学生缺乏能力和责任感。相反，有关爱之心的教师"明确地反对基于赤字（欠缺）的思考，并相信来自不同文化背景的学生是（或可能是）有能力的学习者"（Bartell，2011，p.60）。他们寻求了解每个学生的优势，并采取相应的行动，以促进学生的进一步成长和发展。因此，"关爱"的本质是帮助他人更好地了解他们自己的现状。以文化上的回应方式，真诚、有效地关爱边缘化的有色人种学生，作为教师应该能够在做之前就知道如何去做。正如欧文斯（Owens）和恩尼斯（Ennis）（2007，p.402）所解释的那样：

有关爱之心的教师有责任在他们与学生的关系中主动采取行动，基于对学生的最佳判断和预期。需要——积累个体学生的信息，以便识别、解释和关注行为变化——不断更新评估需求，做出决定，并建立新的关爱他人的途径和方法，认真地思考、协商，并采取符合学生最佳利益的行动。

这种关爱是针对不同种族学生的文化回应式教学的主要支柱之一。它表现为教师对学生的个人价值、智力能力和绩效责任的态度、期望和行为。无论是从其作为学生还是作为个人的角度，老师都应表现出对他们的关爱。这表现在关注他们的心理情感健康和学业成就，个人道德和社会行为、道义和颂扬、集体性和个性，独特的文化联系和普遍的人际关系。换句话说，真正关爱学生的老师更加尊重学生的人格，高度评价他们，期望他们有出色的表现，并运用策略来实现他们的期望。他们还为学生树立学术、社会、个人道德行为和价值观方面的榜样。学生同样也会觉得自己有义务见贤思齐，他们通过在学术、社会、道德和文化各方面高水平的表现，证明自己能够对各种情况应对自如。

传统的智慧、个人经验、理论成果、研究发现和最佳实践证明，真正的教师关爱对学生学习成就有积极的影响（Bartell，2011；Eaker-Rich & Van Galen，1996；Garza et al.，2014）。他们认为，教育过程的核心是师生之间的互动。这些相互作用是儿童教育质量的主要决定因素（U.S. Civil Rights Commission，1973）。不幸的是，并非所有教师对有色人种学生都有积极的态度、期望和互动。种族偏见、种族刻板印象、文化种族中心主义和个人排斥导致教师不经意低估、贬低甚至害怕某些非裔、拉丁裔、美洲原住民和亚裔美国学生。这些贬低伴随着对他们智力能力的低估或消极期望，这对学生的学习成绩产生了不利影响（Good & Brophy，2003；Harry，1992；Oakes，1985；Papageorge & Gershenson，2016）。

虽然大多数老师不是公然的种族主义者，但许多人可能是文化霸权主义者。他们希望所有学生都能按照学校的文化标准和常规行事。当有色人种学生不顺从时，老师就会觉得他们不可爱、有问题，而且很难毫不犹豫地尊重或拥抱他们。老师们不是在学生已有的基础上使他们的学习更容易、更好，而是想要纠正和补偿他们的"文化缺失"。文化回应式教学应该首先面对现有的教学假设和实践，然后再着手进行更具再生意义的改革。它应该同时解构和改革，批判和创造，纠正和指导，反思和设计。因此，本章研究了与教学关爱相关的四个关键主题。它们是：关爱的特征；教师对种族和文化差异学生的态度和期望；教师期望对教学行为和学生成绩的影响；如何在课堂关爱方面更具文化回应能力。从研究、理论和实践中收集的思想和见解都会在这些讨论交织在一起。关爱与被关爱的教师与学生的个人经历又进一步强调了这些。

第一节 关爱特点概述

关爱人际关系的特征是耐心、持之以恒、促进、确认和赋予参与者权力。漠不关心的人以不耐烦、不宽容、专横和控制为特征。这种关系在教学效果中的作用，教育者可以通过多种方式表达，但所传达的信息始终是相同的。真诚关心学生的老师比不关心学生的老师能产生更高水平的成就。失败对他们来说简直是无法接受的，为了学生成功，他们孜孜不倦地努力。

有几位学者区分了两种不同的关爱，一种是审美，另一种是真实，并看重后者。瓦伦苏埃拉（Valenzuela，1999）将真实的关爱与墨西哥教育文化观念相联系，后者将学生与教师之间的持续、信任、尊重和对等的关系视为所有学习的基石。西德尔－沃克和斯纳尔（Siddle-Walker and Snarey，2004）在他们有效的教授非裔美国学生的建议中，增加了道德和社会正义维度。他们将关爱的意义延伸到个人的人性和教育的明智之外，直抵正义、公平和平等的层面。他们建议在教育有色人种的学生时，那些寻求关爱但拒绝以文化上适当的方式进行关怀的老师依然缺失公平。同样，寻求正义而又不关照个体的教师，依然有伤害性。整体上看，公平和关照如果失去彼此，则两者皆空。（pp.144-145）

艾尔斯（Ayers，2004）和汤普森（Thompson，2004）树立了强有力的有关爱之心的教师形象，他们更关注个人品质和与学生的关系，而不是教学方法的熟练程度。艾尔斯的描述包括教师明确个人成就和社会道德责任之间、自我和学生之间、存在与行为之间的重要联系；把教师看成是为学生打开思想之门和开辟可能性的角色。他们自己的意识与行为相结合，不断寻求认识学生的方法，使自己和学生建立更好的个人和教学关系，并在已知和未知之间搭建桥梁。有关爱心的教师也把学生置于学习轨道的中心，并把他们的个人兴趣和优势转化为学业成功的机会。他们在教学上坚持不懈；他们不会放弃学生，也不会降低、轻视学生，即使有其他人这样做，他们也绝不苟同。教师关爱的"存在"（being）水平应表现出：

寻求主题的真实交集——它承认人性、意图、议程、绘图、梦想、欲望、希望、恐惧、爱和每一个人的痛苦，在这些交集中，他们试图塑造他们自己的价值模型。他们努力在工作中建立价值观、优先事项和故事，因为他们知道这些东西会影响教学实践。（pp.10-11）

根据艾尔斯（2004）的研究，教师关爱的"做"（doing）的维度包括：

假定学生有很高的能力、才智（通常是模糊的，有时被埋没），以及广泛的希望、梦想和抱负；要承认障碍需要理解和克服，缺陷需要修复，不公正需要纠正。以此为基础，教师创造了一种环境——它有多种学习的切入口和多条通往成功的路。（p.11）

汤普森（2004）建议表现出文化回应式关爱的教师，应能够：

看到孩子们所看到的世界，然后——帮助他们对文化差异和种族主义做出深思熟虑的反应——这是白人学生的责任也是有色人种学生的责任。如果我们看不清这个世界的本来面目，我们就无法让孩子们做好准备去创造一个更美好的世界。要想在一个种族的和种族主义的社会中，真正看到不同肤色人种的关系——无论他们是"实然"还是"应然"——我们必须足够关心，放弃我们的主观无知和政治盲目性。（p.37）

我们必须关注的这个世界，包括学校和教室的内外，帮助我们的学生变革它。这种关注和关爱的一个基础部分是，教师和学生不要试图成为色盲，而是采取汤普森（2004）所说的"色彩谈话"。因此，关爱为基础的教育包括学术、公民、社会、个人、文化、政治、道德和变革性学习目标和行为维度。

这些学者（和很多其他人）一直在跟踪研究两所院校的实践。纽约中央公园东区学校（Bensman，2000）和弗普恩特和平与正义学院（De Jesus，2003），这两所学校在种族、民族、社会和文化上都有多样化的成功机构，创造了一种具有文化回应式的关爱——行动的氛围环境。它包括教师们：

1. 提供让不同种族的学生感到被认可、尊重、重视，被看到和被听到的空间和关系；

2. 培育温暖、亲密、团结、连续性、安全和保密的氛围；

3. 全面了解来自不同文化背景的学生，包括个人和学术方面；

4. 在不同文化背景的学生中培养友善意识和相互的责任感；

5. 满足不同学生对于友谊、自尊、自主、自我认识、社交能力、个性认同、智力成长和学业成就的需要；

6. 成为不同文化背景学生的学术、社交和个人密友、倡导者、资源和促进者；

7. 为不同文化背景的学生在校内外获取知识并承担责任；

8. 帮助有色人种学生培养一种批判意识，了解他们是谁，他们的价值观和信仰，以及他们能成为什么样的人；

9. 使来自不同民族和文化背景的学生能够开放、灵活地表达自己的思想、感受和情绪，并能接受新思想和新信息；

10. 使来自不同种族和文化社区的学生建立信心、勇气、礼貌、同情心和能力；

11. 对学生学业上有要求，给予个人支持和鼓励；

12. 积极主动发掘学生的兴趣和好奇心；

13. 在学生自我和相互关怀中培养探究的习惯、批评的意识和道德的纠正；

14. 以人的价值平等观对待每一个人；

15. 承认学生之间的社会、文化、民族、种族、语言和个体差异，而不做随意的判断；

16. 促进不同种族和文化群体之间的文化、社区和政治完整性和相互团结；

17. 直接和坦率地应对种族歧视的变迁，以及权力和特权在不同群体之间的不平等分配；

18. 让学生准备好理解和处理社会现实（是什么）以及转型的可能性

（可以是什么）；

19. 讲授有关民族、种族的文化知识、身份认同和自豪感；

20. 为不同社会、种族、民族和文化背景的学生提供智力上的挑战和个人相关的学习经验。

这些关爱的要素需要面对一些长期存在的教育传统和假设。教师在与学生的关系中不能再存在冷淡和疏远，也不能试图回避有争议的话题和严酷的社会现实。他们也不能只盯着学生的局限性，而不看他们的长处和潜力。他们不应从教学职责仅限于学术技能和课本内容的信念中找借口。这些都很重要，但真正的关爱远不止这些。教师必须参与学生的生活，承认教与学是整体的事业，教学生所需要的知识和技能，既要适应当下社会，也要适应未来建设一个更好社会的需求。他们必须始终把学生置于对他们的承诺和可能性有明确信念的学习环境和关系中。他们不能等到学生进入初高中，或成为上大学的年轻人时，才开始追求这一目标。公正和真诚的关爱，必须成为所有学生整个教育生涯不可分割的一部分，从他们进入幼儿园的正式学习之旅开始，并一直持续下去。

第二节　关爱细节的属性

在这里，我们将更详细地讨论以上总结的关爱的四个属性，以说明它们在实践中是如何运作的。这些阐述有两个原因：一个是在文化回应式教学的背景下，展示关爱是多么细腻；另一个是为了进一步阐明这样一种观点，即作为一种教学方法，关爱更多是由行动驱动的，而不是以情感为中心。情感（如关心和同情）是文化回应式教学中重要的锚点和催化剂，但它们缺乏促进学生学习的基本行为表现。因此，关爱所有的属性必须转化为行动，使其在提高文化差异学生的成就方面有更大价值。爱孩子不应成为一种教学替代，侧重于关爱的行动维度将预防这种现象发生。

一、关爱是照顾人的表现

梅尔卡多（Mercado，1993）、沃克·达尔豪斯和达尔豪斯（Walker Dalhouse & Dalhouse，2006）、凯斯和亨明斯（Case & Hemmings，2005）的研究阐明了关于学生的信念是如何影响教师的教学行为的。这些信念是在教师职业生涯的早期（甚至在入职前）就形成的，并且很难改变。梅尔卡多坚信，与她和她的同事们一起工作的拉丁裔初中学生的学业成就，很大程度来自关爱教学团队的道德操守，而不仅仅是来自促进读写能力和学术学习。在对非裔美国学生关于隔离学校经历的采访中，一个共同主题就是教师和管理人员的人际关爱。他们记得这些学校是"家外之家"，是他们在个人、学术和公民层面得到滋养、支持、保护、鼓励和对自己负责的地方。学生们回忆说，他们的老师对学生的能力充满信心，给予他们支持和鼓励的同时对他们严格要求，坚持鼓励学生要有远大抱负，要成为最好的自己。教师和管理人员并没有将他们与学生的互动局限于学科内容。他们还对学生的情感、身体、经济和人际关系状况表示关注。这样做的过程中，他们创造了一种持续的关爱氛围，使学生更愿意参与学习任务并取得更高水平的成就（F. Jones，1981；Siddle-Walker，1993；Sowell，1976）。因此，"心理上和实际的关注都体现在人际关系中——对学生的学业成就和生活成功做出了有力贡献"（Siddle-Walker，1993，p.75）。

当代的课堂环境的研究结果（M. Foster，1994，1995，1997；Howard，1998；Ladson-Billings，2009）指出，对非裔美国学生有效教学的教师表现出相同的信念、态度和行为。M. 福斯特（M. Foster，1995）发现，这些教师"关注孩子的全面发展"（p.576），并在他们的个人行为和教学实践中塑造多维度关爱的榜样。他们明确地教导和塑造个人价值观，他们认为这些价值观是学习和生活的基础。这包括耐心、坚持、对自己和他人负责。他们也培养学生兴趣、抱负、自信和领导能力。他们的教学实践将自我决定的能力纳入了一个在宣扬人人平等的同时延续制度性种族主义的社会（M. Foster，1995）。换句话说，具有文化回应式关爱型教师会在不同种族的学生中培养效能感和能动性。

二、关爱激发行动

正如这些描述所表明的，人际关爱不仅仅是教师对学生表现出友善、温柔和仁慈的感情，或表达一些普遍的关切或爱的情感。关爱植根于态度，但必须付诸以行动。事实上，态度如果没有产生相应的行为伴随，那就只是一种学术忽视。当教师们打着"不想让学生陷入不知道如何完成学业任务的尴尬境地"的幌子，却没有要求学生为他们的高水平表现负责时，他们实际上是在放弃自己的教学职责。这不是真正的关爱。导致表现冷漠和不关切的最有效方式是容忍或促进学术冷漠、脱离和失败。为了避免这样做，教师必须彻底了解自己和学生的观点和经历（Noddings，1992，1996）。学习可能发生于他们在教育过程中的文化包容和认可。这种关爱的态度是"接受、拥抱并向上引导"。它质疑，它回应，它同情，它挑战，它快乐（1996，p.29）。因此，教育中的关爱包括情感、智力、信仰、道德、行为和责任等属性。

泰勒（Tarlow，1996）对家庭、学校和志愿机构的关爱的研究，进一步完善了这些属性。她将关爱描述为一种持续的、以行动驱动的过程，即"支持性、情感性和嵌入互惠关系中的工具性的交互"（p.81）。一个有关爱心的人对他人的需要和利益是敏感的、有情感投入和关心的。关爱具有互惠和社区的双重要素，因为"关爱的过程——面对被关心的人，呼唤他做出回应——也是对群体意义的承认和尊重"（pp.80-81）。

拉德森-比林斯（Ladson-Billings，2009）在对一所城市小学教非裔美国学生的成功教师的研究中，发现了与泰勒描述的关爱相似的依据。当她在课堂上问学生喜欢什么时，学生回答说："老师。"在详细阐述这个选择时，学生解释说，老师会倾听和尊重他们，鼓励他们表达自己的观点，在课堂内外对他们都很友好。汉利（Hanley，1998）的非裔美国学生，通过戏剧性准备和表演研究知识构建，也表达了类似的信念。他们一致热情地宣称，好老师尊重他们，关爱他们，为他们提供选择，并坚韧地努力使所教的信息更容易被他们理解。反之，差的老师则是那些不倾听、不关爱、过于匆忙、疲于督促学习、不关切学生总体幸福的教师。这些都是发人深省的评论。许多学生觉得有必要与教师建立私人联系。具有亚裔血统的大学生（尤其是新移民）中有一种做法，这种做法的象征是，他们会把自己关系密切的教授视为自己的"学术父母"。当老师认可他们的存在，尊重他们的才智和人格，让他们觉得自己很重要时，就会产生这种关系。换句话说，他们通过使学生的"声音"合法化和提高能见度来赋予学生权力。

三、关爱促进努力和成就

拉德森-比林斯（Ladson-Billings）、福斯特（Foster）、汉利（Hanley）和其他研究人员报告中显示了各行各业的个人轶事反映的在上学期间对于老师关爱学生学习成就这一主题的不同评价。离开学校很久以后，他们深情地、生动地怀念那些关爱他们的老师，也痛苦地回忆那些对他们漠不关心的老师。他们可能不记得这些老师教过的内容，但是他们的人文影响已深深烙印在他们的脑海中。高中毕业 40 年后，约翰尼仍然喜欢讲述自己对 11 年级社会研究老师的畏惧，但他还是很尊重她，因为"她对你很严格，你无法对她耍什么花招。她知道每一个人，而且即使你不知道答案，她也不会让你感到自己愚蠢。这就是为什么即使我没完成别人布置的作业，也要确保完成她的作业的原因"。这位老师与约翰尼同姓氏，她经常告诉他："有我们姓氏的人总是尽力而为的。"这种联系进一步激励了他在学习上付出比原本大得多的努力。他的表姐贝蒂与约翰尼同期在同一学校上学，对另一位老师的记忆却截然不同。多年后，这位老师的名字仍然会引起她的负面回应，例如："那只狗，我恨他。他很邪恶，对任何人都不在乎。你不能和他说话。他认为自己很牛，表现得像个国王，他想做的就是让每个人失败。"

作为对有色人种学生进行有效教学的必要特征。这些故事为关爱（或者说关爱的缺失）增添了其他重要的维度，除了尊重学生的文化背景、种族身份和人性外，关爱他们的教师还要求对学生高质量的学术、社会和个人表现负责，并确保这一切实现。他们不仅要求严格，而且对学生个人和专业上都能提供便利、支持和帮助。他们并不一定是与学生属于同一种族，才做得这么好。在拉德森·比林斯的研究中，一些老师就是欧裔美国人。约翰尼和贝蒂的老师也是如此，但他们是非裔美国人。圣约翰（St. John，1971）将这种关爱类型的教师描述为"以学生为中心"和"人际交往能力强"。这一取向在教学互动中表现为友善、适应力强和乐观。这些老师对考试成绩是代表学生能力的良好指标也不太认可，他们使用了其他成功指标。与任务为导向的老师相比，他们在非裔美国学生的阅读改进、出勤率和课堂行为方面取得了更大的收获。

克莱因菲尔德（Kleinfeld，1973，1974，1975）在她研究的Athabascan Eskimo农村和美洲原住民学生的教师中发现了类似的特征。他们创造了情感温暖的课堂氛围；一贯明确地要求高质量的学习成绩；花时间在自己和学生之间以及学生之间建立积极的人际关系；在课堂之外扩展与学生的关系并照顾他们；并通过非语言线索与学生交流，如微笑、温柔的触摸以及建立一种"亲密感的动作"（1975，p.322）。学生的学术需求得到了情感支持和辅助性指导的补充，采用引导而不是独裁式的教学，并发展了学习的互惠责任。这种情感温暖、个人关爱和人际支持的教学风格对学生的智力表现有实质性的积极影响。这可以通过课堂语言参与的增加和认知理解水平的提高来说明。克莱因菲尔德在研究中，将教师的成功归功于两个主要因素：教师的教学风格与农村的爱斯基摩人和印第安学生的文化社会化和互动风格之间的一致性；教师的教学风格起主要作用，而不是他们的种族成员身份。她和后来的研究人员（Bondy & Ross，2008；Ware，2006）称这种类型的老师为学生眼中的"温暖的要求者"。

维达·霍尔（Vida Hall）在一所城市高中帮助非裔美国学生取得成功

进一步证实了克莱因菲尔德的结论，并阐明了关爱在教学中的力量。维达是那些"温暖的要求者"之一，她原来的学生和她自己的反思都证实了这一点。早在多元文化教育或文化回应式教学开始之前，她就在其他老师认为几乎无法教的学生面前取得了优异成绩。作为一名高中社会研究老师，她教学生各种各样的高级、普通和初级课程。她以"不带任何废话"和"严厉但公平"而著称。维达坚持让她班上的学生尽其所能，并不断向他们传达，他们能够做得比自己想象的好得多。对于未完成或未做的作业，她不接受任何毫无根据的借口。"我做不到"在她课上是禁忌。

当学生给出"我做不到"的解释时，维达的回应温和而坚定，"你当然可以。现在，告诉我该怎么做才能帮到你。我需要给你复习一遍说明，还是把内容温习一遍？我们需要花点时间单独相处吗？你需要在课上与另一个学生合作吗？还是我需要让教练知道你在运动上花了太多时间，影响了你完成社会学研究作业？"这些不是威胁或恐吓，相反，维达提出了不同的方案来消除学生成就的障碍，并且她随时准备积极地采用其中的方案或全部，以确保学生取得成功。当他们成功时，她为他们鼓掌，同时引导他们达到更高的水平。

"帮助学生成为最好的自己"的关心和承诺，并不局限于课堂。维达对学生在课堂之外的社交行为和个人礼仪也抱有同样高的期望。很多次在走廊和餐厅里，她会走到学生面前说："你们不是我那一班的学生吗？使用拳头解决问题有损你们的尊严。你们可以做得比这好！"此外，她还为学生们设定了一些关于年轻男女应该如何"举止得体"的界限。当她观察到一些她认为不被社会接受的学生的行为时，她经常说，"年轻的男士（或女士）的举止并不这样。"她回忆说，在40年的教学生涯中，很少有学生面对这些惩戒时变得好斗和充满敌意。

维达和她曾经的学生们，都将这一令人难以置信的记录归功于这一事实，即学生知道她对他们的期望，而且她"站在他们一边"。作为他们的老师，她理应受到尊重，就像她尊重他们一样。他们努力学习以满足她的期望。最终取得的成绩是学生和老师相辅相成、互补互惠的结果。成就分好多种，她的一些伟大的成就并非是在课堂上取得最好的成绩，也没有在标准化考试中夺得最高的分数，但学生们在其他方面表现很出色，表现出良好的举止、尊敬他人、拥有高度积极的自我认识、坚持努力学习，甚至提高了入学率。

四、关爱是多维度的回应

显然，关爱是一种多维度过程。根据比尔曼（Berman，1994）的观点，关爱的本质是回应能力，它取决于对人的理解。鲍尔斯和弗林德斯（Bowers and Flinders，1990）更具体讲到教学，他们认为回应能力是理解文化对课堂行为和心理生态的影响，并用此来指导行动。因此，要使教师进行文化回应式教学，他们必须具备文化多样性的能力，并将其纳入教育过程。沙利文（Sullivan，1974）在40年前提出了这一观点，当时他建议，仅仅让教师喜欢不同种族的学生是不够的。相反，"挑战是在不同的文化背景下有效地教他们"（p.56）。要做好这点，他们必须具有文化多元化的承诺、能力、信心和内容。沙利文称之为"五个C"（Cultural pluralism, Commitment, Competence, Confidence and Content），在今天同样适用。

在文化回应式教学的背景下，这些关爱的不同方面一旦付诸实践，就会在教师与不同种族的学生之间建立道德、情感和学术上的伙伴关系。这种伙伴关系从尊重、荣誉、正直、资源共享和超越可能性的深刻信念为基础，即明确相信这些学生的边缘化不仅可以改变，而且他们的学业成绩也将得以改善。在尽职尽责的教师的指导下，他们采取行动确保这些目标的实现。马珐·科林斯（Marva Collins，1992）开发了一种"关爱信条"，这有助于引导她与她在芝加哥建立的西区预备学校的学生互动。它被称为"走进我的心"，它是道德和关爱力的化身。书中引用的部分内容是为了说明在科林斯对学生的行为信条中如何体现出关爱的一般原则。它可能会激发读者表达自己对关照文化多样性学生的承诺。科林斯说：

我不鼓励做普通人。我相信，我所有的学生都能学会，如果我不把学生教得完全彻底，他们就无法……

我会教他们独立思考。

我要教会他们用坚韧不拔的精神来搭建自己的桥梁。要有足够的勇气，不是逃避一切困难，而是勇敢地面对生活中的问题，并将它们作为生活的挑战。

我将鼓励他们永不满足于过去的成就。要知道，卓越是一个永无止境的过程，他们永远也达不到成功的彼岸。

我相信……我的学生将像星星一样，用卓越、自主和骄傲照亮世界。（pp.260-262）

第三节 预期趋势及效应

由于期望和信念以及它们伴随的行为，是课堂教学中关爱的关键组成部分，教师需要知道它们是什么，以及它们如何影响教学与学习。他们还需要理解期望是信念或假设的表现。因此，期望和关爱在很大程度上是相互关联的。事实上，对有色人种学生的负面信念会对他们的个人和学业表现产生低期望值，这构不成关爱，因为关爱学生意味着相信并促进他们发挥最大的潜力。这里总结了教师期望中的一些反复出现的趋势，但对其全面分析超出了本书的范畴。希望所提供的信息能吸引（和指导）未来的和在职的教师仔细研究自己和他人的期望，并在必要时做出改变，以达到更符合之前讨论过的对种族多样化学生的文化回应式关爱的标准。

教师凭借对课堂的单方管理，控制和垄断了学术互动。他们决定谁将参与什么，何时、何地以及如何参与（Goodlad，1984；Kohn，1999；Kozol，2007）。这些决定及其后果直接反映了教师的态度和期望，以及他们是否关爱学生。正如佩芷（Page，1987）所解释的，教师的"观念是强有力的，他们设想了自己的生活；他们为课程决策提供了一个基本理论，从而为他们自己的再创造提供了条件"（p.77）。积极感知的学生在教学互动中具有优势。那些被消极或怀疑地看待的人处于不利地位，往往完全被排除在实质性的学术互动之外。美国教育委员会在 2012 年发布的关于教师信念和期望与学生学业成绩之间相互作用的研究综述中，确认了这些观察结果：

教师对每个学生的期望可以显著影响学生的整体表现。例如，教师的期望可以基于学生的特征，如种族、民族、家庭收入水平或过去表现等指标。这些期望会导致教师对学生的行为有所区别，例如对某些学生设定较低的期望，对学生的错误提供更简短的反馈（或不提供）——在正确的答案后提供的积极反馈则更少——并给予学生更少回答问题的时间。所有这些教师的行为，在一年或几个学年里，日复一日地重复，可能会对学生的表现产生负面影响，并最终使困扰美国教育体系的成就差距持续存在。（Education Commission of the States，2012）

一、期望产生的影响

课堂互动机会的差异受到许多不同变量的影响，其中大多数与学生的智力无关。其中最重要的是种族认同、性别、民族、社会阶层和家庭语言，甚至外表也会影响老师对学生的期望。在相关研究的汇总分析中，里特斯、拉滕森和塔比斯（Ritts et al., 1992）发现，长得好看的学生得到更高的分数，在标准化考试中得分更高，并获得更多的学业帮助；他们也被认为更友好，更专注，更受关注，更外向，而且表现更好。外表对社交技能的影响比对学术技能的影响更大。然而，学校教育中各领域之间并没有明确的界限，一个领域很容易影响到另一个领域。

文化也影响学生和老师的期望，以及他们如何参与课堂互动（Boggs, 1985; Boykin, 1994; Pai, 2006; Philips, 1983; Shinn, 1972）。与老师和其他学生适当互动中的社会礼仪和礼仪规则可能会阻碍一些学生的参与，而加快另一些学生的参与。列举以下三个障碍的例子。来自相当严格的等级社会结构的传统文化移民学生进入美国教室，他们已经被社会化，在与老师的互动中是被动和恭敬的，并且在任何时候都尊重老师。美国的教育促进了更加流畅的关系，鼓励学生积极与老师互动。移民学生可能显得十分安静，乐于助人，尽管一再地被邀请和鼓励，他们也不愿意自由地参与教学互动。实际上，这些期望可能会让刚到美国的学生感到不安和困惑。他们也可能被其他学生的合群风格所淹没。在教师努力把学生拉入互动继而失败后，老师停止尝试，并让这些学生独处。由于学生和老师的文化期望和互动风格不匹配，学生的学习机会和成就潜力因此被最小化。

关于文化对师生互动质量影响的另一个有说服力的例子涉及非裔美国人。具有高度文化关联的非裔美国人交际时感情丰富、精力充沛，被博伊金称为"激情"（Boykin，1986），这对许多老师来说却有些麻烦。老师们可能将此行为视为冲动，过度情绪化和有些失控。因此，他们与这些学生的大部分课堂互动都采用纪律控制，旨在使他们"安静下来"并"花更多的时间在任务上"。对学生不良行为的谴责常常比对学术学习的指导更多。在这种条件下，学生高水平的成就会受到严重限制。这些假设对真正关爱不同种族、民族和文化差异学生的教师来说适得其反。

第三个例子是关于个人的，对关爱教学更积极、更有作用。这个个案存在着文化细微差别，但是成就的结果在某种程度上更为明确。此案例发生在我读本科期间，我们有一位老师曾被誉为"烤王"。他会选择一名学生进行探究，并在整个课程中让他（她）一直坐在"热门座位"上，只是偶尔在其他地方分散一些注意力，允许其他人对目标学生说过的内容做一些简短的评论。他反复告诉我们，他希望我们思考我们正在学习的内容，而不仅仅是重复教科书的信息。他的教学风格达到了这一目标，因为他进行了探究和引导，并用急速提问的方式要求我们进行批评、分析、说明、解释、反思和延伸。今天，我们可能说他是解放者、变革者或建构主义老师，因为他致力于使我们的思想摆脱死记硬背的束缚，并帮助我们成为能言善辩的批判性思考者。当时，我坐在"热门座位"上的时候非常恐惧，以至于整个学期大部分时间我都在为这个问题而苦恼。当我被召唤时会发生什么，我会思考吗？思考是什么意思？我能说什么？我会听起来很蠢吗？

这是我记忆中第一次有老师要求我思考，并不能拒绝。我需要做好准备，所以我尝试事先练习思考。但我太努力地让自己思考以至于我除了思考，什么都不想。教授为探究如何激励学生而做的努力，和被逼思考一样，都使我受到一些创伤。如果另外两个或三个学生能够加入思考队列中，他们会分散对我的注意力，并使一切变得更容易承受。但事实不是这样。这位教授坚信，在思考过程中，学生是思考之旅中的"独行侠"。终于，我的时间到了。我不知道我在说什么，但显然我确实在思考。我达到了教授的期望。谈话进行得相当顺利，他称赞我准备充分，解释得如此清楚。我很震惊，因为我成功了——我真的在想一些事情。这是一位真正关心学生学习的老师；他坚持让我们思考，让我们对展示批判性思维负责，而且他在努力促进这一技能的发展。

霍利迪（Holliday，1981，1985）用"交易的理论视角"来解释不同种族学生在学校参考框架和家庭文化的脱节中，如何引发了负面的教师期望，从而会损害学生学业成绩。她认为社会能力是获得学术机会的前提。就是说，学生在被允许参加教育的实质性内容之前，必须遵守有关教育过程的管理规章制度。例如，由于学生在演讲前没有举手或等待老师的许可，因此被剥夺了阅读或参与"故事"的机会。在这种情况下，等待许可发言是个管理问题，而读书是一个学术机会，惩罚与违规不相称。随着时间的推移，老师的消极态度和低期望会导致非裔美国学生"习得无助"（Holliday，1981，1985）。如果太长时间被告知他们的贡献和能力不值一提，学生将索性停止参与课堂互动。菲利普斯（Philips，1983）在俄勒冈州暖泉保护区的美洲原住民身上发现了类似的现象。在她的研究中，学生的许多成绩问题来自教学的互动性和程序性规定，而不是教学的实质内容。与讨论的话题相比，教师如何与学生交谈更能影响他们的学习投入度。比克伦和波拉德、克莱因、美国大学妇女联合会报告："学校教育如何亏欠女生"（Biklen and Pollard，1993；Klein，1982；AAUW Report：How school shortchange girls，1995）中研究者和研究报告也发现，教师的期望也受到学生性别的影响,导致提供给男性和女性学习机会质量的差异。因此,性别是一个促进学术成就或影响学术成就的其他重要"因素"。

古德和布罗菲（Good & Brophy, 2003）编写了一份关于教师期望和相关课堂行为及其对学生成绩的影响的最全面的研究总结。在这篇总结的早期版本中,这两位作者指出,"大多数课堂上的学生没有发挥出他们的潜力。因为老师对他们的期望不高,当他们可以进一步做得更好时,教师对当前尚不佳或很平庸的表现就感到满意了"（1978, p.70）。古德拉得（Goodlad, 1984）的全国教育研究和奥克斯（Oakes, 1985, 1986）对学习机会追踪调查的效果分析,证实了这些发现并提供了额外的解释。古德拉得观察到的大多数课堂中缺少的一个重要成就要素是本章前述的维达霍尔（Vida Hall）、玛法·科林斯（Marva Collins）和我的本科教授要求学生尽全力参与学习活动的那种高度负责任的关爱精神。古德拉得（1984）将这种缺少的成就要素的班级描述为缺乏智力和兴奋度,缺乏"对个别学生表现的热情、喜悦、欢笑、摩擦、赞扬和矫正支持,属于惩罚性的教师行为或高度的人际关系紧张"（p.112）,学生之间的互动以及学生与老师的互动都具有"中性、相当被动——和情绪平淡"的特征（p.113）。如果老师们深切关爱学生,他们会更加认真地使他们的教学变得令人兴奋、刺激和着迷,使学生意识到参与学习的动机,这对学习的持久性和学习质量具有积极的效果（Ginsberg, 2015）。

如奥克斯（Oakes）所揭示的那样,有效地教授有色人种学生的另一个问题是在高阶和低阶课程中出现的教学质量差异。尤其令人不安的是,拉丁裔、非裔美国人和美洲原住民在低阶课程选择中人数比例过高。这些"情绪平淡"和"智力迟钝"的课堂采用教师主导、说教和大班化等教学策略,这些教学策略学习活动范围狭窄,练习册作业过多,互动对话过少（Good & Brophy, 2003; Goodlad, 1984）。这违背了关爱的要素,即关注于帮助文化多样背景学生发展个人学术能力,进行引导、自治和授权。

二、教师期望的持续趋势

从研究和实践中，教师期望出现了四个具体趋势，这些趋势支持和详细解释了这些基本结论，这为如何关爱不同种族的学生以提高他们的学业成绩提供了一些重要见解。

第一种趋势，教师期望显著影响学生获得的学习机会的质量。价值观不一定会转化为行为，但信念和期望会。许多老师声称相信所有的学生都能学习，但他们并不期望他们中的一些人能做到。因此，他们允许学生每天坐在他们的课堂上，而不坚持和协助他们参与到教学过程。这种行为是有理由的，即"你不能教这些学生，因为他们没有学习的动力"。

教师可能相信性别和种族平等，但在课堂教学中却没有采取任何行动来促进它。缺乏行动的理由是没有足够时间，也存在着科目不适合他们所教的问题。他们可能会抱怨教科书中关于妇女和族裔群体的信息贡献不足，但他们继续使用这些教科书，却没有提供任何补偿性材料。一些老师承认学生存在个体差异，但同时又宣称要一视同仁对待所有学生，并否定种族、文化和性别在教学决策中的重要性。

如果老师对学生成绩期望或高或低，他们的行动方式就会导致这种情况发生。古德和布罗菲（Good & Brophy，2003）将此称为"自我实现的预言效应"。这个概念是由罗森塔尔和雅各布森（Rosenthal & Jacobson，1968）在他们里程碑式的研究中推广的教师期望与学生学习机会和效果的皮格马利翁效应。这意味着教师对学生智力水平和行为的假设影响了他们在教学互动中对待学生的方式。时间一久，这些对待方式对学生学习的程度造成了很大影响。

广义期望的存在并不会导致自我实现的预言，也不是瞬间偶然发生的事情。它需要一段时间内专注的信念和深思熟虑的系统化的行动。古德和布罗菲（2003）认为，创造自我实现预言有6个步骤：

（1）教师期望特定的学生获得特定的成就；

（2）教师按照这些期望规范学生；

（3）教师的规范行为向学生传达对他们的期望，并随着时间的推移保持一致；

（4）学生将教师期望内化，影响学生的自我认知、学习动机、抱负水平、课堂行为以及与教师的互动；

（5）随着时间的推移，学生的行为越来越符合老师的期望，除非学生进行刻意的抵制或教师改变策略；

（6）最终，学生的学业成绩和其他成果指标都会受到影响。

第二种趋势表明，教师对学生的期望受到一些没有事实依据的因素的影响，即使面对相反的证据，这些影响因素也可能会持续存在。而教师"更容易受到导致消极预期的信息影响，而不是积极预期的信息所影响"（Good & Brophy，1994，p.95）。即使信息来自偏见或刻板印象时，也是如此。由于与他们所属的民族相关的偏见，一些学生比其他人更容易受到消极的教师期望，因此，教师不太可能以建设性的方式关爱他们。

我的两个朋友讲述了一个令人痛苦的故事证实了上述现象，涉及他们十几岁的儿子。兰迪是非裔美国人，是一个身高6英尺的高中生。兰迪经常在一天的课程结束时在校园里与4个男性朋友（也是非裔美国人）会面和交往，同时等待来接他们的父母。有一天，当兰迪的父亲在等着接他回家时，看见一位老师走近这几个学生，他威胁着这些年轻孩子，如果他们不立即散开，将采取行动和叫警察来干预。这些学生感到困惑，因为他们只是碰头，没有做错任何事情。实际上，所有孩子都是好学生，没有受过任何处分，有的是校篮球队队员。是什么促使这位老师有如此反应？兰迪的父母坚信，其动机是老师对非裔美国年轻人的消极态度和期待。父亲推测："在他的脑海中，老师看到了潜在的帮派成员和一群制造麻烦的黑人。他没有注意到这些小伙子是团队成员并表现良好。孩子们并没有大声喧哗和表现粗暴。"

第三种趋势基于如下假设，即教师固执地认为，他们的期望与学生的智力、人种、性别和学生的班级调整相关，哪怕教师面对相反的证据。

罗森塔尔和雅各布森（Rosenthal & Jacobson，1968）在他们的研究《课堂上的皮格马利翁效应》中，部分地证明了这一点。作者告诉教师，有些学生智商较高，而实际上与其他学生没有差异。老师希望那些被认为智商较高的学生在阅读方面表现更好，他们做到了。在教师期望男孩和女孩表现相同的情况下，即使他们之间存在真正的能力差异，他们也能表现得同样好。帕拉迪（Palardy，1969）发现阅读成绩就是这种情况。一些老师预期讲非洲美国方言和工人阶级方言的学生的作业水平低于讲主流标准英语学生的水平，而且他们倾向于对此进行评估（Bowie & Bond，1994；Grossman，1994）。许多老师认为，日裔、华裔和韩裔青年将永远是勤奋好学、成绩优异并听话的学生。他们惊讶地发现，一部分上述族裔的学生存在严重的学习困难症（S. Lee，2009；Wong，1995）。相反，许多教师认为拉丁美洲人和非裔美国人的学习成绩较低，并且存在纪律问题。当他们表现出高绩效时，那些原本低估他们的教师表现出敬畏感或满腹狐疑或宣称这些学生超水平发挥了。一些非裔美国专业人士感叹，在并不值得被注意的连贯讲话时，被称赞说"你说得太好了"或"你的口齿真清晰"。这些非裔专业人士的反应是，"为什么我的能力令人惊讶？""你们期待什么？"不幸的是，今天的教育中仍然存在许多对有色人种和贫困学生的负面期望。

传统上，教师对于男生和女生有不同的期望和互动。种族、民族、社会阶层和文化对这些态度和行为有着深远的影响。当分析对象完全是女性时，与拉丁裔、美洲原住民、非裔美国人和亚裔美国人相比，欧裔美国学生与教师的交往和教学互动质量往往更好（Grossman，1994；Masland，1994；Streitmatter，1994）。过去的研究发现，男性与教师之间的互动更多，无论是学术或社交、智力或管理、积极或消极、语言或非语言、学生或教师发起的。正如斯特雷特马特（Streitmatter，1994）所解释的那样，男性主导了课堂，"无论是作为学习者的积极方面，还是作为行为问题上的消极方面"（p.128）。该比例随交流的性质而有所不同。往往是在学科互动中表现最好，而在教学互动中表现最差。欧美男性也开始与老师有更多接触，得到更多的鼓励、反馈与好评，被更多的提示、暗示和探查。他们因学术成就获得更多奖励，被问到更复杂、抽象和开放性问题，并被教导如何成为独立的思想者和解决问题的人。相比之下，欧美女性的起步较慢，获得较少的学术鼓励、称赞、提示、奖励和对成功的期望。她们与老师互动的时间更少，被问到需要描述性和具体答案的问题更多，并且在社交方面获得的回报比在学术方面获得的回报更多（AAUW，1995；Good & Brophy，2003；Sadker & Sadker，1982；E. Scott & McCollum，1993）。

最近有迹象表明，学习机会方面的性别差异正在逐渐消失，至少对于欧裔美国女性而言是这样。一些报道表明，进步如此显著，以至于欧美男性现在正遭受性别不平等的困扰。还有其他研究人员和学者说，这些结论过于乐观。学习机会和结果的传统的性别模式在复杂的分析中仍然存在，并且不平等更多是定性的而不是定量的，并且比成绩和考试分数包含更多的变量。当根据性别、种族、社会阶层、权力和特权来研究成就中的性别趋势时，这些深层次的不平等现象就变得显而易见。例如，他们指出，与欧裔美国人相比，有色人种的男女学生（包括成绩优秀的亚裔美国人）获得的多样化、支持性和智力挑战性的学习机会仍然较少。

关于其他种族女性的研究严重不足。如果不是以各种有色人种女性为主角的文学出版物，她们在教育学术和话语中几乎是完全看不见的。最近，拉克、韦伯·哈桑和扬（Larke et al.，2017）编辑的最新著作填补了这一空白。他们的特约作者对美国社会和学校中不同年龄的非裔美国女孩遇到的问题和可能性提出了不同的看法。从这些分析和叙述中可以收集到的见解对于教育工作者来说非常有价值，他们可以在关爱这些学生时创造出更具文化回应性的方法。

因此，在设计基于性别的教师态度、信念和期望的持续干预措施时，性别平等不能脱离种族、民族、阶级和文化来考虑（Ginsberg et al.，2004；Lopez，2003；D. Sadker, M. Sadker & Zittleman，2009；Skelton et al.，2006）。在课堂交流和关系中，有多种可以促进性别平等的策略。通常包括老师学习如何看待课堂动态中的性别不平等，批判性地反思自己与性别相关的教学行为，理解性别、种族、阶级、民族和文化之间的相互关系，并谨慎地参与变革性的性别平等行动（Sadker，2009）。布拉沃（Bravo，2007）提出了一种称为梦想（DREAM）的特定五步行动策略，该策略说明了这些重点。

——勇于（Daring）去想象不分性别、种族和文化的正义、平等、充满关爱的世界；

——向志同道合的人，寻求（Reaching）支持和友情；

——自我教育（Educating）有关公平问题的理论、研究和实践；

——在许多层面采取多种行动（Acting），做出改变；

——通过加入有类似追求活动的团体和组织来增加（Multiplying）主动性和功效。

这很容易成为对文化回应式教学和性别平等至关重要问题的其他实践范例。

通常，课堂纪律也与学生的种族、性别、智力紧密相关，也是展示关爱问题的指标之一。面临的挑战是教师如何表现出对多样化学生进行纪律管理中的关爱。例如，一些教师认为有色人种和男性学生比欧裔美国人和女性有更多的课堂管理问题，并且在纪律和成就之间存在反向关联（McFadden et al.，1992；Mickelson，1992）。与高成就者相比，低成就者预计会出现更多的纪律问题。由于英语能力有限，英语学习者可能被认为面对更多的智力挑战。希特思（Sheets，1995）发现，高中教师的举止有时会引发非裔美国人以及在较小程度的纪律问题，在较小程度上，拉丁裔也是如此。造成的原因是，有些教师不允许学生解释潜在问题的情况，就给予他们较严厉的惩罚。此外，同样的违规对于欧裔和亚裔美国人就忽略了，对非裔和拉丁裔就不放过。不让学生有机会为自己辩护或讲述自己对冲突情况的看法，是对他们基本人权的侵犯，与关爱的道德标准高度不一致。

这些期望和行为的成就效果是成指数关系的。随着教师期望和对高成就者的关爱增加，学生的表现也随之提高。而教师对低成就者有低期望和不关爱的表现时，低成就者的表现将更糟糕。这个循环对成绩不佳者特别危险，因为它"可以证实或加深学生的绝望感，甚至使他们在原本可以成功的地方失败"（Good & Brophy，1994，p.114）。它解释了霍利迪（Holliday，1985）所说的"习得性无助"的含义，并解释了一些学生在学校经历的持续性失败。

第四种趋势，教师的期望与专业效能感是相互关联的。教学效能源于教师认为自己有积极影响特定学生学业成绩的能力。它影响着教师的活动选择，他们所表现出的努力以及面对障碍和挑战性环境时的坚持能力（Ashton & Webb，1986；Miller，1991；Pang & Sablan，1995）。对学生的绩效期望低的老师，不会认为自己的低效能影响学生。他们把学生的失败归咎于学生缺乏智力和家庭环境差，而不是自己的教学质量问题。他们很少花时间帮助成绩不佳的学生，甚至可以完全忽视他们。教师为这些行为辩护的理由是，这些学生在学习上无可救药。阿什顿和韦伯（Ashton & Webb，1986）进一步解释说，缺乏效能感的教师会回避开展他们认为无法促进的学习活动，并沉迷于对自身的不足或局限性的思考中。这些顾虑会产生压力，将注意力从教学问题转移到个人问题，进而降低了教学效率。

反之，对自己的教学能力有较强自信心和效能感的教师，对学生就会有较高的成就期望。此外，他们的教学行为也反映了这些期望。他们使用更多样化和范围更广的教学策略，对学习困难者的成就负责，更执着于促进学习。与低效能教师相比，他们会花更多时间来规划教学和专业发展活动，以提高他们的教学质量（Miller，1991）。具有强烈效能感的老师还会"选择具有挑战性的活动，在遇到障碍时更有动力、更加努力"。他们全神贯注于教学环境本身，不易转移注意力，当工作完成时，他们会为自己的成就感到自豪（Ashton & Webb，1986，p.3）。

在庞和萨布兰（Pang & Sablan，1995）的研究中，相当多的职前和在职教师认为他们无法有效地在课堂上教授或影响非裔美国学生。支持这种态度的信念是，家庭无教养和对学业缺乏兴趣是非裔和欧裔美国学生之间存在成绩差距的主要原因。阿什顿和韦伯（Ashton & Webb，1986）的研究显示，教师的效能感与成绩差的学生的数学和交流能力（而非阅读能力）之间存在正相关。他们将这些结果归因于教师感觉某些学科的教学比其他学科更有效率，从而证实了他们的观点，即教师对效能感的态度取决于具体情境。与态度直接相关的"情境"包括要教的科目或技能，以及学生的种族认同和能力水平。这些令人不安的结果使得庞和萨布兰（Pang & Sablan，1995）认为"教师效能感是学生成就的一个重要建构，教师作为教育者需要认真检查自身对不同弱势群体的孩子的教育能力"（p.16）。

这些研究表明，部分失败的教师未能从失败中习得，反而归咎于学生，原因是这些教师自身的低效能（Ashton & Webb，1986）和对学生缺乏关爱。不管这种感知是基于事实还是源于某种曲解，这与认为自己学习无助的学生一样，对教学效能具有很大的阻碍。因此，改变教师的态度、信念、期望和效能感和他们关爱的能力，对设计和实施文化回应式教学至关重要，这与增加他们的相关知识、对文化多样性的承诺和掌握相关的教学技巧的迫切性同等重要。

教师的期望也会影响学生的学业自我效能感和绩效。学生可能会内化自认为的老师对他们的看法，并采取相应的行动。这些影响可能是正面的，也可能是负面的，帮助促进或导致后退。如果学生觉得老师认为他们是有能力的学生和有价值的人，他们中的大多数会觉得自己的确是，并采取相应的行动（Garcia & Chun，2016），反之亦然。老师的负面看法、态度和期望会导致学生对自己和同伴产生类似的倾向。这些相互影响，让我想起克劳德·斯蒂尔（Claude Steele，1997，2010）对"刻板印象威胁"的解释：教师在学生生活中，尤其是在学校和社会中最脆弱的学生中，扮演着重要的角色。他们也强调教师必须以深思熟虑、坦率和坚持以建设性和积极关爱的态度对待那些受到较差公共服务和边缘化的少数族裔学生。

第四节 实现文化回应式关爱

在与有色人种学生打交道时，更多的教师需要表现出对文化有回应式的关爱，像本章前面介绍的那些人一样"坚韧"且"没有废话"，也就是说，对促进学生的学业成绩有很高的期望、很勤奋、表现"坚韧"和"倔强"。这种教学风格以关爱、承诺、文化能力和对学生在校表现的理解为基础，这种理解是在复杂的社会文化生态环境中进行的，并且通过学生和老师带到教室的文化屏幕进行过滤。关爱（以老师的期望及其伴随的教学行为的形式）在塑造不同种族学生的教育经历和成果方面至关重要不能被视为理所当然或任其发展。也不应当假定教师的职业道德或个人利他主义会自然而然地产生对文化多样性的建设性的关爱和教学回应。相反，它必须刻意地培育。教师通过获得更多关于种族和文化多样性的知识，在教学过程中意识到自己作为文化存在者和文化行动者就有关社会正义和多元学生教育公平的基本问题进行勇敢的对话，开展文化回应式关爱。

一、获取知识库

教师需要通过有关教育中种族和文化多样性的知识库中获取知识，逐渐变得更具关爱和文化能力。这可以从丰富的社会科学、教育和关于族裔的历史、遗产、文化和文学的学术研究中获得。G. 史密斯（Smith，1998）出版的《关于非公共知识的常识》可能会进一步加快对该知识库的识别。他从学术研究中选出多元文化教育的 13 个组成部分，其中包括思想基础、学习风格、人类成长和发展的社会文化背景、文化要素、经验知识以及对文化回应的课程设计和课堂教学的原则，这对教师教育是重要基础。另一个宝贵资源是由 J. 金、霍利斯和海曼（King et al.，1997）编辑的《为文化多样性而准备的教师》，该书重新构思了教师对文化回应式教学的专业准备。作者将文化多样性放在历史的视野中,确定教师教育中文化多样性的关键方面,并提出了各种文化回应相关的职前和在职教育的教学过程和策略。蒂尔和奥彼达(Teel & Obidah, 2008)编撰的选集《在教室中建立种族和文化能力》,包括了12位研究人员、学者和实践者关于文化回应式教学的个人故事。这些故事提供了强有力的、丰富的和令人鼓舞的经验,将教学中有关文化多样性的关键理念从理论原则转移到不同学习环境的现场实践中。

二、个人和专业的自我意识

G. 史密斯(G. Smith, 1998)和金及其同事(King et al., 1997)建议教师储备广泛的知识面和教学知识,以便成为有能力的、关爱不同种族学生的文化回应式教学的教师。然而,仅凭这些知识是不够的,还应仔细分析文化、种族和智力之间关系,他们对来自不同种族学生的期望,以及他们的信念和期望如何体现在教学行为中。如果古德和布罗菲(Good & Brophy, 2003)的论点是正确的,即大多数老师在教学过程中没有系统地意识到他们在做什么,那么这些要求和检查是必要和可行的。在一个问题被辨识和理解之前,人们是无法着手解决它的。如果教师不知道自己的文化盲点如何阻碍有色人种学生的教育机会,他们就无法找到改变的可行点、方向和策略。因此,文化回应式教学的关键要素是教师的文化自我意识和文化自觉意识的提升。

斯宾德勒和本尼特(Spindler, 1993, 1994; Bennett, 1995)提供了有助于促进这一意识发展的模型,它们是教师用来研究自己课堂行为的技术。斯宾德勒的模型被称为"文化疗法",这是一个将个体自身文化身份提升到认知意识高度的过程,解构一个人的文化观形成过程(Bowers & Flinders, 1991; Schram, 1994),分析为什么他人的文化行为被认为是令人反感的、令人恼火或令人震惊的,以及在课堂上形成明确的不平等权力关系和互动的原因。它的目的是通过自我认识,建立系统的自我更新基础，并对假定的文化普遍性的错误有更深的理解，以增强教师的能力。

文化疗法将个人意识和专业分析相结合，将文化知识与教学行动相结合。它包括解释文化模式的假设、价值观和驱动期望、沟通和行为的根源；识别文化决定的表达、防御和保护"永恒自我"的机制；识别课堂上不同学生与老师的文化冲突；了解学生在学校取得成功所需要的各种工具、能力和情境自我效能感，如社交礼仪、学习技能、互动规则、官场礼仪以及在高地位学科和技能方面的高水平成就。

文化疗法有利于实施文化回应式教学，因为它帮助教师更清楚地"看到"自己和学生行为中的文化印记，或理解"行为在很大程度上是用文化规定的方式进行交流的问题"（Bowers & Flinders，1990），以及人们内化自己的文化社会化规定的思维和行为模式。文化疗法也使教师更容易接受这样一种观念，即他们可能会误读不同文化背景学生的某种行为，并因此在个人和教学上苛待他们或剥夺他们的权力（Spindler，1994）。例如，他们开始意识到，在学业任务中不急于达到个人竞争期望的学生，并不一定是没有动力和对学习没有兴趣。可能他们只是受到文化暗示，以其他方式表现动机和学业竞争，例如在合作小组的安排中。这些他们自身的文化主张和机制的确定性意义上的"裂缝"，或鲍尔斯和弗林德斯（Bowers & Flinders，1990）所说的"理所当然"的现实假设，是承认课堂上的文化参照系的存在和合法性的机会之窗，并不是老师的参照系。因此，文化疗法的目的是减轻"当一个人的文化偏见或隐或显地强加于他人时"所造成的痛苦。

本尼特（1995）的模型起源于印第安纳大学的教师的决策者项目，该项目强调教师职前准备中的决策和反思实践。这两个重点在关爱、文化回应式教学中都很突出。它被称为"教师视角框架"，旨在培养教师自我意识、自我分析和自我反思的技能。职前教师首先被要求在7个概念选项中选出他们对教学哲学的个人观点，然后研究他们的教学行为，用于确定假定的行为和实际的行为是否一致。通过对学生的教学行为进行自我记录和观察，定期进行自我反省和访谈，进一步提高对教学模式的认识和理解。

如果出现明显不一致，老师需要解释和解决这些问题。这个解决方案可能需要做出另一个概念的选择，或调整行为以更好地符合理想。尽管"教师观点框架"并不是专门为分析教师对自我和他人的文化行为的观点而设计的，但它可以为此进行调整。

普拉多-奥尔莫斯、里奥斯和卡斯塔涅达（Proda-Olmos et al., 2007）在他们作为奇卡诺斯教授的一门针对有色人种职前教师的文化多样性课程的自学课程中，展示了一些观察细节，说明自我意识和批判意识对教师和学生的文化回应式关爱的重要性。这些包括牢固的人际关系和联系；高度的信任和尊重；个人和专业经验分享；获得对自己和他人的文化知识。更新；参与提问、批评和反思；协作努力和问责制以及在个人、文化和学术上与学生们"打成一片"。

三、关于文化多样式对话

除了对自己的期望进行自我反思，在课堂上开展文化多样式互动，教师还需要与他人讨论这些问题。这些对话应该是提供信息和分析性的，并且应该有处于权威性或专业地位的人士参与，以帮助教师更好地理解和改进自己的行为。理想情况下，他们将包括专业同行和主管以及学生，并且参与对话的人应是多族裔的。讨论应该是询问性和协作性的，与会者一起工作、分享看法，并展示他们对正在考虑的话题的深刻思考。在这种情况下，分析的重点将是教师对来自不同种族学生的期望和互动方式，以及这些如何影响学生的表现。这些对话的目的不仅仅是要进行"情感按摩"或"心理冲击"，还要让参与者学会如何开诚布公地深入讨论文化差异和种族不平等，获得更高水平的文化敏感性和批判意识，重新评估行为背后的文化假设，并确定具有促进教学革新的生成潜力主题、想法和问题。可利用小组间对话来促进这些讨论。辛格尔顿和林顿（Singleton & Linton, 2005）称这些讨论为"关于种族的勇敢对话"。它们旨在让教育者澄清和阐明他们对种族和种族主义在教与学中的作用的思考，并致力于积极的反种族主义教育议程。这种承诺包括热情支持教育政策、项目和程序的重大变革以实现学术公平和社会公正；在实践上采取行动，以教育种族多样化的学生发挥最大的潜力；不管教育场景上还有什么其他问题，坚持聚焦反对种族主义。

绍默、佛兰克尔、祖尼加和刘易思（Schoem et al.，1993）描述了对话是如何在《密歇根大学的团体间关系和冲突项目》中发展和使用的。其目的是帮助大学生了解不同种族的文化和经历，解构种族神话和刻板印象，并与种族主义做斗争。该技术涉及几个不同的学习阶段。祖尼加和纳格达（Zuniga & Nagda，1993）将其确定为：

（1）营造一种有利于跨种族讨论和建设性面对错误信息和冲突的学习气氛；

（2）考察族群成员身份和文化认同；

（3）审辩性的分析对来自不同种族和群体的人彼此间的印象和刻板印象；

（4）探索态度、情感、价值观和行为之间的联系；

（5）建立联盟、停止辩论并参与社会变革的行动。

这种测试和对话既可能令人生畏，也可能令人充满力量。他们应由善于就种族和民族问题进行群体讨论的个人来领导。主持人面临的主要挑战之一，是使参与者以建设性和相互支持的方式对话。许多参与者可能保持沉默以寻求安全，并可能因为害怕被指控为种族主义者而拒绝分享真正的信念和感受。小组负责人可以通过为成员创建一些"个人距离"来克服这一障碍，让他们开始积极地参与到问题中来。描绘教育中种族和文化多样性问题的教育和商业电影和录像可以提供这种激励和机会，市场上有很多优秀的例子，其中包括《紫檀镇》（Peters & Barone，1997），《风暴之眼》（1970），《分裂的课堂》（1986），《为人师表》（Menendez，1988），《内在的力量》（1994），《种族观念》（1987），《民权运动史》（1987）等。

书面故事和情景以及电影和录像带可能是一种非常具有刺激性的提示，能引发教师之间关于种族多样性的群体的对话。它们有各种体裁，包括小说和非小说，散文和小说，诗歌和散文，自传和传记文献。

教师还可以使用自己的课堂教学录像，来提高对自己如何与不同种族学生互动的认识和理解。在记录了部分教学内容后，他们可以审辩性地和分析性地查看录像带，以根据学生的性别和种族区分他们的期望和行为差异。这些分析应该是定量和定性相结合的。在定量分析中，教师可以简单地计算出在上课过程中他们与来自不同种族和性别学生进行语言和非语言接触的次数。这些接触可能包括询问学生的问题、赞美、提示或指导和管理纪律的数量。定性评估将需要更深入的分析，并且可能更具挑战性和令人不安。

在进行这些分析时，教师可能会考虑与同事、主管或外部顾问合作，他们会更加了解文化对课堂行为的影响。关注的重点应该放在按种族和性别划分的教师与不同学生的互动质量上的差异。这些问题可能包括对男孩和女孩、拉丁美洲人、非洲人、美洲土著人、亚洲人和欧裔美国人提出什么样的问题；谁被表扬，谁被批评；将不同种族群体的经验和观点在教育结构中运用到何种程度；鼓励哪些学生更深入地思考和扩展、澄清或精炼他们的语言贡献，哪些学生被老师忽略；以及教师使用哪些微妙的方式来向学生暗示他们已经达到或尚未达到期望中的高水平。一旦识别并清楚地理解这些互动模式，教师就可以开始设计改变策略的方法，放弃消极策略并开始加速积极策略。下一步将是学习如何完善教学互动，使其能够回应来自不同种族学生的文化取向。可以从第四至七章提供的信息中获取一些操作性的策略。

结　　论

在自我意识和自我更新、反思与内省、解构与重建的过程中，应该涌现出具有期望与互动、知识与技能、价值观和道德操守的教师，这些教师应当表现出关爱个体的力量，就像在本章前文中介绍的那样。他们将更倾向于并有效地实施文化回应式教学，因为他们知道，这是教育不同种族学生的不可避免的道德使命。

他们将加入其他教师的行列，这些教师已经坚定地、卓有成效地走向了这一议程，正像 M. 福斯特（Foster，1997）在《教学中的黑人教师》中所写的那样，以梅布尔·贝特·莫斯（Mable Bette Moss）为例，他说：

我的学生知道他们每天必须学一些东西，即使只是一点点。他们也知道，如果他们不知道或没有学到东西，那不是他们的错。当孩子们告诉我他们做不了某些事的时候，我会说："我知道你现在做不了，但我们会一起努力，很快你就能自己做了。"我希望他们能够坚持到他们能做为止。我很有耐心。（Foster，1997，pp.172-173）

真正有关爱之心的教师是"热情而苛求"的学术监工。所有的学生都要为他们在学业上的努力和表现负责。经常听到这些老师对学生们说："没有借口不努力学习"，"除非你尝试过，否则你永远不知道你能做什么"。"我不会做"在我的课堂上是不可接受的。他们对成绩的期望与对学生的坚定信念和帮助他们满足高学术要求的不懈努力相辅相成，结果往往是惊人的。那些被其他人认为在学业和社会成就上只能达到最低水平的学生，却能让有爱心的、对文化敏感的教师表现出色。这些教师的成功证明了关爱对教学效果的重要性不仅仅是老生常谈，而是事实。当与教学能力相结合时，关爱将成为文化回应式教学的强大意识形态和实践支柱。

实践可能性

关爱就像文化回应式教学的其他方面一样，都是需要学习的，也像一般的学习一样，需要有指导的实践。教师不应期望他们最初为照顾不同种族、民族、社会和语言的学生所做的努力是理想的。相反，他们必须先学习如何在文化上做出回应，然后才能轻松、流畅、有效地做这件事。以下是关于教师如何提高他们对有色人种学生和其他边缘群体的关爱能力的建议，这些建议补充了本章所提供的内容，应有助于实现这些目标。

1. 审辩性地认识到你对不同民族、种族和文化群体、文化、经历和问题的态度、信仰和期望，并跟踪它们是如何在教学实践和关系行为中表现出来的（例如在职业和个人的生活习惯中）。

2. 成为民族和种族多样化的学生的坚定支持者和盟友。这些学生懂得老师是值得信赖的，会"支持自己"的，无论教室内外会在需要的时候帮助自己时，会充满感恩。

3. 树立一个令人向往和期望的文化多样性价值观、态度和行为的模式。向学生展示如何把这些想法落实在行动中。不要要求学生做那些您作为教师自己也不愿意做的事情，这会增加您在学生中的信任感。

4. 学会看、主动倾听各种各样的学生，尤其是当他们用非语言表达时。只要与学生在一起并密切关注他们，就可以学到很多东西。此外，学生足够敏锐，知道什么时候会发生或不会发生这种情况。

5. 要求互惠。让自己和学生对所声明的关爱关系的组成部分负责。

6. 与学生建立积极而有效的合作伙伴关系，以培养文化多元化的学习和生活技能。

7. 发展课堂实践共同体，教师可以帮助学生掌握学术知识和技能、跨文化学习和建立相关期望。

8. 要求高质量的绩效，并对其完成情况实行对等的问责制。也就是说，教师应该是多元文化的学习者，而文化多样化的学习者应该是发展师生彼此的技能的教师。

9. 承认在文化多样性努力中出现的错误、失误、无知和成就，并说明纠正错误或庆祝成功所带来的收获。

10. 不要以妥协或牺牲民族和种族多样化的学生的文化身份和传统为代价，来换取他们的学术成就。

11. 教给学生在多元文化社会和世界（学校内外）中跨越文化边界的常态和必要性，并展示如何做到这一点，以你自己的成功和遭遇的挑战做示范。

12. 成为一个文化、行为和知识的经纪人。这涉及口译、翻译和解释学校内外不同文化背景的人群和社区遇到的学习和生活中的某些挑战。这些翻译可能是他们掌握知识和技能的先决条件。换句话说，如果学生不理解强加给他们的要求，他们就不可能做出适当的行为。

13. 在没有提供替代选项的情况下，永远不要要求学生放弃一种思维、行为和交流方式。对学生发展不同的能力、生存习惯和自我调节技能，简单地说"不要做或说……"并不是一个非常有效的策略。真正以关爱为基础的教学目标是要学生自主和对己负责，而不总是受老师、家长和其他人的控制和指导。

14. 要求学生就课堂气氛和教学策略如何影响他们的个人努力、学习参与和学习成果给出个人反馈。利用这些信息来调节课堂氛围和修改教学策略，同时也为改革提供公众信用。

15. 以透明和明确的方式解释是什么促进和干扰了你期望在教学中实现的目标，以及你和你的学生将如何进行。学生需要知道你的具体期望是什么，而不是一般的期望。也就是说，为发生的各种事件和情况建立参数。在教授了一系列这些内容之后，学生就可以对自我调节承担责任。

16. 为你的教学活动制定并使用一个常规的协议、仪式书或例行程序，并把它传授给学生。这样学生就能提前了解教学的习惯模式、过程和节奏，从而更有效地调节和管理自己的参与行为。其中一个协议就是KWL（你知道什么？你想知道什么？你从中学到了什么？）；另一个是KTFDR（作为教学交流的习惯阶段的了解、思考、感觉、行动和反映）。

17. 多样化的教学和互动。有关爱心的教师尊重学生之间的差异。因为学生们有不同的经历、偏好和能力，教师以多种方式回应他们的好奇心、多样化和创新，会激发学生的兴趣和注意力，进而提高他们学习参与度和成绩。

18. 与学生合作，创造一组包括图像、符号和谚语的蒙太奇。它们象征着你的教室中学生的多元文化遗产，使用你们自己的想象力和创造力，而不是库存图像。这些可以制作成海报，在教室和学校其他地方的显著位置展示，或者作为标志印在信签上，经常用于与学生和家长通信。

第四章 课堂中的文化和交流

"语言的力量和多样性令人难以置信,它富有识别性和人性化的特点,并能使人类的文化、观念和思想栩栩如生。"

在交际、文化、教与学之间存在着一种符号学关系,它对实施文化回应式教学具有深刻的启示意义。这是因为"我们所谈论的、我们如何谈论的,我们看到的或忽略的事物,我们如何思考,我们的想法受到我们文化的影响——语言符号帮助塑造、定义和延续我们的文化"(Porter & Samovar, 1991, p.21)。布鲁纳(Bruner, 1996)提出了相同的观点,即"学习和思考总是处在一种文化环境中,并且总是依赖于文化资源的利用"(p.4)。文化为寻求意义和向他人传达我们的理解提供了工具,尤其体现在不同的种族群体及其子女交流沟通时,具有强烈的塑造性。例如,由于亚裔美国人的文化倾向于鼓励顺从、尊重权威、克制直接表达强烈的情感和思想,所以来自这些背景的许多学生不愿参加公开的课堂讨论、质疑或批评学科专家和学者,并且不愿意作为合作伙伴与老师一起参与决策过程(Pai et al., 2006)。因此,没有文化就无法交流,没有交流就无法了解文化。当课堂交流具有文化回应性时,对于不同种族的学生来说,教学和学习更有效。

引　言

　　本章阐述了不同种族有色人种的文化传播符号学的一些关键特征和教学潜力，提出的观点和例子都是由那些强烈认同其文化传统，并与他们的族群有紧密归属联系的群体成员表达并集合的。它们并非旨在描述种族群体中的特定个体，或他们在所有环境下的行为。这些文化特征在实际行为中是否被表达、何时表达、如何表达以及由谁表达，都受到许多不同因素的影响，其中一些因素已经在第一章中讨论过。因此，本章所描述的民族互动和交流风格应该被视为跨越背景、时代、环境的群体动态的一般和传统的参照，而不是特定个体的静态属性。

　　在交流方式、文化和种族的其他方面最传统的有色人种学生，在学业成绩方面可能比那些接近学校和主流文化规范方式的思考、行为和表达方式的有色人种学生，会遇到更多的障碍。丹迪（Dandy, 1991）在阐述非裔美国人这一观点时提出，他们中许多人所说的语言"经常被种族内外的人贬低或排斥，被视为没有受过教育、文盲、没有尊严或根本就不标准"。其他有色人种"即使被否定了完全进入美国生活的权利，至少因拥有合法的语言遗产被认可"（p.2）。

　　教育工作者所做的关于有色人种学生的潜力和成就的许多决定取决于沟通能力（他们自己和学生的）。如果学生不擅长学校的交际，老师不理解或不接受他们的文化交际风格，那么他们可能会被误认为学习成绩不佳或陷入交际错位。学生可能知道的比他们能够交流的多得多，或者他们交流的比他们老师能够辨别的更多。正如博格斯（Boggs, 1985）所解释的那样，"对孩子影响最大的态度和行为模式，就是交流"（p.301）。这种交流是多维度和多用途的，包括语言和非语言、直接和默示、字面和象征、正式和非正式、语法和话语成分。

　　本章将课堂中的文化与交流的讨论分为六个部分。第一部分概述了教学中有关文化和交流的一些关键观点。这些有助于在文化回应式教学中点对点交流。第二部分介绍了有关语言多样性的几个虚构故事。他们发现了一些可能妨碍理解、接受和使用不同的文化交流方式作为教学资源的障碍。第三部分提出了课堂文化交流的两个经常出现的有关黑人语言和双语的争论。第四部分总结了非洲人、美洲土著人、拉美人、亚洲人和欧洲人的交流方式的一些主要特征。第五部分讲述学术英语作为文化交流方式的补充，在教学中起到的一定的效应。第六部分是交流风格中的性别差异。这些讨论的主要关注点是话语的活力，即谁参与了交流互动，在什么条件下，这些参与模式如何受到文化社会化的影响，以及它们如何影响课堂教学。

第一节 文化、交流和教育间的关系

太多的教师想当然地认为，在所有的环境、听众和语境中，只有一种可接受的交流方式。事实上，情况并非如此。即使在相同的语言系统中（如英语、西班牙语或汉语普通话），说话人也会随着语境的变化而改变说话方式。特尼和西特勒（Turney & Sitler，2012）将这种意识的缺失归因于说话的本能。他们认为说话是一件"我们无法停下来问问自己是怎么做的事情……"我们说话时可能会考虑说什么，但很少考虑如何去说。这种倾向在与不同的学生交流回应时可能很有问题，因为他们的谈话方式相比谈论的内容，可能受他们的文化社会化的影响更大。在课堂上，跨文化交流的主要内容可能是相同的，但如何交流以及参与交流的方式可能因讲话者的文化取向而显著不同。虽然文化不是影响教师和学生交流的唯一变量，但它仍然是一个非常重要的变量。

教师还需要认识并应对这样一个事实，即使人们说同一种语言，文化差异也会影响他们的交流方式（Kim & Park，2015；Turney & Sitler，2012）。这方面的一个例子就是各种各样的西班牙传统文化和社区，他们的祖先位于墨西哥、西班牙、波多黎各和智利。另一例子是来自许多以英语为母语的传统社区的人，来自不同民族如牙买加人、阿拉巴契亚人、新英格兰人和加拿大人。其他导致说同一种语言的人交流方式不同的因素有：融入主流社会文化的程度、移民经历、年龄或世代、社会经济地位、教育水平、性别和种族认同。这些动态因素增加了文化回应式教学中丰富微妙的交流多样性、复杂性和必要性。

在分析教师的日常教学任务时，史密斯（Smith，1971）宣称"教学首先是一种语言活动"，"语言是教学的核心"（p.24）。无论是布置作业、给出指示、讲解事件、解释词语、证明主张、论证决策和行动、做出承诺、传播表扬和批评，或评估能力，教师必须使用语言。而这些任务的执行质量，直接反映了他们与学生沟通的质量。史密斯告诫那些教育者，需要更认真地认识到语言多样性在履行其职责和效率方面的重要性。他说："当我们分析了教学语言并研究了其各种表达效果时，教学艺术将有显著的进步"（p.24）。丹迪（Dandy，1991）同样非常相信课堂交流的力量，他宣称"如果教师与学生交流，就有塑造未来的力量，而那些无法交流的人则无能为力"（p.10）。这些沟通技巧的效果，对于改善成绩欠佳的不同族裔学生的表现尤其重要。

萨摩瓦尔等（Samovar et al.，2017）关于文化和交流本质的研究发现，两者间存在着密不可分的互惠关系，这些跨文化互动的重要性为文化回应式教学提供了有价值的信息。他们将交流沟通描述为"在复杂的社会环境中发生相互作用的社会行为的复杂矩阵，反映了人们的生活方式以及他们如何与世界互动和相处。这种社会环境就是文化，如果我们要真正了解交流沟通，我们还必须理解文化"（p.10）。沟通是动态的、互动的、不可逆的并且始终是相互密切关联的。因此，它是一种连续、不断变化的表现，发生在试图相互影响的人们之间。它的影响一旦发生就不能复原，尽管人们想努力做出修改或抵消它们。交流传播也受其发生的社会和自然环境规则的约束（Porter & Samovar，1991；Samovar et al.，2017）。文化是定义交流的形式、功能和内容的规则管理系统。它主要负责构建我们的

"交际行为和意义的个人储存库"（Porter & Samovar，1991；p.10）。因此，理解文化与交流之间的联系对于改进跨文化互动至关重要。这是因为"由于文化之间存在差异，在这些文化背后的个人交流实践和行为也将有所不同"，并且"文化对跨文化交流的影响程度源于不同文化之间的功能差异"（p.12）。

交流所涉及的内容和结构，远远不止书面和口头语言，它的目的不仅仅是信息的传递。它还涉及在不同人之间创建联系、增强凝聚力和社区关系（Lakoff，2004）。除了较常见的书面和口头交流，还存在许多其他不同形式的交流。其中最容易受文化多样性影响的是图像和符号，尤其在当今视觉媒体占主导的美国社会中。当代嘻哈音乐和口语音乐表演者、职业运动员的展示和描述，以及某些民族的明显标志，如穆斯林妇女的传统服饰等，都是生动的例子。这些图像和符号是强有力的交流工具，可以"大声呼喊"并发出强烈的信息，即使它们并不总是完全准确。民族和种族缺少大众传媒和社会其他部分的关注，以及不相称和扭曲的描述形式，也是构成社会和文化交流的被动状态。所有这些都需要被教师理解并纳入他们的文化回应交流能力发展中，以服务有色人种学生和社区。

社会文化背景和细微差别、话语逻辑和动态、交流风格、社会功能、角色期望、互动规范和非语言特征与词汇、语法、词典、发音和其他交流的语言结构维度同样重要（C. Lee，2007；Smitherman，1986，2000）。这是因为"儿童与成人之间的交流形式及其发生的条件不仅会影响谈话内容，还会影响孩子参与其中的程度"（Boggs，1985，p.301）。无论是关爱、分享、教学还是学习，交流是人类之间相互建立有意义联系的一种典型方法。蒙塔古和买特森（Montagu & Matson，1979，p.vii）认为，这是人类聚会的基础和人类社区的基础。

交流沟通也是获取和展示知识必不可少的方式。这是关于语言、思想和行为之间关系的萨皮尔-沃夫（Sapir-Whorf）假说的中心思想。它认为，语言不仅仅是一种报告经验的手段，它还是一种定义经验、思考和认识的方式。从这个意义上讲，语言是人们习惯性地用编码、分析、分类和解释经验的意义和传输方式的语义系统（Carroll，1956；Hoijer，1991，Mandelbaum，1968）。在描述这种关系时，萨皮尔（Sapir，1968）解释说："语言是通往'社会现实'和象征性文化的指南，它有力地制约了我们对社会问题和过程的所有思考（p.162）"。人们并非独立生活在一个"物化的世界"中，也不是不使用语言就能协商社会现实，语言也不仅仅是传递信息的"机械"工具。相反，人类"很大程度上受制于已成为其社会表达的媒介的特定语言"（p.162）。不同文化体系中使用的语言强烈影响着人们的思维、认识、感知和行为。它们是赋予内部以外在意义的机制。

萨皮尔的一个学生沃尔夫（Whorf，1952，1956）得出了一个类似的论点，以"语言相对论原则"为代表。该理论认为，不同语言的结构反映了不同的文化模式和价值观，进而影响人们对社会现象的理解和反应。在进一步发展这些思想时，沃尔夫解释道，"语言不仅仅是表达思想的再现工具，它本身就是思想的塑造者，是个人心理活动的程序和指南，用于人们对印象进行分析"。维果茨基（Vygotsky，1962）也认识到语言、文化和思想之间的相互关系。他宣称，"这是无可争辩的事实，即思维的发展是由语言决定的，……以及儿童的社会文化体验"（p.51）。

此外，逻辑的发展受一个人的社会化言语的影响，而智力的成长取决于对社会思维方式或语言的掌握。根据拜尔斯（Byers，1985）的说法，"在任何文化中人类交流过程中的组织形式都是该文化中知识和信息组织的模板"（p.28）。这些论点被理论家、研究人员和学校实践者从广泛的学科角度，包括社会和发展心理学、社会语言学、民族志和多元文化主义等方面，具体应用于不同民族群体。例如，阿舍（Ascher，1992）将这一推理应用于语言对数学关系的总体影响。嘉玛特和韦兰（Giamati & Weiland，1997）将其与纳瓦霍学生的数学学习联系起来，得出结论是，他们在学习上遇到的困难是"文化对观念的影响，而不是缺乏能力的结果"（p.27）。这是由于语言、文化和认知之间的相互作用。通常，当这些学者提到"语言"或"交流"时，他们更多谈论的是话语的动力，而不是口语和写作的结构形式。

因此，语言和交流风格是文化符号系统，是思想和观念得以表达的手段。其中蕴含着文化价值观和认知方式，它们强烈地影响着学生如何参与学习任务和展示对这些任务的掌握。由于缺乏共享的交流框架、程序协议、理解规则和话语系统，文化多样性的学生和老师很难真正理解彼此，学生也很难充分表达其智力能力。不了解或不重视这些现实的教师将无法充分接触、促进和评估这些学生所知道的和能够做到的大部分事情。

K–12教育工作者反复关注的语言多样性问题是，如何对待那些不精通标准英语或"学术"英语的学生。是否应该要求他们放弃通过文化社会化和在校外生活而学到的交流系统？是否应只用他们的土著或文化语言来教学？我国学校教育是否应该在促进主流英语发展的同时适应不同民族的母语？换句话说，学校是否应该教文化多元背景的学生双语？这些问题并不新鲜，但对于使用非主流、社会不接受的方言的人（尤其是非裔美国人）和母语不是英语的学生（即英语学习者）来说，有非常不同的意义和后果，因为他们在学校人口中的数量在增加。课堂教学可以根据时间、背景和群体采取不同的形式，但是总体的困境基本上是相同的。也就是说，"除了学术英语外，语言和交流方式在课堂教学中扮演什么角色？"

回顾这些研究问题时，卡罗尔·李（Carol Lee，2007）解释说："语言在美国一直是一个争论的根源"，而且"长期以来，学校一直是一个大锅，用来洗去那些标志种族、民族和工人阶级地位的语言"。(p.80)——这些语言被宣布有缺陷、不标准、阻碍、功能障碍甚至根本不存在。这些态度和行为在道德上和教学上都是不可取的，特别是在面对为所有学生提供尽可能高质量的教育主张时，因为我们知道，来上学的孩子已经深深扎根于不同的社会、文化和语言传统。这些言论对被剥夺权利的群体的学生身份和学习产生深远的负面影响（Delpit，1995；C. Lee，2000）。正如拉米雷斯（Ramirez，2005）和同事所说：

没有哪个社会像美国这样在语言和文化上如此多样化，又如此真诚地主张教育公平和平等，并会容忍把这些对语言歧视的标签强加给后代，——除非它在肯定这些原则时默认是不诚实的。(p.xi)

语言、文化和学习之间的关系太复杂了，不能将其简化为仅使用英语或仅使用学术方言的法律规定，更不用说这样的政策在本质上与文化回应式教学原则相矛盾。作为教育质量和多样性学生平等的标准，任何"单向性"或"一刀切"的心态或方法都是不可取的。对于生活在多元社会中的学生来说，无论是方言还是语言，掌握一种以上的沟通能力都是一种优势、一种资源，也是需要培养的。许多学者（Delpit，1995；Lomawaima & McCarty，2006；J. R. Rickford & R. J. Rickford，2000；Smitherman，1986，2000，2006）已经评论了不同文化背景的学生微课堂带来的丰富的交际知识和技能，这些知识和技能可以成为有用的教学资源。在认可非裔美国人的口语能力方面，德尔皮（Delpit，1995）指出："口语上的熟练，令人心领神会的机智，隐喻语言的巧妙使用，节奏和韵律上的娴熟"（p.57）明显体现在传教士、演讲者、歌手的交流习惯和非裔美国人文化社区的日常生活中，同时这也应该用来促进非裔美国儿童的学校学习。其他学者（Baugh，1999；C. Lee，2007；Rickford，Sweetland & Rickford，2004；Smitherman，1986，2000，2006；Wheeler & Swords，2006）同意这些评价和建议，尤其是与演讲者相关的在主流政治、社会和教育场所经常被污名化的语言（例如方言）。

第二节 关于语言多样性的虚构故事

一些常见的虚构故事，继续阻碍教师和学校领导认识语言的多样性在教育文化差异学生方面的复杂性和必要性（Ball & Muhammad，2003；Delpit，1995；C. Lee，2007；Smitherman，2000；Smitherman & Villanueva，2003）。一种隐含的虚构故事是只有单一的"标准英语"存在，并且一直在美国主流机构的官方互动中使用。这一点在"英语唯一"的争论中很明显，并没有提到语言的多种形式或方言。然而，应用英语有许多不同的版本，而学校版本只是其中之一。就此而言，也没有简单形式的餐饮用语、黑人英语、日语、西班牙语、他加禄语、中文普通话或任何其他语言形式。正如史密瑟曼（Smitherman，2000，p.145）所解释的：

> 标准英语的形式是多种多样的，包括正式的、非正式的和口语的。同样，黑人英语也有多种多样的形式，有利于在各种社交场合中进行交流。例如黑人教堂的语言、谚语和街头说唱（p.145）。

鲍尔和穆罕默德（Ball & Muhammad，2003）建议，最好是确定一种语言的特定种类是否适合给定的场合、目的和听众，而不是说它是对的或错的。研究结果表明，"一种可能被普遍认为是不标准的交际方式，与一种被认为是标准的交际方式一样合适，这取决于特定交际场合的要求"。（p.78）无论如何，仅掌握一种语言（英语或其他语言）或语言的单一版本（例如标准或学术英语）无法使学生具备现实世界所需的语言技能（Canagarajah，2003）。

这有助于揭开英语没有形式和功能的内部可变性的神秘面纱。学生需要学习多重版本，这有助于学生掌握并展示与文化相关的语言能力。这里的观点是，一个人的交际能力越强，就越有能力在各种关系和互动中发挥作用，尤其是在跨越文化、社会、种族、教育和政治界限的情况下。卡纳加拉贾（Canagarajah，2003）在以下建议中很好地说明了这点：

> 我们不应将语言差异判断为错误，而应该将其定位为对选择和可能性的探索。我们不应该以规范的方式讲授规则，而应该教授策略——以创造性的方式协商在不同环境下应用的规范。我们不应该掌握一门"目标语言"，而应该努力掌握一整套语言体系。我们应该教学生在不同的语言环境之间穿梭，而不是简单地加入一个语言社区。我们不应该满足于教学生对语境敏感，我们应该教他们对语境进行转换。（p.xiii）

另一个错误的观点是，讲非主流方言或另一种语言会干扰或阻碍英语（书面和口头）和学术技能如阅读、写作、数学和科学的掌握。克劳福德等人的研究（J. Crawford，2000；Cummins，1989；E. Garcia，1999；F. Tong et al.，2008）不支持这种观点；相反，它表明第一语言最熟练的英语学习者（ELLs），能够更快更好地学习英语。从来没有被提出过的是说英语会阻止人们学习另一种语言。这不是否认学术英语技能有限的孩子，他们在学校学习方面并不会有更多的困难。但是，这种困境与其说是学习的潜力或母语的内在限制，不如说是教学实践。这也可能与教师对语言多样性的消极态度有关，对语言、文化、教学和学习之间的联系存在误解。英语学习被视为边缘化有色人种学生再次被社会化的一种更全面的代表方式，并且许多教师倾向于将教学学术技能（例如阅读）与教学新的方言和语言形式相混淆。

关于语言多样性的第三个常见误解是，语言教学和学习主要是关于形式和结构的，而事实上，语言的应用更为重要。德尔皮特（Delpit，1995）将语言的应用定义为"当说话者试图在他们的环境中与他人互动或达到特定目标时，基于社会和认知的语言决定了他们的风格、语义和词汇等"（p.49）。此外，不同种族学生带到教室里的语言规则和交际风格，与"亲人、社区和个人身份密切相关"。暗示他们错了、无知，就是暗示学生及其家庭出了问题（p.55）。这一认识并不妨碍学生需要学习标准英语或学术英语，这并不是取代他们的母语、第一语言或土著语言，而是对它们进行补充。史密瑟曼（Smitherman，2006）提出了一个令人信服的观点，即教授标准学术英语给不同的学生"从来都不是问题，尽管语言纯粹主义者和保守主义者会抱怨、哀叹和咬牙切齿……据我所知，没有一个人，即使是思想最激进的语言学家或教育家（甚至孩子本身）曾主张，美国的年轻人，无论任何种族/民族，不需要知道美国广泛交流的语言（又名'标准英语'）"（p.142）

这些观点表明，要在文化上对语言多样性做出回应，不仅仅是针对英语学习者开展理解和教授英语的结构特征，或者理解他们的母语特征，了解影响英语习得和平等使用的社会背景因素同等重要，甚至更重要。这些因素包括学生就读的学校类型、他们在学校的正规和非正规运作中获得练习英语的机会以及他们在校外社会交往中使用英语的时间。卡希尔、思考瑞·奥洛科和佩兹（Carhill et al.，2008）补充说，英语口语能力是提高中学非母语英语学习青少年学业成绩的一个先决条件。这些发现明确了书面写作英语和结构性英语教学方法：（1）教师需要确定同伴、学校和社区的非正式网络、资源和关系，以帮助学生提高英语口语熟练度，并用它们来促进学生参与学校所讲授的教材内容和提高学术语言能力；（2）无论是校内或校外学生在各种环境和语境下需要有真实的机会练习英语口语会话技能。

另一个妨碍接受语言多样性在教学与学习中的有效性和可行性的虚构故事是，担心英语的主导地位会在某种程度上受到削弱。威利（Wiley，2005）指出，这种恐惧是没有根据的，因为有无可争议的证据表明，即使没有全面的法律授权，英语仍是"本土的语言"，因为美国98%的人口都在某种程度上讲某种形式的英语。鉴于"英语在全世界享有很高地位，毫无理由支持对失去其主导地位危险的担心"（p.6）。相反，语言同化的速度越来越快，因为美国的新移民比前几代人学习英语的速度快得多（Crawford，1997b）。根据J. 克劳福德（2000）的说法，这种论点是对语言多样性根深蒂固的不尊重的表象，是白人特权策略，也是主流社会文化霸权的表现。

布里斯科（Brisk，2006）同意J. 克劳福德的观点，同时进行了更有力的陈述。在她看来，"关于双语教育的争论是浪费的、讽刺的、虚伪的、排外的和倒退的"（p.199）。说它是一种浪费，因为它提倡个人喜欢的教学模式，来取代更普遍的、健全的教育实践。说它具有讽刺性，是因为在美国和世界范围内，英语的使用非但没有减少，反而在增加。反对双语教育显得很虚伪，许多反对在教学中使用英语以外语言的人，也支持在高中毕业和大学入学时使用外语的要求。说它是排外的，因为它反映了对有色人种和非西方国家新移民的负面态度和偏见。它之所以具有专制性，是因为进步的意识形态（和许多其他国家一样）认为精通两种或两种以上语言是高质量、先进教育的标志。在1992年的一项决议中，全国英语教师委员会（NCTE）提出了基本相同的论点，并对只使用英语的意识形态提出了"不公平、危险和违宪"的批评内容。

文化回应式教学并不质疑对国家通用语言的需求，或者如史密瑟曼

（Smitherman，2000，2003）所称的"一种更广泛交流的语言"。相反，争论的焦点是，为什么多种版本的标准化英语和其他语言不能共存，不能被视为用于教育文化多样化的学生以实力为基础的互补工具，并被视为在多元社会中充分有效地生活的必要能力。琼斯和肖特-古登（C. Jones, Shorter-Gooden，2003）令人信服地指出了这一点：

> 理想情况下，每个人，无论性别、种族或背景，都能掌握多种语言，并能根据自己的偏好自由地在两种语言之间切换，而不是出于羞耻或义务。我们听到不同的口音、方言或俚语，不是自动地下意识地判断说话者，我们可以扩展我们的个人风格，借用习语，变化表达方式来适应我们所处的环境、我们的情绪、我们的自我意识。语言、地方主义、方言和俚语都有一种奇妙的美，接纳任何形式的语言能丰富我们所有人的生活。（p.120）

第三节 文化交流中的争议

关于语言多样性的紧张关系，最突出地表现在关于非裔美国人语言（AAL）或黑人语言（Ebonics）的争论，以及官方公开场合（如政府和教育）对使用其他语言者的"只讲英语"或"双语制"的争论。关于黑人英语在学校课程和实践中的地位作用，周期性出现争议。几代人以来，主流社会对非裔美国人的语言一直是矛盾的，有些甚至是有明显矛盾的——有时是借用、模仿和挪用其中的一部分，同时鄙视和否定其他部分（Alim & Baugh，2007；Baugh，1999，2000；Lee，2007；Perry & Delpit，1998；Ramirez et al.，2005）。

在这些反复出现的争议中，蕴含着一种历史讽刺。在奴隶制开始时，跨越大西洋的过程中，非洲人因为说他们的土著语言而遭到恶毒的惩罚，抵达美国后他们被剥夺了正式学习英语的机会。他们为后代所构建的交流体系往往被主流社会所鄙视（而不是因其创造过程中的独特性而受到称赞）（Alim & Baugh，2007；Smitherman，2006）。现在，许多人都满怀激情地谈论非裔美国人、拉丁裔美国人、亚裔美国人和印第安人的权利，要求被赋予权利，被公众看到并发出自己的声音。然而，除了否定他们自己选择的语言文化交流方式来表达他们的思想、他们的想法、他们自身，还有什么更坏的方法让一个人或一个民族变得无声无形和无能为力呢？

1996—1997年在加州奥克兰公立学校发生了一场关于在学校使用黑人英语的争论。它是由学区教育委员会的一项决议推动的，该决议承认黑人英语是一种合法且可行的交流系统，并将其用于向非裔美国学生教授主流学校、权力、政治和商业的标准学术英语（SEA）中（Perry & Delpit，1998；Ramirez et al.，2005；Rickford，2005）。该决议和有关政策声明的实质是呼吁非裔美国学生被认可并以双语授课提高他们的学术成就。这些文件还建议，这项计划应该被资助，资金来源应该类似那些为讲其他语言（如西班牙语）的人提供的双语教育项目。

这场争论引发了支持者和批评者之间的对立、欧裔美国人和非裔美国人之间的对立、学者和从业者之间的对立，上年纪的人和年轻人之间的对立、大众传媒和学术团体之间的对立。有时，各类反对者内部都相互对立（Perry & Delpit，1998；Ramirez et al.，2005；Rickford & Rickford，2000）。一些著名的非裔美国人，如杰西·杰克逊和玛雅·安杰洛（Jesse Jackson and Maya Angelou）对学校使用黑人语言的想法进行了严厉的抨击。然而，他们二人（以及其他演说家、文学作家、表演者、学者和普通人）在其自身的专业工作中，经常同时使用黑人英语语言和标准英语。（Boyd，1997；Delpit，1995；C. Lee，2000，2007；J. R. Rickford & R. J. Rickford，2000；Smitherman，2000）。克拉尔·李（Carol Lee）在解释这种双语能力的价值时指出：

"学术写作可以用非裔美国人英语或其他所谓的非标准语言变体。著名语言学家史密瑟曼在她的学术写作中，经常以警句、标题和个人评论的形式包含非裔美国英语的元素。我也经常尝试收录非裔美国谚语、格言和词汇——我认为这样做可以很好地说明我是谁，我看重什么"。（p.86）

史密瑟曼（Smitherman，2005）对黑人英语辩论的分析就是一个例子。她把这种狂热归因于"对语言分析的科学方法的严重缺乏了解，对什么是黑人英语的无知令人难堪"。说这种话的人——对日常黑人语言的可怕排斥（p.49），她用标准学术英语（SAE）和《社会语言学的学科语言》中解释了这一点。史密瑟曼接着使用了一个黑人语言版本来描述这些语言限制对非裔美国人的影响。她说："你看，当你抨击孩子们带到学校的母语时，你不是在鄙视他们，你是在诋毁他们的妈妈！"看看母语的概念（p.49），任何了解黑人用语的人都能很容易地认识到，一个人诋毁（负面地谈论）另一个人的母亲问题有多严重，会引爆多大的冲突。

为什么学生不能拥有类似的权利和能力，以有意而巧妙的方式将自己的文化和身份融入学校的语言中呢？难道就不能在不损害母语或学术英语的前提下做到这一点吗？克拉罗尔·李（Carol Lee, 2007）和史密瑟曼（Smitherman, 2005）解释说，当他们和其他人在书面和口头学术话语中使用非裔英语（AAL）时，他们并不是暗示学术英语没有必要，也并不是应该只使用少数民族的母语。相反，两者都是需要的；它们不一定是相互排斥或彼此抵消的，它们可以相互充实。精通这两种语言就意味着具有高水平的双语能力和双文化能力。这些目标是所有学生都应该追求的，学校（以及社会）也应该赞赏和促进，应该鼓励和帮助所有民族背景的年轻人掌握这些语言，而不是因为使用各种语言形式和交流系统而受到指责和惩罚。瑞克弗德（Rickford，2000）通过观察教育工作者对待非裔美国人语言（他们称之为口语的灵魂）的态度来强化这一观点。

就像疾病一样，没有办法把标准英语生硬添加到他们的曲目中。反之，建立在说话的灵魂之上，通过对比和比较，就有可能较少遇到来自那些怀有不满情绪的学生对同学"装白人"的指责。它还可能引起更大的兴趣和动机，正如实验表明的那样——以更快的速度获取更大的成功。（p.238）

当代最有争议的关于"英语唯一"的争论，始于1981年的一项宪法英语语言修正案的提议。尽管该提案未通过，但引发了一场激烈的争论，并引发了一系列地方法令，比如一些地方和州颁发了一系列命令要求每个人必须将英语作为国家语言或者对英语非母语的人给予语言多样化的权力。从那时起，有24个州和无数城镇采取了某种形式的"只说英语"或"官方英语"的立法；其他4个州（伊利诺伊州，马萨诸塞州，内布拉斯加州，弗吉尼亚州）1980年之前就已经制定了政策；余下的15个州也在讨论是否将英语作为官方语言；四个州（新墨西哥州，俄勒冈州，罗得岛州，华盛顿州）已颁布了英语附加决议。这些都是对提倡英语和其他语言的"只说英语"意识形态的替代方法（J. Crawford，1997；Schildkraut，2005）。1978年，夏威夷通过了一项宪法修正案，承认英语和夏威夷土著语为官方语言，同时宣布该州为双语州。

尽管在过去20年的时间里，人们对英语是否应该成为美国的官方语言，以及相关的限制性政策（例如，加利福尼亚州备受瞩目的63号和227号提案，亚利桑那州203号提案，以及全国性的《不让一个孩子掉队法案》）成为辩论的关注点，但这些都不是新现象。在此之前，这个问题已经被提出来，并且与黑人英语一样进行了激烈的争论。J. 克劳福德（J. Crawford，2000）、班克斯顿和周（Bankston & Zhou，1995）以及席尔德克劳特（Schildkraut，2005）指出，在整个美国历史上，英语政策因种族、时代、人口和政治而不同。它们已经"从压制到限制，从适忍到适应，依赖于与语言几乎无关的力量"（Crawford，2000，p.5）。从历史上看，移民趋势与限制性语言政策之间有着很强的相关性。随着移民率的提高，对语言多样性的容忍度降低，"只说英语"的政策又卷土重来。因此，难怪最近关于"只说英语"的狂热恰逢拉丁美洲（尤其是墨西哥和南美）和亚洲国家移民巨大增长同时发生。

"只说英语"的支持者声称，他们的担忧是出于利他主义的愿望，他们希望帮助这些移民融入主流社会，以便更好地学习，并更容易、更快地促进经济流动。席尔德克劳特（Schildkraut，2005）质疑这些主张的价值。相反，她把英语作为官方语言的担忧来自其支持者对国家的民族认同和对自我意识的威胁。克劳福德（Crawford，2000）对潜在动机的评估更为生动,他认为语言冲突通常会涉及文化、宗教、种族和国家认同的斗争。然而,他们所代表的不仅仅是同化和多元主义辩证式的争论、关于公民权利和责任分歧的争论,或者关于美国主义真正含义的争论。归根结底,语言政策——为社会和经济霸权而斗争。根据美国人的经验,"只说英语"的运动可分为两类:一是作为团体间竞争的手段和社会控制的机制;二是作为某些群体凌驾于其他群体之上的特权手段,作为维持统治精英霸权的工具(p.5)。

古铁雷斯(Gutiérrez,2005)补充说,只使用英语的教学实践,实际上是有害的并不是促进成就。它们通过"大幅度减少和复杂化学习机会,恶化了本已处于弱势的学生群体的不平等学习条件"。这种做法只根据他们的语言地位来界定学生,"而不是根据他们不同的背景、语言技能、兴趣和学习需要"(p.297)。

倡议者和反对者、语言政策和实践都随着社会条件、教育优先领域和政治领导阶层的转变而变化,最近的几个例子说明了这种趋势。第一,目前关于黑人英语的争论很少出现,尽管其背后的问题还没有得到解决。非裔美国学生并没有停止说这种语言,非裔的孩子的学业成功的百分比仍然很不成比例的低。但也出现了其他优先事项,比如对美国社会不习惯的国家及其文化传统的移民青年(例如说阿拉伯语的穆斯林裔)和非法移民的教育权利的争议。第二,加州选民在2016年11月通过了58号提案,改变了其在教育和其他公共服务企业中提倡仅英语的想法(正如1998年通过227号提案所传达的那样)。这项政策废除了之前的政策,允许在公共教育中使用非英语语言。第三,争论的焦点并不是英语学习者如何快速有效地提高英语能力,而是更多地转向了语言学习的双向浸入式学习(TWI),即母语为英语和非英语的人都进行双语学习。语言交流的一个没有太大转变的方面是,双语话语主要集中在讲西班牙语的人的趋势,而其他语言使用者在当地范围外基本被忽略。然而,随着学生群体的多样化,美国学校里的多样化母语群体也在不断增加,这反过来又影响了他们在学校里交流和表现的质量。例如,在美国的某些地区,使用本土语言作为主要交流手段的非洲、亚洲、太平洋岛民和中东移民学生正在显著增加。

"英语+"（J. Crawford，1997），即在学校中教学术英语，同时也教其他语言，对于教育种族和文化差异的学生来说是一种可行的替代"只说英语"的方法。它有值得复活、重申和实施的先例。根据支持者和代表选民的不同，它有不同的标签。其中包括双语学习、使用双语、双方言、语码转换、语码交换、语言混杂现象和跨语言行为（Collins，2014；Fortune，2014）。与此相关的两个重要先例是1974年的《学生自主语言权利决议》和1988年的《国家语言政策》，两者均由"大学作文与传播大会"（CCCC）制定。学生权利决议的部分内容如下：

我们支持学生有权使用自己的语言模式和多样性，他们所培养的方言或任何他们找到自己身份和风格的方言——声称任何一种方言都是不可接受的，这就意味着一个社会群体试图对另一个社会群体施加控制。这样的主张会给演讲者和作家带来错误的建议，也会给人类社会带来不道德的引导。一个以其多样化的文化遗产和种族多样性而自豪的国家将会保护其方言遗产（Smitherman，2003，p.17）。

国家语言政策的三项规定赞同所有学生都具备英语的口语和读写能力；维护不同学生的母语和方言的合法性；也要教授英语以外的其他语言，以便学生能学习第二语言（Smitherman，2003）。"大学作文与传播大会"（CCCC）的语言政策声明也承认美国是一个多语言社会，并建议不应因为语言差异而剥夺任何公民的公民自由（包括受教育的权利）。

另一个使少数民族语言在学校合法化的值得关注的文件是《美国原住民语言法案》（NALA）。该法案于1990年得到通过，并在两年后获得拨款。它批准了美国印第安人团体实施和推广自己语言的自由，以及在联邦政府资助的所有土著学校使用美国土著语言作为教育媒介的权利。这些规定有望将对语言存适、学术成就、文化和历史知识以及社区和族裔的自豪感产生积极影响（Lomawaima & McCar，2006）。

"大学作文与传播大会"（CCCC）和《美国原住民语言法案》（NALA）的建议和意见与文化回应式教学的原则高度一致。其中包括建立在学生已经拥有的知识和技能基础上；聚焦文化的优势而非劣势；发展维持文化和跨越文化边界的技能；运用多元化的学习定位和学习方法帮助不同的学生掌握各种各样的知识和技能，以适应各种各样的情况、背景和关系。它们也与民主理想产生共鸣，例如合众为一、人类尊严、自由、平等和正义。没有人反对学习英语的重要性，但排他性的问题依然在争论中。

人类同时处理多项任务和学习许多事物的惊人能力是对语言多样性的认可。当假设人们不能同时掌握一门以上的语言，那么民族和种族多元化的学生就不能得到他们本应得到的分数。跨语言行为挑战了这些假设，它意味着将不同语言话语特征或表现形式融合到一个连贯的交流系统。前提是，不管他们是否被认为是双语者，所有人实际上都是多语言者，具有丰富的语言多样性内部储备库（Garcia & Wei，2014；MacSwan，2017）。这些应该被视为值得尊重的资产，并被用于为文化背景多元的学生取得教育成功。跨语言行为还强调使用多种语言，使学校对多语言学生更加友好（Christian，2011；MacSwan，2017）。这些都是合理的期望与体验现实（在正常的生活过程中，人们通常会使用多种形式的交流方式，在任何给定的语言中都有变化）和文化回应式教学的高度兼容。

另一个推动所有人都支持双语、双方言、双文化主义和跨语言行为的有力因素是文化、语言、身份和学习之间的相互联系。（译者注：一名多语使用者只具备一个语言知识库，其掌握的多种语言不是彼此孤立的，而是相互融合、用以构建意义的整体。）正如韦德·博伊金所建议的那样，开发被剥夺权利和边缘化种族群体学生的潜能，并将他们置于教育成功的希望中，教育工作者就不能不承认他们的语言和文化多样性是他们当前存在的基础，也是他们未来获得成功的基础与可能。维勒和索兹（Wheeler & Swords，2006）在他们的评论中强调了这一观点："只有当我们认识到学生所提供的强大资源时，我们才能开始在文化之间建立桥梁，让学生将标准英语添加到他们的技能中"（p.25）。

格罗丽娅·安扎多（Gloria Anzaldua，2004），一位拉丁女权主义者，对语言和身份之间的联系提出了更有力的个人观点。她的观点是对于不同

种族学生的语言、态度和行为不要反复无常或抱有偏见。这对教师和其他教育工作者是一个重要的提醒,她说:

如果你真的想伤害我,就对我的语言胡言乱语吧。民族认同与语言认同就像是孪生的——我就是我的语言。如果我不能为我的语言自豪,我就不能为我自己感到自豪。除非我能接受墨西哥裔美国人的德克萨斯西班牙语、德克萨斯墨西哥语,以及我说的所有其他语言,否则我无法接受自己的合法性。直到我可以自由地用双语写作并随意切换而不必总是翻译,当需要我说英语或西班牙语时,我宁肯说西班牙式英语。只要我不得不适应说英语的人而不是让他们适应我,我的舌头就是不合法的(p.271)。

第四节 "英语+"教学对学生成就的影响

使用文化上不同的语言和交流方式可以改进有色人种学生的学业成绩。这一理论和传统观点,需要经由研究和实践的验证这一观点是否具有足够的说服力,足以保证将其用于教学学术核心和读写、数学、科学、社会研究、批判性思维和公民参与等领域高阶的知识和技能?课堂教学背景下的文化回应式交流是否是缩小成绩差距关键部分的可行方法?越来越多的研究证据为英语以外的语言以及方言英语提供了肯定的答案。这里包括一些具体研究的例子,以说明这些一般结果如何在特定的种族群体中得到证实的。他们创造了教学实践中包含文化回应式沟通强有力的信息和方法。

一、双语的影响

集体研究和针对特定族群的研究都表明,对传统语言或土著语言的熟练程度与更高的学术英语成绩成正相关,特别是当前者被用作促进后者的工具时(Brisk, 2006; Collier, 1992)。由奥格斯和沙纳汉(August &

Shanahan，2006）编辑的关于传统语言（主要是西班牙语）和以英语为第二语言的能力对应的广泛研究综述中，阐述了一些重要发现。虽然结果并不总是积极的、决定性的、明确的，但它们普遍支持使用双语教学多样化的学生。报告中值得关注的结果有：

——第二语言读写能力发展的某些方面，如单词识别、词汇、理解、阅读策略、拼写与写作与第一语言中类似结构的表现相关。

——口头和书面交流中的某些类型的语法错误可以通过第一语言与第二语言的结构的差异来理解。

——良好的第一语言或传统语言读写能力有助于第二语言读写能力的发展。

——一些跨语言影响对第二语言学习的某些方面的影响大于其他方面，并且在学习的某些阶段（而不是所有阶段）起作用。

——第一语言与第二语言（如西班牙语和英语）在类型学上的相似程度使学生更容易发展双语能力。

——在互动模式和沟通方式上架起家庭与学校之间的桥梁，可以提高语言多样性学生的参与度、动机和课堂出勤率。

——与文化相关的阅读材料，特别是那些用学生熟悉的语言写的材料，有助于理解和掌握。

——当学生用他们最熟悉的语言阅读和学习时，或者用日内瓦·史密瑟曼（Geneva Smitherman）的说法"滋养的语言"，他们的表现会更好。

——复杂、全面和嵌入式教学（例如教音素意识、解码、口语阅读、理解、词汇、写作和口语等）比区分和去文本化的学习更能有效掌握第二语言。

科利尔（Collier，1992）回顾了 20 世纪 80 年代开展的 17 项有关小学西班牙语双语教学 4 年甚至更长时间的研究，得出了另一个普遍的成绩趋势。成绩的衡量标准是学生在英语阅读和数学标准化测试中的表现。给予少数民族学生更多的母语教学支持，并辅以英语的均衡支持，他们的学业成就就越高。只要学生继续学习双语课程，而不是过早退出（2—3 年后转为只学英语），他们在数学和阅读方面的成绩就会逐年提高，杰纳西和其协作者（Genesee，2006）在对 200 项关于双语教育对学生在英语和西班牙语的数学和阅读成绩影响的研究和文章的回顾中报告了类似结果。

　　双语教学的这些普遍效果，应该归功于语言、文化和学习之间很强的互动关系，而不仅仅是语言本身。蒙特赛琳和科尔特斯（Montecel & Cortez，2002）发现，他们分析了 10 个成功的双语教育项目（其中 8 个小学，2 个高中）。这些是双向双语项目，使用西班牙语、英语、俄语、纳瓦霍语来教阅读、写作、数学、科学和社会研究。参与这项研究的所有学校都致力于在教授学生英语的同时，保持学生的主要语言和文化。他们肯定和认可种族和文化差异，并培养充满关爱、归属感和友好的学习氛围。在这项研究的整个学年（1997—1998 年）中，大多数参与研究的学生成绩比没有接受任何双语教学的对照组学生成绩提高得更多。这些发现肯定了相关的文化资料处理和背景框架（包括语言）在教学语言和文化多样化学生教学中的重要性。当学习挑战不熟悉内容、技能和过程时，这一点尤为重要。因此，多种交流体系（双语和多语言）应该是面对多民族学生的高质量教育的自然组成部分，也是面向美国近期移民和长期居民或有色人种公民的文化回应式教学的一个核心特征。

　　针对特定民族的双语教学研究提示了相似的结果和建议。例如，奥尔森（Olson，n.d.）利用高中和高中后教育研究的数据来检验早期双语干预对墨西哥裔美国高中二年级学生的影响。结果显示，西班牙语阅读和写作的成绩有所提高，但数学和科学却没有提高。另一个重要的发现是，在双语课程中加入文化历史遗产可以提高其效果。这些研究的结果表明，针对不同学生的语言教学不应该脱离文化多样性和学习的其他重要组成部分，如学校和课堂气氛、师生关系、关怀和文化相关的课程内容。

　　20 世纪 90 年代，针对柬埔寨学生有一项非常成功但短暂的项目，即高棉双语计划（Wright，2003，2006）。它位于加利福尼亚州的一所小学，那里 90% 的学生都是英语学习者。两种主要的母语语言是高棉语（50%）和西班牙语（40%）。高棉双语教育采用过渡设计模式，但在创造文化相关材料和教学策略方面非常积极。柬埔寨二年级的学生所有的语言艺术都是用高棉语教授的，到三年级结束时，他们会过渡到英语。学生们每天还接受至少 30 分钟的英语教学。该项目的语言专用课程材料稀缺，因此老师们创建了自己的课程。他们翻译教材和其他用于"只说英语"班的资源，用于三年级的阅读、语言艺术和社会研究。怀特（Wright，2003）将课堂学习氛围描述为"非常积极"和"丰富的高棉语和英文版本"。例如：墙上装饰着大量教师制作的海报和图表。高棉字母和英语字母一起显著地显示在黑板顶部。彩色日历用两种语言显示星期几和月份。在每个教室里，都有一个区域是学生们写作的地方，每个学生都有空间展示他们用高棉语写的最新故事。学生作品覆盖了其他区域的墙壁，学生的艺术品挂在天花板和灯上（p.236）。

高棉语艺术教学的学习活动和收益与资源一样丰富。学生参与各种各样的识字活动，包括在老师指导下的小组阅读和拼写；个人在期刊上写文章；在不同的学习中心工作；从展示的图表和海报中提取信息；在图书中心安静地阅读；在写作中心创作他们自己的书。参与该项目的学生在英语口语水平测试中取得了与"只说英语"项目的学生相当或更好的进步。到二年级结束时，大多数学生的高棉语水平已达到或高于年级水平；在三年级结束时，大学的学生英语水平达到或超过了年级水平。该项目的其他积极成果包括，学生们对自己的传统语言和文化感到非常自豪，家长能够在孩子的教育中发挥更加积极的作用。正如项目中的一位老师所解释的那样：

当学生学习高棉语时，父母可以根据学校要求帮助他们做很多事情。当学生学习英语时，他们的父母通常无法帮助他们。因此，学生——对父母多了一些尊重。学生们为自己对高棉语和文化的了解而感到自豪。当他们在英语方面取得进步的同时，也着实看到了高棉语能力的价值（Wright，2003，p.237）。

不幸的是，高棉语言艺术计划（和其他许多计划一样）成为 1998 年加州废除双语教育的 227 号提案的牺牲品。

Navajo Rock Point 和 Rough Rock 示范学校的双语人文项目具有类似的丰富教学资源、多样化的学习活动、学习成效显著以及持续受到威胁的特点。Rough Rock 学校的"英语－纳瓦霍语言人文项目"旨在培养 K–6 年级范围学生的双语能力。学生们首先用纳瓦霍语之后用英语，接受阅读和数学的教学，同时在科学和社会研究课程学习时只用纳瓦霍语。Navajo Rock Point 学校的"中等阅读项目"以学生为中心，重点放在研究当地的习俗和传统上。在最初的 3 年里，所有的教学都是用纳瓦霍语完成的，然后再换成纳瓦霍语和英语。这两个项目多年来在学术、社会、文化和心理情感方面都取得了令人印象深刻的成绩，尽管成绩水平仍然低于全国水平。最初用纳瓦霍语教授读写技能 3—5 年的学生在当地和国家的成绩指标上取得了最大的进步。他们也比那些只教英语的同学表现得更好（Duval，2005；Lomawaima & McCarty，2005b；McCarty，2002）。尽管有这些积极的结果，到目前为止，Rough Rock 示范学校的双语人文项目和其他双语传统语言和"英语＋"的计划，持续受到了各州和联邦政府通过的"只说英语"的政策的严重威胁（Duval，2005；Wright，2006）。

有关双语教育的大多数研究和教学项目都侧重于小学课程和讲西班牙语的人。班科斯顿和周（Bankston & Zhou，1995）进行的一项研究偏离了这一趋势，该研究旨在检验母语读写的效果对越南语高中生学习成绩的影响。在新奥尔良的两所高中，有 9—12 年级的 387 名参与者参加。数据是根据学生的自我报告收集的，包括他们越南语读写能力、英语成绩、上大学的愿望和意图。结果表明：

（1）刻意培养学生的种族特征对自尊、学业坚持和学业成绩有积极影响；

（2）掌握第一语言的技能会促进认知能力的发展，并可以转移到其他学习领域；

（3）在教学中使用母语会使学生获得本民族社区的社交资源和支持，否则他们可能得不到；

（4）保持非英语语言是取得学术成就的一个有价值的目标。

关于墨西哥裔美国人、柬埔寨裔、越南裔、纳瓦霍裔的研究结果，与更广泛种族群体的双语教育的研究结果一致。威利格（Willig，1985）、格林利（Greene，1998）和罗尔斯塔、马奥尼和格拉斯（Rolstad et al.，2005）进行的综合分析得出结论是，将英语作为第二语言的双语教育，对所有主要的学术领域都有积极影响，包括以英语测验的阅读和数学成绩。另一项重要发现表明，双语教育比纯英语教育更能有效地提高学生的英语学习成绩（Rolstad，2005）。双语教育（特别是 TWI 和跨语言）的影响超出了学术主题，包括智力处理技能以及心理和情感方面的好处。具体来说，其中一些改善了执行能力、换位思考、移情、跨文化互动、出勤率、归属感和对学校的依恋，以及较少的行为问题（Christian，2011；Collier &Thomas，2014；Collins，2014；Fortune，2014）。爱丁堡大学双语事务中心补充说，接触不同语言的孩子会了解不同的文化、人群和观点，比单语者更擅长多任务处理和集中注意力，而且往往是更早熟的阅读者。《财富》杂志指出的另一个值得一提的好处是："成为双语人士会用新的概念方式看待自己和他人。它扩大了你的世界观，使你不仅了解更多，而且了解不同。"（2014）。

鉴于这些发现，罗尔斯塔（Rolstad，2005）及其同事认为在教学上禁止或极大地限制讲传统语言的做法是不明智的，取而代之的应是，"不受政治和意识形态束缚的国家政策，至少应允许，最好是鼓励，在所有服务于英语学习者（ELLs）的美国学校开发和实施双语教学法"（p.590）。柯林斯（Collins，2014）补充说，即使学校没有提供正规双语教育的人员、财政资源和政策法规，建立一个欢迎并支持使用本地语言并提供机会的多语言生态体系仍然是有益的，以便学生与用这些语言的同龄人讨论和合作。多种语言技能的益处以及将其视为资产、文化资本和有价值的知识储备的益处，使其成为文化回应式教学的必要组成部分和补充。

二、黑人英语的影响

越来越多的研究和课堂实践在探索用黑人英语给非裔美国学生教学的好处，研究他们的文化交流风格与标准学术英语之间的相似之处和相互影响因素，并明确教导如何以及何时在两种语言之间进行转换。这些技术称为语码转换和对比分析（C. Lee，2007；Wheeler & Swords，2006）。这里展示了一些研究结果，以证明其作为文化回应式教学的重要特征的可行性和有效性，并鼓励教师在常规课堂教学中更多地使用它们。在斯威特兰和瑞克弗德（Sweetland & Rickford，2004）编写的书目摘要中，以及奥古斯特和沙纳汉（August & Shanahan，2006）的研究评论中，可以找到有关将这些教学策略与方言和非母语英语一起使用的更详细的阐述。

双方言项目计划（Project Bidialectism）的设计旨在帮助非裔美国大学生提高他们的学术英语写作技能。这种干预的介入范围已经超出了标准英语语法，包括对学术英语和黑人英语两种语言的尊重；理解嵌入语言选择的文化框架；进行两种语言和文化明确对比的教学；在学生和教师之间建立互惠互信的关系。对比分析的具体目标是"在写作中增加标准英语特征的表达，减少干扰性的黑色英语特征"（H. Taylor，1989，p.101）。这是通过比较学生习惯使用的黑人英语和标准学术英语的语法模式来完成的。对比分析与听觉语言学习（一种在第二语言学习中常用的教学方法）、模式练习、辅导—学习关系和民族敏感（或文化相关）课程内容相结合。在听觉语言学技术中，学习从听开始，然后通过口语、阅读和写作进行。他还强调了语言的恰当性是由使用而不是由规定来决定的。通过让学生在书面文本和口语对话中识别语言变体的要素，从一种方言翻译到另一种方言，以及相互编辑写作草稿。这些练习使学生逐渐从识别到辨别再到再现黑人英语和学术英语。辅导—学习定向开发了学生和老师之间的动态关系，他们互教互学，把课堂变成了双语实践环境，并一起创建学习的背景，重视和尊重个人和群体的需求、优势、资源和成就。该项目的民族敏感性特征伴随着语言使用的情感和文化嵌入维度而发展。学生们被要求阅读、观察、讨论和写作有关电影、戏剧、非裔美国人和欧洲美国人创作的以黑人和美国主流文化为中心的书籍、散文和短篇小说节选（H. Taylor, 1989）。

双方言项目计划成功地实现了其目标。写作实验组中，非裔美国人语法错误的总出现率下降了59%以上，而对照组则增长了8.5%。最显著的变化是关于使用第三人称单数和矫枉过正的情况有所改善。尽管所有学生都知道他们的方言和文化，但他们在此计划开始前对其语法特征并不了解，而这会影响他们的学术写作。参与该项目的学生普遍接受双文化和双语言是要实现的理想目标（H. Taylor, 1989）。该项目的一个重要信息是，社会、文化元素和语境需要融入语言多样性的教学中。

福格尔和艾瑞（Fogel & Ehri, 2000）为证实教小学生黑人英语和英语语法之间的相似性能产生的积极效果提供了有力的实践案例。他们研究了89名说黑人英语的3—4年级学生，使用前测和后测的模型，比较了3种不同的实验方法。在第一个实验组中，仅给学生6种标准学术英语和黑人英语语法格式。第二个实验组不仅接触到这些语法特征，并得到了如何生成标准学术英语（SEA）格式的策略。第三组接受了对语法规则的接触、策略、解释、指导练习以及如何将黑人英语句法特征转化为标准英语语言特征的反馈。测试的具体技能是翻译任务、理解、故事写作和自我效能感。正如预期的那样，接受第三种实验的学生在标准学术英语翻译、写作和理解技能的展示上比其他人表现得更好。他们也能写出更长、更详细的故事。但令人惊讶的是，他们在掌握标准英语的能力上并没有表现出更高的自信（自我效能感）。福格尔和艾瑞将这一出乎意料的结果归因于第一组和第二组学生对其标准英语技能存在不切实际和夸大的认知。这些非裔美国学生可能并没有意识到他们的写作和口语风格不是"标准英语"，一旦学生对标准英语形式有了"语言意识"，他们对表达的信心可能会下降。所有这些解释虽然不同，但对提高学生的学术英语技能有着深远的意义。

威廉（R. Williams，1997）回顾了20世纪70年代早期的三个项目，成功利用黑人英语提高了非裔美国学生成绩。其中一个项目将勃姆（Boehm）基本概念测试中的题目翻译成黑人英语，然后交给二年级学生。孩子们在黑人英语版的测试中得分明显更高。在另一个项目中，皮博迪（Peabody）图片词汇测试的翻译版本对非裔美国人的智商分数有很大的提高。第三项研究涉及桥梁阅读计划。这个项目从使用学生自己的语言技能进行教学开始，逐渐转向标准英语。经过4个月的教学，桥梁阅读项目的学生在美国艾奥瓦州基本技能测试中的阅读能力有明显提高。

福斯特（M. Foster，1989）对一位非裔美国社区学院的教师使用不同文化交流方式对其学生成就的影响进行了人种分析。随着她的教学话语中文化回应式内容的增加，学生们的表现也越来越好。在专注行为、按时完成任务、参与课堂对话、掌握概念、回忆事实信息的准确性、学习的热情和信心等方面都有所提高。彼得罗（Piestrup，1973）、霍尔、雷德和科勒（Hall et al.，1979）和霍华德（Howard，1998）也曾报道过类似的发现。这些研究人员发现，学龄前、小学和初中的学生都采用了非裔美国老师与学生交流的方式，并改善了他们的阅读能力、个人自我意识和学术效能。在教学中采用的交流方式包括戏剧的表演风格、对话式和活动式参与话语、方言、手势和肢体动作、有节奏和快节拍的讲话、隐喻意象，以及非裔美国人撰写的关于非裔美国人文化和经历的阅读材料。学生的兴趣和任务投入都有提高，能从讲故事中回忆起更多事实细节、对单词识别能力和意义理解的准确性有所提高，在标准化阅读测试中获得了更高的分数。

更令人印象深刻的是卡罗尔·李（Carol Lee，1991，1993，2007）和德兰、皮尔森和安德森（Delain et al.，1985）在对比分析中使用非裔美国人中突出的文化话语技艺向高中和初中学生教授更高层次的文学技巧。李用象征性方法作为教授高中毕业生批判性思维、文本分析和文学解读技能的入门。按照史密瑟曼（Smitherman，1986，2000）的说法，意指是一种带伤害性的语言艺术，说话者使用幽默、暗示和夸张来贬低和谈论对方。

李（Lee，1993）补充说，这是一种启发式的话语，解决问题需要类比推理。隐喻、反讽、象征主义和影射是象征意义的关键工具。听起来与意指在内容、技术和效果上都有相似之处。李和德兰及其同事都假设，在课堂教学中使用这些话语技艺，将有助于熟悉它们的非裔美国学生提高对学校常教的某些文学技能的掌握。

卡罗尔·李（Carol Lee）对109名学生进行了这一假设的实验，其中2/3的学生在当地学区和州政府规定的阅读成绩标准化测试中表现最差。她设计了一个为期6周的实验干预措施，该干预措施分为四个阶段实施。第一，实验组的学生分析了意指性对话的样本，得以自觉地意识到自己的个人和社会交际能力。第二，分析了由公认的专家撰写的两篇特定的文章的含义和特征。第三，学生分成小组开展他们设定的对话。第四，将设定的概念知识运用到文学批评的任务中。学生必须阐述左拉·尼尔·赫斯比顿的《他们的眼睛看着上帝》（1990）和爱丽丝·沃克的《紫色》（1985）文学文本中的比喻语言、反讽的动词结构和复杂的隐含关系。在整个干预过程中，采取了探究式教学模式，对小说进行严密的文本分析，允许学生小组讨论与阅读相关的问题，并鼓励个人就所提出的问题写出自己的想法和观点。对照组的学生除了在他们的文学课上正常学习之外，没有接受任何特别的指导。

在干预结束时，两组人的文学分析技能都有所提高，但实验组学生的文学分析能力明显强于对照组学生。在八项具体的隐含技能中，实验组在其中五项（关键细节、简单隐含关系、应用、结构概括、复杂隐含关系）取得了显著的进步。对照组在其中三项（关键细节、简单隐含关系、结构概括）有所提高。最大的差异发生在推断文学文本中所包含的不同类型的关系（陈述的、简单暗示和复杂暗示）的能力上。实验组中成绩最低的学生取得了最大的进步。卡罗尔·李将此归因于他们先前的社会知识和研究中所使用的文学文本中的隐喻和反讽之间的象征技巧高度一致。

课堂讨论的质量也因实验组别而不同。实验组的讨论更多是学生发起的，并且始终专注于所研究小说叙事文本的难题、推理问题和比喻或隐喻方面。此外，学生经常参考文学文本来解释概念、原则和技巧。对照组的讨论以教师为主，集中于学生对课文主题的个人看法，强调情节的文字表达。这些学生没有接触到文学文本中的文字、图像和讽刺，也没有被挑战去分析它们的多重含义（C. Lee，1993）。

在早期教育中，使用一种特定的文化语言类型（专门设定，她后来命名为"文化建模"）来教成绩较低的非裔美国高中生文学推理技巧，卡罗尔·李一直在改进和扩展这种教学技术和干预，近期的改进项目包含了小学生和写作技巧。然而，该项目的主要目的与早期项目大体相同，即帮助学习成绩不佳的非裔美国学生学习教材知识、概念和技能，方法是通过对本土文化能力的详细分析和认知，将这些知识与他们在校外日常文化实践中使用的类似知识进行明确的类比。一项针对10—11岁儿童中实施的文化建模叙事项目，使用非裔美国人熟悉的修辞特征（即交际文化资本的一种形式）来教授叙事写作技巧，以提高学生的表现。"文化数据集"被纳入研究，作为提示和培训工具，以发展从非裔美国人口头文化到学术书面话语风格的转移或转换技能。安妮·李（Annie Lee）创作了描绘非裔美国人文化体验的各种场景的视觉艺术作品。卡罗尔·李和她的研究团队假设这些艺术场景是非裔美国学生熟悉的"文化剧本"，所描绘的图像会唤起学生的具体记忆和亲近感，而相关种族的认同和文化纽带会激发人们对写作的兴趣和写作技巧的掌握（C. Lee，2001，2007，2009；C. Lee et al.，2004）。教学干预的结果证实了上述假设。学生们更专注于学习刺激，并利用他们丰富的知识和个人经验，从文化数据收集中做出有意义的判断。他们还将非裔美国人公认的话语特性，连同其他优秀的叙事写作元素，融入他们构建的脚本中。然而，他们对其他基本写作技能的掌握，例如拼写、标点和段落形成，则不受培训干预或训练结果的影响。

德兰及其同事（Delain，1985）开展了使用声音作为分析目标的实验。这项研究的参与者是两所学校的157名七年级学生（107名非裔美国人和50名欧裔美国人）。实验收集了学生的一般语言能力、比喻性语言理解能力、发声技能和黑人英语的综合能力等数据，采用9项措施来收集这些数据。其中包括斯坦福诊断阅读测试、对标准英语双关语（例如成语、隐喻和明喻）的理解测试、对发音能力的5种不同评估（同伴评分，单词完成和翻译理解测试，识别测试以及对发音提示的开放式"反馈"反应）；以及仅在黑人英语中使用的双重功能项的知识。

研究结果表明，非裔和欧裔学生在各种试验任务上的能力之间存在显著差异。白人学生的比喻性语言理解力是由一般语言能力决定的。非裔美国学生对比喻性语言理解受到一般语言能力、发音和黑人语言技能的综合影响。也就是说，一般语言能力与比喻性语言理解力显著相关，而黑人英语能力影响他们的发音能力，而发音能力又影响他们对比喻语言的理解。根据这些发现，德兰及其同事（1985）建议，既然"在街头获得的技能，确实可以转移到学校环境中，教师需要培养对这种语言使用的尊重，而不是偏见"（p.171）。这一建议背后的原因与惠勒（Wheeler）和斯沃德（Sword）提出的语法共鸣的想法类似（2006）。即双语学习者在第一种语言中习得的模式能够被转移到他们的第二种语言表达中，同时包括了语言特征和话语的细微差别。因此，非裔美国人可能讲标准英语带有一种黑人风味，就像墨西哥人、菲律宾人、日本人、中国人或者埃塞俄比亚裔美国人说英语时带有口音一样。教师需要了解这些现象，以便更好地决定在教学中使用不同的语言变体，以及适当的干预策略。

将不同民族的语言和交流方式纳入教育计划和实践会产生明显的学术进步，即使没有任何计划性和经验性证据表明它们仍然应该是所有学生的日常教学和学习的一部分。承认和尊重人类的多样性，它的多种变化，以及由此产生的好处，如增强人的尊严和自尊，更好的人际关系和心理情感健康，都值得纳入它们。艾比·菲戈罗亚（Abby Figueroa, 2004）在一份声明中有力地表达了这些观点，她说"西班牙式英语"（西班牙语和英语混合）的个人习惯带来了力量，每当我发现自己用两种语言思考、说话、写作和呼吸时，——我不同意那些"同时说两种语言是一种耻辱"的说法。我一点也不相信我深思熟虑后说的西班牙式英语，穿插使用两种习语是错的，至少它帮助我更准确地表达自己，更多的词汇、成语、笑话，使我的世界更加丰富多彩，也使我的思想更丰富多彩（p.284）。

许多使用其他语言变体和英语方言的人，包括黑人英语，发现他们的双语能力可以与菲戈罗亚的语言能力不分上下。当人们把他们的思想、信仰、价值观、经验和观点从第一种语言翻译成第二种语言时，"其中的一部分有时是难以接近或无法表达的"（C. Jones & Shorter-Gooden，2003，p.102）。之所以如此，是因为"语言充满了历史和文化的意义，并为使用者提供了重要的身份认同功能"（p.102）。文化回应教育者理解语言的这些重要功能，并一直对本杰明·阿利尔·萨恩兹（Benjamin Alire Saenz，2004）的警告保持警惕："消除一种语言就是消除一种文化"（p.282）。他们还记得，教育成就不仅仅是阅读、写作、数学和科学考试的高分。尊重自己和他人、公民参与、社区成员身份、道德和伦理行为以及多元文化能力也很重要。通过语言、文化、民族、社会和种族的多样性进行教学有助于培养这些能力，并提高学术成就。

第五节　民族话语风格的变化

提到不同的民族语言和交流方式时，往往会让人联想到英语非母语和说方言人士的词汇、语法和口语。尽管这些都很重要，但话语作为一种工具，对于种族多样化的学生来说，使跨不同技能领域（不仅仅是语言能力领域）的教学与学习更加有效。日内瓦·史密瑟曼（Geneva Smitherman，2007）提醒我们注意这一点，并指出对文化多样性的回应，"教育中的沟通从来都不是在某种狭义结构意义上的语言，而是作为话语、修辞和文化实践的语言"（p.153）。接下来，讨论不同种族话语风格中的一些最显著特征。

一、参与结构

在传统的课堂话语中,学生被期望采取科赫曼(Kochman)所说的被动接受姿态。老师谈话时,学生被告知安静地听。老师讲完后,学生可以通过提问或回答问题,以预先安排好的程式化的方式做出回应,确认或认可老师所说的内容。或在老师监管下,每个人轮流发言。在老师的允许下,每个学生有权利参加交流。语言表达伴随着非语言的参与行为和言语传递机制,这需要与发言者保持目光接触,很少或不使用肢体语言。因此,期望学生在老师说话时保持沉默,看着老师,等老师确认后才轮到他们说话。一旦获得许可,他们应该遵守既定的礼仪规则,比如一个人一次讲话,简短而切中要点,并将情感上的细微差别保持着最低限度(Kochman, 1981; Philips, 1983)。

这些参与规则也体现在其他课堂实践中。比如要求学生说话时句式要完整、有逻辑,信息要准确,词汇要适当,以及要注意语法特征,还要注意词汇的适当使用和名词—动词时态规则。学生参与课堂互动通常是由教师提出的问题引起的,这些问题针对特定的个人,要求提供很窄范围的信息和描述性的回答。对于个人而言,在对话中区分自己很重要,让学生的回答仅限于所问问题的具体要求,因此,发言者和听者的角色被明确区分是很重要的。

与传统课堂话语的被动接受、线性有序和教师主导的特点相反,一些种族群体采用的是科赫曼(Kochman, 1985)所描述的参与——互动式的交流方式。发言者希望听众在自己说话时通过声音、动作和身体移动等反应来积极地参与交流。在话语的构建中,发言者和听者都是激发行动的伙伴。这些交流方式被非裔美国人、拉丁美洲人和夏威夷原住民广泛使用。与其他文化行为一样,这些行为在那些强烈认同和依附于自己的种族和文化传统的人身上更明显。例如,低收入和受教育程度最低的种族成员可能比那些中产阶级和受过教育的成员更彻底表现出群体文化行为。他们很少有机会与自己不同的人交往，也很少有机会受到来自不同种族和不同经验背景的人混杂在一起所产生的文化交流与文化融合的影响。

非裔美国人通过自己的自信、激情以及说服力，来"获得发言权"或参与对话，而不是等待"权威人士"的批准。他们倾向于在参与中投入人格力量、行动和情感。因此，非裔美国人经常被描述为语言表演者，他们的语言行为受到个人主张、激情、流动性和创造性，多样性的推动（Abrahams，1970；Baber，1987）。这些交流的便利被归因于非裔美国人文化和公共价值取向的"听说"本质（Pasteur & Toldson，1982；Smitherman，2000）。许多老师消极地看待他们，认为他们"粗鲁""不体谅人""有破坏性""说话轻率"，因此这些老师会惩罚他们。

二、发言者和听众的关系

非裔美国人参与——互动话语风格的另一个特点是有时被称为"呼唤——回应"（Asante，1998；Baber，1987；Kochman，1981，1985；Smitherman，1986，2000）。听众在演讲者讲话时给予鼓励、评论、称赞甚至批评。演讲者的责任是发出"呼唤"（陈述），听众的义务是以某种表达性的，通常是听觉的方式做出回应（例如，微笑、发声、四处寻找、四处走动、"阿门"）（Dandy，1991；Smitherman，1986）。当发言者说出能够引起他们回应的正面或负面、情感或认知的声音时，非裔美国人的听众很可能会发出"回声"。这可能涉及声音或动作响应，或两者兼有，直接发送给演讲者或与听众的邻居共享。朗斯特里特（Longstreet，1978）和谢德（Shade，1994）将这种做法描述为："破门而入，讨论一番"。该机制用于向发言者发出信号，说明其目的已经实现，或者是时候改变演讲的方向和主题了。无论哪种方式，演讲者都应见好就收，而无需进一步追求特定的演讲主题或技巧。

如果教师理解"呼唤——回应"沟通方式的特征、动态和符号转换，则它可作为非裔美国人学生可行的教学资源。不应将"呼唤——回应"沟通方式与死记硬背和重复操练相混淆，后者在当前某些课本的文本和直接教学中很突出。赫克特、杰克森和拉博（Hecht et al.，2003）提供的描述有助于说明这个问题。他们认为，非裔美国人口头交流的形式、叙事和建设性特征不仅具有传播信息的功能，还具有许多文化功能。他们赞美个人独特的口头表达能力；展示自信的独特性和创造力；将演讲者和听众联系起来；加强共同的身份认同、规范和价值观；加强合作与竞争的辩证法；并展示代码和样式转换的便捷性。

科赫曼（Kochman，1981）、史密瑟曼（Smitherman，1986，2000b）和德尔皮特（Delpit）等学者对此进行了确认，还发现其他一些区分非裔美国演讲人与听众互动方式的特征。其中包括大量使用戏剧、肢体语言和手势、布道的语调和技巧、文化的引用、民族语言成语和谚语、对话式讲故事以及修辞手段，如节奏、韵律、速率、重复、即兴、抒情和历史文化语境化，这些都可以促进学术能力建设的社会资产和文化优势。因此，它们非常适合文化回应式教学。

夏威夷土著学生保持他们的传统文化习惯，使用一种参与——互动式交流方式，它类似于非裔美国人的"呼唤——回应"方式。它被称为"谈话——故事"或"共同叙述"，它需要几个学生合作或一起交谈，以创造一个想法、讲一个故事或完成一个学习任务（Au，1980，1993；Au & Kawakami，1985，1991，1994；Au & Mason，1981；Boggs et al.，1985）。在观察了小学生的这些行为后，奥（Au，1993）得出结论："在夏威夷儿童谈话故事中，似乎重要的不是个体——而是群体在说话方面的表现"（p.114）。这些交流偏好与夏威夷原住民文化是一致的，它看重的是个人为家庭和朋友的福祉做出的贡献，而不是仅仅为了自我改善而工作（Gallimore et al.，1974；Tharp & Gallimore，1988）。

欧裔美国女性中也存在"呼唤——回应"和"谈话——故事"特征的交际行为。泰南（Tannen，1990）称之为"合作重叠"，并将其描述为"女性与发言者一起交谈以表示参与和支持"（p.208）。这种情况通常发生在随意而友好的谈话场合，这种融洽的谈话被用来社区建设。它与其他传统女性的交流方式相辅相成，如：

——她们更倾向于"听众"而不是"演讲者"，因为她们是男性提供的信息的接收者；

——弱化专业技能和由此产生的竞争力；

——把重点放在建立友谊、网络、亲密关系和人际关系，而不是展示权力、成就和控制力上；

——为了给予和接受确认，支持和共识，而进行亲密谈判；

——避免冲突和对抗（Belenky，Clinchy，Goldberger & Tarule，1986；Klein，1982；Maltz & Borker，1983；Tannen，1990）。

虽然这些"公共交流与互动"习惯对于用户来说是正常的，但对于课堂教师来说却是个问题。在初次接触时，他们可能会被视为"难以区分的噪音和混乱"或不健康的依赖。即使在初次接触的震惊之后，教师仍可能会认为这些交流方式是社会偏差，不利于建设性的智力投入，有些粗鲁和侮辱。他们认为这种习惯阻碍了个人的主动性，并且剥夺了每个学生参与教学交流的公平机会。这些评估可以促使学生尝试摆脱这些习惯，取而代之的是在课堂上占主导地位的个人主义、被动接受式和控制型的交流方式。教师可能没有意识到，这样做可能会对学生充分参与教学过程的能力或倾向造成不可逆转的损害。海姆斯（Hymes，1985）提出了这一点，他认为，拒绝不同种族学生的交流方式可能被他们视为拒绝自己的个性品格。不管是有意还是无意，对有色人种学生的身份和个人价值进行这种诽谤，对他们的学业成绩都不是好兆头。

三、解决问题和任务参与

教师中最常见的做法是提出单一答案的问题，并使用归纳的方法来解决问题。强调细节，从部分构建整体，从具体到一般。话语往往是说教式的，每次只涉及一个学生和一个老师（Goodlad，1984）。相比之下，与自己的传统文化有较强关系的有色人种学生在任务表现上倾向于演绎性、互动性和集体性。注释问题解决的偏好表现为从整体到部分，从一般到具体，重点是"大局观"模式和原则（Boggs et al., 1985; Philips, 1983; Ramírez & Castañeda, 1974; Shade, 1997）。

虽然这些任务参与的一般模式在不同的种族群体中普遍存在，但也存在差异。有些教师采用演绎式教学模式，一些来自不同一种族的学生进行归纳式学习。许多亚裔美国学生似乎更喜欢需要具体答案的问题，但这些问题是针对全班提出的。虽然许多拉丁裔学生可能倾向于在小组环境中学习，但某些人可能发现分组学习会让人分心，阻碍他们的任务掌握。

在传统的非裔美国人和拉丁美洲人文化中，解决问题是高度前后关联的。这种情境性的一个重要特征是创造一个在完成一项任务之前的"舞台"或"背景"。舞台布景在本质上总是社会性的。它需要与其他参与人建立个人联系，作为解决问题的前奏。在建立这些联系的过程中，个人通过培养社会背景为自己的"工作"做好了准备。实际上，他们激活了他们的文化社会化，使个人在群体中更好地发挥作用。没有了群体作为锚、参照和催化剂，个体就会随波而去，不得不独自发挥作用。

这些文化倾向可能表现在，当拉丁裔成年人开始与同事进行任务互动时，总是以询问其他参与者的家庭和表达自己的幸福作为开场白，或者当非裔美国人演讲者向听众诉说他们目前的心理倾向并宣布意识形态、价值观，以及他们在演讲中所采取的立场假设（比如"他们来自哪里"）。这种"开场白"或"舞台布置"是演讲者为随后的"表演"所做的准备之一。当教室里的有色人种学生似乎在花不必要的时间安排考试、削铅笔、改变身体姿势（拉伸，弯曲手臂和腿等）时，或与同伴交流，而不是着手分配的任务时，这可能是他们为学习任务（例如，写论文、做功课、参加考试）所做的准备活动。对这些学生来说，"表演前的准备"的目的类似于戏剧演员在登台之前做瑜伽练习。这两种方式都是"演员"用来集中精力，让自己进入表演所需要的情绪渲染。

对于擅长在群体中学习的亚裔美国人来说，主要通过合作和协商来解决问题。无论问题大小，他们都要向小组所有成员征求意见并提出解决方案。每个人都要提出想法，并展开讨论。他们的优点是要与小组中其他成员的建议进行权衡。讨论是生动而广泛的，以便各方都能了解交流讨论中的各个要素。在综合小组各方意见后达成最终解决方案，再开始进一步的讨论，以确保每个人都同意解决方案，并达成责权分明。这些讨论是以多数人和睦相处并达成共识为前提，而不是在敌对、支配和强加少数人意志的情况下进行的。

特瑞斯曼（Treisman）的著作《加州伯克利大学数学研究会项目》（Fullilove & Treisman，1985，1990）阐述了以上解决问题的过程对学习成绩所产生的积极影响。他观察了华裔美国人的学习习惯，以确定他们为何在高等数学课上表现得如此优异，并想看看他是否可以将他们的学习模式用于拉丁裔和非裔美国人。他发现了其他人在正式情况下观察不到的东西——华裔美国学生总是分组学习，他们经常互相讨论他们对问题的理解以及如何找到解决问题的方法。特瑞斯曼将他们的高成就归功于他们花在学习上的时间，以及与同伴讨论解决方案的过程。

当他在非裔美国人和拉丁美洲人身上模拟这个过程时，他们的成绩得到了根本的改善。特瑞斯曼（Treisman）确信小组学习可以发挥积极作用。鉴于其他证据表明，文化习惯和教学方式的兼容可以提高学生的表现，激发共同解决问题和交流的冲动，从而达到预期的结果。

对于所有教育工作者来说，在教授有色人种学生时，这些都是强有力且具有挑战性的教学经验，值得学习效仿。集体和情境性的表现方式需要资源分配（时间、集体努力、程序、态度），这些可能会与学校的规定发生冲突。例如，许多对学生成绩的评估都在紧凑的日程安排中进行的，这与舞台表演安排或集体表演不相容。有色人种学生必须学习不同的表演方式，还要学习实质性的内容，以展示他们的成就。这就使他们陷入了潜在的双重危机中，即在程序和实质层面上失败。教学改革必须认识到这些双重需要，并同时关注学习内容和展示掌握能力的过程。它还必须是双向的——也就是说，改变教学实践，使他们在文化上对种族和文化多样性更具回应性，同时教有色人种的学生如何更好地适应主流教育结构。

四、用话语组织思想

话语中的主意和想法如何在书面和口头表达中恰当组织，可能会对学生的学习成绩构成较大影响。通常有两种常用技术，一是以主题为中心的技术，二是主题链接技术。欧裔美国人似乎更喜欢第一种，而拉丁裔、非裔美国人、美洲原住民和夏威夷原住民（Au，1993；Champion，1997，2003；Heath，1983；Michaels，1981）则更喜欢第二种。

在以主题为中心的话语中，演讲者一次只关注一个问题，将事实和想法按照逻辑、线性的顺序排列，明确简明参照物、时间和空间关系。演讲内容往往是简洁精确的。在这个过程中，认知过程从离散逐渐演绎为一个可识别的闭环整体。质量不仅取决于描述细节的清晰性，还取决于对被分析问题的基本特征的解释，没有不必要的或华丽的阐述。这种话语风格的结构、内容和表达方式与学校里常用的说明文、描述性的写作和口语非常相似。以主题为中心的话语的一个经典例子是新闻写作，它集中于尽可能快地提供关于谁、什么、何时、何地、为什么和如何等信息。新闻写作的目的是传达信息，并将其与其他话语功能（如说服、评论和批评）区分开来。另一个例子是与实证调查或批判性解决问题相关的思考与写作。同样，在沟通中也有一个分层过程，从识别问题、收集数据、确定可选的解决方案和相应的后果、选择和保护可解决的结果。很明显，人们试图将事实与观点、信息与情绪相互分开。

主题联想式的谈话和写作风格也被称为主题链接式、表现式话语和叙事风格。它是情景性的、轶事性的、主题性的和综合性的。同时处理多个问题，相关的解释在重叠交叉的循环中展开，其中一个发展自另一个之中，并建立在其他解释之上。话语片段之间的关系是靠假设或推断的，而不是明确建立起来的（Cazden，1988；Champion，1997，2003；C. Lee & Slaughter-Defore，1995；Michaels，1981）。思维和说话似乎是圆形、无缝的，而不是线性的、有分明界限的。话题链还严重依赖于诸节奏、韵律、语调、元音延伸、重复和非语言手势等辅助语言手段。对他们来说，演讲方式的创意和内容质量一样重要。演讲者是他们自己叙述的积极参与者。对于不熟悉这种交流方式的人来说，这种交流方式听起来杂乱无章、脱节、没重点、似乎说话者准备不足。基于这些原因，钱皮恩（Champion，1998，2003）将主题链接式话语称为"执行式叙事"。她对6—10岁的非裔美国人的研究表明，他们主要使用主题联想式的话语风格，但也并非完全如此。相反，孩子们使用了一套复杂的话语，受到环境、任务、社会因素和文化影响的结构（包括主题为中心）。毫无疑问，其他说话者风格也将受到类似的影响。

古德温（Goodwin，1990）观察到，在费城一个社区，一群4—14岁的非裔美国人在讲述故事、分享八卦、解决争论、协商关系时，会出现主题链接式谈话。她注意到孩子们能够轻松而巧妙地从争论性的语言转变为引人入胜的故事，并戏剧性地将二人互动重塑为多方互动。使用一句简练的话，孩子们就能唤起一个广泛的历史事件，一个所有参与者都能理解的身份和关系的复杂网络，而无需对任何一个单独的片段详细描述。夏威夷土著之间的谈话故事式话语风格也以类似的方式运作，这解释了为什么奥（Au，1993）将其描述为"两个或两个以上说话者联合表演或合作回应"（p.113）。

另一个表明主题链接或联想式话语风格的交流习惯，在写作中尤其明显，即使用大量的连词和连接短语。许多非洲、亚洲和拉丁裔学生（包括新移民和公民）经常用诸如"结果""因此""然而""如此""此外""另外""进一步"和"类似地"这样的词开始句子——有时5—6个人中就有4个用这样的词开头。正如字面上一个句子连接着另一个句子，以使他们的思想链条和关系更加明确。在主流文化的学术写作中，这些关系是通过段落符号来暗示和表示的。假设和期待使段落中所有句子都与同一主题或思想相关。这种普遍存在的关系一直延续到另一段话语开始，一种不同的想法被暗示。

五、讲故事作为话题——联想话语

非裔美国人（Delpit，1995；Kochman，1981，1985；J. R. Rickford & R. J. Rickford，2000；Smitherman，1986，1996，2000）和夏威夷土著（Boggs，1985）被认为不直接回答问题。相反，他们善于叙事或讲故事。这包括设置和描述一系列事件（以及参与者）与所提问的问题有松散的联系。这就好像思想和想法就像个人一样，在脱离语境的情况下无法发挥作用和找到意义。许多其他的演员和事件被唤起以帮助构建一个能插入个人表演（即回答问题）的"舞台"。这种叙述——回应风格也体现在写作中对"前言"和"序"的表达上。它们的范围之广足以引发老师们的评论，如"开门见山"或"这有关系吗？"或"需要更多的关注"或"太多无关的东西"或"不要离题"。学生们简单地认为这些前奏，对于话题实质性元素的搭建是必不可少的。

谈到非裔美国人讲故事的目的和普遍性时，史密瑟曼（Smitherman，1986，1996，2000）推测，他们需要同时完成许多不同的事情。这包括关联信息、说服他人支持讲话者的观点、建立联系、对抗反对派、行使权力，以及展示自己的语言审美。她进一步阐述了非裔美国人的说话者倾向于使用叙事和讲故事，在报道事件时的戏剧性表现，对事实的社会心理学观点，以及在陈述信息时的语境框架或舞台设置。她也承认，这些交流方式可能会让习惯于更直接和描述性交流的欧裔美国人感到恼火。

非裔美国人，需要一段时间的话题链才能说到点子上，才能协调好参与者阵容。他们花在发展故事情节的时间越少，就越难于触及问题的实质核心。在学校里，非裔美国人为"戏剧"（他们预期的任务表现）搭建背景通常会占据他们的学习时间，而且他们从来没有机会证明自己能在所要求的学业任务上做些什么。

向一个经常使用主题链接式话语风格的非裔美国学生提出一个简单、明显、直截了当的问题，如"你暑假做了什么？"可能会得到这样的回答：

有时候，尤其在节假日，比如7月4日，或者朋友过生日的时候，我们会去游乐园。那里离我住的地方很远。这是很重要的，因为我们必须这么做，聚集起来组成汽车大篷车。杰米和凯利是最好的司机，但是我更喜欢和艾莎一起骑车，因为他爸爸的货车已经装满了东西，我们只是一起骑车、放松、听磁带之类的。去游乐园很好玩，因为我们要骑好长的路，到了那里人们就会盯着我们看，好像我们很奇怪似的，然后我们就会回望他们。迪昂除外，他会疯狂表现，说一些像艾克那样的话："你看我干什么？我不是动物园里的动物。我和你一样有理由来到这里。"你看，迪昂很快就会被这样种族歧视的事情搞得晕晕的。我们告诉他，"伙计，冷静点。不要做没用的。我们离家太远了，不能那样做"。然后，我们就去公园玩得很开心。我们试着在晚上关门之前把所有的游乐设施都玩一遍。然后就是回家的旅程了。每个人都很累但很开心。我们在夏天这样玩了3—4次，每次都跟不同的人去。但是，你知道，有时候我们总是会碰到一些有趣的东西，比如人们希望我们做的糟糕的事情。为什么会这样？我们所做的就是出去玩一玩。当然，迪昂会说这是种族歧视。

叙述者最终回答了这个问题，但它包含了很多其他细节。事实上，故事中的故事还有故事（例如，庆祝仪式、友谊、司机、驾车、种族主义、冒险、游乐园的活动、相似和不同、连续性和变化，等等）。需要这些详尽的细节来传达叙述者对最初问题的回答的全部意义。但对于文化上不熟悉的听众或读者（比如许多课堂教师）来说，这段叙述听起来像是杂乱无章、毫无必要的复杂信息，或者像史密瑟曼（Smitherman，1986）所说的"冗长的唠叨"。

教师要想提高主题联想话语风格的有色人种学生的学习成绩，就需要在他们的教学行为中融入讲故事的母题。这可以在不损失任何学术话语的实质性质量的情况下实现。吉（Gee，1989）认为，与以主题为中心的演讲相比，主题联想式交流本质上更复杂、更有创意、更丰富。卡米哈密哈早期小学计划（Kamehameha Early Elementary）的成功证实了这一断言，该计划通过在课堂教学中使用夏威夷土著学生的文化和交流方式，显著提高了他们的读写能力。博格斯（Boggs，1985）发现夏威夷土著学生在阅读准备测试中的表现与叙述能力呈正相关。与回答成人单独指导问题的孩子相比，那些讲述较长故事的孩子能更准确地识别图片提示。

然而，主题联想话语时常困扰着许多传统教师。迈克尔斯和卡兹登（Michaels & Cazden，1986）的研究解释了其中的原因。参与研究的欧美教师发现这种话语风格很难理解，也不重视它。非裔美国教师对以主题为中心的话语和以主题联想的话语给予了同等的积极评价。我们不应假定这种困扰永远存在。一些非裔美国教师和其他种族教师一样，对学生的主题链接式话语体系感到困扰。在面向不同民族学生的文化回应式教学中，教师的种族并不是最引人注目的因素。更重要的是，教师对文化多样性的基础知识和积极态度，以及他们富有成效地教授不同种族学生的能力、贡献、经验和观点。

六、自我定位及自我展示

除了在思维、写作和谈话的组织方式上有显著的差异外，许多不同民族的学生相应的讨论或分析的材料、问题和主题也不尽相同。关于这些模式的大多数可用信息涉及非洲和欧裔美国人。德伊勒和斯威瑟（Deyhle & Swisher，1997）总结回顾了美洲原住民研究的历史，他们坚信在文化、交流和认知之间存在着基本和重要的联系，这应该有助于为不同种族的学生塑造课堂教学。然而他们没有提供任何关于各种原住民群体话语动力学的描述。福克斯（Fox，1994）考察了来自非洲、亚洲、拉丁美洲和中东不同国家的留学生在美国高校学习时的思维、写作和说话行为。她发现，他们的文化传统重视间接和整体的沟通、过去的智慧和群体的重要性。他们的文化社会化深刻地影响着这些学生如何与教授和同学进行互动、阅读材料、解决问题和写作。他们的写作方式对他们的学业表现尤为重要，因为根据福克斯（1994）的说法，"写作触及学生身份的核心，从学生理解世界的方式中汲取其声音、力量和意义"（p.xiii）。

科赫曼（Kochman，1981，1985）、丹迪（Dandy，1991）和史密瑟曼（Smitherman，1986，1996，2000）指出非裔美国人（尤其是那些与他们的种族身份和文化遗产密切相关的人）倾向于采取倡导立场，并在讨论中表达个人观点。陈述一个人的情况时，事实、观点、情感和理性是相结合的。一种特定推理路线的价值是通过挑战对立观点的有效性和展示个人水平来确立的。声明个人在某个问题上的立场，并要求其他人也这样做，也是承认"人"是有效数据源的一种方式（Kochman，1981）。出版作品并不足以证明观点的权威性和作者的专业知识。他们必须经受住批判性审查和个人所认可的深度考验。非裔美国人比其他族裔的学生更有可能挑战权威和专业知识，因为：

他们把辩论看作是个人之间的一场竞赛，也是对两个对立观点的检验。因为这是一场比赛，所以人们也要注重表现，因为要赢得比赛，需要超越对手、超越其思维、超越其演讲、超越其风格。它意味着既关注艺术，又关注论证——黑人认为个人在问题上要有自己的立场，并要承担起论证其合法性的全部责任。否则，他们会觉得个人不够关心真相或自己的想法，不想为之奋斗。没有这样的斗争，就无法确定思想的真实价值。（Kochman，1981，pp.24-25）

根据科赫曼（Kochman，1981）的研究，欧裔美国人的话语动力几乎与非裔美国人相反。他说，欧裔美国人以记者的身份看待问题和材料，而不是以倡导者身份，他们认为一个观点的真相或价值是内在的，特别是如果提出这个观点的人已经被认证为权威或专家。个人对这个想法的关心程度无关紧要。他们的责任是尽可能准确地陈述事实。他们认为情绪会干扰一个人的推理能力和质量。因此，欧裔美国人试图避免或尽量减少对话中的反对意见（特别是当少数民族成员参与对话时），因为他们认为对话将是对抗性的和分裂的，并导致不妥协或对立观点的进一步强化。他们的目标是控制冲动和情绪，保持思想开放和灵活，并提出多种想法。由于没有人知道所有的答案，挑选各种可能性的最佳方法是确保在谈话中友好，而不是对抗。由于这些信念和愿望，欧美人的知识和话语参与风格"削弱或消除了他们认为使人们的思想封闭和不屈服的性格或姿态的因素"（Kochman，1981，p.20）。

七、文字游戏和"玩弄"文字

非裔美国人的文化话语使用重复来强调，并在演讲中创造一种抑扬的韵律，这种韵律接近文化表达的其他方面，如戏剧性的天赋、强有力的意象、说服力和多节奏模式（Baber，1987；Kochman，1981；Smitherman，1986，2000）。有些人非常善于"玩弄"和"游戏"文字，从而在他们说话时创造出一种"多节奏性格"。它通过使用非平行结构、互补对立并行、多种"声音"、词义的处理、诗意的音调、创造性地使用词型以及语言的整体趣味性来传达。一名研究生所写的这段陈述虽然脱离了语境，但也说明了其中一些趋势："使用文化上一致的交际手段，要求教师能够认识到非裔美国学生带到课堂上的多种不同交流方法。"

这些话语习惯的另一个例子是动词成对的频繁使用。以下是从学生的写作中挑选的一些例子：

——一些要探索和代表的公共问题——
——许多因素已经影响并作用于——
——试图去分析和解释——
——没有任何模型可以用来解释和阐明——
——解释和理解的多种途径——
——一个框架将保证和促使——
——有效性已得到验证和确认——
——他将描述和说明——

在另外两个例子中，有助于说明非裔美国人"玩弄"文字时体现了具有文化话语的戏剧性天赋和诗意味道。其中一个来自斯马特–格罗夫纳（Smart-Grosvenor，1982），她将非裔美国人的文化传播描述为"由动名词、夸张的形容词和双重描述语构成的一种隐喻配置"（p.138）。她补充说（在此过程中证明了她的解释），"我们的语言表达具有令人振奋、务实、优雅、戏剧性、讽刺、神秘、超现实主义、神圣化、惊人和创新的特点。这是充满活力、节奏和风格、深度的宝库"（p.138）。史密瑟曼（Smitherman，1972）提供了非裔美国人话语风格和唯美主义的第二个例子。她说：

词语的力量就在于，它使我们能够把模糊的感觉和短暂的经验转化成形式，使不可言说的事情变得统一、连贯和易于表达。创作的过程成为一种发现的机制，在这种机制中，我们可以对一个特定的想法或事件产生启发性的思考。（p.91）

八、沟通中的矛盾和疏远

亚裔国际学生和亚裔美国大学生以及专业同事的课堂经历和个人谈话，揭示了一些反复出现的交流特征。这些人不倾向于在口头或书面话语上宣布明确的主张或反对立场。他们采取温和的立场，寻求妥协的立场，并寻找适应对立的办法。他们对分析和批评相当犹豫，但会提供事实丰富的问题和事件的描述。他们在对话中也使用大量的"暗示"和"调和"标记，比如"开始和停止"附属词，道歉的细微差别和从句之间的细微差别穿插在语言中，例如"我不确定"，"也许是，我不知道，但是——"，"我可能错了，但是——"。尽管他们具有很强的智力能力，但经过周密的准备，他们的想法仍未解决。许多亚洲人和亚裔美国人学生在课堂讨论中几乎保持沉默。

我观察到亚洲人和亚裔美国人学生经常在和我讨论他们的学术表现时插入"仪式性的笑声"。这种情况发生在教学和建议时学生无法理解老师布置的学习任务。学生会在谈话中插入笑声，而不是坦诚说出他们的困惑或不理解。笑声的作用是削减他们的困惑程度，给人一种问题并不像实际情况那么严重的印象。教师不知发生了什么情况下，可能会把这些行为理解为学生没有认真对待他们的反馈和建议，或者可能会误认为学生们已经完全理解了学业问题，并且他们在知识处理过程中已经达到可以放松的状态了（以笑声为信号）。当被问及这一做法时，学生总是说"这是文化原因"，而且经常用他们所在种族社区传授的一些社交礼仪或人际交往规则来解释。有趣的是，日本、中国、韩国和柬埔寨的学生对这种共同行为背后的动机和意义给出了相似的解释。这些学生解释说，"仪式化的笑"是维持和谐关系、避免挑战权威或不尊重老师地位的一种手段。

亚裔学生的这些交流行为与福克斯（Fox，1994）的报道一致。她的研究是通过观察、采访，以及与来自非西方文化国家的学生（福克斯称他们为"世界多数民族学生"）合作，了解他们在马萨诸塞大学国际教育中心基础写作课程中的分析性写作技巧。数据收集时间超过了3年。来自不同学科的16名研究生参加了正式的面试，他们代表了12个国家：韩国、日本、中国、尼泊尔、印度尼西亚、巴西、印度、智利、斯里兰卡、科特迪瓦、索马里和佛得角。与这些学生密切合作的教员也接受了采访。其他信息来自与其他学生的非正式对话和互动、分析写作样本、关于教师和学生如何克服写作困难的笔记以及学生对写作中试图表达内容的解释、作业被误解的原图以及语言、文化和写作之间的联系。

在这些来自不同国家的学生中，出现了一些常见的写作习惯，这些习惯与学术上的正式写作风格冲突，这些风格被称为学术辩论、分析或批判性写作，以及学术话语（Fox，1994）。

特点和关注事项包括：

——大量的背景资料和不确切的评论

——夸大效果

——大量使用过渡性标记，如"此外""然而"和"这里再次"

——宁愿用想象来代替行动的词语

——离题过多，偏离了主要的讨论主题

——强调周围的背景，而不是主题本身

——暗示性的和试图传达感情，美国学术写作的期望是直接和简洁的表达，并提供证据或具体的例证。

——倾向于通过微妙的暗示进行交流

——太多的细节和谈话语调

——详细而冗长的介绍

——不愿大声说出来，不愿声明个人立场，不愿在写作中突出自己的观点

尽管福克斯（Fox，1994）研究的所有学生都有这些沟通的倾向，但他们在实际行为中的表达方式却大相径庭。"会话语气"在文化上的不同含义，说明了这一点。福克斯指出：

用西班牙语和葡萄牙语——演讲和写作可能是冗长的、离题的、整体的、充满事实细节的、充满感情的、有时重复、有时矛盾、缺乏字面意义的关注。在许多亚洲和非洲的语言文化中，隐喻、委婉、影射、暗示、映射以及各种微妙的非语言策略——甚至是沉默——既用来避免听者尴尬或拒绝，又能传达他们所期望的意思。（p.22）

这些关于亚裔美国人和非西方学生话语的描述，是基于在大学课堂和专业环境中对少数人的观察和谈话而来。它们在其他教育背景、种族群体、一代又一代移民和社会环境中有多少普遍性还有待确定，还需要对这些交际倾向进行更多的描述和证实。

S. 常（Chan，1991）、北野（Kitano）和丹尼尔斯（Daniels，1995）以及南雄（Nakanishi）和西田（Nishida，1995）详细阐述了亚洲学生的语言风格是其文化的体现。他们强调集体主义、顾全面子、保持和谐、孝顺、相互依存、自我谦逊、克制对立观点的传统价值观和社会化。梁（Leung，1998）建议通过某些方式将这些价值观转化为学习情境中的行为，这也验证了福克斯的观察结果。即以这种方式社交的学生不太可能表达个人想法，宣传个人成就，挑战或反对有权威的人，尤其是在公共场合。这些解释呼应了 B. 金（Kim，1978）提出的亚裔美国人文化与交流风格之间的联系。她认为亚洲文化社会化的一个主要功能是促进社会和谐和建立社区。因此，许多亚裔美国学生在课堂话语中会避免对抗，并避免

负面情绪和观点的表达。

第六节 话语风格中的性别差异

关于课堂交流中性别差异的详细信息大多数涉及欧裔美国人。由于文化和交流是密切相关的，因此从非裔美国人、拉丁裔美国人、土著美国人、亚裔美国人的文化价值观和性别社会化角度，我们可以推断出可能的性别话语风格，但研究的主体较为薄弱。

一、女性与男性的交流方式不同

雷奥夫（Lakoff，1975，2004）是最早提出女性与男性存在不同的词汇、语法和语言特征的学者之一。她确定了女性具有9种语言特征。克劳福德（L. Crawford，1993）将它们概括为：家庭主妇和照顾家庭的专业词汇、温和的咒骂形式、表达情感反应但没有实质信息的形容词、介于问题和陈述之间的标签式评论、夸张地表达、过分礼貌的形式、限定语和限定词、超正确的语法和很少使用幽默的词汇。

还有一些研究表明，欧美女性使用的语言机制更多的是从属的、适应的和与社会关联的，而男性在他们的话语风格中更多的是指令型、管理型、控制型、任务型和行动型。女性说话更有礼貌和试探性，使用不那么强势的词语，对抗性更少，在进入对话时也不那么咄咄逼人。相比之下，男性打断的次数更多，使用更多的命令、威胁和吹嘘权威，可提供更多的信息（Austin et al., 1987；M. Crawford, 1995；Grossman, 1994；Hoyenga, 1979；Maccoby, 1988；Simkins-Bullock & Wildman, 1991；Tannen, 1994）。鉴于以上性别特点迈克比（Maccoby，1988）得出结论：" 男性的言语更多以自我为中心，女性的言语更具社会约束性"（p.758）。

约翰斯通（Johnstone，1993）在一项研究中证实了这些普遍趋势，该课题研究了在男性与女性朋友之间自发的对话故事。女性的故事往往是关于支持性关系的人群（男人与女人），以及更注重社区建设的重要性。男人的故事更多的是征服性的（身体上的、社会的、自然的），更注重个人单独行动。男性所描述的场景中的人物都是默默无闻的人，他们很少说话，只是在做一些肢体上的动作。关于地点、时间和事物的细节比关于人的多。基于这些发现，约翰斯通建议，女性可以通过合作、相互依存、集体行动和社区来获得权力。对于男性来说，权力来自个人"征服"和与他人的对抗。这些性别差异是通过交流方式的细微差别来传递，例如语调、节奏、词汇、表达、身体姿势、面部表情、手势和肢体语言。

特尼和西特勒（Turney & Sitler，2012）从不同的学科角度证实了交流中的性别差异。他们的结论是通过观察飞行员培训计划中男女学生的表现而得出的。尽管他们没有指定学生的种族和民族，但交流方式与其他针对欧美人的研究非常相似。他们对这些差异的描述包括以下内容：

女性的语言倾向相比男性更间接和更细微——女性倾向于通过增加"是否"的升调来表达陈述句，从而使陈述句听起来像是问句。女性倾向于使用高级礼貌形式的单词——包含修饰词和询问语，通常避免明确的陈述。女性语言特征是隐喻和夸张的，如"没啥事"，而男性会直接地去理解字面意思，因为男性语言更绝对，而女性语言更抽象——在所有的讲话场合中，女性使用的音高范围比男性更广，而男性在与成年人交谈时倾向于保持柔和单调的声音，但在与幼儿交谈时声音变化更多。尽管男女都有能力使用不同的声音，但男性声音包含更多的选择性，而女性语言包含更多的意象。女性会使用强调词（例如，这、这样、十分、非常等）、修饰词和反义疑问句（例如，不是这样吗？），这将导致在女性说话中有一个不确定或犹豫的概念。（Turney & Sitler，2012，n.p.）。

在基于性别的交流中，人们倾向于倾听男性在说什么、他们的主张和观点是什么；但在倾听女性说话时，更多关注她们如何说话以及重点在哪里。

然而，一些被称为"升调""高音"或"爆破音"的语言现象，跨越了种族、民族、文化和社会的不同群体，在英语和其他语言中、在男性和女性中都经常使用（Lakoff，2004；Warren，2016）。在有色人种的演讲者中，女性的表现似乎更突出。此外，在一些语言的使用上女性比男性更容易受到批评（Friedman，2015）。在声明性陈述的末尾使用较高的声调和上升的音调，使它们听起来更像是问句，而"泡泡音"是拉长单词和句子的结尾，声音很尖。这些讲话习惯通常用于不会出现问题的语境中。它们有时与缺乏自信、不安全感以及努力避免冲突或分散争议有关，尤其是对女性而言。事实上，它们可能只是针对不同的情况、目的、文化和时代而自然出现的语言和交流的变化（Friedman，2015；National Public Radio，2015；Warren，2016）。

格雷-施莱格尔（Gray-Schlegel，1995，1996）对3—6年级学生创造性写作的研究，与基于性别的交流风格的研究产生的结果相似。他们检查了87名学生的170份创意写作样本，以确定在控制、结果、关系和暴力的使用方式上是否存在差异。明确的性别模式出现了，无论男孩和女孩，在创作里都倾向于将男性置于积极角色中，而且这一趋势随着男性年龄增长而增加。女性对角色的命运更为乐观，而男性则倾向于愤世嫉俗。男孩通常让他们的主角单独行动，而女孩让他们的主角和其他人一起行动。无论故事角色的年龄和性别如何，男孩在他们的故事中比女孩包含更多的犯罪和暴力。另外，此研究并没有提供参与学生的种族、民族、文化或社会阶层的信息。

休斯敦（Houston，2000）和C.琼斯，肖特-古登（Jones，Shorter-Gooden，2003）对少数特定种族的女性的交流实践进行了两项研究。两项研究的参与者均为成人。休斯敦对美国东南部一所女子大学的134名本科生和专业人士进行了调查，以确定非裔美国妇女谈话的独特属性。大多数回答（107名）都显示出快乐和积极的特征。人们说黑人妇女的谈话充满了亲密、深切关怀、直觉、坦率、自豪、力量、内心信念、强烈、智慧、自信、坚韧、正直、诚意、严肃和自信。这些结果与琼斯（C. Jones）和肖特-古登（Shorter-Gooden）的报道有些不一致。他们在关于应对种族主义和性别歧视的非裔美国妇女之声计划的研究中发现，当非裔美国女性与自己的文化背景之外的人们互动时，尤其是那些拥有特权和权力地位的欧裔美国人打交道时，基于力量的交流属性有时会妥协，他们称这种做法为"变换"，并得出"变换一个人的表达方式和信息内容成为黑人女性适应美国白人中产阶级社会和行为准则的主要方式"的结论（p.96）。决定说什么、什么时候说、怎样说是"变换的核心，因为——这通常是其他人——评估你并决定如何对待你的第一个也是最重要的依据"（p.95）。这些第一印象往往取决于偏见和刻板印象，而不是相关性、权力和交流本身的实质质量。

琼斯（C. Jones）和肖特－古登（Shorter-Gooden）观察到的"交流代码变换"需要改变音调、讲话节奏、词汇和词尾变化；不断审查对话；内部编辑对话；并在形式、内容和上下文的多个层次上变换。这些要求意味着，非裔美国妇女常常不得不做出以下快速决策："在想说话时保持沉默；当暗自发怒时控制自己的情绪，改变语言，注意语法，并清除她们对话中的任何俚语，以推翻种族主义认为她们没有受过教育并且不够聪敏的假设"（p.97）。年轻的黑人女孩子在生命早期就开始开发这些交流套路。她们所需要的精神体操和文化跨越，在智力上和心理上都是一种挑战。对于个人发展双语和跨文化技能而言，有利有弊，但也是参与课堂教学互动的主要障碍。毫无疑问，非裔美国男性以及不同肤色种族成员，发展了其他沟通方式，以回应文化社会化、多元文化要求和被压迫的处境。当然，英语学习者在说话和写作之前，用母语思考、解决问题、组织对话，并将其翻译成英语时，也会面临一些相同的挑战。理解（并采取行动）种族主义、种族、民族、文化、性别和交流是如何结合在一起的，这完全属于文化回应式教学的范畴。教育者必须以不"压制"不同学生的文化声音（无论是男性还是女性）的方式开发和提供课程和教学。正如琼斯（C. Jones）和肖特－古登（Shorter-Gooden，2003）提醒我们的那样，"声音是人们身份的字面表达，是自我的回声。如果你无法以一种自然的方式谈论自己的信念，那么你可能会与自己内在的自我疏远。你将不再能表达自己的真实身份"（p.98）。

二、性别交流模式确立于生命早期

尼科洛波罗、斯凯尔斯和温特劳（Nicolopoulou et al.，1994）的研究表明，与性别相关的话语模式早在三年级之前就已经建立。他们研究了 4 岁孩子的象征性想象力，即他们所讲述的故事类型。女孩们的故事包含了更多的秩序和社会现实主义。这些是通过使用稳定的人物、连续的故事主线以及社会和家庭关系连贯的情节作为解决问题的主题和背景来转换的。她们的故事强调了日常家庭生活的循环模式，以及国王和王后、公主和王子的浪漫和童话的形象。故事结构严谨、集中且连贯、条例清晰、具有别致的性格和主题，并且总是以矛盾的和谐解决为导向。每当发生威胁或破坏性局势时，这些女孩在结束故事之前都小心翼翼地重新恢复秩序。男孩们的故事充满了秩序混乱和流浪的、超现实主义的审美风格。这些特征表现在：缺乏稳定的、明确定义的角色、关系和情节；庞大、强大且令人恐惧的人物；暴力、破坏和冲突；以及一系列松散的戏剧性图像、动作和事件。男孩们在故事结束前并不关心冲突是否解决。相反，他们的情节是由行动、新奇、挑战、反抗、破坏，以及经常升级和令人吃惊的意象驱动。

在总结男孩和女孩在如何构建故事方面的差异时，尼科洛波罗和同事（Nicolopoulou et al.，1994）做出了一些具有启发性的观察，这些观察应该为教学实践提供参考。他们指出，女孩创作的故事注重在"创建、维护和阐述结构"上。相比之下，男孩讲的故事则强调"行动与兴奋"，包含一种他们难以驾驭的不安分的能量（p.110）。此外，男孩和女孩对危险、混乱和冲突的处理方式也大不相同。女孩的策略是内隐回避，而男孩的策略是直接对抗。

奥特内斯和金（Otnes & Kim，1994）对交流中理论上的性别差异进行了另一种有趣的验证。他们分析了 344 封给圣诞老人的信（男孩 165 封，女孩 179 封）。尽管未指明作者的年龄，但他们可能是 8 岁及以下，因为通常大于这个年龄的孩子就不再相信圣诞老人的存在了。通过对信件内容的分析,确定了6种语义单位或含义短语的使用:(1)礼貌或社会认可的逢迎;(2)语境引导的参考;(3)直接请求;(4)请求伴随着修饰词;(5)深情诉求;(6)请求给予别人的礼物。研究结果在很大程度上证实了假设的预期。女孩们会写更长的信,更具体地提到圣诞节,更有礼貌,使用更多间接的请求,包括更多的情感表达。相比之下,男孩的请求更直接。在请求的玩具数量和所提出的利他诉求方面,男孩和女孩没有差别。这样的发现,为文化社会化交流行为模式的范围和持久性提供了证据。

早期的性别交流模式可能会迁移到其他类型的社会和教育互动中。它们也可能会加剧劣势,对学生的成就产生长期的负面影响。为使男女学生的交流技能更具可比性,干预措施应尽早开始,并贯穿整个学年。还应在研究和课堂实践中做出努力,除了欧裔美国人之外的少数族裔,也应努力确定交流风格是否或如何因性别而有所区别。毫无疑问,由于话语风格受文化社会化的影响,不同民族的男性和女性的社会化是不同的,所以这种差异一直是存在的。

三、关于性别化交流风格的问题

"性别化"的交流方式可能比进行交流的人的性别更容易产生问题。如果是这样的话,那么一个善于运用男性话语技巧的女性在主流社会交往中并不会处于劣势。相反,男性如果以通常被认为女性的方式交流将会失去他们的特权地位。霍引佳(Hoyenga,1979)为这个观点提供了一些支持。在性别与交流的研究综述中,他们认为,"女性交流风格"与低智慧、被动和顺从有关,而"男性化风格"则唤起了权力、权威、自信和领导力的概念。

但是,M.克劳福德(M. Crawford,1995)认为,一些关于男女沟通差异的说法需要重新考虑。例如,在交际中间接和含糊其辞并不是属于女性的固有策略。她们也可能成为权力的工具。对言语行为的解释可能更多地取决于环境、说话者的地位和交流能力以及说话者与听者的关系,而不是性别本身（Tannen，1994）。赛德克和同事（Sadker et al., 2009）提出，由于男性的角色社会化，他们可能比女性面临更大的情感风险。女孩被鼓励要关爱和情感表达，但男孩被教导要否认他们的情感，并被过分谨慎地教导如何表达他们的爱心程度。因此，在传统学术话语观念中男性的优势可能会被女性在人际关系中的心理、情感和社会优势所抵消。

结　　论

交流受强烈的文化性、经验定位和功能战略影响。它是一套动态的技能和表演艺术，其丰富的细微差别和传递方式对许多研究和教学都是开放的。由于人们出于不同的原因并以不同的方式说话，民族话语模式一直在协调中。有时候，说和写的目的只是为了传递信息。但说和写也被用来劝服和娱乐、展示共享、关爱和联系；表达满意和不满意；授权和征服；教与学；表达批判性的反思并宣布个人偏好。在设想和实施文化回应式教学改革时，教师不应仅仅让女孩像男孩一样说话，或男孩像女孩一样说话，或者某个种族群体像另一个种族群体那样讲话。他们也不应该认为交流方式中的所有性别差异都被种族所替代，或者认为所有的种族差异都被性别、社会阶层和教育所取代。相反，我们必须认识到，交流方式是多维的、多模式的，是受许多不同的因素影响而形成的。虽然在这些因素中文化是最重要的，但其他重要的影响因素还包括种族归属、性别、社会阶层、个性和经验背景。

本章描述了不同种族和性别群体的话语风格的一些模式、动态和争议。由于交流对教学和学习都是至关重要的，因此它必须成为教学改革的核心部分，旨在提高成绩不佳的非洲、拉丁美洲、土著、亚洲和欧洲裔美国学生的学校表现。教师对多民族学生的话语风格了解得越多，就越能提高学生的学业成绩。改革的方向应该特别关注话语动力学，而不是语言结构。改革的目标应该是在成绩差的多族裔学生和学校里被认为是"模范"的学生之间建立更好的交流模式。

了解少数民族之间的一般交流模式是有帮助的，但仅有这些知识是不够的。教师需要将其转化到他们自己的特定教学情境中。这种语境化可以从一些自我练习开始，在这些练习中，教师需要检查自己偏好的话语模式和动态，并确定来自不同民族学生如何回应。要学会认识不同民族学生的话语习惯。这些分析的目的是为了识别：（1）不同民族学生的习惯话语特征；（2）话语风格的冲突与互补；（3）学生如何或是否就冲突点进行磋商；（4）学生的话语模式的特征对教学的影响。这些结果可以用来查明和确定干预变革的优先次序。

无论是狭义还是广义的，无论是正式还是非正式的表达，交流都是教与学最精髓的媒介。它也与文化和认知密不可分。因此，教师要想通过实施文化回应式教学更好地满足不同民族学生的学业成就需求，就必须学会如何与他们以不同的方式交流。只要教师能成功地做到这一点，问题就会大大减少。

实践可能性

交流总是动态而复杂的，跨文化交流更是如此。然而，与不同文化背景的学生进行良好的交流，对有效的文化回应式教学是至关重要的。事实上，这是终极的检验！由于交流的动态性，教师需要不断监控自己的交流习惯，并了解其他民族和文化群体的交流习惯。以下19条建议可能有助于促进实现这些成就：

——了解文化对交流和教育的影响，并注意到除了在学校被优先考虑的口头和书面交流之外，交流还有很多其他形式。

——在不同场合和不同听众互动时，观察和倾听不同种族的个人和群体（学生和其他人）。

——记录来自不同种族的学生所展示的不熟悉的单词、短语和非语言的细微差别,并监测和评估你在发现和理解方面的进展。

——了解跨文化交流的潜在问题,特别是在教学环境中与不同种族和个人的交流。

——在实践中积极倾听自己和学生。学生在自己的语境中彼此谈论的事情对他们来说是重要的。重申评论,经常问问题,以确保意义清晰和理解观察到位的交流行为。

——在对不同肤色的学生进行教学时,应限制一次所传达的信息的量,采用不受文化编码影响的简单、直接的交流。

——注意嵌入教学交流习惯中的文化编码和暗示,如谚语、寓言、俗语和教育行话。使用这些语言时,请为文化多元的学生进行解码、翻译和解释。

——给学生传授学校教育和不同科目或学科的语言资源。来自不同文化、种族、社会和民族背景的学生可能无法理解在这些日常功能中使用的习惯词汇和短语。

——在教学和学习活动中,要包括可视化内容,作为口头和书面文本的补充,例如不同民族的标识、符号、形象文化、社区和贡献。

——与不同文化背景的学生、家长和社区进行对话和互动时,要保持自我反省和文化上的谦逊。

——将不同族群的语言和交流能力视为潜在的优势和可行的教学资源。

——在教学和成绩评估中运用不同的交流模式,充分发挥不同学生的长处,包括书面的、口头的、视觉的、触觉的和运动的模式。

——避免对种族、民族的刻板印象和定型角色的一成不变看法,接受代表性不足的学生、家庭和社区的交流习惯。

——理解来自不同民族、种族、文化和社会群体的学生(和教师)使用的各种非语言交流。

——处理好并培养与课堂、学校和社区中的文化调解员和口译员的关系，他们可以充当不同种族多元文化和交流方面的导师。

——使用书籍、文章、电影、音乐、录音和来自互联网的各种资源，来解释和视听不同民族的文化和交流的例子。

——教会学生交流方式或语言代码转换的价值和技巧。

——让学生和指导老师彼此了解他们的文化群体内使用的交流线索和代码（包括语言和非语言），以及他们在不同社会群体中使用的最流行的词汇和短语。

——尽可能多地观看不同民族和个体在自然语境中交流的电影和录像，以便看到文化交流具体化的不同层面。

第五章 课程内容的民族和文化多样性

"以不同的方式教授不同种族和个人的历史、遗产、贡献、观点和经历的内容,对文化回应式教学至关重要。"

文化回应式教学的基本目标是通过学术成功、文化归属和个人效能来赋权增能种族多元化学生。课程内容形式的知识是赋权的核心。为达到实际效果,这些知识必须让学生能够接触到,并与他们的校外生活和经历联系起来。斯利特和格兰特(Sleeter & Grant,1991a)解释说,知识自身没有内在的力量,只有通过与学生的兴趣、志向、愿望、需求和目的的互动,潜在的有力的信息和技能才能变得强大。早在大约90年前,杜威(Dewey,1902)就提出了相同的观点,否定儿童和课程之间固有的二分法,因为这意味着教师只能优先考虑其中之一,而不是两者兼有。他认为,这是一种不利于优质教学的人为划分。课程内容应被视为一种工具,以帮助学生确定和强调他们现在和将来的权力、能力、态度和经验。

这些解释强调了课程决策中"学生相关性和参与性"的重要性。由于知识和学习者、兴趣和动机、相关性和精通之间的辩证关系,美洲原住民、拉丁美洲人、非裔美国人和亚裔美国人必须被视为他们教育的共同创设者、共同设计师和共同导演(与专业教育者一起)。如果限制了有色人种学生的"创造者、生产者和导演"角色,并且只将他们视为"消费者",那么他们的学习水平也会受到限制。这在目前的教育状况中太常见了。为扭转这些趋势，种族多样性的学生及其文化遗产必须成为教育计划的来源和中心。用杜威的话说，如果课程内容与他们的学习相关，有趣且有效，他们的课程就必须"经过心理学上的分析"。这样做并不意味着仅教学生个人感兴趣的事物，他们也不应该直接参与有关课程的每一项决策。相反，与文化相关的课程内容应该以对学生有意义的方式进行选择与提供。在某些情况下，这意味着他们的个人经历和文化遗产可以得到验证和确认；在另一情况下，这意味着可以用容易理解的方式向不同种族和文化背景的学生教授全新的内容。

引　言

本章详细阐述了这一思路，因为它涉及多元文化课程内容在提高边缘化族裔学生的学业成绩方面的重要性。六个关键的观察结果为这些讨论提供了概念轮廓和组织方向：

——课程内容对学习成绩至关重要，是文化回应式教学的重要组成部分。

——课堂上最常见的课程内容来源是教科书。因此，教材的质量是影响学生成绩和文化回应式教学的重要因素。

——对学生有意义的课程内容能促进学生的学习。

——与非裔美国人、拉丁裔美国人、亚裔美国人和美洲原住民学生的相关课程内容包括有关他们各自族群的历史、文化、贡献、经历、观点和问题的信息。

——课程内容来源多种多样，其中许多来源于学校的正式范围之外。

——有许多不同种类的课程，提供了不同、但重要的挑战、机遇开展文化回应式教学的入口。

本章分为七个部分。前五个部分考察了文化回应式教学的重要课程内容来源。其中包括教科书、互联网、标准、文学和商业书籍以及大众传媒。在第六部分，列举了一些有关种族因素对学生成就影响的文献。最后一个部分提出了提高多元文化课程内容质量的几点建议。从广义上讲，成就包括了全面的绩效指标，而不仅仅是标准化考试成绩。就像本书其他章节一样，从理论、研究和实践中得出的阐述、原理和建议贯穿整个讨论。

第一节　教科书作为课程内容的重要意义

20世纪80年代和90年代的研究表明，教科书（以纸质印刷品形式作为教与学的内容来源）是70%—95%的课堂教学的基础（Apple，1985）。虽然计算机技术、多媒体和数字教学资源的出现，纸质教科书的普及率有所下降，但纸质教科书仍然是一种主要的教学工具（Crum，2015；Rosenwald，2015）。随着从学前教育到大学教育水平的提高，这种影响也会增大。教科书力量的另一个证明是，大多数学生认为其权威是无可争议的，并且它们所提供的信息始终是准确、真实、绝对的真理（Gordy & Pritchard，1995；Gullicks & Pearson，2005）。学校的水平对这些认知，几乎没有影响。当学生被要求为自己对问题的解释和理解进行有效性辩护时，他们通常会回答，"因为书上是这么说的"。

"教科书"的概念和形式正在发生变化，尤其是在幼儿园到十二年级的教育中。它们不再只出现在印刷载体上。相反，还包括数字版本和补充资源等其他的呈现形式，如教师指南、视听材料、图表、地图和学生学习活动。正如约瑟夫·法雷尔（Joseph Farrell）指出的，这些"学习材料包"正在越来越多地取代基本的纸质教材。然而，无论"教科书"采用何种形式，教师和学生仍将它们作为主要的教学工具。兰凯（Lenkei，2016）和洛斯瓦尔德（Rosenwald，2015）不同意法雷尔上述"替代"的说法，他们引用了一项研究，即"千禧一代"继续偏爱纸质资源，获取乐趣和学习，尽管他们的大多数消费倾向于其他数字化信息材料。克拉姆（Crum，2015）和巴伦（Baron，2016）补充说，对于高质量的学习来说，纸质书比数字资源更好。然而，他们没有按种族、民族、阶级、性别或文化来具体区分被调查学生的来源构成。

尽管纸质教科书的重要性在所有学科领域都很明显，但在某些领域却比其他领域更为突出（Tyson-Bernstein & Woodward，1991）。在没有教科书的情况下，教学前班或幼儿园学生与教三年级、七年级或十二年级的学生相比要容易得多。艺术、音乐和体育可能比数学、科学和社会研究，在没有规定教科书的情况下更容易教授。人们通常认为教科书是确保成功的教与学的一种万无一失的方法。这些做法和相关的态度在学生心中根深蒂固，以至于没有教科书的课程的价值有时令人怀疑。

此外，美国学校中使用的大多数科教书是由占主导地位的群体（欧裔美国人）控制，并确认了他们自己的地位、文化和贡献。欧美人的主观经验和对真实性的解读，是作为客观真理的形式呈现。在美国，由于排除了有关美国各少数民族和社会阶层的某些信息，进一步强化了这些表述（Sleeter & Grant，1991）。布莱恩（Bryne，2001）将教科书描述为"文化产物"（p.299），它反映了价值观、规范、学科和社会的偏见；传达专业和政治认可的知识；构建解释和理解的图像和印象。法雷尔在解释教科书不仅仅是教学工具时也得出了类似的结论。然而，它们也是政治文件，其内容反映了一个民族的特定愿景及其历史、遗产、价值观、希望和在世界上的地位。这些呈现往往引发对准确性和包容性的争论，这也成为对课程内容的争议，因为教科书基本上是课程的"载体"。因此，在教科书的内容和插图中有关于妇女和少数民族的争论，类似于课程内容中的公平性问题。教科书的权威性和广泛性在很大程度上无可争议，这是理解它们如何对待种族和文化多样性及其对学生学习影响的重要原因，是文化回应式教学的重要基础。

第二节 不同教科书中的民族和文化多样性

多年来，研究人员做了大量的研究，来确定教科书是否恰当地处理了各种种族群体和文化多样性问题。研究的变量包括叙事文本、视觉效果、语言、学生活动和讨论提示，以及整体基调。这些通过了不同的评估标准，如定量纳入、信息的准确性、多样性特征的定位、真实性和重要性的筛选（AAUW，1995；O. Davis et al.，1986；Gay，2003；Loewen，1995；M. P. Sadker & D. M. Sadker，1982；T.Sanchez，2007；Tetreault，1985）。

一、有进步但仍存在一些问题

教科书中已经删除了公然的种族刻板印象、文化多样性排斥和种族主义的描述（Anyon，1988；Byrne，2001；Davis et al.，1986；Deane，1989；Gordy & Pritchard，1995；Hogben & Waterman，1997；T. Sanchez，2007；Wade，1993），但整体质量仍然不足。教科书对不同种族的群体以及他们本族群成员之间的互动，种族、种族主义和其他形式的压迫、冲突，以及不同于主流规范和标准的体验和互动的关注仍然太少。斯瑞特和格兰特（Sleeter & Grant，1991b）通过研究1—8年级使用的47本教科书，涉及社会研究、数学、阅读、语言艺术与科学等课程，发现了对待文化多样性中出现的这些问题。所有这些书在1980—1988年之间出版，共分六个部分进行了分析，包括视觉效果、讨论的主题和问题、"研究的对象"、语言、人物形象和角色功能以及特定书籍特有的杂项功能。斯瑞特和格兰特对这些书如何对待不同的社会群体、性别、社会阶层和残疾人等方面尤为感兴趣。

由于几个原因，教科书在处理种族和文化多样性方面仍然存在缺陷。第一，各肤色种族之间存在不平衡，其中非裔美国人及其经历受到的关注最多。这种差异在各种教学材料、科目和年级水平上是一致的。第二，有关种族问题的内容相当平淡、保守、墨守成规，而且"安全"。它倾向于强调种族群体之间的和谐关系，并且对于有色人种群体的遗产和经历而言，它常常是"去文化化的武器"（Gullicks et al., 2005）。有争议的问题和个人被回避，社会和文化多样性不愉快的方面要么被净化，要么被完全绕过。第三，性别差异和社会阶层差异在族裔群体的代表中普遍存在，对男性、中产阶级以及与欧美主流价值观、信仰和行为标准密切相关的事件和经历被优先考虑。第四，教科书关于少数民族群体及其关切的问题的讨论在时间上不连续，当代问题会被历史问题所掩盖。

戈迪和普里查德（Gordy & Pritchard，1995）进行的一项研究说明了这些普遍趋势是如何在特定的教科书样本中得到体现的。他们分析了康涅狄格州学校使用的 17 本五年级社会研究教科书，以确定它们如何代表奴隶制和重建时期中不同男性和女性的观点。没有一位作者对奴隶贸易、非洲人沦为奴隶的商品，以及为奴隶制辩护的价值观和信仰提出彻底的批评。所有的内容都讨论了奴隶制下的生活条件，但都规避了对女性奴隶的性剥削，没有将奴隶制与非裔和欧裔美国人目前的生活条件联系起来，并忽略了其他种族群体，如美洲原住民和墨西哥人在奴隶制中所扮演的角色。

《解放与重建》在阐述上具有类似的侧重，并不是批评分析。由于未呈现不同群体的观点，因此这些教科书对美国历史上这些关键事件及其历史影响，给出了部分和不完整的分析。它们延续了长期以来的传统，即在社会政治问题上主要发表欧裔美国人和男性的观点。因此，使用它们的学生"将无法充分理解奴隶制中固有的种族和性别歧视，及其这种歧视对几代美国人，包括非裔美国人和白人造成的影响"（Gordy & Pritchard，1995，p.213）。

在过去 10 年里，针对不同学科和年级的纸质教科书中的文化、民族和种族多样性所进行的研究表明，结果在很大程度上与早期的发现一致。与其他科目和年级相比，中学历史教科书依然是频繁的分析对象。这里列举了5个例子来说明这一学术研究和报告的趋势。贾里佐（Giarrizzo，2013）发现中学历史教科书关于美国国内（非洲人、亚洲人、拉丁美洲人、美洲原住民）和全球有色人种群体的生活、价值观和经历，经常被忽视，或呈现肤浅的、不准确的、消极的和刻板印象的信息。

卡恩和奥纽（Kahn & Onion，2016）对80家公司出版的614本商业或通俗历史书籍进行了性别分析，这些书入选了2015年《纽约时报》综合印刷版和电子书非小说类畅销书排行榜。他们发现，在总标题中，75.8%为男性作家，传记作者的性别与其主题的性别之间存在关联。女作家写关于女孩和妇女的文章，而男性则倾向于关于男孩和男人的文章。

皮卡泰克-杰梅内斯、麦迪逊和普赖比拉-库克（Piatek-Jimenez et al.，2014）测试了美国当前使用的3本中学数学教科书系列中的公平性问题，重点关注性别、种族和民族形象，通过照片分析这些群体在活动和职业趋势上是如何被描绘的。他们得出的结论是：

虽然已做出努力让所有群体均有代表性，但结果表明，各群体在活动和职业中的表现被描绘的并不平等。在性别方面，男性被描绘为比女性更具数学能力，并在更多的职业领域中比女性更有才华。关于种族和族裔，白人被描绘为比少数族裔更有数学头脑、更活跃并在更多的职业中表现更出色。

在拉贝尔（LaBelle，2010）调查的26本英语学习书籍中，大多数包含一些多样性，但在种族群体之间并不均衡。白人在书面文本和插图中出现频率最高，而且被描述为比少数民族更富有探索性、积极性、指导性、进取心和富有情感。在书面文本中，少数民族群体的拉丁美洲人是最活跃的，而非裔美国人在插图中更为普遍。此外，非裔美国人被描述成所有种族中最能合作的人。拉贝尔研究的另一个值得注意的发现是，具有一个种族群体的重要实例的教科书中通常其他种族实例出现率也较高，因此传达了一种多种族感，而不是孤立的种族群体。

即使作者和出版商制作了关于文化多样性的高质量内容，从课堂实践者的角度来看，这并不能适用于所有学生群体。这种情况在小学课本中更为常见。格温（Gwen）经历过这种情况，她在一个有 32000 名学生的大型城市学区工作。在她的职业生涯中，她教过许多不同类型的学生——非裔和欧裔美国人、中心城市和郊区、中产和底层阶层、学业优异和智力有挑战的学生。她所在的学区采用文学教学法来教授阅读，二年级课文中蕴含着丰富的民族和文化多样性。它的内容包含了各种各样的文学体裁（诗歌、小说、写实、神话）、文化主题、少数民族男性和女性作者和插图画家。

不幸的是，这些优势被二年级学生的课文中反复出现的不恰当内容所削弱。格温解释说，很多故事对她教的 7 岁的孩子来说太复杂了，她教的孩子大多是非裔和欧裔美国学生，在叙事文本中运用了过于高深的词汇和写作技巧（如明喻、隐喻和类比）。故事的主题往往与她所教的城市学生的经历和观点无关。格温对这些困境感到惋惜，她注意到，"已经有许多优秀的少数民族儿童文学，它们会让我的学生感兴趣。为什么不允许我们用它来教阅读呢？"人们确实想知道为什么不这样做，尤其是当她所在的学区和美国其他地区声称正在寻求方法，通过使用对学生有浓厚兴趣和文化相关性的教学材料来提高阅读成绩。

关于教科书中性别问题处理方式的分析，如鲍威尔和加西亚（Powell & Garcia, 1985）、美国大学妇女协会（AAUW, 1995）、古利克松及同事（Gullicks et al., 2005），以及格罗斯曼（Grossman, 1994）审查的其他教科书，揭示了与种族多样性相似的进步模式。公然的性别偏见已经被消除，女性的角色和关系也不那么传统，但男性仍然比女性出现的更频繁。男性继续主导着职业、职位、行动、权力、领导和决策的形象。虽然女性现在被描绘在更广泛的活动中，但她们在辅助和照料方面的角色仍然过多，这表明这些行为更受青睐。

教科书在性别平等方面取得的进展程度取决于主题、族裔群体和资源类型。女性在社会研究、语言艺术和文学等教科书中的形象比在数学、科学和计算机教育中更接近于平等主义。在辅助教学材料中，尤其是那些具有文学性质的图书，如儿童图画书中性别比例比教科书中要平衡得多。但也同教科书中的少数民族代表情况一样，在对待来自不同族裔和社会文化背景的妇女方面存在严重的不平衡。中产阶级和欧美女性的进步，要比贫穷和来自不同肤色群体的女性好得多。显然，在学生日常使用的课程内容资源中，不同种族男性和女性的呈现方式仍然有待改进。

人们对电子技术如互联网和数字媒体的狂热迷恋，是毋庸置疑的。鉴于这种关注，人们在获取有关种族、民族和文化多样性的信息上，投入的时间和精力很可能在网络空间中占有很大比例。因此，互联网和其他数字资源是重要的"文本"，应纳入文化回应式教学的范围。无论计算机和其他电子技术对于跨时空学习和联络方面有多宝贵，它们都不是绝对可靠或神圣不可侵犯的，尤其在种族、民族和文化多样性的领域。它们的优缺点应该被仔细和详尽地说明，以使其对于促进文化回应式教学和学习最有利。丹尼尔斯（Daniels，2012）、中村和周·怀特（Nakamura & Chow-White，2012）、特克尔（Turkle，2010，2011，2015）、列夫莫尔和努斯鲍姆（Levmore & Nussbaum，2010）、格雷厄姆和达顿（Graham & Dutton，2014）以及古德温（Goodwin，2016）等提供了一些令人信服的理由。他们认为互联网具有一些有价值的属性，但是它并非没有缺陷。在某种程度上，互联网技术延续了美国那些被不平等对待和得不到充分服务的学生中的问题，并将这种关系转移到社会、文化和教育等其他领域而且永久化了。古德温（Goodwin，2016）认为，当今的"网络青年"严重缺乏同理心和人情味。为了填补这些空白，他建议教育工作者通过提供更多的密切接触的学习环境来帮助这些青年平衡他们的高科技癖好、生活和技能。列夫莫尔和努斯鲍姆（Levmore & Nussbaum，2010）也承认互联网是一种连接遥远地方不同人民的媒介，同时承认它经常不能实现其目的，并会受到许多攻击性行为的困扰，尤其是针对女性和少数族裔的攻击。

中村在开始对电子技术在教学中批判性分析时，观察到"那些种族主义者（及性别歧视者）仍然是一个严重的问题，或谁会相信这是'个人'问题而不是普遍的社会制度问题。只需看看互联网的证据，就知道事实并非如此"（2014，p.82）。中村和周·怀特补充说："无论我们变得多么数字化，种族不平等的社会问题仍然存在"（2012，p.2）。丹尼尔斯根据她对互联网研究的回顾得出了类似的结论：

互联网既没有提供一个逃离种族或种族主义的途径，也没有证明对种族或种族主义的研究是互联网研究领域的核心。相反，种族和种族主义以一种全新而独特的方式继续存在，同时还伴随着在线上和线下都回荡着数百年历史的遗迹（2012，p.2）。

另一个稍详细阐述的观点是在"种族化"中提供"网络空间"：

虽然"新媒体"在许多方面确实是新的，但在处理种族和民族问题时，它们往往陷入相当旧的模式。生物学家、社会学家和社会运动已经引导我们把种族理解为一个社会建构的过程，而不是一个自然的事实，但种族类别、种族主义结构和种族主义表现依然非常活跃。像网络和电子游戏这样的新媒体有机会挑战旧形式的种族歧视，在某些领域它们正在努力这样做。但更为常见的是，它们往往依赖并强化了种族和民族的刻板印象，没有挑战种族的结构性不平等，反而使其得到强化。

为了证实这些说法，中村在其研究中专注于游戏。她发现，在青少年经常玩的各种游戏的内容和传播方面都存在着种族不平等。在游戏社区，对少数种族和女性的歧视比比皆是。少数民族经常被描述为罪犯和匪徒。丹尼尔斯（Daniels，2012）在互联网研究的多个方面回顾了种族和种族主义，包括健康和科学、粉丝、博客、社交网站、在线新闻和体育游戏、身份和社区。在这些研究中，种族主义在系统分析中基本被忽略了，许多人视互联网为一个没有种族和肤色歧视的空间。互联网上关于种族和种族主义的研究工作，大部分是由有色人种研究人员完成的。

和其他一些分析人士一样，特克勒（Turkle，2010，2011，2015）对数字媒体和技术既赞赏又谨慎。她建议，不要对满足人类连接需求方面的技术抱过高期望。在设想为不同文化背景的学生创建社区和网络空间之间可能的接口方面，她的建议尤其宝贵。有一种普遍的说法是，互联网使人们能够在瞬间穿越物理距离和存在空间，并在瞬间使世界触手可及。这种能力对于那些被主流社会孤立或边缘化、远离其先祖足迹的学生来说应该是有吸引力的。研究网络连接心理学的特克勒（Turkle，2011）认为这些假设过于乐观，因为：

如今，我们的人际关系缺乏安全感，对亲密关系感到焦虑，我们会求助科技来维持人际关系，同时保护自己免受伤害……我们怀着新的孤独向无生命的事物屈服。我们害怕与人类同胞关系发生风险和感到失望。我们对技术的期望更高，对彼此的期望更低……我们似乎决心赋予事物以人类的品质，并将彼此视为事物……

技术自诩为我们亲密关系的建筑师。如今，它提出了一些替代方案，这些替代方案让真正的人逃之夭夭……当它提供的技术产品与人类的弱点吻合时，它就具有诱惑力。一旦它离去，我们确实又很脆弱。我们很孤独，但害怕数字化连接的亲密关系……可能会给人一种不需要友谊就能提供陪伴的幻觉。我们的网络生活使我们可以躲避彼此，即使我们之间的连接相互依存。我们宁愿发短信也不愿聊天（pp.xiv，1，3）。

这些想法通常会对技术和数字化交互能力提出挑战。他们还建议，教师需要理解数字世界的能力和局限性，以吸引有色人种学生。如果特克勒的分析得到认可，那么理解文化多样性以及跨种族和跨文化联系的一些重要方面可能会在以技术为媒介的教学中受到挑战。它们可能使多样化进一步被边缘化而不是被接受。

二、教科书多元文化缺失及负面影响

目前，几乎没有系统性实证研究表明，带有偏见的教科书会对种族多样化学生的成绩产生怎样的影响。但来自不同年龄和背景的学生的人物故事却比比皆是。像第一章中提到的艾米和亚伦这样的学生，当他们阅读和听到有关其种族的负面描述或根本没有听到任何内容时，会感到被侮辱、尴尬、羞愧和愤怒。有些学生会质疑和排斥，并以此恐吓教师。另一些学生回忆说，当来自其种族群体的孤立事件和个别人被挑出来特别关注时，他们难堪地被放在了现场。在其他情况下，学生对学习不同种族的新信息和了解其种族经历及成就感到兴奋和惊讶，即使这些知识又是偶尔在课堂上介绍。这是艾米和亚伦第一次观看电视连续剧《根》（Margulies & Wolper，1977，1978）时的反应，它根据亚历克斯·哈雷（Alex Haley）1976年出版的同名小说《根》编导的。他们读《马尔科姆的自传》时，也是这种反应。

一群欧裔美国大学生在观看了《内在的力量》（Nakamura，1994）后，默默无言。这部电影是由二战期间日裔美国人在拘留营拍摄的家庭电影合成作品。在长时间的沉默之后，一个学生说："我从来没有想过人们在集中营里有正常的生活。这段视频让我把他们当成人类看了。"这种反应代表了班上许多其他人的情绪，并在评论中得到呼应，大意是，学生们觉得他们的教育被信息空白欺骗了，从而进一步非人化和边缘化了日裔美国人。

钟勋（Chun-Hoon，1973）45年前就教科书的不当之处，对族裔群体产生的影响所做的观察至今仍然适用。对不同种族、种族问题、文化和经历的遗漏和短见分析均意味着他们是无关紧要的，甚至是可以牺牲的。虽然钟勋关注的主要是亚裔美国人，但他的观察很容易扩展到其他有色人种群体，就像斯瑞特和格兰特（Sleeter & Grant，1991）所做的那样。他们建议作者和出版商重新调整他们的关注点，以处理更真实、更丰富的人类体验，并在更有意义的多元文化内容中融入特定的主题技能。这比使用乏味和虚构的故事、教授脱离上下文情境的技能，以及重复过多的欧美男性冒险故事能更有效地提高学生成绩。

通过在课堂教学中定期讲授关于不同民族历史、文化和经历的准确、广泛和适当语境化的内容，可以弥补纸质和数字教材在文化多样性方面的不足。这些努力不会因缺乏资料和材料而受到限制。大多数种族群体都有丰富的资源，而且资源种类繁多，从学前教育到大学教育的所有科目和年级都能得到充分的服务。由于这些信息并不总是在课本上，教师需要养成使用其他资源来补充甚至替代它们的习惯。学生们也应该被教导如何评价教科书中多元文化内容的准确性，以及如何弥补这些分析所揭示的空白。

此外，所使用的资源类型和所教的内容越多样化，学生的兴趣就越有可能达到顶峰，他们对所教授的知识和技能的投入和掌握程度也越高（Ginsgerg，2015）。流行文化文本和文物的使用就是一个很好的例子，如流行于当代青年中的电脑游戏、音乐和电影。其中很多都是社会、文化和代际基础知识在不同种族群体之间"交叉"产生的，从而为同时发展群体内和群体间的文化能力和联系提供了机会。嘻哈音乐和口语就是生动的例证。这些音乐流派在许多不同的民族和在美国和世界各地的生产者和消费者中很受欢迎。越来越多的教育和社会科学学者和实践者正在研究将其作为提高文化多样性学生学术成就资源的可行性。（Chang，2005；Dolberry，2015；Emdin，2010，2016；Watkins，2005）。

第三节 标准、测试和多样性

教科书以外的课程形式和资源对文化回应式教学具有强大的（有时是约束性的）影响，其中突出的是近期对成就标准和标准化测试的关注。一些学者将其出现归因于 1983 年发布的《国家处于危险之中》联邦教育报告，以及 2001 年《不让一个孩子掉队法案》（NCLB），使其提升为全国关注的前沿。《不让一个孩子掉队法案》是对 1965 年《初等和中等教育法案》的重新授权。2015 年，《每个学生成功法案》（ESSA）再次授权，取代了《不让一个孩子掉队法案》。关于学生应该知道什么，能够做到什么可接受的程度，以及根据什么去衡量成功（即"标准"），早在那时就存在了。它们在美国教育史上反复出现（Meier & Wood，2004；Sleeter，2005；Tucker & Codding，1998），尽管他们有其他名称，如目的、目标、成果和基础。对学生学习的强制性期望，就像其他课程类型重点一样，强烈地受到其政策制定时的社会、文化、政治和经济基调以及时代要求的影响。

内容标准、性能标准化和测试已经密不可分。内容标准是学生经过指定的教学单元后应该知道和理解的内容。这些教学单位可以是课程（代数、美国历史、英语、生物学等），年级（四、八、十）或学校教育阶段（小学、初中和高中）。绩效（表现）标准应该表明学生在选择的内容上能够做什么，以及做到什么水平（基础、熟练和高级）。国家共同核心标准（CCSS）是学生学习成绩标准的最新版本。它们的重点是希望学生在每个年级都能达到的数学和英语语言艺术/读写知识和技能，并作为高中毕业生为大学、职业和生活做好准备的指标。国家共同核心标准（CCSS）实际上是国家标准，但它们在法律上并不具有强制性。迄今为止，已有42个州、华盛顿特区、四个美国领土和国防教育活动部采用了共同核心能力标准。尽管共同核心国家标准没有直接面对不平等，但它们是隐含的。如果他们的目的是为所有学生提供包容、严格、相关和高质量的教育（即追求卓越和公平双重承诺）（Savage et al.，2014），这是必须要认真对待的，那么文化回应性就必须成为对来自不同种族、民族、文化和经济背景的学生实施共同核心和其他形式的学术标准的组成部分（Lindsey et al.，2015）。

教育标准化意味着对所有学生采取相同的衡量标准，来确定对内容的掌握程度和表现能力（Sleeter，2005）。几乎每一种情况都采用标准化测试。"商业圆桌会议"于2004年发布了针对俄亥俄州测试系统的一份家长指南，解释了内容标准与测试之间的关系，这代表了大多数州的情况。它宣称成绩衡量是标准化测试，这意味着它们确实是：

对所有学生都一样。基于同样的材料……所有学生都根据相同的指导原则在差不多相同的时间参加考试。全州的成绩测试……提供重要的结果，用于衡量和比较不同班级、学校和地区以及不同的学生群体（如种族和民族群体、性别群体、收入状况、残疾状况或英语语言能力）的学生表现和进步。

此外，标准化考试结果被政府机构和决策制定者用来作为学校资金和其他资源分配的依据。到目前为止，内布拉斯加州是这种模式的唯一例外。它也规定了内容标准，但没有标准化测试，并通过基于学校教师主导的评估和报告系统（STARS）对其学生成绩进行组合评估。

目前，大多数州对学生的成就标准，都是遵循国家学科领域的专业组织为特定学科发布的各种内容标准。这些教育行业内部和外部的组织（Kendall & Marzano，1997）在各自的领域内具有强大的影响力，并影响着 K–12 阶段的教育工作者和决策者关于学生应该知道什么，能够做什么的思想和行动。这些组织有：

——全国数学教师委员会

——全国英语教师委员会和国际阅读协会

——国家地理学会

——国家社会研究委员会

——美国国家科学院

——国家艺术教育协会联盟

——国际技术教育协会

在大多数情况下，州级和国家级标准非常相似，以至于各州似乎只是在这些组织发布的版本基础上，只做了微小的修改。因此，仔细阅读一个州的内容标准，就可以为所有州的标准提供有力而可靠的指示。对于那些经常被确定为"学术核心"，"高阶位知识和技能"和"高风险"内容的学习领域尤其如此。因为在这些领域是否能达到相应的水平，会产生学生和学校相互关联的后果。对于所有州来说，"学术核心"是阅读和写作、数学和科学。社会研究通常也被认为是中学生"学术核心"的一部分，但几乎没有被赋予同数学、科学和英语一样的地位和重要性。它不会像常规测试那样定期进行，也不会对学生的学习成绩产生影响。对于与"高风险"内容标准相关的表现指标和基准，以及期望学生取得成就的其他领域（如技术、美术、体育和健康）存在更多的差异，但即便如此，各州之间也没有太大的实际差异。

此处列举两个案例以说明各州和专业组织之间标准的相似性。第一个是 4 个共同学习目标的一些变化，适应于不同的科目和年级，这是发展更具体的内容领域标准的基础。1993 年的《基础教育法》创建的华盛顿

州的"基本学术学习要求"(EALRs)和华盛顿州学生学习评估(WASL)将这些目标确定为:

——阅读要有理解力,写作要有技巧,能以多种方式和情境进行有效和有回应的交流;

——了解和应用包括数学在内的不同学科的核心概念和原理;包括数学、社会、生命和物理科学;公民学、地理和历史;艺术;健康、保健和健身;

——分析性、逻辑和创造性思维,综合知识和经验形成理性判断和解决问题;

——理解工作的重要性,以及工作表现、努力和决策如何影响未来的职业生涯和教育机会。

该文件指定,国家英语教师委员会(NCTE)是这些优先事项的主要来源之一。

第二个跨州和专业组织达成内容标准共识的例子是关于数学和阅读标准。《康涅狄格州框架》由康涅狄格州教育部(1998)发布,确定了10类数学内容标准。它们是数字感、操作、估计和近似、比率和百分比、测量、空间关系和几何、概率和统计、模式、代数和函数、离散数学。这些内容标准中的每一项都有几个相关的绩效标准,这些标准的复杂性不断增加,但在各个学校级别上是平行的,且与年龄相适应。例如,对于四年级的学生,"在比较数量时描述简单的比率"。对于5—8年级的学生来说,相同的标准是"在各种情况下理解和使用比率,比例和百分比"。对于9—12年级的学生来说,它相当于"使用比率、比例和百分比来解决实际生活中的问题"(Connecticut Department of Education,1998,p.92)。所有州都赞同相同的四个广泛的阅读内容目标,每个目标都具有各个层次的相同特性。它们是:

——理解并使用不同的阅读策略(例如提高词汇量和流畅程度)

——理解所读内容的含义(即理解、预测、推理、分析、综合、解释)

——为了不同的目的阅读不同的材料(获取信息、执行任务、体验

文学）

——设定目标，评估自己的进步，提高阅读能力（自我完善和与他人分享阅读兴趣）

某种程度上，科罗拉多州在结构上与这一趋势有所不同，它没有将阅读与写作分开，但其合并标准的实质内容与将两者分开的各州相同。

无论州标准、相关评估和问责制预期的先前的状态如何，《不让一个孩子掉队法案》都会通过一些法规来完善和扩展这些标准。一个非常有力的措施是，对那些学生未达到他们自称的成就预期的熟练程度，以及来自不同族裔、民族、文化、社会、语言群体的学生之间存在着明显的差异的州实行财政制裁。这本可能是一种可行的进入文化回应式教学的途径，但它在实践中并没有实现。许多教师专注于教授被测试过的内容，他们没有时间和动力去做其他的事情。他们认为无法承担文化多样性教学内容的风险，因为他们担心学生在考试中的表现会受到影响，从而对他们自己和学生都将产生极端的后果。教科书和其他教学材料的出版商也以同样的方式响应以考试驱动的课程。国家标准在很大程度上决定了许多教科书所包含的内容及其组织方式。较为明显的是，除了表面上的角色名字（玛丽亚、阿普杜拉、维英、加纳拉吉）等场景和试题提示，他们都尽量避免具体涉及文化多样性、社会阶层、种族和民族，所以大多数州和国家标准化测试似乎都归因于一种色盲的哲学。因此，标准倡议本应是改善表现不佳的种族和文化多样性学生的学术成就的重要一步，但实际上是限制而不是增强了他们的学习机会。

在大多数州的标准中，很少明确关于文化多样性的内容，而且主要被限制在社会研究、阅读、英语、语言艺术。这种趋势的一个例子就是康涅狄格州语言艺术标准。在与四项内容标准中的每一项有关的绩效标准中，它们包括了对种族和文化多样性的具体种类和维度的若干参考。掌握"阅读与回应"的12项表现标准中，有一项要求学生"表现出对文本的读写能力和审美鉴赏能力，对作者风格的意识，对文本特征的理解，以及挑战文本和发散思维的能力"。对于在高中实践中实现这些技能的建议是：

"学生们阅读拉尔夫·埃里森（Ralph Ellison）的《看不见的人》，然后展开讨论……基于文本的关于其文学价值的问题"（Connecticut Department of Education，1998，p.55）。文化差异的例子被用来说明，学生可以做什么来满足认识文学习俗和理解他们如何传达意义的标准，冰雹和比目鱼骨头、兰斯顿·休斯（Lang Hughes）的诗"母亲给儿子"和沃茨沃思（Wadsworth）的十四行诗分别在小学、初中和高中学习。虽然这些例子只是为了说明学习的多样性，并不是强制性的教学策略，但它们对如何将文化多样性融入学习标准具有指导意义。国家社会研究理事会（1994）提出了一项单独的文化内容标准，并在其他 9 项标准中经常提到文化多样性。

将文化多样性纳入内容和表现标准的潜力尚未实现的另一个例子，在华盛顿州的《教育评估报告》中很明显。在写作标准的介绍中，对文化回应式教学做出了明确的承诺。其采用了国家专业教学标准委员会的观点，声明如下：

写作，就其本质而言，包含了不同的主题，并建立在每个学生作者的特征和文化之上。有成就的教师意识到语言在处理文化多样性方面所起的独特作用，他们会利用学生带来的语言的丰富性来共同学习和写作，以提高文化意识并丰富语言学习。

写作老师将文学作为代表广泛文化的象征注入他们的教学。他们教学生了解听众的文化多样性。老师欣赏并加强他们在课堂上发现的多样性和共性，使这些多样性和共性要素成为学生探索世界和人类经验的组成部分。（"K–10 grade level expectation" p.5）

不幸的是，这些一般性的规范在具体的写作标准中并不明显。

即使有这些疏漏，许多州的标准，以及专业组织的标准，还是可以扩展以适应文化多样性。其中包括读写能力标准，例如，"为了各种目的而阅读不同的材料"和"理解所读内容的含义"。在这两种情况下，阅读材料都可能包括不同民族作家的各种体裁作品，以及不同民族的文化、传统、经验和贡献。对这些材料的理解可以通过要求学生解读或解释文化编码的信息，然后将其从一种表达形式转换为另一种表达形式，例如从诗歌转换为解释性文章，从叙事自传转换为对话。在其他主题领域也可以对标准进行类似的扩展。例如，特定于种族和文化的背景、事件和情况（如表现标准或基准）可用于学生展示数学标准，例如"使用代数技能以符号和图形方式描述现实世界的现象"以及"使用统计学和概率概念来收集和分析数据和测试假设"。

"阿拉斯加土著教育工作者大会"采用了另一种方法，在标准中适应文化多样性，这种标准也可以在其他州复制。1998年，它为文化回应式学校制定了一套标准，以补充该州基于学科的内容标准。它们所依据的信念是，一个特定地方和群体的传统语言和土著文化的牢固基础，对于培养受过良好教育、健康、负责任的、充满生气的个人和社区至关重要。它们培养了学生在学校内外生活的紧密联系的能力。透过本地文化进行教与学，并将不同形式的知识和认知方式视为同样有效的、可适应和互补的。虽然内容和重点不同，但文化回应标准的组织方式类似于州标准。它们涉及5个领域（学生、教育者、课程、学校和社区），每个领域都有5—6个标准，每一个标准都有一些绩效指标。一些针对学习者的声明是对具有文化回应能力的学生：

——根植于他们本土社区的文化遗产和传统中；

——以本地文化知识和技能为基础，取得学术和个人成功；

——积极参与到各种文化环境之中；

——有效地参与基于传统认知和学习方式的学习活动。

（Lomawaima & McCarty，2006）

2010年，阿拉斯加土著知识网络（ANKN）发布了一份全面的指导方针清单，用于在教育背景下处理阿拉斯加土著的文化知识的文件、表述和使用。这些指导方针补充并扩展了阿拉斯加土著教育工作者大会早期提出的建议。它们包括各种选民的建议，其中包括课堂教师、课程开发人员、作者、插图画家、编辑和出版商、文化长者和社区组织者，还有研究人员。指导方针的总体目的是鼓励和促进在教学实践中融入准确和真实的土著文化内容。

因此，州标准的表述、《不让一个孩子掉队法案》，其后续是 2015 年《每个学生都成功法案》（ESSA），虽然"共同核心"很吸引人，但是他们的实际做法对于文化回应式教学是有问题的。基于标准的课程改革常常忽略了这样一个事实，即学生的学习差异在很大程度上是基于其文化社会化，而将这种多样化作为教育过程中一种资源，这是为种族、社交和语言各异的学生提供真正公平和高质量教育的重要基础。越来越多的证据表明，标准实施所服务的最多的学生——学业成绩不佳的有色人种和贫穷的年轻学生——遭受的苦难多于他们得到的好处。他们的成就水平并没有突飞猛进，他们受教育的总体质量仍然低于标准水平，学校里不是所有教室都有高素质的教师。同时，统一的课程内容并没有改变他们的兴趣、发展他们智力或吸引他们继续留在学校，课程范围正在逐渐缩小。他们就读的学校资源匮乏并受到进一步的威胁，这些学校因未达到联邦和州规定的年度平均进步指标，而将受到资金被削减的惩罚（Darling-Hammond，2007；Lomawaima & McCarty，2006；Meier & Wood，2004；Montaño & Metcalfe，2003；Reyhner，2006；Reardon et al.，2013）。全国印第安人教育协会（NIEA）（2005）进行了一项关于《不让一个孩子掉队法案》对美洲原住民、阿拉斯加原住民和夏威夷原住民学生的影响的研究。它赞扬这项促进公平和让学校对土著学生负责的政策，但认为取得的任何成功都是以牺牲土著语言和文化，并在决策时排除土著的声音为代价。斯凯里特和哈格里夫斯（Skerrett & Hargreaves，2008）对美国和加拿大 40 年的中学改革进行了比较研究，发现了同样的结果。他们的结论是"标准化已经成为多样性的敌人"（p.913），因为"课程标准化和高风险测试不断增加的趋势大大降低了教师在课堂中纳入更多文化回应式实践的灵活性"（p.916）。瓦莱丽·施特劳斯（Valerie Strauss，2014）对"共同核心"的公平主张提出质疑，认为该政策及其实践削弱而不是促进了少数民族、英语学习者和残疾学生的平等和公平的学习机会。她用纽约市学生的考试成绩证明，在"共同核心"项目启动后，这三类学生的表现有所下降。

尽管在评估学生成绩方面存在标准和标准化日益增强的压力，但针对种族多样化学生的最好教学回应是不向它们让步。没有一种适合所有学生的课程设计、教学风格和评估程序。更好的策略是理解标准化的危害是如何在学习条件和学习环境中混淆、侵蚀多样性，并开发文化回应式教学策略，逐步替代标准化考试（Skerrett & Hargreaves，2008）。课堂教师和学校领导者应认识到要实现教育机会公平，并为提高不同种族的学生学业水平，应使用各种课程内容和设计，教学材料以及与文化遗产和个人经历相对应的资源、教学技术和评估程序，而不是寻找一刀切的灵丹妙药和神奇的答案。

第四节　文学和商业书籍中的种族多样性

关于辅助教材中的种族和文化多样性的信息，如由少数民族作家写的、关于少数族裔的儿童图画书、传记和自传、小说、短篇故事和歌词，这既令人鼓舞，也令人沮丧。本文列出了一些研究来说明这些趋势，并作为解释这些趋势的样本。一组是在儿童和青年文学出版行业中作者的种族多样性。另一组考察了儿童和青少年文学中对非裔美国人、亚裔美国人、美洲原住民、墨西哥裔美国人以及多种族群体的描述。

E. 金（Kim，1976）已认识到将民族文学纳入课程内容的重要性。她说，小说可提供有价值的见解，否则无法了解社会意识、文化身份和少数民族历史经验。拉米雷斯和多德（Ramírez & Dowd，1997）补充说，高质量的、真实的多元文化文学可以帮助孩子"与他们的个人经历建立联系，提供榜样，并拓展他们的视野"（p.20）。这也是一种让学生接触不同种族、文化和经历的有效途径，这些可能是他们在日常生活中无法接触到的。多元文化文学可以帮助学生跨越文化的边界，并增进他们对文化、种族和民族多样性的内外视角的理解。它可以呈现人们自身无法呈现的各种各样的多元问题的想法、感受和信念，而人们无法或没有准备好自己去做。文学是作家、老师和学生思考种族和文化多样性态度和行为的"机会之窗"

（Boyd et al., 2015）。它可以是一面"镜子"，反映民族和文化多样性的形象和表现（Botelho and Rudman, 2009; Wanless and Crawford, 2016）。

万利斯和克劳福德（Wanless & Crawford, 2016）指出，文学可以帮助幼儿形象化和发展积极的种族身份、跨种族关系以及对种族不公正的认知理解。作为具有文化回应式教学议程的一部分，将这些问题纳入儿童早期教育非常重要，因为儿童在很小的时候就开始形成关于自己和他人种族身份的观念。无论幼儿教室、家庭和社区中，种族问题是被明确提到还是被微妙地忽略，都存在这种需求。

迈克尔·卡特（Michael Cart, 2008）将他对文学在教学和学习中的价值的评估与特定类别和不同的读者群体（例如，针对高中年龄段的青年或青年文学读者）联系在一起。他在代表青年成人图书馆服务协会（YALSA）发言时描述了其中的一些内容。

从本质上讲，青年时期是一段紧张的时期。一方面，年轻的成年人有一种强烈的归属感需求。但另一方面，他们也是与生俱来的唯我论者，自认为是独一无二的，这对他们来说不是庆祝的理由，而是绝望的理由。因为与众不同就是不像同伴，实际是"另类"。成为"另类"意味着没有归属、被排斥。因此，年轻的成年人在书中看到自己，是为了让人们得到这样一个安慰：一个人毕竟不是孤独的、不是他者、不是外星人，而是拥有共同人性的更大的生命共同体的一个部分。

青年文学读物的另一个价值是，通过生动地描绘不同于读者的个人生活（外在的和内在的）来培养理解、同理心和共情的能力。以这种方式，青年文学读物邀请读者圈去接受它与那些——如果不是在阅读中相遇——可能永远是陌生人或者更糟——不可挽救的"他者"所分享的人性。

青年文学读物还有一个价值是它向读者讲述真相的能力，尽管有时这可能令人不快，因为这样，它能帮助读者应对即将成年的现实，并帮助他们承担公民的权利和责任。

通过给读者这样一个参考框架，它也帮助他们找到榜样，使他们存在的世界有意义，发展个人的存在哲学，确定什么是对的、什么是错的，培养个人敏感性。换句话说，要变得文明（Cart，2008，n.p.）。

因此，多元文化文学和商业书籍是文化回应式教学的宝贵内容资源，即使它们并不完全认同不同种族文化。教师需要知道如何评估这些书籍、论文、诗歌和短篇小说的文化准确性和真实性，纠正其谬误并以他们的教学优势为基础。前面的研究和文本分析可以为培养这些技能提供一些有用的帮助，如门多萨和里斯（Mendoza & Reese，2001）总结的内容以及下文所述的内容。例如，很容易获得用于评估儿童、青少年和年轻成人文学作品的许多技术和标准。M. 珀金斯（M. Perkins，2009）提供了一组易于理解和使用的、以批判问题形式来询问角色的真实性；如何解决种族和民族问题；叙述文本和插图的一致性；谁是变革的推动者，以及如何描述美和唯美主义。

一、儿童和青少年文学中的偏见

罗斯柴尔德（Rothschild，2015）指出，在这些潜在的文化回应式内容来源中存在一种主要的持续偏见。她认为，在儿童和青少年文学作品中，有色人种人群作为作家和角色的代表性不足。这并不是说欧裔美国人不应该写关于少数族裔和问题的书，或者需要在其他书中加入有色人种的角色。相反，问题在于缺乏民族、种族和文化的内在视角、而在文学作品中有色人种的作者和角色是如此之少或根本不存在。

迪恩（Deane，1989）对大约300本受欢迎的儿童小说进行了一项研究，提出了一些关于种族多样性内容和人物的进步方面的严肃问题。他集中研究了欧裔美国人如何在系列小说中描绘非裔美国人的角色，这些小说一直主导了2—6年级的年轻读者的小说市场。这些书"涉及了相同的主要人物——成功的表演、镜头和情境"（p.153），如《南希德鲁》《哈代男孩》《波西双胞胎》《林地帮》和《甜蜜谷高中》系列。大部分对非裔美国人的公然贬损已经从这些书中消失了，但是很多非裔美国人的角色也消失了。仔细审读这一"进步"，我们就会发现，极端的刻板形象已经被消除，而对非裔美国人角色的描绘更加真实。也一直存在对刻板印象矫枉过正的趋势，不给非裔美国人角色（和故事中其他有色人种角色）的言语和行为赋予任何差异化特征，或者完全从故事情节中删除他们，或使角色变形为有色人种超人，并赋予其善良和至高无上的能力，而欧美人则成为新生的"坏家伙"（Cai，2002；Mendoza & Reese，2001；M. Perkins，2009）。

J. 加西亚、夏德威和比尔（J. Garcia, Hadaway & Beal，1988）研究了 33 本商业书籍（其中 16 部小说和 17 部非小说类书籍），以确定所对待的种族话题、主题和个性是"典型的"还是"新颖的"。"典型的"指的是在 20 世纪 60 年代的民权运动和文化/民族革命中占据突地位的话题、主题和个人。"新颖的"商业书强调那些在 20 世纪 70 年代和 20 世纪 80 年代早期的多元文化文学中可以识别的问题、主题和话题的思想（例如文化认可、独特的种族身份和政治激进主义），但不一定包含在为儿童设计的作品中。这些书是 1986 年由全国社会研究理事会赞助的卡特·伍德森奖的参选作品。自 1973 年以来，该奖项就一直授予杰出的非小说类商业书籍，以表彰他们对少数族裔和种族关系相关主题的敏感而准确的处理。加西亚及其同事（J. Garcia et al.，1988）得出结论：

虽然在儿童商业书中对种族和少数群体的刻板印象已不再很普遍，但当代作家继续处理过度使用的问题、主题和人物，虽然提供了一些关于族裔和少数民族生活的观点，但几乎没有拓展到能够为年轻学习者提供对美国文化多样化更具创意的诠释的领域（p.71）。

原田（Harada，1994）在一个相对罕见的研究中分析了有关亚裔美国人的青春期小说，发现了与加西亚及其同事所确定的相似的特征。研究人员对 1988—1993 年间出版的 24 本书，针对 11—17 岁的青少年的书籍进行了研究，以确定对来自 10 个原籍国的亚洲人物是如何被描绘的。这些国家和地区分别是中国、日本、韩国、老挝、柬埔寨、缅甸、印度、泰国、越南和菲律宾。对这些书中的人物刻画、故事发展、语言使用、历史真实性和文化准确性五方面进行了分析。10 个亚裔美国人团体中，只有 5 个出现在书中。人数最多的是华裔美国人（40%），其次是日裔美国人

（20%），韩裔和越南裔美国人（各占16%），柬埔寨裔美国人占8%。

在24本书中的23本书的5种分析中，每种分析都有偏见和刻板印象。例如，把亚裔美国人描述成神秘莫测的外国人；所有亚洲民族都有相同的身体特征；男性和女性都是异国情调的、吸引人的性爱目标。此外，亚洲人被描述为渴望成为像欧裔美国人和模范少数群体，并在解决冲突时依靠白人；言语行为模仿白人，其中参照了与角色或情节发展无关的象征性或肤浅的历史资料；对文化细节的提及也不准确感受到限制。这些结果使得原田（Harada，1994）提出，小说"作为一种强有力而自然的工具，可以对一种文化的价值观和信念进行深思熟虑的反映"（p.55），这种潜力在关于亚裔美国人的青少年文学中尚未体现。如果要做到这一点，作者必须停止"重复制造超级成功者的形象"（p.55），并更加负责地"为所有年轻读者在优质作品描绘真实的细节和准确的文化信息"（p.56）。原田的忠告和建议可以很容易地扩展到针对所有种族和所有水平学习者需要的所有类型的教学材料和课程设计中。

在罗查和多德（Rocha & Dowd，1993）以及拉米雷斯和多德（Ramírez & Dowd，1997）所进行的研究中，分析的重点是在三年级学生的现实主义小说中墨西哥裔美国女孩和妇女是如何被描绘的。在罗查和多德的研究中，作者对两套以女性角色为特征的现实主义小说进行了研究。其中9篇发表于1950至1960年，20篇发表于1970至1990年。拉米雷斯和多德（Ramírez & Dowd）的研究（共21份）发表于1970年至1990年之间。从人物塑造、情节、主题、观点、背景、写作风格和特色七个方面来分析这些书的内容。

这两项研究的结果与对其他族群的研究结果相似。随着时间的推移，墨西哥裔美国女性在儿童读物中的形象也有所改善。刻板印象越来越少；更多样化的角色、场景和活动；以及在描绘墨西哥裔美国人和文化方面更加现代化。然而，1990—1997年的书的主要故事主题与1970—1990年的相似，都着重强调文化适应、自我满足、墨西哥传统、隐私、目标和梦想，以及对困境的解决。最近出版的几本书包含了更普遍性的主题，比如关系、个人主义和家庭。拉米雷斯和多德（Ramírez & Dowd，1997）认为这是一种财富，因为普遍的体验可以让来自其他种族和文化背景的读者更容易理解。最近的出版物也越来越多地描述作者的文化知识、西班牙语技能和与墨西哥裔美国文化的联系。

尽管有了这些进步，但针对墨西哥裔美国女性的儿童现实主义小说还没有达到应有的水平。这两项研究表明，一些显著的刻板印象和传统的种族"定型"仍然存在。墨西哥裔美国女性的装束经常被描绘成传统的发型和服装，并参与音乐、舞蹈、节日相关的庆祝活动。这些人物很少出现在参加学校活动或外出工作的场景中。故事的背景更多的是农村而不是城市（这与1970—1990年出版的书正好相反）；远离永久居所，例如在度假地点；描绘老式住宅多，描绘现代住宅少；永远不出现在上流社会的环境中（Ramírez & Dowd，1997；Rocha & Dowd，1993）。

是什么原因导致了文学资料和教科书中把种族群体描述得如此混杂？拉米雷斯和多德（Ramírez & Dowd，1997）认为它们是创建丰富的多民族文学体系的发展过程中的正常结果。他们认为：

随着书籍的激增，文学作品作为一个整体也变得更加多样化。没有一本书可以展示一种文化的全部，也不应该如此。例如，当有那么多关于墨西哥裔美国人的书呈现了宗教和宗教实践的方方面面时，一本专注于许多人眼中的迷信的书，不会像它是2—3本中的一本那样带来负面影响。事实上，当我们与其他书一起阅读时，这本书的存在可能会丰富我们对各种宗教活动的理解。（p.54）

这一解释隐含着对教师的一些重要建议。任何一个作者、书籍或其他参考文献都不太可能提供一个完整的种族群体及其文化、贡献和经历的概况。因此，教师通常应该结合使用各种类型的资源和实例来教授民族文化的多样性。

另外两项研究的结果为完成这些内容扩展提供了一些启示。在使用文字资源时，教师习惯于使用书中的文字和图片内容（如插图）。哈特（Hart，2011）提出用于文化回应式教学另一种具有潜在价值的内容，它可以从书籍封面中获得。它们可以被看作是象征性的、美学的、政治的和文化的课程内容。哈特研究了2011年出版的624本青年文学书籍的封面图片，发现90%的图片是白人，79%是女性。拉丁裔和亚裔的形象明显少得多，二者出现频率相仿，但比非裔美国人出现的频率稍高。在所有种族中，印第安人在书籍封面上的形象表现最差，他们几乎是隐形的。哈特的定性分析结果比定量分析结果更令人沮丧。少数民族书籍封面图像大多没有在全貌上描绘出人物的形象，面部形象没有直接面对读者，相反，他们总以侧面和剪影的形式呈现。超过15%的封面人物都是以背影呈现。

2012年3月7日，"嗨你好！"博客上的帖子解释"为什么漂亮的白人女孩独占书的封面的趋势需要结束"，艾伦·奥（Ellen Oh）评论了一些书籍封面的象征意义和种族不平等现象，它们存在于文化回应式教学的课程内容中。她说：

> 把漂亮的白人女孩印在所有（青少年）书的封面上，这和我们所有的时尚杂志的做法是一样的。对美的理想化是不现实的，对我们的青年是危险的……只有漂亮的白人女孩形象才能让青少年读物畅销，不是一个出版商应该赞成的商业模式……我们需要通过发行来打破这一趋势，……采取更加负责任的行动……我们需要教我们的年轻人多样性的美丽。美丽不是只有一种颜色，也不是只有一种尺寸和一种形式。也许当我们的青少年在多元化的环境中长大后，他们就会成长为认同多元化的成年人。

另一项研究涉及儿童和青年文学作品作者的种族多样性差异。自1994年以来，合作儿童图书中心（CCBC）一直在分析每年出版的"由哪些"有色人种出版的和"关于哪些"有色人种的儿童和青少年小说。2016年的统计数据显示，在美国出版商评论和发布的3500本图书中，"关于"非裔美国人较其他少数族裔群体多（有265本），而"由"非裔写作的则比其他少数族裔群体少（只有90本）。"由什么/关于什么"数字和比率都比较好的分别是亚裔/太平洋岛民（194∶224）和拉丁美洲人（94∶157）。由美国印第安人写的和关于印第安人的儿童书籍急剧减少，两个数字分别是8本和35本。《CCBC评论》还收录了许多"关于"少数民族和有关话题，但不是由"少数民族"作者撰写的书籍。这些数据提出了关于作者的种族代表性，以及商业和文学书籍的文化准确性和真实性问题，这些问题应该在文化回应式课程内容的选择和实施中得到解决。类似的分析也需要针对其他内容来源，如学术研究和学术、个人叙述、口述历史和各种艺术形式。

虽然多元文化文献的可获得性仍然不理想，但中华文化传播中心（CCBC）主任凯思琳（Kathleen T. Homing）的以下评论令人鼓舞：

面向儿童和青少年的出版，在反映不同种族内部和跨种族文化中丰富的视角和经历方面还有很长的路要走。但在涉及儿童和青少年的多元文化出版时，数字远非是唯一需要考虑的重要因素……每年我们都能看到由有色人种和土著民族出版的书，只是数量不够多。图书越多，尤其是由有色人种作家和插画家创作的图书越多，图书管理员、教师、父母和其他成年人找到能反映年轻读者和听众生活维度的优秀书籍的机会就越多，对于作为同在一个国家的我们"是谁"会给读者一个更广泛的了解。

二、有了明显的改进

其他作者也发现，为学龄学生撰写的文学资源在描绘文化多样性方面取得了积极成果。其中两位是海勒（Heller，1997）和哈芬（Hafen，1997）。海勒回顾了50多本儿童图画书，以调研非裔美国父亲们是如何被描述的，这些作品中出现了几个表达积极特征的主题，其中包括父亲在养育子女方面的作用；带孩子一起去娱乐活动；培养孩子的纪律；维持和管理家庭；职业和经济活动；以及在孩子们因父亲缺席后导致的一些危机，父亲对孩子的探望。家庭和社区中的男性也被描绘成积极的父亲角色和关系。这些发现尤其值得注意，是因为关于美国非裔家庭中父亲缺席的普遍观念，以及这可能对孩子的身份、自我认识和学业成绩的各个方面产生的潜在负面影响。像哈芬清单上的书这样的资源可以在课堂教学中使用，以驱散黑人父子关系中的神话和弥补空白。

哈芬（Hafen，1997）对当代文学中美洲原住民的流行形象进行了研究，研究中引用的这些书出版于1985—1996年。作者们成功地将传统的部落遗产与主流和当代文化相结合。它们展示了美洲原住民是如何参与到重新诠释和自我创造的当代身份，但又没有抛弃传统的文化价值。这些书也展示了少数民族文学是如何同时具有特殊性和普遍性的。他们对美洲原住民的正面描述是一种受欢迎的解脱方式，美洲原住民经常出现在教科书中是一种一维的、被冻结在历史时期的奇异形象，容易被当代社会忽视，或者被限制在犯罪、贫困和失业等社会问题的人口统计数据清单中。诸如此类的资源和它们所提供的信息对于文化回应式教学非常宝贵。对于那些关心多元文化教育是否会在美国人民之间的统一性和多样性、相似和不同之间制造无法解决的紧张关系的教师来说，他们尤其应该感到安慰和启发。

然而，米海绍（Mihesuah，1996）警告说，对于儿童和青少年容易接触到的媒体中，尤其是那些来自非种族社区的媒体对美洲原住民的描述不要过于乐观。她认为，对美洲原住民和他们的文化身份的歪曲仍然可以在"每一种可能的媒介中找到，从学术出版物和教科书、电影、电视节目、文学作品、卡通、广告、漫画书和新奇的绘画，到各种商业标志和图像遍布整个西南和其他旅游地点"（p.9）。高中和大学的吉祥物对美洲原住民形成永久化的刻板印象可以被添加到这个媒体名单（Pewewardy，1991，1998）。传播的刻板印象的范围和强度各不相同，"从极端的轻蔑到人为的理想化，从历史上对美洲原住民的描述是未开化的原始男人和属于野蛮文化的迷人的女人，到今天的神秘的环保主义者，或者没有受过教育的人，或是被限制在保留区内的酗酒者或宾果玩家"（Mihesuah，1996，p.9）。

以真实的文化声音撰写并提供内部视角的文化写实性书籍数量和种类非常多，适合非裔、亚裔、美洲原住民和拉丁裔美国人以及欧裔美国人。但是在这些一般类别中的所有特定族裔群体中，它们的质量并不相同。《多元文化评论》提供了一些有用的资源。它定期出版推荐的书籍、电影、录像带和微缩电影收藏的清单，涉及各个种族群体，如东南亚裔美国人、菲律宾裔美国人、美洲原住民、波多黎各人、非裔美国人、墨西哥裔美国人、华裔美国人、日裔美国人、犹太裔美国人、加勒比裔美国人、阿拉伯裔美国人、混血美国人和来自不同国家的移民。研究的主题也各不相同，其中包括男女角色和关切点；历史和当代的问题、事件和观点；传记、自传和图画书、短篇小说；小说和非小说；神话和民间传说；韵律诗和诗歌；文学评论和学术论文。这些资源是对教科书的宝贵补充，并在丰富不同民族的文化、历史、遗产和生活经历的学习体验方面具有深远的潜力。但是，多元文化教学必须经过深思熟虑和批判性的方式，而不仅仅是作为一种文化旅游的形式，在没有任何解释和反思的情况下向学生展示。正如M. 珀金斯（M. Perkins，2019）解释的那样：

作为教育者和作者，我们的使命是关注我们所服务的年轻人，关注他们正在阅读的书籍，并和他们一起提出问题。伟大的故事，就像它们的人类同伴一样，是美丽的，但也是有缺陷的，在社区中讨论这些故事可以增强它们的力量，去启迪、激励人们，让正义如流水源源不绝。

第五节　大众传媒作为文化课程的内容

大众传媒是有关种族和文化多样性的课程内容的强大来源。正如布莱西奇、布隆拉德和格雷奥（Bleich et al.，2015）解释的那样，"媒体向公众提供信息，在政治和社会行动者之间提供沟通桥梁，影响对紧迫问题的看法，以特定的方式描述话题和人物，并可能塑造个人的政治观点和行动参与"（p.857）。它们所传递的形象和信息往往与人们所期望的内容相矛盾，需要通过课堂教学加以纠正或反击。有时情况正好相反，一些媒体对少数族裔及其经验的介绍是积极的，甚至是对学校教学的补充。无论如何，这些图像太易于获取，其影响力太大，以至于教师们无法忽视在电视节目、电影、报纸、杂志和音乐录影带中呈现的少数族裔群体和问题，而且学生们会把这些信息及其影响带到课堂上。因此,大众传媒中的种族多样性应成为文化回应式教学的课程内容的一部分。

电视本身所起的作用是非常广泛的,每天有数以百万计的观众收看电视节目。因为它的普遍性,K. 帕金斯(Perkins,1996)称电视"无处不在"。这种"无处不在"的存在既是数量上的,也是质量上的。儿童每天花在电视上的时间纯粹是数量上的影响。一般估计他们平均每周花 20—25 小时看电视。他们观看的节目包括各种各样的卡通片、电影、音乐影带、新闻报道、纪录片、黄金时段连续剧、联合播出的"家庭经典"和铺天盖地的广告。按照这个速度,到学生高中毕业时,他们看电视的时间将比在正式教室里的时间还要多(Perkins,1996)。从质量上讲,电视节目总是涉及构建知识、创造形象、培育消费者市场、塑造观点以及导向有关种族和文化多样性的价值观和观念。

纳德尔(Nadel,2005)指出,"电视对巩固我们所谓的'国家设想'做出了深刻贡献"(p.6)。这是一组人们把美国视为一个国家,把自己视为其公民时所分享的共同形象。由电视(和其他形式的大众媒体)所建构的设想中的美国是非常不信任种族、语言和多元文化的。在这里,多样化的个体或群体(自愿或被强制)交换他们的异质性,以获得成为一个理想化的同质国家一部分的机会。

尽管存在个别的例外,但作为少数族裔和有色人种移民群体仍然被刻板印象、异国化、边缘化、同质化,并在大众媒体中被忽视。例如,在不同种族群体中,对各种社会、文化、语言、性别和成就的差异在族群内的区别太小。拉丁裔和亚裔美国人往往被视为"永久的外国人或外来人"不管他们在美国生活了多久,也不顾及许多人都已是本土出生的公民的事实(Montaño & Metcalfe,2003;Pang et al.,2004;Tuan,1998)。非裔美国男性被认为是暴力的、在经济和社会上不负责任的,而女性则被认为是"总是有态度的",即愤怒、刻薄、霸道、敌对、苛求、反复无常和没有吸引力。在讨论当代问题时,美洲原住民是最常被"遗忘的少数族裔"。他们很少得到关注,这常常使他们在历史的时间扭曲中被冻结,停留在他们所遇到的社会问题上，或将其视为"象征性的征服"（战败的武士、消失的人民、精神上的和平主义者）（Harvey，1994；Pewewardy，1998）。亚洲血统的人被认为是"模范少数民族"，他们在教育、职业和经济方面取得了堪称楷模的成功，而对构成这个种族类别的各个群体之间和内部存在的文化、种族、社会阶层和成就水平的广泛多样性，没有给予足够重视（S. Lee，1996；Pang & Cheng，1998；Pang et al.，2004；Park et al.，2003）。欧裔美国人被认为是负责任的、可靠的、聪明的，因为个人努力和有创造性，他们在学校和生活中都很成功。

霍顿、普莱斯和布朗（Horton, Price & Brown，1999）认为，媒体中的种族和种族"画像"现在不那么明目张胆和引人注目，但仍然很明显：

派拉蒙影业（Paramount Pictures）、国家广播公司（NBC's）、美国无线电广播公司（ABC's）和环球影视城（Universal Studio）是负面的刻板印象和不可逃避的耻辱的传播者，许多人认为，一旦种族隔离的枷锁被打破，就会带走这些负面印象和不好的影响。不幸的是，它们又在我们的情景喜剧、新闻广播和大屏幕中重新出现。少数族裔无论是以贬损的姿态出现，还是根本不出现，他们都是这个行业的受害者。这个行业依赖旧观念，以牺牲微不足道的少数族裔为代价来吸引"多数"观众。

南加州大学的研究人员（Smith et al.，2016）发布了一项定量研究的成果，验证了霍顿和其他分析师早些时候的观察结果。尽管他们的分析更为全面，但这里仅介绍了有关电视和电影荧幕所呈现的多样性的一些数据。从2014年9月到2015年8月发行的400多部电影和电视节目中，史密斯（Smith）、乔伊蒂（Choueiti）、小皮耶铂（Pieper）分析了10,000多个有台词或屏幕上有名字的角色来确定他们的种族和民族。结果显示，总体而言，媒体和娱乐行业不能反映或匹配美国人的人口统计构成。具体说，屏幕上说话的角色中有71.7%为白人，黑人为12.2%，拉丁裔为5.8%，亚洲人为5.1%，中东人占2.3%，其他族裔占2.9%。少于四分之一的电影主角（21.8%），以及略多于四分之一电视和数字产品主角（26.6%）来自代表性低的民族和种族群体。大多数主角是非裔美国人

（65.6%），只有12.5%是拉丁裔，6.3%是亚裔。种族和族裔群体中的性别分布显示，拉丁裔、亚裔女性出现在屏幕上频率略高于非裔美国女性。40岁及以上的少数民族女性在电影、电视和数字连续剧中基本是隐性的。基于这些结果，史密斯和他的同事们得出结论：

总体而言，媒体内容的呈现仍在很大程度上被粉饰。相对于美国人口，主角（电影）、系列片演员（电视/数字媒体）和所有有台词的角色在种族多样性构成方面表现不佳。缺少两个整体性种族群体的节目的数量尤其成问题。话题标签"奥斯卡如此多白人"应该改为"好莱坞如此多白人"，以至于我们研究发现，在流行的故事讲述中普遍存在着少数族裔被"隐形化"的现象。（2016，p.9）

C.斯琼和肖特－古登（C. Jones & Shorter-Gooden，2003）指出，应对媒体创造和延续的"种族和种族形象神话"及其隐形作用对那些目标群体产生了一些影响。尽管他们的结论来自一项关于种族主义和性别歧视对非裔美国妇女影响的研究，但它们也适用于其他种族群体和男性。研究的参与者是来自24个州和华盛顿特区的333名女性，年龄在18—88岁，分别来自不同的教育、社会阶层和婚姻状况背景。接受调查的妇女中有90%的人表示自己曾经受到过种族主义和性别歧视的伤害。她们不得不花费大量时间、思想、情感和智力来审视自己、控制一系列感受，并改变自己的行为。这种警惕的自我"编辑"的后果通常是民族耻辱感、自卑感、缺乏信心和低效率。他们担心自己无论做得多好也难以被他们的欧洲中产阶级同龄人无条件地接受，因而会产生怀疑、恐惧和焦虑情绪。他们开发了一种C.斯琼和肖特－古登称为"转变"的应对策略，即改变期望、思维方式、外表形象、讲话和行为方式，以适应由享有特权的欧裔美国人所主导的环境和受众。

作为一种促进人类定性互动的策略，改变风格本身并没有什么错。当对风格的要求和选择总是被别人强加而不自主时，问题就出现了。这项任务的另一个信息是"转变"对个人产生的负面影响，以及它对教学和学习的影响。其中一些以C.斯琼（C. Jones）和肖特－古登（Shorter-Gooden，

2003）研究中的女性为代表。他们觉得：

迫于压力，要向世界呈现出一张别人能接受的面孔，即使这可能与他们真实的自我完全不同……他们试图用一群朋友来掩盖自己的智力，而用另一个"朋友圈"尽可能证明自己的智力。……她们就会向内转移，日复一日地内化走入外面的世界，孤独地撞一堵又一堵墙，仅仅因为她们是黑人和女性，……她们变得高度警觉，不停地巡视周围的危险，随时准备做出反应。（pp.61-63）

这些反应让我想起一个例子，虽然没有那么生动，但却很重要，是关于转变对不同种族的学生产生的负面影响。斯蒂尔（Steele，1997；Steele & Aronson，1995）和阿伦森（Aronson，2004）的分析，即种族群体的偏见和刻板印象如何会使该群体中个体的学业表现偏出轨道，即使他们认为这些印象并不适用于自身。苏亚雷斯-奥伯特和道塞特（Suárez-Orozco & Doucet，2004）强调了所谓的"社会镜像"（p.428）对拉丁美洲移民学生的心理影响，涅托（Nieto，2004）对波多黎各人进行了类似的分析。人们的自我意识受到生活中重要他人的深刻影响，包括监护人、老师、同伴和媒体。正面的反映图像会产生价值感、尊严感、能力感和自信感，从而促进学业、个人、社会和专业成就。消极的反映会导致自我贬低、怀疑、不确定和无价值感，这些都是阻碍学校成功的不可逾越的障碍。这些都是对文化回应式课程和教学的有力的挑战，也是开展文化回应式课程和教学的邀约意义所在。皮维阿迪（Pewewardy，1998）在支持美洲原住民教育中尊重文化和回应能力方面发表了尖锐的声明，并用图解展示了这些需求。他将美国主流社会和学校中对土著民族的文化、遗产和经历的不尊重与种族灭绝相联系并警告说，这"可能被证明是最具破坏性的压迫力量之一，因为美国的种族主义偷走了宝贵的精神财富和身体财富的灵魂……"除非被仁慈的治愈所打断，否则过去的暴行将在文化记忆中成为幽灵……人民呼唤正义（p.73）。毫无疑问，社会和学校中少数种族群体的负面形象影响了学生以建设性的方式专注于学业任务和文化理解的能力，他们在这两个领域的成就也受到了负面影响。

一、创造种族多样性形象并建构知识

娱乐和新闻大众媒体的关于种族群体及其问题的形象传达并不总是准确的、赞美的、恶意的或公开的，但它们总是强有力的，并会使学生对不同种族的认知产生重要影响。关于这些影响的一个令人信服的例子是一项名为"不同的世界：儿童对媒体中种族和阶级的认知"的研究结果。该调查由索辛湖斯奈尔佩里及其同事完成，涉及1200名10—17岁的欧裔、亚裔、拉丁裔和非裔美国儿童。重要的一般性研究结果表明，在所有4个族裔的儿童中：（1）儿童并不总是被他们在电视上看到的族裔形象鼓舞；（2）儿童能够感知到拉丁裔和非裔美国人比欧裔和亚裔美国人受到的负面描述更大；（3）儿童在很小的时候就意识到媒体对其族裔的刻板印象；（4）儿童了解电视影响舆论的力量。正如一个非裔美国儿童所说："人们会被他们在电视上看到的内容所鼓舞。如果他们在电视上看不到自己，他们就会想成为别人。"

罗珀组织（Roper Organization，1993）发现，美国大多数人都依靠电视来获取新闻，并认为电视比报纸报道更可信。电视所展现的关于个人的信息很容易成为无争议的真理，并笼罩整个群体。但是，新闻报道中呈现的许多有关个人和有色人种群体的信息和图像是扭曲的、负面的和刻板的。坎贝尔（C. Campbell，1995）进行的研究为这些普遍倾向提供了具体例证。他对来自29个城市的39个小时的当地新闻广播进行了文本分析，以确定它们传播的有关种族和民族相关问题的象征性和内涵文化含义。坎贝尔得出的结论是，电视新闻对有色人种的宣传具有持续不断地不可见性、边缘化和错觉，以及对有色人种的"同化神话"永久存在。这是靠过分夸大少数杰出的种族个体，表现出种族不平等、社会正义和权力差异不再存在，或者是常态的例外，或者可以通过个人能动性来轻易克服。大众传媒中的这种"种族类型定位"让人联想起教科书中夸大和谐程度、淡化少数群体与主流社会之间的冲突，并提供了对种族个体、事件和经历的片面解释的倾向。这是对文化回应式教学的主要挑战。虽然课堂教师可能无法改变大众传媒，但他们可以教学生如何从知识建构者和形象创建者的视角去分析大众传媒的种族和文化刻板印象，并成为他们所见、所闻和阅读的批判性消费者。根据科尔特斯（Cortés，1995）的观点：

> 媒体作为多元文化信息源的问题已经远远背离了准确性的范畴。在新闻中，某些主题的不断重复，即使每个故事本身是准确的，也可能会不合理地强调关于某一个种族群体的有限信息……同样，娱乐媒体对种族形象的重复也增加了观众的"知识"池，尤其是新闻和娱乐节目在主题、方法、内容、视角和频率上相吻合并相互加强时。（p.172）

这些娱乐行为和新闻大众媒体构成了一种意识形态管理（Spring，1992）。这是有意排除或添加信息，以创建某些形象，保护消费者免受某些思想和信息的影响，并传授特定的道德、政治和社会价值观。有两个例子说明了意识形态管理在媒体中的作用。第一个是公共广播服务（PBS）制作的《民族观念》（Biggs，1987）。它对电视和电影如何创造和规范对非裔美国人的刻板印象进行了深刻的历史分析。第二个例子是剑桥纪录片公司制作的《轻柔地杀死我们》（Lazarus，1979）及其续集《仍在轻柔地杀死我们》（Lazarus，1987）和《轻柔地杀死我们之后》（Lazarus & Wunderich，2000）。他们展示了如何通过电视和平面媒体描绘、培养和传播带有性别歧视、剥削性和侮辱性的图像，以及对妇女的暗示性暴力。前面两部纪录片几乎完全聚焦于欧美妇女和女孩，但第三部纪录片则更广泛、更平衡地反映了种族和种族多样性代表。它还介绍了一些性别平等学者和激进主义者的镜头分析、评论和建议，探讨了媒体对女性形象的负面影响以及如何抵抗它们。这是一个很好的教学工具，可以通过广告、黄金时段节目、音乐视频和时尚行业，教导学生批判性意识和选择性消费有关种族、文化、社会和性别多样性的媒体材料和信息。

帕金斯（K. Perkins，1996）提供了电视如何构建知识的另一个例证，这些知识对文化回应式教学很重要。她回顾了电视对非裔美国女性关于自身外表吸引力认知影响的研究。大众媒体所呈现的美的概念是基于欧洲中心的标准——尽管是理想化的、性别歧视的和不现实的标准。理想的美女是高挑、苗条、温文尔雅的，金发碧眼，完美无瑕的头发、牙齿和皮肤，在亲近度、社交和经济方面都散发着自信、性感和令人向往的光芒。非裔美国女性不可改变的种族特征（如肤色、发质、骨骼结构、体型）使她们永远不可能达到这些理想的标准。她们经常以身材高大、不性感、傲慢、武断、大胆和好争辩的形象出现。这些美的形象有助于塑造什么是美丽的公众定义，并会对那些被认为没有魅力的人的社会自尊产生负面影响（Dates & Barlow，1990）。

意识形态管理并不限于大众传媒和大众文化。教育媒体，包括教科书、电影和视频，也会这样做。它们的基调、主题、文本、背景、格式和角色发展创造了一种"观看体验"，当故事、行动和话语展开时，观众会参与到特定的社会、政治和意识形态中（Ellsworth，1990）。在过去35年左右的媒体研究中，有令人信服的证据表明，教育电影、视频和照片并不是内容中立的载体。相反，内容反映了特定的文化、社会和政治意义（Ellsworth & Whatley，1990）。

一些媒体节目很明显地在促进社会真正发展，更有种族包容性和平等意识。来自不同种族的男性和女性越来越多地参与到媒体节目的编写、制作、导演和表演等方面。另外一些节目态度模棱两可，在种族多样性方面传达了相互矛盾的信息。例如，为什么日本人、中国人和菲律宾人可以参与地方和国家的新闻广播，但在黄金时段的娱乐节目中却被排除？为什么美洲原住民可以出现在涉及生态、传统民族经济（如捕鱼权）和工业发展等冲突的纪录片中，但却被排除在主流新闻和娱乐节目之外？

通过电影、电视、录像带和其他大众媒体传播的微妙的种族刻板印象，会给目标种族群体的儿童和其他人留下深刻的情感和心理创伤（Pewewardy，1996，1997）。米海绍（Mihesuah，1996）提供了一些替代的解释和有益的建议，以平衡大众媒体传播对所有美洲原住民的24种普遍成见。其中有一些是所有原住民都一样的，他们被征服是因为他们低人一等；他们好战而奸诈，他们免费搭政府的便车；他们是禁欲主义者，没有幽默感；他们对美国社会和文化贡献不了任何有价值的东西。

揭穿大众媒体中这些神话和其他种族偏见，应该是文化回应式教学的一个核心特征。同样重要的是，学生和教师要明白，课程内容并不仅仅是学校里教授的信息。学生在校外的经历，如各种形式的大众传媒所提供的体验，对学生也有强大的影响。这些经历在学校里经常被忽视，因为它们没有官方指定的"课程"名称。然而，许多学生与不同种族的人的唯一的接触是通过大众媒体。对另一些人来说，媒体形象是社会如何看待和评价他们族群的重要尺度。不管怎样，"社会课程"伴随学生来到学校，教师必须与之抗争，因为他们要努力使教育对多样化的种族群体更具有文化回应性。

二、对待种族多样性的进程不平衡

在大多数情况下，大众媒体中有色人种群体的数量增长和质量变化，展现了教科书和文学材料的发展趋势。与过去相比，关于种族和文化多样性的介绍更多、更积极和更多样化，但也并非没有遗留问题。族裔之间存在着差异，非裔美国人更占优势，有色人种在特定种族主题的节目中出现的频率最高。在一周的任何一天中的任何时间，浏览国家网络、本地和联合电视频道都会出现许多非裔美国人。在某些情况下，所有演员阵容和节目设置均为黑人；在其他情况下，黑人经常担任配角。非裔美国人也经常出现在新闻节目中，在全国广播网和地方分支机构中担任记者和主持人。在电影产业中，越来越多的非裔美国人身影出现在镜头前和镜头后，无论是作为主角还是配角，或者作为编剧、制片人、导演和技术人员，出现在以黑人或白人为主的影视产品中。

非裔美国人在大众媒体上受到的待遇，在拉丁裔、印第安人和亚裔美国人身上是不存在的。来自这些少数族裔的人只是偶尔出现，他们在涉及特定民族话题的娱乐电视节目和电影中客串演出。亚裔和拉丁裔的新闻播音员，在地方新闻节目中比在国家新闻节目中更常见。因此，在美国西南部的地方新闻节目中，墨西哥裔美国人是人们熟悉的面孔，而在加州、夏威夷和华盛顿等州，日裔和华裔美国人（尤其是女性）也随处可见。波多黎各人在纽约可能经常出现在广播中，但不会出现在其他地方。和非裔美国人相比，这些少数民族代表出镜的频率是微不足道的。除了无处不在的个别杰出演员、选择性的历史纪录片和特殊事件，美洲原住民在这些媒体中几乎是隐形的。

三、改变并不总是进步

在大多数情况下，媒体中种族出现频率的数字表征并不能确保内容质量。种族群体可能看起来是被认可的，同时又被微妙地刻板定型。这可以通过多种方式实现，包括主题、焦点、媒体对话、个人形象和描述。在情景喜剧中反复出现的情节里，女性角色不可避免地要为解决家庭冲突发出声音，这延续了妇女是家庭中情感调节的感情支柱、维和人员、养育者和道德监督者的传统观念。滑稽喜剧、帮派、打击犯罪以及时髦的都市年轻人和青少年生活是大多数以非裔美国人为代表的电视节目和电影的主题。关于非裔和拉丁裔美国人，暴力犯罪的新闻报道比任何其他单一类型的报道都多。一些日间脱口秀节目以吸引非裔、拉丁裔和欧裔美国青少年成为嘉宾。这些节目涉及诱使青少年参与帮派、暴力、情绪虐待和不稳定的男女亲密关系而臭名昭著。真人秀节目将粗鲁、侮辱和粗暴等同于娱乐，这并不局限于任何一个民族或种族群体。

即使通过大众传播媒体来消除对种族群体的消极的刻板成见，结果也可能适得其反，导致成见继续存在。1995年迪士尼动画片《风中奇缘》也称《波卡洪塔斯》（Pocahontas）的制作就是一个典型的例子。皮乌迪（Pewewardy，1996，1997）在一个有启发性的评论中，阐述了这部电影如何延续一些关于美洲原住民的长期刻板印象。波卡洪塔斯被描绘成一个少女，她端庄、对白人男子深深忠诚，以至于违反了自己种族社区的文化规则。根据皮乌迪的说法，这位年轻的印第安女性形象是为了服务欧美神话而创作的。例如，他认为"仙女公主"的概念很可能是英国人创造的，而不是美洲印第安人创造的。《风中奇缘》中的其他刻板印象和种族主义是通过指代土著人的语言（例如，"野蛮人""异教徒""魔鬼""原始人"等）和电影歌曲"野蛮人，野蛮人"的歌词来传播的。皮乌迪提出，迪士尼不是反对刻板印象，而是创造了一个"具有市场价值的新时代"的波卡洪塔斯，体现了我们千禧一代对整体与和谐的梦想，同时驱逐了野蛮与空虚的噩梦（p.22）。像教科书一样，这部电影避开了对英国迎战土著人的丑陋一面的描绘，比如他们的贪婪、不诚实和霸权。《波卡洪塔斯》中的刻板印象既不明显又不露骨，但却令人铭记于心。他们甚至不会被那些没有完全理解美洲印第安人文化或其在欧美主流社会中的历史经验的人觉察。

另一个试图弥补对印第安人刻板印象而造成伤害的例子是，决定将萨卡加维亚（Sacagawea）印在 2000 年铸造的新的 1 美元硬币上。美国铸币局局长菲利普·迪尔（Philip Diehl）认为，这一选择是授予肖休尼族青少年萨卡加维亚的特别荣誉，她身上的勇气、慷慨大度、好客以及口译技能在 1804 年帮助了刘易斯（Lewis）和克拉克（Clark）的西部边疆探险，同时也广泛地帮助了美洲原住民。印第安事务局助理局长认为这枚硬币将影响未来几代年轻人对美洲原住民的看法。一些美洲原住民同意这些评价，并对这一选择感到满意，而另一些美洲原住民则认为这是一种象征性行为，其意义不当。可能引发负面情绪的是将这种"杰出荣誉值"给予了一名青少年（萨卡加维亚在与刘易斯和克拉克一起旅行时年仅 16 岁），但她的成名是基于为欧洲人服务，而不是为自己的族裔社区做贡献，甚至她的身体特征都是未知的，无法确定的描述，从而使她的形象"不透明"。迪尔最初认为，可以通过硬币中带有"自由（Liberty）"的设计来描绘以萨卡加维亚为代表的美洲原住民女性而消除这种不确定性（Figlar，1998）。最终的图像是从新墨西哥雕塑家格伦纳·古塔克雷创作的设计中选出来的，以肖肖尼·巴诺克（Shoshone-Bannock）的大学生为模特（Axtman，1999）。由于需求低迷，2002 年停止了生产萨卡加维亚版本的硬币。但是，它毕竟是出于特殊目的而铸造的，其背面也针对在2009—2012年生产的美洲原住民美元系列进行了重新设计。每年的设计将纪念美洲原住民对美国社会和历史发展的不同贡献。第一个是2009年的设计象征其对农业的贡献。

人们质疑萨卡加维亚的贡献是毫无疑问的现实，同时人们想知道美洲印第安人获得认可的唯一途径是否就是服务于主流的欧美个人、文化、社会和意识形态。对身份模糊的个人的贡献表示敬意，对苦役的有限意义，在实现文化公平方面有什么进步？这种情况及其引起的关于"可疑性杰出"的问题也适用于其他有色人种群体。1990年，摩根·弗里曼（非裔美国人男性）凭借在《为黛西小姐开车》中的表演获得奥斯卡金像奖的最佳男配角提名，在该片中他扮演一位欧裔美国女贵族的司机，这传达出了具有讽刺和矛盾意味的信息。

第六节 多元文化课程内容的效果

关于文化多样性或多元文化课程内容，对学习成绩不佳的有色人种学生的影响的讨论仅限于阅读、写作、数学和科学。选择这些科目和技能出于五个原因。第一，将文化回应式教学放在通常被认为最重要的学校课程领域，在政治上是有利的，在教学上都是有效的。第二，数学、科学、阅读和写作是大多数教育环境中的学业核心，通常被用于评估学生的成绩。第三，阅读能力强烈影响其他学术工作和学科的表现。第四，数学和科学（尤其是高阶课程）具有很高的利害关系和地位，对于那些有机会取得高水平成就的学生来说，它们被视为通往12年学校学习以外的学术发展和职业机会的"门户"。第五，针对多元文化课程内容的阅读和写作方面的研究和实践指南要比其他学校科目更多，并且已经进行了更多的课程改革以增加有色人种（尤其是拉丁裔和非裔美国人）和女性对数学和科学相比其他学科更多的参与。如第一章所述，成就被普遍地认定为学术、标准化考试分数、课程等级以及其他绩效指标和衡量标准。其中包括，高级水平、高地位课程的注册人数增加；教学话语参与的数量和质量；提高学习的兴趣和学习动机；学生的效能感；并符合具体学习项目的标准和期望。

在书籍和文章中关于多元文化课程及其对学生成绩的影响的信息大多来自"实验"和"特殊"项目，而不是常规教授的内容、主题、技能和课程。尽管可获得研究信息的项目数目相当少，但它们的结果始终如一地支持有关文化回应式教学法潜力的理论主张。这里讨论其中的一些，以展示它们如何将文化回应式教学的原理转化为实践，并说明它们对学生成绩的影响。不幸的是，其中的许多项目已不再运作，在资助结束后便结束了。当前标准化的氛围不适合广泛的文化多样化课程和教学计划，尽管美国社会越来越多的人认识到（至少在意识形态上）民族、种族、文化、语言多样性在美国社会正在不断扩大，以及将其纳入教育实践的必要性。对于教师来说，熟悉文化相关的课程项目和计划仍然很重要，即使它们已经不复存在。但是它们提供了可用于开发当前和未来的文化回应式课程和教学的洞察视角。希望特定项目的一些原则和策略已经纳入常规的课堂程序，但这很难以确定。如果没能做到，那么缺乏规范将是为各种族学生提供文化回应式教育方面的一个主要问题。

一、阅读与写作的成就

多元文化读写计划（MLP）是使用文化多元内容教授阅读与写作的"特殊项目"之一（Diamond & Moore，1995）。它在密歇根州的安阿波（Ann Arbor）、英克斯特（Inkster）和伊普西兰蒂（Ypsilanti）的学区中实施了4年，其多种族学生群体为K–8年级。该项目包含多民族文学、全语言方法以及社会文化敏感的学习环境。文学作品突出了亚裔美国人、拉丁裔美国人、美洲原住民、非裔美国人和夏威夷原住民在各种传统民间故事、歌词、诗歌、小说、论文、传记和自传中的贡献。

项目设计者决定使用多元文化文学来教授阅读与写作，是因为它与学生的创造性思维方式产生了共鸣，并阐明了不同种族之间的共同人际关系。文学也是一种强有力的媒介，通过文学，学生可以直面社会不公，设想种族不平等，找到个人和政治问题的解决方案，并间接体验他们所无法接触到的问题、情感、思想和生活。这些文学作品的交流帮助学生"成为批判的读者，他们在构建自己对真理的看法时，学会从多个角度审视世界……做出明智和理想的决定，以最有效的方式纠正社区中不公正现象"（Diamond & Moore，1995，p.14）。

多元文化读写计划（MLP）为学习提供了各种团体安排和社交环境。其中包括学习中心、同伴互动、基于现实的多种阅读机会、不同类型的合作学习小组，以及在情感和学术上支持学习者的社区。更具体的教学策略包括将多元文化故事特征融入阅读和思考、持续默读（SSR）、定向阅读—听力—思考活动（DRLTA）、读者的戏剧、合读、对文学的个人反应和戏剧性解释（Diamond & Moore，1995）。多元文化读写计划的教师担任：

（1）文化组织者，他们采取促进完成任务的策略方式，从而将各种了解、体验、思考和行为的方式融合到学习过程中；（2）文化调解员，他们在追求知识和理解的过程中，为所有学生提供了批判性对话和表达的机会；（3）社会情境的协调者，他们提供多种学习配置，包括寻找、访问和评估知识的人际关系和个人机会。（Diamond & Moore，1995，p.35）。

关于多元文化读写计划（MLP）如何影响学生成绩，目前尚无可量化数据（例如标准化考试成绩和平均成绩的提高），但确实存在其他衡量成功的有效指标。它的创建者和协助者引用了课堂观察和对学生作业样本的分析，以表明该项目产生了积极的影响。在这些成绩衡量指标上，学生们表现出：

——对阅读多元文化书籍产生了更多兴趣和享受
——对阅读和写作的总体态度更加积极
——对书面语言的形式、结构、功能和用法的知识增加了
——扩展了词汇量、句型和解码能力

——有更好的阅读理解和写作表现

——写出更长的故事反映出更强的清晰度和连贯性

——更高的阅读速度和流利度

——提高了自信和自尊心

——对自己和他人的文化更有欣赏能力（Diamond & Moore，1995）

这些成就在不同种族、文化背景和知识能力的学生群体中都显而易见。该结果与其他研究人员的发现一致，例如马森和奥（Mason & Au，1991）、毕晓普和诺顿（Bishop & Norton，1992）。他们也发现，将儿童置身于与其生活经历相似的人物、环境和事件的文学作品中，会产生积极的学业、个人和社会成果，与多元文化读写计划产生的效果几乎相同。

韦伯斯特·格罗夫斯写作计划（WGWP）是另一个基于文学的读写计划，为参与的学生带来了许多不同类型的学业进步。它包括文化回应式教学的几个不同组成部分，但这里只审查其课程内容。该项目位于郊区的一个经济多样化的小型学区，大约有4400名学生（1/4的欧裔美国人和1/4的非裔美国人），其中包括密苏里州的五个自治市：韦伯斯特格罗夫、洛克希尔沃森森林、格伦代尔和什鲁斯伯里的部分地区（Krater et al., 1994）。在鼎盛时期，有14名英语教师和293名6—12年级的学生参与。最初的目标是非裔美国人，但两年后，该项目扩展到参与教师授课班级中所有表现低于年级水平的学生。

韦伯斯特·格罗夫斯写作计划（WGWP）是围绕8个主要原则和策略组织的，将非裔美国人的文化特征和贡献与写作过程和文学方法结合起来。这些原则是：建立在学生的优势之上；个性化和个性化教学；鼓励合作学习；加强语言控制；使用计算机；提高个人阅读和写作的参与；搭建文化桥梁和拓展个人视野。课程内容融入了非裔美国人文化的具体元素，比如以对话风格书写短篇小说和个人叙述；口头语言的解释；讲故事、剧本阅读和剧本写作；背诵诗歌、谚语和语录；呼唤—应答和戏剧表现；语言变化、以多种文学形式表现；以及关于非裔美国人历史的事实信息。由著名作家创作的文学作品被用来教授这些文化特色，如兰斯顿·休斯（Langston Hughes）、弗吉尼亚·汉密尔顿（Virginia Hamilton）、爱丽丝·沃克（Alice Walker）、理查德·赖特（Richard Wright）、保罗·劳伦茨（Paul Lawrence）、邓巴（Dunbar）、格温道林·布鲁克斯（Gwendolyn Brook）、托尼·莫里森（Toni Morrison）、斯特林·布朗（Sterling Brown）和尼基·乔万尼（Nikki Giovanni）等。

该写作计划通过标准测试的成绩、对学生写作样本分析和教师对学生行为的观察来评估其对学生成绩的影响。所有这些措施的结果都取得了显著改善。在第一年末，参加地区写作评估的学生的分数平均提高了 2.0 分，而所有学生的平均分数提高了 1.6 分。该项目中非裔美国学生的分数在初中期间提高了 2.3 分，在高中期间提高了 1.7 分。该学区过去的书面评估显示，在一个学年中，每个年级平均的成绩增加了 1.0 分。

在该项目的随后几年中，所有参加活动的学生仍然比同龄人在写作技巧上有更大进步。非裔美国学生的表现可与其他项目学生相媲美。在前 4 个成绩中，他们在写作评估中的得分提高相同，但略低于该地区所有学生的平均得分（从 1.0 分到 4.6 分）。改进趋势存在的偏差发生在该项目第二年的 9 年级和 10 年级，当时所有目标学生和非裔美国学生的学习成绩都下降了。尽管有这些改进，非裔美国学生的成绩仍然显著低于整个地区的其他学生（Krater et al., 1994）。

在韦伯斯特·格罗夫斯写作计划推进的第五年，这个项目从地方转向密苏里州写作测试，以评估学生的表现。同样，测试结果是积极的。参与该项目的 8 年级学生中有 67%（215 名）得分高于州平均水平，而 14%（45 名）的得分低于平均水平。在参加密苏里州写作测试的所有学生中，只有 6% 的学生得到 5 分或 5.5 分（总分为 6 分）；其中 20% 是韦伯斯特·格罗夫斯写作计划目的参与者（Krater et al., 1994）。除了这些测试成绩外，还有其他指标表明该项目对学生成绩的积极影响。学生写作样本证明了其在思想的发展和组织。具体单词的选择、引言和结尾的改进，以及集中的思维和表达的清晰度等方面都提高了。学生们对自己的写作表现出更大的信心和满意度。非裔美国人尤其如此。韦伯斯特·格罗夫斯写作计划的整体成功，促使该学区将其原理和方法进行调整以适应于K–9数学教学，而另外两个学区在写作项目中也应用该模型。

格赖斯和沃恩（Grice & Vaughn，1992）提供了成功利用种族文学来提高学生读写能力的其他证据。他们研究了非裔和欧裔美国3年级学生对非裔美国文化意识，即对具有非裔美国人主题、故事情节、人物和环境的图画书、小说、传记和诗歌发生的反应。选择这些资源是为了激发人们对文化遗产的自豪感；庆祝著名的非裔美国人的胜利；培养对社区的责任；珍惜家庭生活；通过提高年轻读者自信和决策能力来增强他们的能力。本研究采取四个定性指标评估该课程对学生成绩的影响。它们是：

（1）理解力（学生理解这些书的内容了吗？）

（2）真实性（学生认为故事和人物是真实的吗？）

（3）身份和参与（学生是否能在故事中联系亲身或看到自己吗？）

（4）评估（学生喜欢还是不喜欢这本书，为什么？）

该项目使用的26本书中有21本书归类为"具有文化意识"，3本书是"大熔炉"（人物是中产阶级，没有明确提及其种族身份）。其中20本是图画书，2本是青少年传记，4本是字面小说作品，其书中人物的年龄接近三年级。这些书因情境、文本聚焦，体裁不同包括非裔美国文化遗产、传记、社区、家庭关系、友谊、诗歌以及男女角色。被选中参加该项目的学生的阅读量比其年级水平低2年，并且在MAT-6成绩测试中得分低于25%。在研究开始之前，他们已经表现出跟随故事情节的能力，就人物和故事情节的真实性发表看法，将自己融入故事中并解释自己对研究中所用的书籍难度相当的评价。

不论种族和性别，学生都更喜欢有关家庭、社区和朋友的书籍。非裔美国人（尤其是女性）的接受和认同程度高于欧裔美国人。不论是欧裔还是非裔美国人，都觉得关于非洲的遗产和诗句的书籍更难于理解与接受。但对于非裔美国人的学生来说，问题就少了。学生的语境知识、先前的经验和文化背景会促进和调整他们从书本中接收信息的能力（Grice & Vaughn，1992）。

这些发现支持了一些有关文化回应式教学法的一般性主张。一个民族的学生可以学习和欣赏其他民族的文化和贡献，而学习自己种族的文化遗产是对个人的丰富（Aronson & Laughter, 2016；Sleeter, 2011）。正如博伊得、考西和加尔达（Boyd et al., 2015）所解释的那样，不同种族的学生在课程内容和教学文本中看到自己，这是很重要的但还不够。他们也需要在他人身上认识到自己，并理解他们是整个人类的一部分。这种理解和互相联系的本质是要认识到，没有一个群体或个人是单一的（Adichie, 2009）。试图将人的复杂性降低到一维的尝试，会导致刻板印象和意义不明的假设。查阅在不同时代和背景下有关种族和文化差异的个人和群体的各种资料，可以避免这种情况的发生。但是，如果没有足够的背景知识和语境导向，多元文化内容也可能会产生负面影响。在格列斯和旺（Grice & Vaughn）研究的学生对非洲遗产书籍的反应中，这一点显而易见。欧裔美国人和非裔美国人都拒绝去读有关非洲的故事，因为他们没有足够的背景知识来理解或欣赏它们（Grice & Vaughn, 1992）。诸如此类的现象支持了克劳福德（L. Crawford, 1993）的断言，即学生的智力、文化和经验图式与教学材料的主题和课本中所表现的图式之间的不匹配会妨碍理解。相反，当学术和经验图式相匹配时，学生会发现阅读材料更容易理解，并且在提高其他读写技能方面更有用。通过卡罗尔·李（Clarol Lee, 2001，2007，2009）的文化建模项目和使用文化数据集，来教授非裔美国高中生的文学解释技能和写作技巧（在第四章中详细介绍）证实了克劳福德（L. Crawford）的主张。

施罗特、费恩和黑斯蒂（Schrodt et al., 2015）提供了其他支持性证据，这一次是从幼儿优势的角度出发。他们描述了幼儿园家庭背包项目（Kindergarten Family Backpack Project）的内容和效果，这是一个以课堂为基础的教师和家长合作的项目，旨在改善5—6岁儿童的语言和读写能力的发展。该项目的意识形态基础包括这样一种观念，即多样性是一种生产性资源，儿童拥有丰富的文化、知识和经验，可以而且应该用于他们的教育。对于学生和家长来说，积极描述多样性的文学资料更有趣、更相关、更吸引人。为学生选择的阅读文本包括多种多样的主题、观点和经历，如种族、语言、移民和收养。这些主题与参与项目的学生的经历和身份相吻合。学生们参与双向分享所读的书（从学校到家，从家到学校），除口头上分享他们对这些文章的理解和回应外，他们还写日记。对这些条目进行内容分析，以确定文本和学习经历对学生表现的影响。这些分析的结果表明，此项目在改进学生的写作技巧和阅读理解方面获得了成功。这一一般性结论可以通过以下具体情况得到验证。

在他们的日记中，孩子们应用一系列组合写作，包括叙述、回忆故事中的事件、建立联系、使用音素意识和语音自然拼读法以及紧急状态模拟法书写，用图画表达对课本的感受和反应以及识别文字和课本之间的关系。孩子们发明的拼写方式使他们能够展示他们已经知道的写作代码，并为老师将来的教学提供信息。通过对文化相关课本的框架的了解、阅读和回应，幼儿园家庭背包项目创造了一个空间，让孩子们可以解除伤害性的图像和想法的压力，肯定积极的自我形象和文化。通过公开而有意义的讨论和书面回应，儿童和家庭能够在学术性课程的框架内，挑战当前社会秩序的现状。（Schrodt et al., 2015, p.596）

自1987年以来，亚利桑那州纳瓦霍保留地的Rough Rock示范学校一直在通过丰富文化内容来提高学生的学业成就。为实现此目的而设计的项目是一个毛岩（Rough Rock）英语和纳瓦霍语言的双语/双文化语言艺术倡议（RRENLAP），以提高学生的语言能力、读写能力和双语能力（Dick et al., 1994）。该项目最初是在幼儿园和1年级学生中进行的一项实验，最终扩展到6年级。它的任务是修订"前沿"教学法，如全语言教学法、合作学习法和以文学为基础的读写教学法，以适应Rough Rock示范学校学生的语言和文化背景。例如，3年级关于"风"的一个单元教学，其中包括对当地和区域气候学的学习、纳瓦霍方向符号和口头叙述，以及用纳瓦霍语和英语撰写的日志。随着时间的推移，人们越来越少地依赖于商业出版的阅读资料和语言艺术材料，而更多地依赖于学生和教师自己写的反映当地社区文化的材料（Dick et al., 1994）。

Rough Rock 示范学校双语语言艺术项目（RRENLAP），大大提高了学生的成绩。根据当地制定的阅读理解标准为参照，幼儿园到 3 年级学生的学习成绩提高了 12 个百分点，而他们在基本技能综合测试（Comprehensive Tests of Basic Skills）的阅读词汇测试中的百分等级得分翻了一番，尽管他们仍低于全国平均水平。在该计划中度过了 4 年的第一批学生在第 3 年中的纳瓦霍语和英语听力理解的平均分数上提高了 60%。教师的定性评估表明，项目学生在词汇、语法、写作的社交使用和内容领域知识得到持续改善和控制（Dick et al., 1994；Lipka & McCarty, 1994；McCarty, 2002）。该项目说明了文化回应式教学的另一个重要原则，即具有不同能力的学校教职员工之间、学校与社区成员之间的持续合作，是一种为不同种族的学生开发相关课程内容和教学计划的有用方法。

堪萨斯州的基卡普族（Kickapoo）试图通过制定一项名为"学习圈"（Circle of Learning）的改革计划，使其部落社区的儿童和青少年在学业上获得更大的成功（Dupuis & Walker, 1988）。该项目始创于 1985 年，旨在将基卡普族（Kickapoo）的文化特色融入教育过程。该计划的具体目标包括提高学业成就；发展积极的自我形象；以合作和资源共享的方式教授竞争技能；促进文化持续和适应发展；促使更多的基卡普族的家庭和社区参与到教育过程中。学生在学习学术主题内容和技能的同时，学习了他们的文化价值、母语、历史和贡献。其中的一些价值观包括尊重长者的智慧和尊严、坚忍不拔、忠于社区、勇敢、关怀和互助、慷慨和自觉。实际上"基卡普族文化特色已经植入了整体课程结构"（Dupuis & Walker, 1988, p.31）。学习圈效果的唯一证据来自该计划开始两年后对学生进行的态度调查。所有受访者都认为这提高了他们对学校的兴趣和参与度，增强了自信心和与非印第安世界打交道的能力，以及对自己文化价值的尊重和以自己的种族身份为荣重要性的理解（Dupuis & Walker, 1988）。

二、数学和科学的学习成就

《数学教育公平新方向》的特约作者（Secada et al., 1995）和《文化回应数学教育》（Greer, 2009）以及摩尔和冈萨雷斯（Moll & González, 2004），奥·李和卢伊克斯（O.Lee & luykx, 2006）以及伦纳德（Leonard, 2008）等人描述了许多短期数学和科学项目、课程、单元和具体课例，这些内容涵盖了文化回应式教学的要素。这些课程重点在数学，但通常也包括科学以及其他学习领域的内容，如交流素养、社会研究和技术。这些研究的一个共同特点是，通过接受数学和科学知识存在于所有文化群体的事实，在各个学科、年级和种族群体中学生的成绩都得到了提高。教师从不同种族的日常活动和文化遗产中获取数学和科学知识及技能，将其作为资源和杠杆来教授数学和科学，并将学校知识与不同文化社区中存在的知识资本联系起来。正如奥·李和卢伊克斯（O. Lee & Luykx, 2006）所解释的那样，虽然这可能并非适应每个族裔群体，但大多数学生在家里和文化社区中学习和交谈方式是"与科学社区……的这些方式是连续的"，这些学生会展开有意义的实践……深度的提问、活跃的扩展、情景猜测、嵌入的想象、多重视角和创造性地使用日常词汇来构建新的意义……这些都是科学学习中的智力资源（p.47）。然而，与其他多数学科相比，科学课程在文化回应式教学方面取得的进展较少。

用于教授数学知识、概念和技能的文化场所和资源涵盖了广泛的想象力和未开发的可能性。其中包括建筑工艺、使用城市交通、旅行、编辫子、购物、星象导航、服装、陶器、首饰、织毯、棉被和篮子编制等的图案设计；音乐和艺术、烹饪和游戏。这里展示两个长期项目，以说明一些文化回应式教学的原则是如何在数学课程和教学中实施的。其中一项涉及阿拉斯加原住民，另一个是非裔美国人。文中还描述了两个为美国原住民设计的以文化为基础的美国原住民科学项目。

"文化背景下的数学"（MCC）是一项面向阿拉斯加原住民的长期

合作项目,由数学家、数学教育者、尤皮克族(Yupik)社区长老、尤皮克教师和阿拉斯加学区官员共同开发(Lipka,1994,1998;Lipka & McCarty,1994;Lipka et al.,2009)。为小学生设计的这一综合辅助课程,旨在将土著文化知识纳入以改革为导向的数学的内容和教学过程中,并提高学生数学成绩。它包括尤皮克族交流模式、关联和教学的文化内容和语境知识。该课程包括7个有关尤皮克(Yupik)文化日常活动的模块。它们是晒鱼架、浆果采摘、鲑鱼烘干、星光导航、皮大衣设计、蛋岛和熏蒸房建造。

这些模块的信息是由课堂教师和大学师范教育工作者组成的团队收集的,他们观察了示范活动并听取了尤皮克长老的讲解。他们还参加了星光航行,搭建了鱼架,并制作了模型熏制房;收集了传统的故事和游戏。随着教育者和社区成员之间信任和平等参与关系的发展,项目设计团队开始更好地理解长老知识的历史和文化背景。长老透露了更多以前对外人"隐藏"的做法和程序。嵌入日常活动中的数学变得更加明显,比如测量、计算、估算、设计、建模、定位和导航。

随后出现的交流和教学的文化方式,也被整合到了"文化背景的数学"(MCC)中,例如讲故事、使用符号代表思想、专家—学徒模型、共同生产模式和认知学徒制。该程序并不意味着要在学校环境中复制本地知识。相反,它把尤皮克族的日常数学知识和教学风格与西方数学内容和教学法相结合。这是通过将学校数学教学置于阿拉斯加本地学生熟悉的环境中,并以足够的新鲜感来吸引他们去参与和实现(Lipka,1994,1998;Lipka & McCarty,1994;Lipka et al.,2009)。因此,"文化问题、力量和创造力被交织在一起形成了第三空间,即重新语境化的内容和围绕学习内容的环境,同时又不忽视改善学生数学学习的关键重要性"(Lipka et al.,2009,p.266)。

"文化背景下的数学"(MCC)建立在几个假设的基础上,这些假设是文化回应式教学的基础。其中两点是:(1)当文化多样性的学生在多个层面上认同所教授的内容,并有多种参与内容的方式时,更多的机会和高质量学习的成就是可能的;(2)在教学中使用不同种族的知识、语言和文化对学生的身份认同有积极的影响,进而提高学生的学业成绩。这些主张在阿拉斯加原住民的"文化背景下的数学"方式和其他文化回应式课程中都得到了实践的证实(Demmert & Towner, 2003; Lipka, 1998; Lipka et al., 2009; Sternberg, 2006)。无论在农村还是城市学校里学习具有文化教学技巧教材的学生的成绩,始终优于那些使用标准数学概念和技能的传统课程的教材的学生。

四十多年来,鲍勃·摩西(Bob Moses)(Moses & Cobb, 2001; Moses et al., 2009)一直在指导"代数项目"(Algebra Project),该项目旨在提高非裔美国初中学生在代数 1 中的参与和表现,以及提高他们在高中高级数学课的注册率。它是对其他数学课程和教学形式的补充,而不是替代。出于对自己孩子的数学学习机会的关注,摩西在马萨诸塞州的剑桥市发起了"代数项目",但此后迁至密西西比州的杰克逊市,并在美国其他多个城市进行了扩展,包括芝加哥、旧金山、迈阿密和纽约。到 20 世纪 90 年代末,该项目已有 12 个州的 18 所学校的 4—8 年级的教师参与进来(Moses et al., 2009)。

摩西利用他在 1960 年的民权运动中参与社区政治活动的思想基础和所掌握的方法论,来指导数学内容选择和教学实践。"代数项目"的目标是将数学嵌入边缘化学生和有色人种社区日常知识和活动中,包括非裔、拉丁裔和美洲原住民,以及一些贫困、学业不佳的欧裔美国人。此项目作为学校数学教学的桥梁和渠道,通过使用过渡课程材料,帮助学生从算术思维转向代数思维,并高度重视学生的同伴文化和协作。此项目通过让学生积极参与社会政治活动,将数学素养与社会公正联系起来,并发展青年的领导力。

"代数项目"的课程材料和教学按照五步过程进行组织,以帮助学生在他们的经验世界和社会语言之间移动,并将他们的文化体验数学化,也被利普卡(Lipka, 2009)称为"第三空间的智力活动",另一些人将其命名为"跨越文化边界的思想和行动、攀登脚手架和去数学神秘化"等

（Ernest，2009；Gay，2009；Giroux，1992）。这五个步骤让学生：

（1）进行身体体验；

（2）用自己的话语和视觉形象来表达；

（3）使用日常语言描述经验；

（4）将这些描述翻译成更规范的语言，即所谓"特征对话"以适合数学表达；

（5）将"特征对话"用传统数学符号表示（Moses & Cobb，2001）。

不同族裔经验、当地知识和人类普遍经验的特定文化参考的组合，编织到所有这些程序中，也经常根据当地情况制定参考资料。例如，使用地铁列车之间行驶的频率和速度在不同车站之间旅行，教授代数概念和技能。这对于熟悉这种交通方式的大城市地区的学生非常合适，但对于在偏僻农村社区的学生来说没有意义也不适合（Moses & Cobb，2001）。"代数项目"课程几乎所有模块中都使用话语数字符号，以模拟数学论述，并允许学生们与数学家对话，同时实践适当的技术数学对话。因此，基于文化的体验式学习是在同龄人合作和数学实践课堂社区的背景下发生的。

"代数项目"从一开始就对学生成绩产生了积极的影响。相比那些没参加过该项目的有色人种学生，参加者中有更多的人报名参加了初级代数和代数课程，第一次参加就通过了州规定的测试，并更多成为社会正义的积极分子。此外，该项目中纳入的文化参考为被剥夺权利的学生提供了支持，并增强了他们的学术效能感、文化认同感和种族自豪感（Moses & Cobb，2001；Moses，2009）。其他非数学学业能力也有很明显的提升，例如与读写能力相关的推理能力、理解能力、表达的清晰性和连贯性的语音能力以及适当与观众交流的能力。该项目体现了文化回应原则，即从学生来自何处开始教学，并将他们带到教室的内容与所学的正规科目相呼应。接受这些社会和文化资本的价值，并利用它作为桥梁，使教科书和课堂教学内容对不同种族的儿童和青少年更有意义。

马修斯和史密斯（Matthews & Smith，1994）研究了与文化相关的教学材料对美国土著学生在科学和语言艺术方面的兴趣、态度和表现上的影响。这项研究的参与者是 203 名 4—8 年级的学生和 10 名教师，他们来自印第安事务局（BIA）的 8 个机构的 10 所学校的 17 个班级。这些学生分布在 11 个部落中：纳瓦霍族、苏族、托霍诺·奥德姆族、霍皮族、基奥瓦族、夏延族、雅基马族、科曼奇族、威奇托族、卡多族和庞卡族。该项目为期 10 周，在此期间，实验组的教师使用美洲原住民文化内容教授 25 小时的科学和 25 小时的语言艺术。对照组的老师教同样的课时和技能，但没有特别设计的材料。与文化相关的内容包括从事不同职业、在日常生活中使用科学的印第安人的生平简介；由保留区学校数学和科学教师（硕士）项目开展的与数学和科学相关活动，以职业为导向的材料中探索科学主题（COMTS）和外部世界科学项目（OWSP）的科学活动；美国印第安人科学与工程学会（AISES）出版物中的 12 幅草图。

为收集学生在科学相关领域对美洲原住民的态度（通过"对科学中印第安人的态度"量表衡量）和科学概念知识（由"科学概念"评估）的成绩数据，使用了前测和后测设计（问卷）。结果显示，与那些学习类似技能但没有文化相关内容的学生相比，使用美洲原住民文化材料的学生态度更积极、成绩水平更高。这些影响在学生性别方面没有显著的差异。接受文化材料教学的学生中，超过 2/3 的人表示，他们学到了更多的科学知识，他们的老师使科学变得有趣。对科学态度与成就之间也存在正相关，但相关性较低。与文化相关的材料的影响因种族而异，非纳瓦霍族学生的学习成绩高于纳瓦霍族，但态度上无显著差异。这些结果促使马修斯和史密斯（1994）建议，关于美洲原住民的课程内容应明确处理特定部落群体的文化特征和贡献。

布朗（Brown，2015）在她的研究中发现，根据不同学生的文化背景量身定制科学、技术、工程和数学教育课程（STEM），可以提高他们对内容的学习能力。其中一种方法是使用学生熟悉的科学和数学应用实例和文化知识。这减少了学生的家庭和学校经验之间的不协调，从而增加了对科学内容的兴趣和真实性。这些文化触点的使用激发了 STEM 教育的多种益处，包括学生更渴望学习和更投入学习；改善教师、学生和家庭之间的关系；提高教师在不同学生中的信任度和学生更高的学业成绩。在教学技术中，多元文化的联系对于缩小成绩差距和促进代表性不足的少数族裔学生在科学和数学上的教育公平至关重要。

勒里希和穆尔（Roehrig & Moore，2012）将这些基本理念应用到了与文化相关的STEM教育计划中，该计划针对来自白土保留地（The White Earth Reservation）的奥吉布瓦语学生。该项目名为"触及天空"（RFTS），将科学融入美洲原住民的传统文化和日常生活方式中，包括使用美洲原住民的语言、灵性、传统活动和故事，以及父母和长者的积极参与。勒里希和穆尔坚持认为，将文化多样性与STEM教育相结合具有良好的教育意义，并建立在自然现实的基础上。后者触及一个事实是，数学、科学、文化和技术是几乎每个人日常生活的自然组成部分。他们补充说，在幼儿教育中开始教授这些联系是合理的，因为孩子们是天生的科学家，有一种天生的好奇心，并且不断追求发现。"触及天空"（RFTS）项目也产生了其他积极的结果。它激发了社区的参与。现在，保留地的长老们与大学师生一起，向美洲印第安青年传授数学、科学和工程已成为他们日常生活的一部分。

第七节　完善多元文化课程内容

所有学校的课程中都需要更多的文化内容，包括所有肤色人种的文化。这种需求在数学和科学以及非裔美国人以外的种族群体中尤为明显。中学还需要多元文化素养课程，在各个年级开设更多的数学和科学课程，讲授有关性别贡献、种族群体内的问题、经历和成就效应的明确内容。此外，我们还将做出更持久的努力，将有关种族和文化多样性的内容纳入普通学校的课程和日常技能教学。

教育工作者应该努力确保多元种族群体的课程内容准确、真实和全面。这一目标可以通过与少数族裔学者、社区领导人和"文化经纪人"的合作来实现，也可以整合来自许多学科的信息，为不同的少数族裔群体生成与文化相关的课程内容。文化回应的课程内容还应同时处理跨种族群体的概念、原则和思想（如压迫、身份认同、无力感和特权、文化和斗争），以及关于特定群体的特定生活、经历和贡献的知识（Banks，1991，2003；Gay，1988，1995，2002）。例如，学生需要了解亚洲裔美国人及其众多的民族，通常包括中国人、越南人、菲律宾人、柬埔寨人、韩国人、日本人和东印度裔美国人。

迄今为止所审查的文化多样性的课程内容的性质和效果中，还包含着其他对文化回应式教学实践的重要影响。其一是需要定期向学生提供更准确的关于不同种族群体的文化信息，以填补知识空白，纠正现有的扭曲。这些信息需要能够促进许多不同类型的学习——认知的、情感的、社会的、政治的、个人的和道德的。它应该是多种族的，涵盖广泛的视角和经验，并包括有形的（工艺品）和无形（价值观和信仰）方面的文化（J. A. Banks & C. A. M. Banks，2010；Hilliard，1992；Nieto，1999）。没有任何单一的内容来源能够单独完成所有这些工作。因此，课程设计人员应该始终坚持利用来自不同体裁和学科的各种资源，不仅包括教科书、文学、大众传媒、音乐、个人经历和社会科学研究，还应包括来自新的和新兴的以种族为中心的女权主义文学和社会科学学术研究内容。

学生应该学会如何对各种来源的民族文化课程内容进行思想分析和内容分析。这些学习经验包括揭示隐含的价值观和偏见、改变态度和看法、开发不同的评价标准，并有意识地解析然后重建常见的种族和性别角色定型。首先，学生可以从收集编写教科书作者和媒体程序员的种族、性别、专业知识、经验和动机等背景信息开始。然后，他们可能会寻找证据，证明这些"定位因素"如何影响作家和导演关于种族问题和群体的陈述。在寻找证据的过程中，学生可以分析电视节目和电影中人物对话中的短语和单词，所描绘的主题、话题和场景，以及教科书中特定的年龄、性别和种族故事。学生们可以比较相同问题的不同版本和解释，如非裔、华裔、拉丁裔和菲律宾裔美国人对待妇女解放的态度。

这些学习活动表明，知识是一种社会性的、情境的建构，而不是一种普遍的、绝对的现实，以及语境在意义创造中的影响。它们将有助于消除种族主义和性别歧视的负面情绪和学术影响，这些内容在正式和非正式课程内容中是根深蒂固的。学生在这些分析中应用的技能，如探究、批判性思维、收集数据、验证证据、换位思考、理解和交流信息，代表了他们自身的重要学术成就。

教师和学生应自行研究教科书、大众媒体、商业书籍和其他课程内容来源如何影响对种族和文化多样性知识、态度和行为以及对各种学术技能的掌握。关于这些影响究竟是什么，存在许多断言，但能证实这些论断的实际数据太少。在传统的参与性观察、叙述和合作行动研究下，学生和教师应该在自己的课堂上进行日常的自我学习。他们可能会探讨这样的问题：关于种族和文化多样性的哪些方面是最易察觉、最容易引发压力、最困难或最容易掌握的？学生对文化多样性的接受和抵制是如何表现的？又是如何调节的？这些反应在民族内部和不同民族之间的性别分布如何？什么样的教学材料对哪些学生最有效？什么构成了对多元文化课程内容及其相关证据的掌握？

肖尔和弗莱雷（Shor & Freire，1987）令人信服地阐述了这类学习经验的教育价值。他们把这些经验视为高质量的自由教学的基础。批判性反思、不确定性、好奇心、求知欲和行动是有效学习不可或缺的要素。这种"研究性教学"对提高学生的学习成绩也具有实用价值。它有助于教师开发具有内在激励作用的课程内容；使学生和教师之间的互动更密切，促进他们之间更好的合作，并产生"草根"知识和观点，挑战由学校推广的官方意识形态。

最后，学生和教师应该成为种族和文化多样性的学者，并生成适合自己的课程内容。他们可以做图书馆研究；进行访谈和口述历史；参与影子研究；组织文化交流活动；对少数族裔社区和机构进行现场观察；并根据种族、性别、年龄、时代、教育水平、职业、原籍国和居住地点等方面收集大量的个人故事。这些查询产生的信息可以用于质疑、纠正、补充或替代现有的教科书和大众媒体内容。

结　论

　　学生们可以接触到有关种族和文化多样性的各种各样高质量的内容。这种接触是正式和非正式的，直接的和含蓄的。它包括学校正式提供的内容以及通过"社会课程"提供的内容，特别是通过大众媒体和商业书籍提供的内容。无论这些信息来源所传达的种族多样性形象是积极的还是消极的，它们都对学生有强大的影响，包括自我认知、对他人的态度、什么被认为是"真理"和值得了解的知识，以及他们如何回应课堂教学。如果学生在文学和商业书籍、电视节目、电影、报纸和广告中看到自己的种族被描绘成负面形象，他们可能不会珍惜自己，也不会相信学校会采取不同的做法。不幸的是，他们的怀疑常常被带有种族偏见的教材所证实。种族多样性学生如果在社会和学校中感到不被认同，他们在学业上的表现就不可能像他们可能做的那样好，如果没有其他原因，这些偏见会干扰他们的学习动机、按时完成任务和学习的持久性。因此，学校内外的所有课程内容来源都应加以修订，使其在表现文化多样性方面更加准确和包容。良好的信息是文化回应式教学和提高学生成绩的必要因素。

　　在过去几十年里，教科书、文学书籍和大众媒体在描绘非裔、亚裔、原住民、拉丁裔和欧裔美国人的历史、生活、文化和贡献方面，取得了一些显著的进展。最明目张胆的刻板印象逐渐被消除了。然而，这些经常使用的课程内容资料却并非如此，没有做成它们应该做的那样好。它们的缺陷需要社会各界和教育行业的不断改进。教师和学生应该积极参与提高这些教学材料的质量。直接参与民族文化多样性知识的建构，是实施文化回应式教学的重要途径。

　　课程来源和内容，能够准确展示种族和文化的多样性为提高学生成绩提供了其他几个好处。第一，他们为那些从未与自己以外的种族群体有过密切接触的人提供了机会，可以与各种各样的人进行面对面的交流和接触。这种经历本身就能平息一些恐惧、驱散一些神话，并产生一些从书本和其他媒体来源无法获得的知识。消除新知识带来的威胁和恐吓，可以提高人们对新知识的接受能力和掌握能力。第二，学生积极参与他们自己的学习，这往往对学习成就有积极的影响。第三，学生有真正的力量帮助组织自己的学习。因此，他们对自己的学术命运有了一些真正的控制权。当然，学生会更好地学习他们自己创造的东西。

关于多元文化课程内容对提高种族多样学生成绩潜力的理论是丰富而广泛的，但支持性研究仍然相当稀少。我的猜测是，许多教师在某种程度上都在进行文化回应式教学，但这些实践并没有被系统地记录下来，也没在教育学术研究中定期报告。需要更多的实证研究、观察性研究和实践记录来支持理论主张。在收集这一证据时，重点应该是明确课程内容对不同类型的成就的影响，如平均绩点、考试成绩、课堂讨论的参与、学生的自评和效能感等；这些影响如何在族群内部和族群间分布；以及将多元文化内容纳入学校所教授的所有学科和技能课程中产生的成就效应。在幼儿园到小学2年级之外的其他阶段，学生和他们的老师可以通过"讲述他们自己的故事"来了解多元文化课程内容如何对他们个人产生影响，从而为这一知识储备的发展做出贡献。学生们的"实况评论"是决定教育改革有效性的有力证据，但经常被忽视。文化回应式教学通过调研学生对教育事业各方面的需求、知识和参与，课程内容进行选择、设计和分析，以及确定其对成就的影响等方式纠正了这一疏忽。

本章讨论的课程计划、实践和研究，对未来文化回应式教学的实施提供了几个重要信息。首先，根据不同种族、年级、学科或技能领域的各种指标，即使是文化内容最少的课程也能提高学生的成绩。多重成就效应包括在标准化测试中获得更高的分数，更高的平均绩点，提高学生的自我意识和自信，以及学生对更多种类和更高水平的学科的参与。这些影响的范围是非常令人鼓舞的，它表明教师可以有许多方式为非洲、亚洲、土著和拉丁美洲的学生设计文化回应课程。然而，还需要更多的证据来证明多元文化内容对学校所有学科、所有年级和所有种族群体学生成绩的影响。

实践可能性

与其他方面一样，文化回应式的课程内容需要多样化（形式和内容），以反映和最大限度地提高来自不同民族、种族和社会群体的学生的知识、观点、经验和学习。以下内容来源和例子可以帮助教师做到这一点。它们还有助于反驳那些经常宣称的不知道在哪里找到有关文化多样性的有效信息，或者不知道如何有效地利用这些信息的说法。

一、文化多样性和社会正义的影视作品

America Beyond the Color Line: Henry Louis Gates, Jr. travels to the East Coast, the deep South, inner-city Chicago, and Hollywood to investigate modern Black America and interview influential African Americans, including Colin Powell, Quincy Jones, Samuel L. Jackson, Alicia Keys, Maya Angelou, Willie Herenton, and others.

The Asianization of America: Describes the increasing role of Asians in U.S. business and society, and how this trend is affecting society.

Balablock: An animation depicting the various ways people react to others, strive for conformity, and are often intolerant of differences. It also shows the advantages that can be found in diversity.

Becoming American: The story of Laotian family members as they become refugees and are resettled in the United States. The film depicts their struggles entering a new country, such as culture shock, prejudice, and gradual adaptation.

Better Together Than A-P-A-R-T: Outlines fundamental concepts of intercultural communication. Some topics covered in this presentation are acculturation, stages of ethnocentrism, cultural values, cultural variation, verbal and nonverbal communication, styles of thinking, intercultural competence, and stereotyping.

Cold Water: A commentary on the experiences and feelings of international students who have studied in the United States. The focus is on their adjustment, value conflicts, and perceptions of Americans.

The Color of Fear: Examines the pain and anguish that racism has caused in the lives of North American men of Asian, European, Latin, and African descent. Out of their confrontations and struggles to understand and trust each other emerges an emotional and insightful portrayal into the type of dialogue most of us fear, but hope will happen sometime in our lifetime.

Coming Across: Five American students interview students who have immigrated to the United States from a variety of places. This film looks to develop empathy and understanding.

Communicating Across Cultures: This film discusses how misunderstandings can result from different communication styles. It also addresses the discomfort many people feel when dealing with issues of race and gender and suggests some ways to facilitate better communication.

The Danger of a Single Story: Novelist Chimamanda Adichie tells the story of how she found her authentic cultural voice, and warns that if only a single story or perspective about a person, country, or culture is told or heard, there is high risk of critical misunderstandings.

Differences: A collection of people from various minority groups within the United States discuss their experiences and conflicts as they deal with the unwritten rules of White, middle-class America. They discuss stereotypes, family traditions, and the biases they see in educational materials.

Ethnic Notions: Presents examples of the way that racism is depicted in American culture and the evolution of racial stereotypes.

Eye of the Storm: A public school teacher in Iowa divided her all-White third-graders into blue- and brown-eyed groups for a lesson in discrimination. On successive days, each group was treated as inferior and subjected to discrimination. *A Class Divided* and *Blue Eyed* are subsequent examinations of similar issues.

Hidden Figures: Oscar-nominated film about a team of female African American mathematicians who played a vital role in NASA during the early years of the U.S. space program.

How We Feel: Hispanic Students Speak Out: A group of successful high school students from Spanish-speaking backgrounds reflect upon their experiences in school and suggest ways to improve the experiences of minority students.

I Am Joaquin: Based on an epic poem published by Rodolfo "Corky" Gonzales in 1967. Gonzales's poem weaves together the diverse and complex roots of his Mexican, Spanish, Indian, and American parentage and a past mythology of pre-Columbian cultures. The film also spotlights the challenges they have endured because of discrimination.

More than Bows and Arrows: Documents the contributions of Native Americans to the United States and Canada.

Nuyorican Dream: Celebrates elements of community life—solidarity, sharing of resources, cultural citizenship—that make day-to-day survival possible, giving testimony to the central role played by Puerto Rican women in maintaining family and cultural ties.

A Place of Rage: Prominent African American women comment on their experiences of racial discrimination and the effects on U.S. culture, and make suggestions for improvements.

Precious Knowledge: Presents the struggles of students and teachers to save their high school Mexican American studies program against the opposition of elected state officials.

Race in the Classroom: Depicts moments when race and culture become major factors in classroom dynamics. It includes vignettes based on real incidents reported by students and teachers in a university environment.

Racial Stereotypes in the Media: Examines the relationship between mass media and social constructions of race from political and economic perspectives while looking at the effects media can have on audiences.

Shadow of Hate: A history of intolerance in the United States.

Skin Deep: Documents thoughts and feelings of several college students spending a weekend retreat together. It addresses issues of racism, prejudice, and cultural difference as seen through the perspectives of this very diverse group of students.

Something Strong Within: Shows insider perspectives of Japanese Americans during internment, and the strength of people surviving.

Take Two: Scenes of miscommunication are shown, followed by a demonstration of skills for alleviating the miscommunication. Interactions between U.S and nonnative speakers are used.

Telling It Like It Is: Reflections on Cultural Diversity: With candor and humor, Joan Fountain leads her audience through some of her own experiences as an African American woman, trainer, and teacher. She addresses issues such as how to deal with bigots and prejudiced remarks, racism and cultural identity, the power of words, post discrimination trauma, nonverbal communication, etc.

Voices of Pain, Voices of Hope: This film shows a sociology class at the University of California, Los Angeles in which the ethnically and culturally diverse students find themselves confronting their own attitudes toward and experiences with prejudice and inequality in today's society. This confrontation forces them to come to terms with their own self-worth, self-image, and cultural pride, and encourage the transformation of their personal worldview.

Where Is Prejudice?: An intense film about youths from diverse backgrounds who gather together to discuss the nature of prejudice. They come to the realization that prejudice is embedded in each one of them.

Why Do People Misunderstand Each Other?: This film demonstrates how words are dynamic and often have different meanings for different people.

Working Together: Managing Cultural Diversity: In this video-book program, viewers learn how to monitor their words and body language to become more effective communicators within a multicultural setting.

二、流行文化、社会正义和民权歌曲

Abraham, Malcolm, and John by Dion

American Terrorist by Lupe Fiasco

Ball of Confusion by the Temptations

Black Dialogue by the Perceptionists

Black Man by Stevie Wonder

Blowin' in the Wind by Bob Dylan

Bury My Heart at Wounded Knee by Buffy Sainte-Marie

A Change Is Gonna Come by Sam Cooke

Change Myself by Todd Rundgren

Conversation Peace by Stevie Wonder

Deportee by Woody Guthrie

Equal Rights by Peter Tosh

Everyday People by Sly and the Family Stone

Fight Back by Holly Near

Fight the Power by the Isley Brothers

Fortunate Son by Creedence Clearwater Revival

Get Up, Stand Up by Bob Marley

Gimme Some Truth by John Lennon

Give the People the Right to Vote by Sweet Honey in the Rock

Have You Been to Jail for Justice by Anne Feeney

Higher Ground by Stevie Wonder

Indian Reservation by Paul Revere and the Raiders

Inner City Blues by Marvin Gaye

Just My Soul Responding by Smokey Robinson

Keep Ya Head Up by 2Pac

Living in the City by Stevie Wonder

Mississippi Goddam by Nina Simone

Peace, Love, and Understanding by Elvis Costello

People Are People by Depeche Mode

People Have the Power by Patti Smith

The Poverty of Philosophy by Immortal Technique

Propaganda by Dead Pres

The Revolution Will Not Be Televised by Gil Scott Heron

Say It Loud（I'm Black and I'm Proud）by James Brown

Stand Up by Flobots

Strange Fruit by Billie Holiday

This Land Is Your Land by Woody Guthrie

Time to Build by the Beastie Boys

We Shall Overcome by Pete Seeger

What's Going On

by Marvin Gaye

When Will We Be Paid

by Prince

Where Is the Love

by The Black Eyed Peas

Words of Wisdom

by Tupac Shakur

You Must Learn by KRS-One

三、有色人种儿童和青少年文学作家

非裔美国作家

Lucille Clifton, Brenda Wilkinson, Eloise Greenfield, Jeanette Gaines, Rosa Guy, Patricia McKissack, Sharon Bell Mathis, Mildred Walter, Walter Dean Myers, Camille Yarbrough, John Steptoe, Rita Garcia-Williams, Mildred Taylor, Joyce Hansen, Angela Johnson, Emily Moore, Joyce Carol Thomas, Julius Lester, Nikki Grimes, Virginia Hamilton, Ernest J. Grimes, Faith Ringgold, Maya Angelou, Angela Johnson

亚裔美国作家

Yoshiko Uchida, Ed Young, Taro Yashima, Allen Say, Paul Yee, Tuan Ch'eng Shih, Laurence Yep, Arthur Bowie Chrisman, Elizabeth Forman Lewis, Jeanette Eaton, Elizabeth Seeger, Mildred Batchelder, Me Li, Rhoda Blumberg, Choi Ying Chang

拉丁裔美国作家

Pura Belpre, Carmen Lomas Garza, Nicholasa Mohr, Piri Thomas, Gary Soto, Ann Nolan Clark, Joseph Krumgold, Francis Kalnay, Jack Schaefer, Elizabeth Borton, Scott O'Dell, Maia Wojciechowski, Patricia Mora, Pam Munoz, Ryan Gary Soto, Victor Martinez, Francisco Jimenez, Sandra Cisneros

美洲原住民作家

Virginia Driving, Hawk Sneve, John Bierhorst Te Ata, Jamke Highwater, Byrd Baylor, Gerald McDermott, William Apes, John Rollin Ridge, David Cusick, Charles Eastman, Elias Boudinot, Lois Lenski, Sharon Creech, Jean Craighead George, Sherman Alexie

四、少数民族艺术、文化和历史博物馆

National Civil Rights Museum, Memphis, TN

Skirball (Jewish) Cultural Center, Los Angeles, CA

National Museum of Mexican Art, Chicago, IL

National Museum of the American Indian, Washington, DC

Wing Luke Museum of the Asian Pacific American Experience, Seattle, WA

Arab American National Museum, Dearborn, MI

National Museum of Women in the Arts, Washington, DC

Japanese American National Museum, Los Angeles, CA

National Museum of African American History and Culture, Washington, DC

United States Holocaust Memorial Museum, Washington, DC

Smithsonian Institution Cultural Centers, Washington, DC

Chinese American Museum, Los Angeles, CA

第六章　教与学的文化一致性

"文化回应式教学永远不会完全脱离文化背景,它也永远无法完全复制。"

如果教师要进行有效的文化回应式教学,他们需要了解不同种族学生是如何学习的。这是必要的,因为不同种族的文化社会化影响的是学习的过程,而不是智力和能力。

儿童的家庭和社区的社会文化系统,对儿童产生文化独特性的模式有一定的影响。这个影响涉及如何与他人相处,文化上独特的偏好,……以及思考、感知、记忆和解决问题的模式。所有这些特征都应该作为学校制定教学改革计划的原则基础。(Ramírez and Castañeda,1974,p.32)

仅仅提及特定种族的学习方式就会引起许多人的争议和抵制(Bendall, Galpin, Marrow & Cassidy, 2016; Goodwin, 2017; Willingham, Hughes & Dobolye, 2015)。反对者很快指出,"同一个种族群体中并不是每一个人都是这样学习的"。他们是对的,任何文化的描述都有例外。一个种族群体中的每个人不一定都要表现出所描述的文化特征,这些特征才算有效。在教育学中,对学习风格的研究是充满前景的,因为它们阐明了影响儿童学习方式的文化价值观和行为模式,并为修改教学技术以更好地满足不同种族学生的学业需求提供了引导作用(Bennett, 2007)。因此,学习风格应该被视为一种工具,通过在教学过程中创造更多的文化一致性来提高拉丁裔、土著、亚裔和非裔美国学生的学业成绩。将教学风格与不同的学习风格相匹配，是帮助不同种族学生在不同的文化和实践社区之间建立桥梁的一种方式。这是文化回应式教学的基本要求。在考察学习风格时要切记，它们是由许多不同组成部分构成的，是动态的和流动的，而不是固定的和静态的。种族群体的个体成员如何表达或是否表达，受许多不同变量的影响。其中起根本作用的是种族归属感、社会阶层、教育程度和传统主义程度。如第一章所述，可能越"纯粹"的文化特征，就越接近于群体成员相近的特征，即具有较高水平的种族认同和隶属关系，贫穷、较低的教育水平，以及相对传统的文化表达。

引　言

第三章至第五章讨论了文化回应式教学的重要性和必要组成部分，但这一章重点关注的是最基本的方面，即教学过程。关爱伦理学（第三章）构成思想基础，文化交流（第四章）是工具，有关种族和文化多样性的课程内容（第五章）是资源，教学实施是文化回应式教学落地的实践。教学实施将所有组件组合成协调一致的系统，并将它们付诸实践。它是教学过程中学生和教师的参与、互动和辩证交流，这对实施文化回应式教学是非常必要的。它们可以使教学的其他部分无效、丰富、抵消或补充。

学生与教师之间的互动在形式、功能和效果上可能有很大差异，但其存在是毋庸置疑的。艾文和约克（Irvine & York，1995）解释说："教学实施是一种社会互动行为，由此产生的课堂气氛与师生之间的人际关系直接相关。"（p.494）无论是直接的还是间接的，智力上的还是情感上的，物质层面的还是社会层面的，说教的还是共享的，字面的还是象征的，语言的还是非语言的，互动都是教学和学习的最终归宿。

在不同文化系统中，管理互动的规则和协议的不一致，往往会使教学实施的有效性最小化。事实上，如果学生违反了学习过程中的约定程序，就可能危及其教学内容的实质性掌握（Holliday，1985）。例如，他们在回答问题时应得到的成绩可能被否定，因为没有得到老师的同意，抢先发言违反了轮流发言的规则。因此，教师兼顾不同种族学生学习过程的不同特点而使用不同的教学策略，建立两者之间的一致性，对提高他们的学业成绩至关重要。这种连续性要求教师在对有色人种学生的教学中，考虑他们不同的文化形式、行为和经验并将其作为重要的教学背景（Irvine and York，1995）。

文化多样化的教学衔接和情境化或"脚手架式连接"体现了几种普遍接受的学习原则。戴维斯（Davis，2012）、道尔（Doyle，2011）、格拉斯哥和希克斯（Glasgrow & Hicks，2009）等总结了这些内容。其中包括：

——学生已有知识是引入新知识的最佳起点（相似性原理）。

——先前的成功孕育了后续的努力和成功（功效原则）。

——当新知识与之前的知识、参考框架或认知图式相联系时，新知识学起来更容易，记忆时间也更长（一致性原则）。

——减少新知识的"陌生感"和随之而来的"不熟悉的威胁"，可以增强学生对学习任务的参与和掌握（熟悉原则）。

——一个人如何学习的组织和结构因素对掌握新知识的影响，要比其现有的知识量的影响力更大（交易主义原则）。

——理解学生的知识是如何组织和相互关联的，即他们的认知结构，对于最大限度地提高课堂学习效率至关重要（认知映射原则）。

——期望和调停会影响绩效。如果学生认为自己可以学习，并从支持者（教师、家长、同伴和其他导师）那里获得有力的帮助，他们就会学习（自信和效能原则）。

——学校的成就永远不止于学术上的。学习总是在特定环境中进行的，并且受其努力发生的地方或环境的情感和关爱气氛的影响。学习过程中参与者的社会、身体、情感、心理、文化、政治和伦理倾向、发展和经验是重要的贡献因素，也是教学的关键目标（整体教育原则）。

——校外经历很重要，是校内学习的资源和过滤器。这些"知识、技能和经验的资金"是后续学习的资产、构建模块和手段（脚手架连接原理）。

这些原则表明，教师仅仅知道"学习者对个别事实和概念的了解是不够的"（Howe，1999，p.78）。他们还需要了解学生是如何认识或学习的，这样他们就可以通过学生自己的学习系统来传递新的知识。本章的目标是解释这些"联系"，并展示它们对学生成绩的积极影响。讨论分为五个部分。第一部分对民族学生学习风格的总体方面进行了简要的总结。重点不是关于民族学生学习方式有效性的争论，而是关于民族学生学习方式的组成部分。

本章剩下的四个部分都致力于讨论教学实践和研究，以增强不同学习风格的构成。第二部分涉及综合教学干预的描述和效果。这些课程涵盖了学习风格的几个不同方面。由于它们是作为组合设计的，分开讨论它们的特性会破坏程序的完整性。本章的第三部分着重以合作和协作学习为基础的针对不同种族群体的教学技巧，以及这些技巧对学生成绩的影响。第四部分讨论了强调活动和情感参与的研究与教学实践。本章的最后一部分探讨了以种族为中心项目的效果，如非裔美国人和印第安人学校和班级的教学效果。文化回应式教学不提倡以教学为目的将学生按族裔分开。但是，在某种程度上，只要这些安排采用的是文化背景下的教学和学习，它们就可以被视为文化回应式教学的范畴。

第一节　学习风格的基线

当孩子5岁开始正式的学校生涯时，他们已经有了获取知识和展示技能的内化规则和程序。这些认知加工规则是从他们的文化社会化中习得的。随着时间的推移，它们可能会被改进和提升，甚至有时在执行某些任务时会被取代。但是，这些受文化影响的规则和程序的核心，仍然是个人在余生中需要应对的智力上的挑战。

学习风格是个体习惯性形成的过程，用于认知问题的解决和展示他们所知道的和能够做的事情。它们表明个体对感知和处理信息的偏好，而不是对内容学习的能力。因此，具有同等学习能力但学习风格不同的学生，在相同的学习情境中可能会收获不同程度的成功（Boykin & Bailey，2000b；Hansen，1995；Riding & Rayner，2000；Shade，1997）。吉德和加格尔（Guild & Garger，1985）补充说，学习风格的精髓可以通过分析人们在与新思想、新人物、新情况和新信息互动时的日常行为来获得。这包括：（1）认知（认识的方式）；（2）概念化（形成想法和观念）；（3）情感反应（感觉和评价）；（4）反应（表现出某种行为）。贝内特和吉德（Bennett，2007；Guild，1997，2001）一致认为，学习风格是个体感知、互动和对学习情境做出反应的认知、情感和行为方式。根据谢德和纽（Shade & New，1993）的研究，学习风格有知觉和思维两个维度。知觉维度涉及对感官刺激（例如视觉、听觉、触觉、运动等）的偏好，而思维模式与信息处理方式有关，如组织、分析、推断、评估和转化。许多学习风格的概念描述了它们的两极化：一种是分析性、反思性、抽象性、独立于场域的、细节性、狭隘性、排他性和演绎性的学习方式；另一种是关联型的、冲动型的、具体的、依赖于场域的、一般的、整体的、广泛的、包容的和归纳的学习方式（这些学习风格特征的更多描述性细节和行为推论由以下学者提供：Barbe & Swassing，1979；R. Dunn，K. Dunn & Price，1975；Park，2002；Ramírez & Castañeda，1974；Riding & Rayner，2000；Shade，1997）。

梅斯特（Mestre，2009）分析了媒体和电子学习环境下的学习风格研究。根据她的解释，总结出了类似于场依赖型和场独立型学习偏好和习惯的学生，两类学生对电子教学的反应不同。那些独立于场的人往往更加自信，自给自足，精通计算机搜索和导航任务。他们是逻辑和顺序的思想者，对于学习的社会层面不那么感兴趣。依赖于场的学习者可能会不适应过于中立的学习提示和互动，更易迷失方向。他们在社交环境中面对面互动中表现更好。但是，计算机和其他媒介在学生生活中的突出地位可能会模糊这些学习偏好之间的界限,并且学生更习惯于游离在两者之间。应该承认这些可能性。梅斯特(Mestre,2009)指出,千禧一代或Y一代(注:美国对出生于20世纪80—90年代人的广泛称呼),他们习惯于多任务处理,倾向于视觉学习,受益于大量的触觉体验,……他们更喜欢做自己感兴趣的事情,追求真实性……还有自我选择的任务……他们更喜欢大量的交互性,使用移动工具和社交网络。因此,提供互动式多媒体,允许他们选择自己的主题和定制他们的在线路径,可能激励他们参与的积极性(p.30)。

当教育工作者探索在文化回应式教学中应用网络和在线技术时,应考虑个人和种族群体的学习风格。为此,梅斯特(Mestre,2009)建议媒体和程序设计师"适应广泛的学习风格,超越基于文本的交互,包括视觉或动觉形式,以及直觉和思维练习"(p.32)。

学习风格的总体特征表明,它们是多维和动态的过程,以及来自不同种族的学生如何参与学习接触的"中心倾向",而不是所有情况下有限行为的静态描述。赖丁和雷纳(Riding & Rayner,2000)认为,学习风格是"伞状结构"的,构成个人学习方法的几个方面。"核心"构成是认知风格,进而影响第二层面,包括学习策略、学习偏好、学习动机和学习者的自我认知(p.116)。这意味着,在某些学习情境中以及某些时段内,学生的学习倾向可能会在他们主要学习风格核心之外发挥作用。但是学习风格永远不会消失,因为它们与文化价值和特征密切相关。例如,博伊金和贝利以及沃特金斯(Boykin & Bailey,2000a,2000b;Watkins,2002)等发现,非裔美国人的社群主义的价值观、热情活力,节奏感强的运动和表演欲强等文化传统,与低收入者、低龄非裔美国学生的学习环境和行为风格偏好之间存在着很强的相关性。

学习风格包含8个关键维度,但它们不一定在学习活动中或在种族群体中的个体之间被均衡地激发。然而,在大多数学习情境下,个人虽不会运用其全部,但会运用其中的很多。多元智能也是如此。正如霍华德·加德纳(Howard Gardner,2006)所解释的那样,"作为人类,我们都拥有解决各种问题的一整套技能"（p.20）。此外，"由于几乎每种文化角色都需要多种智力，因此将个人视为各种才能的集合而不是只有单一的解决问题的能力，这一点变得很重要"。这里展现的学习风格维度的顺序并没有按重要性进行排序。从概念上讲，它们应该被理解为交互式组合。在操作上，他们各自不同的品性，为不同种族的学生设计文化兼容的教学提供了不同的机会。这些维度是：

程序化——通过学习任务进行学习和工作的首选方法。这些包括节奏感、时间分配、多样性和相似性、新奇度或可预测性、被动或主动活动、任务导向或社会导向、结构化的秩序或自由的、对直接教学或探究发现式学习的偏爱。

沟通——思想是如何以口头和书面形式组织、排列和传达的，无论是详细叙述的故事还是对明确问题的精确回答；作为特定主题话语或主题链接的话语技巧；作为热情的思想倡导者或冷静的记录者；无论目标是为了达到准确真实，还是为了获得说服力和传达文学审美。

实质性——优先侧重的内容，例如描述性细节或一般模式、概念和原则或事实信息、统计数据或个人和社会场景。首选科目，例如数学、科学、社会研究、美术或语言艺术；技术性、解释性和评估性任务。偏爱的智力型任务，例如记忆、描述、分析、分类或批判。

环境——优先选择的物质的、社会和人际关系的学习环境，包括热闹或安静、室内照明和温度、他人在场还是不在场、争斗气氛或嬉戏、充满乐趣和欢乐或痛苦和阴郁的氛围。

组织性——优先考虑工作和学习空间的结构安排，包括个人空间的容纳度、学习空间的充实或空虚、对空间使用和要求的刚性或灵活性、认真组织或杂乱的学习资源和空间；个人独占或集体共享的空间、居住的刚性或灵活性。

知性——在接受、处理和传输信息时知觉偏好的感官刺激，包括视觉、触觉、听觉、动觉、味觉或多种感官模式。

关系——学习情境中关系偏好的人际和社会互动模式，包括正式和非正式、个人竞争或群体合作、独立或相互依赖、同龄人或成年—儿童、独断或平等、内部或外部控制、征服或交流。

动机——首选的激发学习的激励或刺激，包括个人成就或群体福利、竞争或合作、征服或和谐、权宜之计或长久之计、表面形象或完整形象、外部奖励或内部激励。

一些种族成员表现出比其他成员"更纯粹"的学习风格特征。"纯粹"程度受群体内的认同和归属水平、教育程度、社会阶层和性别等变量的影响。例如，高度族裔关联的非裔美国人会更加侧重学习中的程序、动机、关系和实质的群体性，因为他们的文化价值重视合作完成任务、情感主义和非正式的社会互动。由于欧裔美国中产阶级的文化价值观是竞争、个人主义和向上流动性，独立性和自主性将渗透到他们的学习方式的各个维度。在文化传统上，日裔和华裔美国学生可能更倾向于双重风格。因为他们的文化强调家庭责任与和谐关系（Fox，1994；Tong，1978），他们的动机和学习准备倾向于以集体和团队为中心，但他们的学业成绩相当个性化。较之社会型学习者通常优先选择人文、社会和综合学科，他们更擅长机械、技术和明确细节的学习任务（Kim，1978；Leung，1998；Nakanishi and Nishida，1995；Pai et al.，2006）。

为理解有色人种学生的学习风格并设计兼容的教学策略，可以从理论、研究和实践中获得更多的帮助。主要理论和方法有：通过感官方式的教学（Barbe & Swassing，1979）、多元智能（Armstrong，2000；L. Campbell，B. Campbell & Dickinson，2004；Gardner，1983，2006；Lazear，1991，1994；Silver et al.，2000）以及大脑偏侧观（Farmer，2004；McNeil，2009；Springer & Deutsch，1998）。尽管这些模型并不是专门针对有色人种而创建的，但是它们与种族学生学习风格之间存在着很大的相似性。它们可以很容易地彼此叠加，或各种方法交互使用，以便提高教学效果。例如，阿姆斯特朗（Armstrong，2000）说明了加德纳（Gardner）的九种智力（逻辑、言语、视觉、运动、音乐、人际、内心、自然主义、存在主义）与布鲁姆（Bloom，1956）提出的认知目标的分类

（知识、理解、应用、分析、综合、评估）之间的联系。他证实了如何通过组织不同种族的个人来教授多元文化课程内容，以及他们对智力类型的贡献。本章结尾提出了一些实施文化回应式教学可行的做法。

第二节　文化自学和知识储备

这里讨论了三个非常成功的项目，以说明教学干预中，结合多元文化兼容性的多种元素对有色人种学生成绩的影响。他们的成就效果也是多种多样的。这些项目包括狐火（Foxfire）项目，卡米哈米哈（注：Kamehameha，夏威夷群岛的第一位国王；1758—1819）早期教育项目（KEEP）和"夏威夷文化对教育的影响"研究（HCIE）以及韦伯斯特·格罗夫斯（Webster Groves）写作项目（WGWP）。这些项目的对象分别是贫穷的乡村欧裔美国人、夏威夷土著和非裔美国人。这些项目中没有一个自我定义为文化回应式教学，但实际上它们是，或至少是先驱者。他们提出，文化相关和回应式教学活动可能存在，而不一定这样命名。反之亦然，有时，一些被称为文化回应式教学的活动实际上并非如此。这三个大型案例可以帮助教育者更好地区分这些关键的区别。

一、狐火（Foxfire）项目

就像第四章中讨论的文化建模叙事项目一样，狐火（Foxfire）项目使用了"文化数据集"，社会和文化资本，本地化知识的储备和自学教授学术、文学、文化自豪感、个人效能和自我认识技能的课程。它源于一位教师的愿望，他想让阿巴拉契亚（注：美国东南部的乡村地区）9年级和10年级学生的课堂教学变得更有意义。这一目标是通过在学生对自己的日常生活和文化遗产、传统和经验进行民族志研究的过程中加强学习交流和语言艺术技能来实现的。该项目的顶峰时期在1967—1984年，但在五十多年后的今天，其规模仍然较小。它最初是一门新闻学课程，最终发展成为一个包含 16 门课程的学术项目；一系列狐火杂志；根据参与学生口述历史研究编写出版的 21 本书；社区发展计划；促进教师专业发展的网络；录音和录像；由学生合作主持的系列讲座；学生交流项目；由阿巴拉契亚小木屋的真实复制品组成的狐火博物馆和文化遗产中心；根据狐火的前三本书创作的百老汇戏剧的灵感；狐火基金；成为全美和其他国家超过 200 个类似项目的原型（Boucher，2013；Danovich，2017；Oliver，2011）。在大多数此类活动中，学生扮演着关键角色，包括提供主要内容并成为决策者和领导者。例如，他们是系列讲座的演讲者，并担任百老汇剧本的作者以及电影、文章和书籍的制作人顾问，这些都与他们的学习计划相关。

狐火杂志创办 50 年后，仍然由创办时所在学校的公立高中的学生出版（Glaser，n.d.）。该计划及其成功的赞扬仍在不断出现（Glickman，2016）。例如，基于其对学校和社区福利持续贡献，"狐火计划"荣获 2015 年佐治亚州州长艺术与人文奖。格拉泽（Glaser）在反思性分析中说，这个计划教会阿巴拉契亚学生"结合自身的经历去欣赏写作力量"，格拉泽对杂志的描述是"前所未有的信息来源，它同时是社会学研究、教学手册和档案日志"。沃尔斯（Walls，2017）赞同格拉泽的评价，并称赞社区成员和学生是阿巴拉契亚文化和知识的传播者和接收者，这使得"狐火计划"成为可能。她指出，尽管学生们采访和观察的很多人都是文盲，但他们拥有广泛的生存知识、创造力和技能，这些通过口头和实践代代相传。沃尔斯在她的评论中赞扬道："一种将智慧从老人传给年轻人的文化，正由年轻的山区文化接收者传递给世界，这是多么适宜啊！"

就像今天许多被边缘化和成绩不佳的学生一样，狐火项目中，参与者一开始也因被传统学校项目和教学方法隔离而缺乏学习兴趣和动力。威金顿（Wigginton）是这个项目的教师和主任，他以合作的态度与学生分担教什么和如何学的责任，利用学校附近阿巴拉契亚社区的文化知识开发他们个人和集体的潜能，来克服初始的消极态度。这些行动是基于这样一种信念，即学生应该全力构建自己的教育命运，并"积极参与有用的、有成效的、积极的、有益的、刺激的和令人兴奋的学习体验"。这些目标开创了一种被称为文化新闻主义的教学技术,后来在实践中演变为一种名为《狐火》的学生制作的杂志。它的主要特点是收集和报告当地的阿巴拉契亚文化、历史、民间传统、民俗、习惯、传统和手工艺品。学生们研究、分类、编纂和传播他们自己的家庭、文化和社区能力或储藏的知识。

狐火目标中包含几个文化回应目标。它们包括发展文化遗产的知识和传承文化遗产;使个体、群体和文化自学变得有效,使家庭和社区为文化多元的学生提供的知识储备合法化;将不同学生的生活经验在学术学习中系统化;利用社区文化资源和学生以往的社会经验作为课堂教学的渠道;尊重不同民族、种族和社会背景的学生的文化遗产和经历;同时教授学术和文化能力,学生和老师在学习过程中成为真正的伙伴。许多阿巴拉契亚学生以往缺乏这些社会文化财富,其他族裔群体的一些成员也同样如此,他们也曾为自己的族裔身份和生活经历感到羞愧和尴尬。

威金顿(Wigginton,1985)认为,将积极的聚光灯转向学生的文化背景上,使他们成为自己文化的积极倡导者和保护主义者,展示不同的技能和兴趣,从而促进自我反思,抵消原有的消极看法,发展个人能动性和效能,并提高学业成绩。他的信念被狐火项目的实施效果所证实。参加活动的学生在收集和报告有关他们的文化社区、习俗和文物的数据过程中,学习了常规的英语和语言艺术技能。他们学习的单元包括语法、正式的书信写作、诗歌、采访、了解习俗、清晰的写作以及杂志和报纸的制作。发表在狐火杂志和书籍上的初创作品,一些来自与这些单元相关的家庭作业。学生们用他们从当地居民那里收集的口述历史的转录本,来实践佐治亚州的学术语言艺术标准。他们在众多学术技能上的表现有了根本性的提高(包括英语熟练掌握、写作和口头演讲技巧、行动研究和基于社区的数据收集、决策、协作领导力和问责能力);他们的自信心和文化自豪感飙升;逃学和学校缺勤几乎消失了;人际关系、公民和社会关系技能呈指数增长(Knapp,1993)。在下面的陈述中,威金顿(Wigginton,1985)解释了学生是如何通过记录自己的文化属性、传统、信仰和实践来提升英语技能的：

在他们工作中用摄影（必须与文字一样有影响力和清晰地讲出故事）、文本（语法上必须正确，除非使用抄录的录音带上的纯方言）、布景、化妆、通信、艺术和封面设计以及从外部诗人和作家那里搜集手稿……更不用说筹集资金、打字、复述、做广告以及在小会和公开会议上发言等相关技能了。我的学生从英语中学到的东西，多过我开设的其他课程（p.13）。

二、卡米哈米哈（Kamehameha）早期教育项目（KEEP）

卡米哈米哈早教项目始于1972年（并持续24年），是一项多学科教育研究和发展项目，旨在创建一个语言艺术项目，以提高3年级成绩不佳的夏威夷土著儿童的阅读能力（Jordan，1985）。除了提高学业成绩之外，项目的目标是增加这些学生对学校教育的归属感、投入感、自豪感和参与度（Jordan et al.，1992）。从一开始，一些研究人员（Au，1993；Au & Kawakami，1994；Boggs et al.，1985；Cazden et al.，1985；Tharp & Gallimore，1988；Wong Fillmore & Meyer，1992）就调查了以波利尼西亚语为基础的会话、活动、参与、表演结构、价值观、信仰和行为相匹配的教学风格对夏威夷土著学生的成就效应。

早教项目（KEEP）教学的主要特征包括：小型合作学习小组、采用经验—文本—关系（E-T-R）的高度互动性的讨论过程，以及学生参与"讲故事"或"共同描述"来建构和交流课堂上的意义。教室被安排在活动中心，这为学生提供了许多参与合作的机会，并有利于其与老师和其他人进行教学对话。在这里幼儿园的孩子有50%的时间参与同龄人互动，而一年级的孩子有70%的时间参与同龄人互动（Tharp & Gallimore，1988）。项目还使用自然语境的方式来提升语言技能，这种方式的形成深受夏威夷土著家庭、社区和文化中如何获取和应用语言技能的影响。阅读教学中，最大的重点是理解，同时要着重发展词汇、视觉语音和解码技能。

早教项目的成效是深远的。几年来，这个项目一直都致力于其主要目标，即在阅读成绩标准化测试中取得接近或达到50%的平均分。该计划实施15年后，一年级学生的阅读成绩为平均分的55.7%，而非项目班的学生成绩为31.7%；参与和不参与项目的二年级学生的成绩分别是52.5%和28.8%、三年级学生的成绩分别是47.8%和25.5%。这些成绩水平相比于项目启动时的平均13%，取得了重大进步。另外两个成就效应值得注意。第一，与其他老师相比，项目教师给予学生的表扬明显多，批评明显少。在课堂上最常用的三类表扬反馈——对于举止行为的管理、与学习任务相关的行为的学术评价、对不可接受行为的言语否定（责骂和制止）——项目教师在管理手段上得分为21.80分，在学术方面为13.87分，在言语否定上为2.07分，相比之下其他教师对这类反馈的得分分别为6.03分、0.65分和6.01分。第二，项目班的学生平均有85%的时间投入到学习任务上，这比非项目班的学习时间高出20个百分点（Tharp & Gallimore，1988）。

"夏威夷文化对教育的影响"（HCIE）研究比早教项目更广泛地考察了文化回应式教学对本土夏威夷学生的影响。它提供了对62所公立和私立学校中的600名教师、2969名学生和2264名家长的调查结果的定量数据（Kana' iaupuni et al.，2010）。研究中发现的一些针对夏威夷本土学生的文化回应式教学的具体例子有：

基于项目和场所的儿童教与学将文化、社区和自然环境有效融合。部分学校使用夏威夷语作为教学媒介，但所有学校都常规使用这种语言，并开设语言课。学生会亲身体验在著名圣地（夏威夷语：wahi pana）和其他社区户外实验室学习。他们进行科学实验，以评估恢复濒危物种或水资源的各种方法的成功率。他们的课程包括学习夏威夷原住民的生活方式、知识和价值观。通过这种方式，他们与大地、文化和社区建立联系，创造丰富的教育环境，并滋养精神、身体和教育福祉。（Kana' iaupuni et al.，2010，p.3）

夏威夷文化对教育的影响研究结果与先前的定性研究一致，表明了以文化为基础的教育策略对本土夏威夷学生产生多种积极效果。其中有：

——对学生社会情感健康（如身份认同、自我效能、社会关系）有积极的影响。

——增强的社会情感健康会对数学和阅读测试成绩有积极影响。

——以文化为基础的教学对社会情绪发展较弱的学生有特别强的积极影响。

——加强土著文化归属感、公民参与、学校动机、社区联系、对学校的归属感，以及与教师之间更高水平的信任关系。

——通过增强自信、自尊和加强韧性来缓解对文化和种族认同的消极体验。

——尽管取得了积极成果，但针对夏威夷土著学生的以文化为基础的规范教学还是有所减少。

——教师在文化丰富的环境中超越传统的最佳实践，是通过把基于文化和基于研究的教学策略（或最佳实践）结合起来提高教学的相关性和严谨性。

——有效教学的一般原则如情境化和参与生产活动，最常用的是由教师使用文化相关策略来贯彻实施。

总体而言，"夏威夷文化对教育的影响"的研究还对文化回应式教学产生了其他一些重要影响，根据卡奈奥普尼（Kana'iaupuni）的数据：

有必要揭穿一些与文化教育有关的不实的传言，例如：基于文化的教育（CBE）的使用仅限于"夏威夷教师"或者"夏威夷学校"，基于文化的教育与传统的最佳实践有根本的不同，或者它对教育的成果没有附加价值。事实上，调查数据支持了这样一种假设，即文化方法在强化学校的相关性和关系的同时，也支持积极的学术成果。（Kana'iaupuni et al., 2010，p.17）

因此，"一刀切的教育模式在社区层面没有意义，抄脚本的方法应该被那些利用文化实践、价值观和知识的奇迹、充实和丰富的方法所取代"（Kana'iaupuni et al., 2010，p.18）。成绩不佳的文化多样性学生，要获取更多的社会情感福祉和学术成就，应该通过不同的基于文化的教学来实现。

三、韦伯斯特·格罗夫斯写作项目（WGWP）

韦伯斯特·格罗夫斯写作项目（WGWP），充分利用了文化回应式教学的 8 项原则和策略中的 4 项，即建立在学生的长处之上，特色教学和个性化教学，鼓励合作学习，建立桥梁和扩展视野。该项目的教师将来自非裔美国人的文化价值观、沟通和社会互动模式以及表演风格的线索转化为兼容的教学技艺，以提高学生的写作技能，形成了一套适用于一般类别的更具体的策略，包括：

——肯定非裔美国人的非正式互动和正式写作中强烈的个人呼声；

——建立在口头会话的习惯和解释；

——将合作表演和角色扮演作为教学的常规形式；

——认可非裔美国人的方言和表达模式，将其视为一个功能性的交流系统，帮助学生分析和欣赏它们；

——习惯性重视和使用非裔美国人的文化，而不仅仅是在特殊场合；

——在学生和教师之间建立一种信任感、社会感和相互学习的责任意识；

——始终如一地把个人和团队的努力结合起来，并对任务绩效负责；

——创造合作写作、修改和编辑任务的课堂氛围和机会；

——使用一个同伴应答、辅导和彼此为学习伙伴的系统；

——确认个人对阅读的反应。（Krater et al., 1994）

虽然学生现有的参考框架一直是起点或锚点，但教学并没有到此结束。韦伯斯特·格罗夫斯写作项目教师相信这些被认可的策略可以吸引和促使学生"拓展他们的视野"（Krater et al., 1994; Zeni & Krater, 1996）。这些扩展采取了"语码转换"的形式来学习主流社会和学校的写作和说话习惯，将他们的口头创新能力与学术阅读和写作相结合，并运用他们在讲故事、口译、角色扮演、即兴表演、朗读剧本和呼唤应答等方面的技巧来提高阅读和写作方面的成绩。汉勒（Hanley，1998）用类似的方法研究了非裔中学生在戏剧制作和表演的背景下的知识构建。

其他阅读与写作技巧也与非裔美国人的文化、表演和学习风格相关联。"说唱"的语言表达技巧（Baber，1987；Kochman，1972；Smitherman，1986）被用于说书演讲、人物塑造和广告宣传。学生经常使用说教的主题和呼唤—应答的话语模式，来展示他们对文化技巧和嵌入的传统文学技能的理解（例如，主题选择、目的、发展的清晰度、观点和听众的适恰性）。他们通过"做中学"，通常是在合作小组中，在提出不熟悉的或可替代的交流模式之前，先在"熟悉的"模式中学习。因此，演讲和表演先于叙事写作和文本阅读，因为这是非裔美国人的文化优势和"表达定式"。与使用静态的语法结构不同，他们通过大声表演、微调声音（叙事中的对话）和话语特征来学习语言变化（Krater et al.，1994）。写作项目（WGWP）的老师们急忙补充道，欧美裔学生对这些教学风格的戏剧性、表演性、表现力、参与性、课堂氛围也有积极反应。

除了第五章中讨论的考试成绩和写作技巧的提高，韦伯斯特·格罗夫斯写作项目在个人和社会成就方面也取得了一些值得关注的成果。学生的思维更加集中，这在写作样本中得到了证实，样本中有更多的细节和更明确的解释。学生对自己的写作能力更有信心，对写作也更加享受。这些效果在自选写作主题中尤为明显，并与查普曼（Chapman，1994）的发现一致。更多非裔美国人（2/3）比欧裔美国人（1/3）对他们的写作技巧和自我披露感到满意和惊讶。这些结果证实了项目人员的断言：

写作的乐趣之一是澄清你已经思考过的东西，发现你不曾知晓过的感觉，用一个巧妙的语句让自己惊喜，以及发掘思想之间的关系。过程中的自我满足是即时的回报，与他人清楚地沟通是一种延迟的满足。（Krater et al.，1994，p.398）

写作项目（WGWP）还对参与的教师产生了显著的影响，这对文化回应式教学很重要。他们认识到（并相应地修正了他们的思维和教学行为），有效的教学和学习确实是知情的、辩证的和动态的过程，在过程中角色是流动的,甚至是可逆的——经常是教师变学生,学生变教师(Krater et al., 1994; Zeni & Krater, 1996)。事实上,如果老师学会了如何认识和接受学生们所传授的知识,文化上不同的他们往往是最好的老师。到项目结束时,写作项目教师的态度发生了显著的变化。他们不再认为特定的教学方法对提高绝大多数成绩不佳的非裔美国学生的写作成绩有大作用。相反,他们会思考:

我们与学生的互动,我们对学生的关心,以及我们作为人类的深度融合是关键——我们一开始是作为老师,想学习如何帮助我们的学生更好地写作。现在我们想知道我们的学生能教给我们什么。我们仍然是写作老师,但是首先我们是学生的老师。(Krater et al., 1994, p.415)

第三节 合作学习

合作、协作和共同体是教育边缘化拉丁裔、土著、非裔和亚裔美国学生的突出主题、技艺和目标。两个主要原因有助于解释这些教学法的趋势。首先,在美国大多数有色人种文化中,人际关系和协作解决问题的潜在价值观是高度优先的。其次,合作在这些群体的学习风格中起着核心作用,尤其是交流、程序、动机和关系方面。因此,他们应该成为文化回应式教学的关键支柱。一些研究项目和教学项目已经证明了共同体、协作和合作对提高有色人种学生学习成绩的可行性(Boykin & Bailey, 2000b; Boykin et al., 2004; Cohen et al., 2004; Fashola et al., 1997)。其中有些侧重于一般的合作学习过程,而另一些则侧重于特定学科或技能领域的合作学习。

一、一般的合作过程和成就效果

洛西(Losey, 1997)对 8 项研究的回顾发现,为拉丁裔学生合作学习的教学法的动力提供了支持。这些研究表明，当墨西哥裔美国人帮助设计自己的作业、讨论任务的分配，在小组中相互合作、与老师建立"非正式的、几乎是家庭的"关系时，他们的学业成绩会有所提高（p.310）。他们意识到自己属于课堂学习共同体，并感到他们的文化经历以及西班牙语和英语的有效性都得到了认可。这种学习环境和学习技巧使学生在写作和阅读时更有逻辑性、表达更清晰，在学区写作能力测试中也获得了更高的分数。

斯拉文（Slavin，1987，1992，2015）、史蒂文斯和斯拉文（Stevens & Slavin，1995）、法索拉及同事（Fashola et al.，1997）和吉利斯（Gillies，2007，2014）提供了关于合作学习的教学法效果的额外依据。他们报告说，在很大程度上，这种教学方法通过干预措施和量表（教室或学校、短期或长期）对不同种族、性别和能力分组的学生都有积极的影响。其中包含更多的种族间的社会互动和友谊；各种学科的学业成绩提高；学术自我意识的增强；有色人种学生的自信心和效能感；以及更好地参与学习任务、记住课堂材料、按时完成任务和更强的内在动机。约翰逊（D. W. Johnson & R. T. Johnson，1999）、多森（Dotson，2001）和摩根（Morgan，2012）也报道过类似的结果。

多森（Dotson，2001）在她对67项关于合作学习效果的研究回顾中，将社交技能和学业成绩作为成功的指标。约翰逊（D. W. Johnson & R. T. Johnson，1999）对158项研究的元分析也是如此。这两篇评论都证实了合作学习有利于学生在社会和学术领域的学业成绩和学校表现的理论。总体来说，多森与约翰逊回顾的大多数研究在所有主要学科的学习成绩和人际关系方面都取得了积极的成果；覆盖了所有年级（小学、中学和大学），城市、农村和郊区以及高、中和低成就水平的学生。卡尔·史密斯（Karl Smith）在发言中进一步强调了合作学习的价值和力量。

合作学习经验的重要性不仅在于改进教学，提高学生的成绩，而且使教师生活更轻松、更有成效，况且这些都是有价值的活动。合作对人类来说就像我们呼吸的空气一样重要。所有学生与他人合作的能力是建立和维持稳定的家庭、事业成功、邻里关系和社区成员关系的基石,也是重要的价值观、信仰、友谊和对社会的贡献。如果一个人不能在与他人的合作互动中运用知识和技能,那么知识和技能还有用吗?没有什么比学会在与他人的合作互动中运用自己的知识更重要了。(Smith,2009,p.73)

摩根(Morgan,2012)认为,合作学习效应的研究因其规模(超过900项研究)、时间跨度(超过110年)、多种视角观点和方法(由不同方向的研究人员在不同的环境和国家/地区开展工作)、不同的分析目标(不同的文化、种族、经济、年龄和性别参与者)以及不同的数据源(研究任务、变量和测量),所以结论具有很强的有效性和普遍性。摩根的研究和学术评论的结果同其他元分析人员的研究结果(Warfa,2016;Laal & Ghodsi,2012;Lin,2006)一致显示,学生可以从合作学习中获益很多,他将其归类为学术、社会和心理三大类。其学术影响与学者在较早的报告中所提出的那些影响相同,如斯拉文、法索拉等人(Slavin, Fashola et al.),约翰逊以及吉里斯(D. W. Johnson, D. T. Johnson and Gillies)等人的研究结果。社会效益包括增进对多样性的理解,更好地互助、关爱和支持同龄人的关系。从心理上讲,合作学习为参与的学生带来了更多的自尊、更多的朋友、更高的课堂活动参与度以及学习态度的改善。

史蒂文斯和斯拉文(Stevens & Slavin,1995)对马里兰郊区的5所合作小学进行了为期2年的研究,涉及1012名2—6年级的学生,结果表明合作学习在整个学校和单个教室一样有效。这些学校的学生在阅读词汇和理解力、语言表达和数学计算方面的成绩优于传统学校的同级学生,该成绩对加利福尼亚州成绩测试(CAT)的C量表进行了评估。这项研究的发现没有按族裔分类,所以我们不了解各个族群的具体表现。

几年来,斯坦福大学的科恩和她的同事(Cohen,1984;Cohen et al.,2004;Cohen, Kepner & Swanson,1995;Cohen & Lotan,1995,1997)对合作学习小组内部结构和驱动力进行了研究。具体而言,他们考察了地位差异对异质合作群体的相互驱动力的影响,以及不同种族成员之间的地位平等如何影响学业成绩。这项研究之所以有意义,是因为有色人种的学生通常在成绩预期方面被赋予较低的地位，参与此项研究的大多数学生是拉丁裔、低收入的欧裔美国人和东南亚移民。作为复杂教学项目的一部分，科恩和同事们为有色人种学生开发了几种方法来修正学术地位差异和课堂参与的模式。其中，在男女合作学习小组中，学生彼此互为资源，展示出多重能力、高阶思维和解决问题的能力。这些任务需要广泛的智力和技能，需要把有价值的能力公开分享给能力偏低的学生，以及通过实践机会验证多维智力和学术能力。

在一项涉及2—6年级的13个班级的研究中，学生使用了一种名为"发现"（Finding Out/Descubrimiento FO/D）的英语—西班牙语的数学和科学课程，完成阅读、写作和计算所需要的学习任务，使用操作手段、推理、命题、视觉和空间思维，仔细观察、培养人际交往能力（Cohen, Kepner & Swanson, 1995; Cohen et al., 2004; Cohen & Lotan, 1995, 1997）。科恩及其同事解释了这些教学技术的价值，并指出"多重能力的任务使范围更广的学生做出重要贡献"；它们为挑战"只有唯一的方法才能变得聪明"的假设奠定了基础（p.23）。随着这一课程的学习和地位态度的相应转变，低位次学生的学习体验参与水平也随之提高，从而取得更高的学业成绩。博伊金及其同事（Boykin et al., 2004）、博伊金和贝利（Boykin & Bailey, 2000a, 2000b）的研究成果也证明了教学风格的变化和合作学习对非裔美国学生的学业成绩的积极影响，但他们的重点仅限于低收入家庭学生和小学年级的读写能力的差异。

这些关于合作学习的研究结果，对教学种族、民族和文化多样性的学生（本地和移民）具有特别的指导意义。他们中的许多人由于学校和课堂典型的运作方式而脱离和疏远了他们的社会关系和学术联系。合作性的教学方法和课堂氛围可以创造心理情感的"安全空间"和文化回应上的"优雅空间"（或保护措施），可以"重新集中"学生，并可以增加学生个人存在、智力发展和学业任务表现之间的一致性。实际上，合作学习是文化回应式教学的重要工具。下面介绍4个具体的项目（数学与读写各两个）来说明合作教学和学习在实际的课堂实践中是如何运作的。

二、数学合作学习与成就

2009 年，微积分项目（TCP）由马萨诸塞州布鲁克莱兰（Brookline）公立学校的阿德里安·米姆斯（Adrian Mims）发起，旨在提高非裔美国人、拉丁裔和低收入家庭学生在高中几何学和其他高等级数学的参与度和成功率。此后，该项目已扩展到马萨诸塞州、佛罗里达州和纽约州的其他学校。该项目基于"成长心态"（相信能力可以发展和成长，而不是被"给予"和固定）这一信念，相信所有学生都能满足高级数学的严格要求，学生之间的合作努力和教师对学生的信任、支持关系，一定会导致学术成功（Colannino，2016）。学生在 8 年级开始为期 4 周的暑期强化学习，然后在普通学年期间进行高等数学的同期注册学习。这些学习安排贯穿于整个高年级。暑期课程预习了即将到来的数学课程，并包括以科学、技术、工程和数学（STEM）的专业为重点的实地考察。在学年期间，暑期作业通过课后辅导得到加强。在高等数学课程中，为少数族裔学生创立社区、联系和归属感与掌握高等数学微积分项目（TCP）中的课程内容一样重要。为了满足这些需求，项目学校将低收入家庭学生和有色人种学生分组到一些班级，这些班级往往是那些有能力的、才华横溢的或学业先进的天才班和高级班。原有明显的学术隔离分班经常且似乎无意地发生，但在这个项目中，这是有意的一种弥补种族隔离并确保创建合作学习社区的措施。这个项目受米姆斯（Mims）的记忆和观察的启发，他的大学中成功的同学们分组在一起解决困难的数学问题，分享工作并相互学习。这也与种族偏见和孤立对学习影响的研究结果（Steele，2010）相一致，该研究表明，课堂中大量多元化学生为他们创造了一个更舒适和富有成效的学习环境。

在微积分项目的第一年（2010—2011 学年），所有参与者在马萨诸塞州综合评估系统数学测试（MCAS）中的得分达到熟练或高级水平，这是美国最严格的标准化测试之一。此外，当年在布鲁克林中学获得最高数学成绩的学生是一名从头到尾参加微积分项目的非裔美国人（Colannino，

2016）。陈（Chen，2015）报告说，该项目当时为布鲁克林高中的 200 名学生提供服务，但当其他城市和州的参加者加在一起时，总人数上升到了约 700 名。例如，在 2016—2017 学年的佛罗里达州奥兰多市，41 所学校的 1000 名学生参加了这项活动（Larkin，2017）。"微积分项目"的另一个令人鼓舞的结果是，在布鲁克林高中，MCAS 得分为"高级"的非裔美国学生数量从 2013 年的 18% 增加到 2015 年的 53%（Chen，2015）。

詹姆·埃斯卡兰特（Jamie Escalante）对拉丁裔高中学生的教改项目，参考了米姆斯（Mims）对非裔美国人的做法。他通过将学生们的文化价值观、工作习惯、学习风格和背景经验等元素融入数学，从而扭转了他们在微积分中的成就模式。埃斯卡兰特数学项目（Escalante & Dirmann，1990；Mathews，1988），从 1978 年到 1991 年实施的计划（Barham & Thomas，n.d.；Sanchez，2010），所有参加者被认为是学业失败的"高风险"者，大多数教师认为这些学生无法在大学先修课程（AP）中取得成功。在洛杉矶东部的加菲尔德高中，当埃斯卡兰特开始他的数学课程时，没有拉丁美洲人注册学习微积分或参加大学预科考试，学校只开设了 6 门代数 I 和 10 门几何或代数 II。10 年后，超过 500 名学生成功参加了大学预科微积分考试，学校开设了 25 门代数 I、30 门几何和/或代数 II 课程，并开设了大学预科（AP）物理、化学和生物课程。1978 年，学校进行了 10 次大学先修课程考试（AP），一名拉丁裔学生参加了微积分考试，打破了零的记录。仅在 1987 年，加菲尔德高中就有 27% 和 22% 的墨西哥裔美国人在大学预科微积分考试 AB 和几何 BC 中分别拿到 3 分（平均）。另外 13 名学生微积分得到 5 分（可能是最高分），19 名学生得到 4 分。1987 年参加加菲尔德考试的学生中，超过 87% 是拉丁裔，其余是亚裔美国人。市中心的其他学校从来没有培养出这么多参加大学先修课程考试（AP）的学生，而且也从未取得这么好的成绩。事实上，在 1987 年 5 月参加大学先修课程（AP）微积分考试学生人数最多的 15 所公立学校中，加菲尔德高中排名第四，是唯一一所以拉丁裔低阶层学生为主的学校（Escalante & Dirmann，1990；Mathews，1988）。

埃斯卡兰特的成功，在故事片《为人师表》（Menendez，1988）中得到推广，归功于老师的个人信念、承诺和影响力，以及学生之间的合作、友爱、关心、勤奋和学生的种族自豪感（Mathews，1988）。桑切斯（Sanchez，2010）补充说，埃斯卡兰特经常鼓舞、激发甚至笑骂陷入困境的拉美青年，努力让他们把自己想象成他们可以成为的人，而不受当前环境的局限。埃斯卡兰特和他的学生们在一个培养智力冠军的氛围中以小组形式一起工作、互助、乐趣、幽默，在严肃的知识工作中，责任感和文化回应始终存在。他解释了为什么创建这种教学风气和关爱的共同体对于学生的成功至关重要：

我试图给我的学生两样东西："根"和"翅膀"。我感到有一项重大责任，要教导我的学生尊重那些维系他们的家庭、学校、社区、种族、文化和国家的价值观；很大程度上，学生们在课堂上发现了自己的文化遗产……我不仅仅教数学，我还教他们尊重美国的民主价值观和制度……为了我们的后代，我们有责任确保我们的学生学习这些方面的内容，成为我们国家全面参与的公民。有了牢固的根基，他们更有可能展翅高飞，飞向成功，甚至伟大。（Escalante & Dirmann，1990，p.419）

不幸的是，在埃斯卡兰特1991年从加菲德尔高中辞职后不久，他和团队成员在13年时间里为贫困的城市拉丁裔学生所完成的模范项目和显著的进展开始恶化。但是，就像威金顿在狐火项目中所做的那样，他留下了一份广为流传的遗产，也是一个值得效仿的文化回应式教学的有力范例。在确认这份贡献时，巴哈马和托马斯（Barham & Thomas，n.d.）指出：

詹姆·埃斯卡兰特关注的是结果。他的学生们一直都被告知他们做得还不够好，因为他们是贫穷的拉丁裔，没人指望他们能在高等数学方面出类拔萃。埃斯卡兰特相信，任何拥有"ganas"（西班牙语，意为"驱动"或"欲望"）的人都能掌握数学原理，并将其作为获得高薪职业的关键。为了实现这一目标，他竭尽全力，不惜一切代价。

三、语文合作学习与成就

希特斯（Sheets，1995a，1996）所教的拉丁裔学生通过了西班牙语言和文学的大学先修课程预料考试（AP），这让人想起了埃斯卡兰特在微积分项目中所取得的成绩。华盛顿州西雅图市的公立学校中的29名"成绩高危"学生里有20人在三年时间里通过了为参加西班牙语文学大学预科考试而设计的课程，他们的分数达到了足以获得大学学分的水平（3分或以上）。参与项目的学生是高二、高三、高四年级的学生，他们被认为是学业失败的"高风险人群"。他们的母语是西班牙语，但没有阅读和书写这种语言的正式技能。希特斯将学生的成绩归功于她所使用的教学策略的组合。其中包括：

使用西班牙语作为教学语言，确认和肯定种族身份、培养自尊，课程内容重视学生的文化传统、历史和文学，并实施与他们喜欢的学习风格相匹配的策略（例如口语、合作学习、同伴支持和家庭参与）。（1995a，p.189）

除了学术上的明显进步外，希特斯的努力还取得了其他高水平的成就。例如，他建立了一个强大的同伴指导系统，学生可以用其他服务换取彼此的学术帮助。在这种互惠中，出现了"合作、团结、共同体和家庭的感觉。课堂从来都不是个人的努力！……合作得以实现并内在化"（Sheets，1995a，pp.191-192）。合作学习增强了个人技能的信心和效能，文化知识、西班牙语言能力、文化遗产自豪感、学校出勤率和行为表现都得到了提高。

另一个合作学习项目是"个人决定进步"（AVID），该项目旨在让贫穷的城市有色人种学生更容易进入高阶的读写课程并取得成功（AVID，n.d.；Mehan et al.，1994；Mehan et al.，1996；Swanson et al.，1995；Watt et al.，2008；Watt et al.，2004；Watt et al.，2006）。它源于1980年圣迪亚哥县克莱蒙特高中一位英语老师，她为城市里坐大巴来学校的拉丁裔和非裔美国学生的学业困境而担忧。他们没有学习那些能进入加州顶尖学院和大学的选修课程，也达不到相应的水平。这位教师劝说了平均绩点（GPA）在 1.5 到 2.5 之间的 30 名学生，让他们在没有事先准备的情况下，选修严格的学术课程。其目的是教他们学习应对技能，通过大学预修课程的学习来提高他们的成绩水平，取得更高的 GPA 并提高大学入学率。这些仍然是"个人决定进步"项目的首要目标，尽管参与该项目的机会已经扩展到包括欧裔美国人、亚洲/太平洋岛民、美洲原住民和不同表现水平的学生，但中低成绩的拉丁裔和非裔美国人仍然占主导地位。"个人决定进步"（AVID）已经从一所学校一个班级的一门课程（高中英语），发展成为一个广泛用于许多学科和许多学区的项目。截至 2016—2017 学年，全美共有 6200 个小学、中学和高等教育的"个人决定进步"项目。

在教学方面，"个人决定进步"项目通过让中低收入、成绩差的学生与成绩高的欧裔中产阶级美国学生一起读大学预科生物学、代数、英语和外语课程，进行"不追踪"其成绩位置的学习（Mehan et al., 1996）。最开始，参与者还参加了一个选修课的预备班，这个班在整个学年里每天都开课。同学们和大学导师以小组和个人的形式共同学习，以达到大学期望的学术成就水平。训练有素的教师使用专为该项目编写的最高能力材料指导学生。第一年参与调查课程的指导教师教授小型课程，以使他们适应大学水平的学术工作。参与者还接受了笔记、学习技巧、考试、时间管理、大学入学/分班准备和学术能力（SAT 考试）、有效阅读课本、图书馆技能、大学入学准备和财务申请等课程。教师期望并指导学生在彼此优势上建立合作，参与探究解决学术问题解决的方法，并树立一种成功的信念。教师采用合作学习教导学生为自己和他人的学业成功负责，提高自己的听、想、说、写能力。在这些学习情境中，教师扮演教练和促进者的角色（AVID, n.d.; Mehan et al., 1994, 1996; Swanson et al., 1995; Watt et al., 2008; Watt et al., 2004, 2006）。许多这些操作特性仍然是此项目的基础内容（Matthews, 2015; Parker et al., 2013; Pugh & Tschannen-Moran, 2016）。例如，在近 40 年的历史中，"个人决定进步"项目的目标仍然是确保所有学生，尤其是那些经常被边缘化和接受服务最少的学生，为其上大学和在社会中取得成功做好充分准备。

"个人决定进步"（AVID）项目的工作人员和协调员认为，仅依靠学生实习和学术指导不足以实现该项目的成就目标。一个支持帮助个人的被米恩及其同事（Mehan et al., 1996）称为"社会脚手架"的网络软件已被开发出来作为教学干预的补充工具。随着学生在个人能力和学业上的日益自立，这些支持逐渐减少。该"脚手架"的具体内容包括：对学习问题的批判性思考和分析讨论能力的培养；发展友情和共同体意识；教授在学校文化中有效运作所需的社会知识和技能；鼓励学生展示与项目程序有关的识别标记，例如在专门指定的教室里学习，使用装饰有AVID项目标识的笔记本电脑和佩戴有显著标识的徽章。教职员在高中阶段就担任参与项目学生的学术、社会和个人发展的指导老师，并在高中和大学之间担任他们的协解者或联络人。换言之，该项目明确地给低收入、在语言和族裔上不同的学生教授了促进学校成功的文化和社会资本，这也是中上阶层的学生在家庭生活中有机会习得的（Matthews, 2015; Mehan et al., 1994, 1996; Pugh & Tschannen-Moran, 2016; Swanson et al., 1995; Watt et al., 2004, 2008）。

"个人决定进步"项目在学员的学术成就和学习氛围方面取得了一些令人印象深刻的进步。它们因种族群体、学校水平和测量变量而有所不同，但更多的是程度不同而不是类别不同。例如，最近的墨西哥移民学生的学习成绩与美国土著学生的进步并不总是一样快，而不同年级参加项目的时间长短似乎对非裔美国学生的入学率高低没有产生影响（Pugh & Tschannen-Moran, 2016）。但是总体而言，项目产生了积极的结果。这些结果包括标准化考试成绩、出勤率、学分绩点、代数和高级选修课的注册率以及四年制大学的录取和入学率的提高。参加该项目的学生还指出了作为显著特征的个人与社会关系、家庭氛围、机构认同和从属感、归属感、智力和社会指导水平的提高，有助于他们的学业成功和整体的智力开发或学术自我效能感的发展（Matthews, 2015; Parker, Eliot & Tart, 2013; Pugh & Tschanmen-Moran, 2016; Watt et al., 2008; Watt et al., 2004）。

米恩及其同事（Mehan and associates，1996）发现了项目学生的另一个重要成就。拉丁裔美国人和非裔美国人在不牺牲他们的文化和种族身份的前提下，发展了在主流高中和大学取得成功所必需的语言风格、学术技能和社会行为。他们在学校与"渴望学习的项目同龄人"一起从事学术活动，并在放学后与邻居朋友一起参加娱乐和社会活动，成为有效的"文化跨界者"（p.187）。因为"个人决定进步"项目倡导使用学生自身的文化和经验作为教学资源，结合不同类型教师的专业知识，参与者可以更好地完成"两个相互关联的目标"。"个人决定进步"项目曾发现这对他们的学术成就很重要，在保持他们的社会身份的同时，也能发展他们的学术身份"（Mehan et al.，1996，p.209）。这一成就尤其值得注意，因为根据福特汉姆和奥格布（Fordham & Ogbu，1986）以及福特汉姆（Fordham，1993，1996）的观察表明，一些有色人种学生可能会故意诋毁自己的学业成绩，以避免损害他们与成绩差的同学的友谊，或被指责为"装白人"。

由"个人决定进步"项目产生的公共情境和合作学习的影响是多种族的，因为该项目的活动和分析包括来自不同种族群体的学生，如非裔美国人、拉丁裔美国人、不同种族和国家的移民以及欧裔美国人。另外几个学者仅对非裔美国人在学校的表现进行了研究，考察了教学合作社群主义（Albury，1992；Boykin，1994；Boyin & Bailey，2000b；Boykin，2004；Dill & Boykin，2000）。奥尔伯里（Albury）的工作阐明了这项研究及其产生的结果。他要求来自同一区域的低收入非裔和欧裔美国人将25个单词与定义进行匹配。在基准分数确定后，学生们被分为3人一组的同种族团队，参加同样的比赛，并被分配到4种学习环境中的一种。在"个体标准"选项中的学生被建议单独学习，如果他们在25个定义中答对了15个，就会得到奖励。在"人际竞争"选项中，学生们被告知独自学习，且只有得分最高的团队才会得到奖励。参加"小组竞赛"的学生被要求独自学习，他们所在小组正在与其他小组竞争，如果他们获得所有小组的最高分，就会得到奖励。"公共"学习团队的成员没有设任何奖励，但被提醒他们要共享社区背景，并被告知他们需要一起工作，分享责任，互相帮助,这样他们的小组可以获得更好的分数。在学习完单词表后,学生们进行了后测。欧裔美国学生的学习表现在"个体标准"下最好,其次是在"人际竞争"学习环境下。非裔美国学生在"公共"学习环境中表现最佳,其次是在"团体竞争"学习选项中的表现。

四、文化回应式教学中的合作学习

合作学习的教学计划和研究项目,为文化回应式教学传递了一个非常重要的信息。合作学习在不同层次上对成绩不佳的有色学生都有很好的效果。但是,即使学生可以自由选择组织小组,也不能假定所有合作学习小组成员的参与具有同等的质量,需要做出审慎的努力才能确保好的学习效果。一些教师可能会单方面将学生分配到某个小组中,并将任务和角色分配给小组中的某个人来完成。这样做是行不通的,原因很简单,如果所有决定都由教师做出,那么这些小组既不是学生小组也不是合作小组,他们成了教师小组。

一个更有建设性的做法是让教师和学生共同制定选择小组成员、绩效问责和监视小组的过程动态的标准,然后,允许学生在这些参数内做出最大限度的选择。这是结构性的,而不是完全自由的选择。教师和学生应齐心协力,将民族、种族、性别、社会和能力多样性纳入各小组的组织工作和任务分配中。异质群体的工作效果最好,并且与文化回应式教学的潜在价值观和明确目标相一致。但是,在某些情况下和某些学习任务中,考虑到某些学校和课堂的人口统计数据,具有相同种族和性别的群体可能是可取的或不可避免的。

这种相似性可以通过每个组的能力多样性得以补偿。科恩和她的同事们(Cohen et al.,1995,1997,2004)为如何实现这一目标提供了一些指导。他们建议使用多种能力才能完成的复杂学习任务。这样,团队成员就可以相互补充彼此的优势,并弥补彼此的不足。加德纳(H. Gardner,2006)的多元智能理论、巴布和斯瓦辛(Barbe & Swassing,1979)的感觉方式优势以及各种种族学习风格特征（Shade，1997）都有助于指导选择成员。因此"多重智力能力"既是群体成员的特征，也是学习任务需要的特征。因为成员身份需要肩负学习任务。组建合作小组的重要方式是改变成员的构成。另一种补偿多样性不足的方法是，经常改变组成合作小组成员这一重要变量。由此，即使是同一种族的群体也会体验到不同的能力组合。

虽然合作学习的教学潜力是强大的，但如果教师和学生不知道如何在小组中工作，它可能被放弃或扭曲。教师不应该假设学生（或他们自己）天生就知道如何进行合作学习。许多人以前对此没有任何经验，或者他们的经验是消极的。小组合作是一种教师和学生都需要学习的技能。起初，一些学生可能会抵制它，其他人可能会以"干不好"为借口来逃避工作和学习责任，还有一些人可能由于他们的个人努力可能得不到应有的承认和"学分"，而产生戒备感。一些教师可能认为这种学习安排威胁了他们的权威和课堂控制力，浪费了太多的时间，导致教学效率低下，因为学生无疑不会像老师那样精确地分析问题。

随着教师和学生在团队合作方面越来越熟练，上述问题可以通过协商和管理来解决。有一些有效的方法来消除对合作学习的疑虑（特别是对于喜欢以个人安排方式学习的教师和学生），它们是：（1）在课堂中创造一种重视合作和集体的气氛和风气，这种气氛和风气不仅在合作任务完成时有效，而且在任何时候都有效；（2）从频次和量级上逐步将小规模的合作学习纳入教学；（3）给予教师和学生时间和机会，让他们适应并熟练合作学习；（4）初始阶段采用个人、小组、全班相结合的学习活动；（5）运用多维任务，并清楚地向学生解释这些任务。最后一种策略允许学生根据学习风格偏好和智力能力，在群体环境中自己选择具体任务，从而满足他们对个人任务责任和认知的需要。

第四节 积极和情感参与

情绪性、可变性、新颖性和积极参与是一些民族的学习风格的重要方面，也是他们展示自己已获得知识的多种方式。对他们来说，教与学不仅仅是认知和技术任务，也是积极参与和情感投入的过程。因此，所有这些都是文化回应式教学的关键特征。

博伊金（Boykin）和他在霍华德大学的同事进行了一系列的研究（Allen & Boykin，1992；Boykin & Bailey，2000b；Ellison et al.，2000），论证了教学策略的效果，包括非裔美国学生成就的一些特征。他们一起探讨了传统非裔美国人文化的几个元素。它们是一种生动活泼的生活方式，而不是机械的生活方式。整合了运动、节奏、音乐和舞蹈的行为表现力；神韵或高水平的能量和感官刺激；强调情绪和感情超越个人特权的社区和社会联系；思想和行为的自发性；偏好口头和听觉交流方式；社交时间的取向。

一、教学中形式多样与多重感官刺激

博伊金（Boykin，1978，1982）、塔克（Tuck，1985）、塔克和博伊金（Tuck & Boykin，1989）研究了不同强烈程度的感官刺激（神韵）对非裔美国学生学业表现的影响。他们的研究基于前人的成果，如古登塔格（Guttentag，1972）、古登塔格和罗斯（Guttentag & Ross，1972）、摩根（Morgan，1990）和谢德（Shade，1994）。他们发现，许多非裔美国学生更喜欢积极、参与、感情投入、充满视觉和身体刺激的学习环境。例如，古登塔格和罗斯发现，在对学龄前非裔美国人教学时，如果采用自发和指导的身体表演，或将"想法付诸实践"，他们会快速、轻松、彻底地学习"大—小""上—下""高—低"等基本概念。

霍华德（Howard，1998）研究了与文化相关的教学法原则是如何体现在非裔美国小学教师的阅读教学行为中的。他观察到非裔美国教师的教学行为存在很强的运动、情感和情绪性。"戏剧表演"是他们教学剧目的一个显著特点。有一位教师特别擅长并始终如一地将她的教学戏剧化。霍华德对她的天赋和技巧描述如下：

路易斯（Louise）将情感和激情运用到教学实践中，并通过她的戏剧表演将学生与学习过程联系起来……这对她来说并不罕见……进入5到10分钟的表演，包括在教室里跳来跳去，把声音提高几个音阶，表演各种角色，完全沉浸在一个场景、角色或故事中。（p.133）

这种戏剧性的教学方式对学生的学习动机、兴趣、努力程度和成绩都有积极的影响。学生们的反应和评论证实了霍华德的感受。许多人以路易斯为榜样，在她的鼓励下带着感觉、情感和信念去阅读，他们的背诵变成了"表演"，同时需要表现出词汇的含义和对阅读段落的理解。这些表演激发了丰富的学术讨论，学生们就所读的段落提出了大量的问题，并参与了故事情节、事件和角色塑造的分析。许多学生发现路易斯的教学风格有趣、刺激、引人入胜，这也使学生对所教内容的理解和记忆变得更容易（Howard，1998）。

在他们的研究中，塔克和博伊金（Tuck & Boykin，1989）使用实验设计，使3、4、6年级的学生直面以相同和不同的形式完成解决问题的任务。在相同的形式下，引入不同类型的任务前，先呈现某一种类型的所有任务。在不同的形式下，任务以随机的顺序出现，但不连续出现两个相同的任务。这些研究还比较了来自不同感官刺激水平的家庭环境的学生对不同的学习任务形式的反应。结果表明：（1）非裔美国学生在高变异性的学习情境和人物中表现显著；（2）来自高水平感官刺激家庭环境的儿童在高变异性情境中表现较好，而来自低感官刺激水平家庭的儿童在不同和相同的任务中表现一样；（3）欧裔美国学生在固定形式任务中的表现优于非裔美国学生；（4）欧裔和非裔美国学生在各种形式的任务中表现得更好，但非裔美国学生的进步幅度要大得多；（5）非裔美国学生对不同任务的偏好不与学术能力成比例，高、低成就者的偏好是相同的；（6）非裔美国学生在一成不变的学习模式中，比欧裔美国学生更容易分心和做出非持续性行为。

二、音乐和动作在学习中的运用

另一种提高非裔美国人学习成绩的教学方法是将节奏模式、音乐和运动融入学习活动中。艾伦（Allen，1987）、艾伦和博伊金（Allen & Boykin，1991，1992）、艾伦和巴特勒（Allen & Butler，1996）在两项实验中证明了这一点。艾伦、艾伦和博伊金研究了由低收入欧裔和非裔美国小学生进行的图片配对任务和类比推理时的音乐和动作对学习效果的影响。在相同的实验条件下，一种环境里学习任务伴随着音乐、身体动作和击掌，学生们在这些技能的测试的同时有音乐播放。另一种环境里没有音乐。非裔美国学生在伴随着音乐和运动的环境下表现要好得多，而欧裔美国学生则在没有音乐和运动的伴奏下表现得更好。非正式的课堂观察为这些问题的发现提供了额外的支持。艾伦和博伊金（1992）注意到非裔美国学生在缺乏音乐和运动的学习过程中表现出不安和无聊的迹象。他们的目光经常从学习任务上偏离，更多地关注自己的手和脚，而不是学习材料和学习任务。这些结果使研究人员得出结论，当他们的文化体验被纳入学习任务中时，表现不佳的非裔美国学生的学业成绩显著提高（Allen & Boykin，1992）。

教师在真实课堂上的经验，进一步支持了教学中使用节奏、动作和运动的效果是积极的。四个例子说明了这些策略。第一个例子是一位来自加州长滩市城市中学的语言艺术教师，讲述了她尝试使用传统方法对学业上"处于危险中"的非裔美国学生讲授语法的经历，可惜失败了。为了克服前进的障碍，她对语言部分创建了一个"说唱"，与学生分享，并请他们提意见以提高质量。之后，她和学生们共同创建了一个修改后的版本。使用说唱，所有的学生都没费多大力气就以100%的准确度完成了词类学习，并且大大提高了他们在学术和社交写作和口语中的运用能力。

第二个例子是在密苏里州圣路易斯附近一个贫困的郊区学区中的中学数学教师。当时的情况是给一个完全由非裔美国人组成的班级（8年级）教分数。为了让某个女生理解基于1/8的分数（例如1/8、4/8、7/8等），老师付出了许多努力但都失败了。而接下来的行为显然是自发的，没有事先考虑。老师让8名学生，包括目标学生来到房间的前面，围成一个圆圈。然后，他通过让学生移出和移入不同的图形，证明了不同分数与整体的关系。这些学生被移动了几次（实际上是在移出）以形成1/8、2/8、3/8等，而那些难以理解概念的学生成为所有变化图形的一部分。然后，老师解释了形状是什么，以及它与整体其余部分的关系。因此，目标学生可以看到，当她一个人从圈子里移出时，她是1/8，而剩下的则是圆圈表示的7/8（8个中的7个）。

在短短几分钟之内，通过将这些想法付诸实践，这个学生就掌握了使她感到困惑不已的概念。其他积极参加表演及班上的其他的学生，都被这次"表演"迷住了，并与她一起学习。一旦目标学生的理解变得明显，老师便说："现在，你明白了我的意思了吧。"学生满不在乎地回答："当然！为什么你不早说这个方法？"在这种情况下，教学与非裔美国人文化和学习风格的多个方面相兼容，包括运动、表现、戏剧性天赋、合作学习、群体背景、个性化、节奏、情绪性和整体参与。

第三个例子是关于音乐和动作如何影响非裔美国学生学习成绩的，发生在一个平均年龄是4岁的学前班，孩子们正在学习元音。孩子们已经习惯了他们班的固定日程。一到学校，孩子们分别去指定的黑板前，并向其中一位合作的老师朗读张贴的当日的年、月、日和星期几。这项仪式完成后，还要制定个人学习计划，这些计划制定后，孩子们围成一个大圈，进行大范围的分组阅读教学。在一节元音发音课时，一组四个女孩开始有节奏地为诵读每个元音拍手、押韵脚和诵唱，然后重复了几次（有点像唱赞美诗）。其他学生称赞他们的表演，但老师没有对这种学生自发的行为做评论。课程结束后，她称赞拍掌的学生们对字母和元音的掌握多么好。看来最初学生完全是即兴的，用了本班常使用的一种技巧（节奏和韵律），四个学生只是简单地将它应用到这门课上，使用了他们自己的创作风格。

第四个例子，来自佐治亚州亚特兰大的罗恩·克拉克学院。在仔细研究了 2008 年总统大选的候选人和竞选活动之后，一群六年级和七年级的学生（大部分是非裔美国人）写了一首嘻哈和说唱传统歌曲，并配合音乐和舞蹈进行表演。标题为"您可以按自己喜欢的方式投票"（2008），内容涉及贝拉克·奥巴马（Barack Obama）和约翰·麦凯恩（John McCain）以及一般的民主党和共和党人之间的问题和区别。这首歌被编写和表演，并伴以舞蹈，同时以挑战的形式出现，班上一半人支持麦凯恩，另一半人支持奥巴马。这首歌的副歌部分是：

左翼的奥巴马

右翼的麦凯恩

我们可以整晚谈论政治

你可以随意投票

你想怎么投票就怎么投

麦凯恩的部分支持者声明：

麦凯恩是最好的候选人

佩林是他的竞选伙伴

他们将为持枪权而战，反堕胎

保守党人的权利

我们的未来是光明的

经济好转在望

全世界都会感受到我们的军事力量

奥巴马的支持者回应说：

但是麦凯恩和布什的右派非常接近

他们的选举目标一致，保持右翼，保持紧密联系

奥巴马是新人，他也更年轻

中产阶级，他会帮助你们的

他会带来改变的，他有头脑

麦凯恩和布什是一样的

都怪你，伊拉克是个耻辱

再来四年太愚蠢了

在做这个项目的过程中，学生们将节奏、韵律、音乐和动作与智力探索和学术知识相结合。他们解释说，这种教学技艺是有趣的、富有挑战性、令人兴奋、富有创造性和有效性，因为它使用了他们熟悉的主题。它使总统竞选对学生们更具有意义和相关性；教他们阅读、写作、研究、公民参与和协作技能；也激起了他们对政治的广泛兴趣。

第五节 社会与情感学习（SEL）

在过去 20 年左右的时间里，越来越多的人关注学生的心理情绪挑战（如压力、精神创伤和欺凌现象），并认为有必要把这些问题与学术发展一起列入教育议程。美国研究院的网页上有一份最近的声明，《促进社会和情绪健康是改善学习条件的关键组成部分》。其回应的指导性建议通常被归类为发展社会和情感能力。虽然这一创新并不是主要针对种族和种族多元化的学生，但它可以而且必须对他们开放，因此发展社会和情感能力是文化回应式教学的一个主要方面。值得一提的是，它的主要改革目标（社会和情感技能发展）和它与各种形式的积极的学校表现间具有紧密的相关性。研究和经验记录了少数族裔、种族、语言多样和经济较贫困的学生经常遭遇到的心理—情感攻击（偏见、歧视、孤立、疏远、边缘化和各种不平等的现象）证明，他们的教育需要在培养学术和文化能力的同时也应注重培养社会和情感能力。

学术、社会和情感学习合作组织（CASEL）阐述了社会和情感学习（SEL）项目的目的是创建满足学生的归属感、安全和社区需求的学习环境，从而为高质量的学术、人际关系和个人健康提供理想条件。在其

2015年指南《有效的社会和情感学习计划——初中和高中版本》中进一步解释说：

社会和情感学习（SEL）是儿童和成人获得并有效应用知识、态度和技能的过程，这些知识、态度和技能是理解和管理情绪、设定和实现积极的目标、感受和表达对他人的同情、建立和维持积极的关系以及做出负责任的决定所必需的。社会和情感技能是成为一名好学生、好公民和好工作人员的关键，通过多年的综合努力来发展学生的社会和情感技能，可以预防或减少许多危险行为（例如吸毒、暴力、欺凌和辍学）。

若干研究、评论和元分析（Brackett & Rivers，2013；Brackett et al.，2011）得出了类似的结果，验证了关于社会和情感学习的必要性及其影响的理论阐述。研究结论在各个地区（城市、郊区和农村）和教育阶段（小学、初中、高中和大学）都是一致的。它们包括：

——对自己和他人更积极的态度；

——增强自我效能感、自信、毅力和同情心；

——与学校建立更好的联系和承诺；

——更清晰的目标感；

——与同龄人和成年人间更积极的社会行为与关系；

——减少行为问题和危险行动；

——减少情绪困扰；

——提高考试成绩、分数和出勤率；

——更全面的心理健康；

——增加高中毕业率，为高中后教育、职业成功和家庭和睦做好准备；

——减少犯罪行为；

——做更具自我约束性的公民。

社会和情感学习的这些因素和作用对学业成绩有积极影响，是高质量综合教育的有效维度，也是文化回应式教学的最终目标，因此这两种干预是相互联系的。社会和情感学习还与第三章中所描述的文化回应式关爱的许多方面具有很强的亲和力。以下内容讲述了一些针对美国土著和非裔美国学生的教育举措，并将它的一些元素融入文化回应式教学中，这一点在前面的讨论中已经提到。

一、土著学生文化回应教学中的社会情感学习

柯金斯、威廉姆斯和拉丁（Coggins et al., 1997）在他们与密歇根州北部的奥吉布瓦民族的合作中，提供了一些关于文化兼容性如何回应社会和情感学习需求并提高美洲原住民学生的学术表现的实证支持。他们对19个家庭的研究显示，母亲具有美洲原住民的传统价值观，即分享、以他人为中心、与自然和谐相处、互不干扰和大家庭，这对孩子在学校的学业和社交产生了积极的影响。具有这样家庭背景的小学生在阅读、语言艺术、科学和数学方面表现良好。其他研究也显示，保留传统的美洲原住民价值观与苏族（注：Sioux，北美印第安人中的一个民族）大学生的学业成就（Huffman et al., 1986）以及北部夏安族（Northren Cheyenne）女孩的高中毕业和学业成就（Ward，1994）之间存在着积极的关系。由于这些研究成果，柯金斯（Coggins）和他的同事建议将不同的美洲原住民群体的文化复兴计划和学习活动整合到日常的教育体验中。传统文化价值和遗产的知识可以成为美洲原住民学生胜任社区和学校文化、期望、责任和表现的精神支柱。因此，拥有双文化可以促进学术成就。这些建议完全符合文化回应式教学法的范畴。

戴耶尔（Deyhle，1995）的另外一项研究证实，以美洲原住民为中心的教学法对提高学生的社会情感能力和学术成就的作用。她对两所高中的纳瓦霍族学生进行了为期10年的研究，其中一所是保留地学校，另一所不是。有些人声称，在由有色人种学生组成的"种族隔离"学校里，学生的表现会更差，但戴耶尔观察到的情况恰恰相反。保留地学校的学生比非保留地学校的学生表现得更好，辍学率更低，对学校的满意度更高，学校人员的支持感更强。与住在镇上的学生相比，在非保留地学校就读的保留

地学生也有类似的情形。戴耶尔将这些差异归因于学生与其所在种族社区的文化联系程度以及现有学校项目与实践中的文化统合程度。她指出：在学业上更成功的纳瓦霍族学生，更有可能是那些深深扎根于纳瓦霍社区的人。他们没有脱离自己的文化价值观，也不认为自己不如主流群体。相比之下，那些在学业上不成功的人，既与保留地社区疏远，又对他们每天面临的种族两极分化的学校环境感到愤慨不平。（pp.419-420）

美洲原住民社区学院（NACA）的课程和教学实践，展示了社会和情感学习是如何融入文化回应式教学中的又一例证（McCarty & Lee，2014）。这是一所公立的美洲原住民特许学校，位于新墨西哥州的阿尔伯克基市（Albuquerque），学生群体为初中生和高中生。它采取了一种与土著文化哲学和心理健康相一致的整体教育方法。它侧重于在社区和文化背景下发展学生的智力、身体、情感、社交和领导能力。这些侧重点植根于尊重、责任、社区、服务、文化和坚持不懈的核心价值观。这些价值观反映了美洲原住民社区学院（NACA）不同部落社区学生的价值观，它旨在培养坚强、有能力、有承诺和自治（或主权）的文化可持续的个人和社区。在基本层面上，这些教学导向和实践促进了学生的整体福祉和能力，部分抵消了对土著青年经常主观产生的心理情绪和殖民影响的制度后遗症状（Klug，2012；McCarty & Lee，2014）。

美洲原住民社区学院展示了如何在高等教育中实施文化回应式教学。他们的主要目标之一是创造的学习融入氛围，促进文化和解、文化维护和文化自豪感，将其作为学生卓越教育的一部分。在此过程中，他们将社会、情感、文化、学术知识和技能发展整合为一体。位于堪萨斯州的哈斯卡尔（Haskell）印第安民族大学（HINU）是一个令人信服的例子。它是一所为美洲原住民和阿拉斯加原住民服务的四年制部落间教育机构，并且是34所联邦认可的部落学院和大学之一，为14个州（主要是中西部和西南部）的30 000多名学生提供服务。尽管印第安民族大学自1884年以来一直存在，但它最初是一所小学，当时只有22名学生，后来转变为一所高中，之后是初级学院，最后在1993年获得国家认可的大学地位。现在，它每年招收美国联邦政府认可的来自各州的 1000 名学生。它致力于增强美洲原住民和阿拉斯加原住民学生的领导能力和为原住民社区及世界服务。这是通过以文化为基础的整体学习环境和项目维护美洲原住民和阿拉斯加土著的自主权。这些学习环境和项目坚持尊重、合作、诚实和共同责任的传统文化价值观（McCarty，2002）。

哈斯卡尔（Haskell）大学提供的学习课程将"美洲原住民生活智慧、身体、社交、情感和精神的各个方面结合在一起，形成一段独特的大学经历"。这种独特性的一部分是，所有学生都必须学习美洲原住民/阿拉斯加原住民和当代问题的课程，同时还要学习一般大学提供的通识文科和专门的学位课程（教育、商业、社会学、心理学、计算机科学等）。"文化公民"课程包括印第安地区乡村环境保护；印第安法律和立法；印第安房地产和土地管理；部落主权的原则；部落资源与经济发展；切诺基语和乔克托语（Cherokee and Choctaw）；印第安诗歌、艺术、电影、历史、修辞学和文学课程。这些课程旨在发展文化知识，具有强烈的文化亲切感和尊重感、更真实的民族和文化自豪感以及为文化社区服务的承诺和相关技能。无论是正规的还是非正规的，哈斯卡尔大学通过其课程、学生支持系统、娱乐和社交活动，以及教职工与学生的关系，塑造了一种真正的"印第安人"的氛围。然而，关于在课堂上使用的实际教学策略或这些学习经历对学生在大学期间及以后成绩的具体影响的信息很少。

二、非裔美国学生文化回应式教学中的社会情感学习

以非裔美国人为中心的项目支持者认为，这些项目是必要的，因为传统教育在教授非裔美国人的历史和文化方面收效甚微。这种空缺会导致学生在文化上流离失所或脱离联系，这可能会影响其学业成就以及社会、心理和情感健康。非洲中心主义领袖莫莱菲·阿森特（Molefi Asante，1991，1992）断言，学生"可能会学习，但是如果没有文化基础，学习将摧毁他们的归属感"和个人的完整性（p.30）。另一位著名的非洲中心主义支持

者希利亚德（Asa Hilliard，1991，1992）提出："学校必须接受这样一个事实，即某些种族和族裔群体遭受系统诽谤的状况，已忍受了数百年的文化和历史事实真相被扭曲、否定和歪曲"（p.14）。相反，当学生以自己的文化遗产和表现风格为中心时，他们会更有动力、在学业上表现更好、更遵守纪律（Asante，1991，1992，2004；Sampson & Garrison-Wade，2001；Sheffield，2014）。

无论地理位置、学校类别（小学或中学）、类型（整个学校或部分班级）或目标人群（男性、女性或两者都有），以非裔美国人为中心的教育项目都有三个部分的教学议程。他们的目标，一是提高基本读写能力（阅读、写作）、智力（批判性思维、解决问题）和特定学科（历史、微积分、生物）技能方面的学术成就；二是通过教授非洲和非裔美国人的历史、遗产和文化，为学生的文化社会化做出贡献；三是通过改进自我概念、自我表达、自我实现和自信促进个人发展（J. Foster，1994；Lipman，1995；Watson & Smitherman，1996）。创造一种学习氛围，使学生得到认可、受到高度尊重、被期望取得高绩效，并获得支持达到期望。在巴尔的摩 Robert W.Coleman 学校的校长称这个氛围为"关爱的共谋"（Lipman，1995）。科林·威尔姆斯（Collin Williams）在访谈中对西雅图的非裔美国人学院也有类似描述，他形容该学院为"一个成功的地方，在那里学生不会被贬低，也不会因为是非裔美国人而受到任何指责和羞辱"。

中小学的非洲中心项目在所有成绩指标上都取得了进步，并且学生的表现通常要好于所在地区其他学校的同龄人。这些成就包括：标准化测试和平均成绩得分更高；更好的考勤记录；减少了违纪、留校察看和停课处分；提高了学习能力和自信心；较强的个人自我概念；经常谈到自己受到教师的真正尊重、支持和照顾（Asante，2014；Hudley，1995；Sheffield，2014）。

历史悠久的黑人学院和大学（HBCUSs）为接受高等教育的非裔美国学生进行了最广泛和有效的以非洲为中心、文化回应、社会和情感的教学和学习。黑人高等学校有一个悠久的传统，就是让入学的学生取得成功。他们将学术和学科知识与文化能力、公民责任、领导力发展、榜样和指导以及个人关爱结合起来。我请了10位传统黑人大学的毕业生，请他们从自己的个人经历和观点来解释为什么这些机构能够成功地教育非裔美国人。他们曾在不同时期就读于不同州的不同大学，并从事不同的研究领域。然而，有一些共同的主题跨越机构、时间和个人背景。10个人都称赞传统黑人学校努力满足学生多方面的需求，促进智力能力、个人自尊、社会心理发展、文化知识、社区服务和经济生产力的积极发展。他们的回答再次证实了弗莱明（Fleming，1991）、加斯曼和图迪科（Gasman & Tudico，2008）报告的研究发现，以及为非裔美国人和其他有色人种学生提供文化支持的教育建议（Paris，2012；Paris & Alim，2014，2017）。黑人院校的六位校友的评论阐述了他们各自院校的办学目标以及如何实现这些目标。

杰瑟琳（Jesolyn）回忆说，她和她在陶格鲁学院（Tougaloo）的同学们被老师不断提醒，他们是"庄稼上的奶油"（学术精英），因此，他们被期望为改善当地、州和全国的非裔美国人社区和事业做出贡献。他们受到的教育是，作为大学生，他们的知识和教育特权相伴着责任。这些活动包括帮助不幸的非裔美国人，如志愿社区服务和参与政治活动。根据斯佩尔曼（Spelman）学院的杰瑟琳、特里和艾安娜（Jesolyn，Terri & Ayana）的说法，在各个黑人学院和大学（HBCUSs）中，这种教学的道德准则是："被给予越多的人，人们对他们的期望就越高。"

塔尼莎（Tanisha）在格兰布林（Grambling）大学没有选修任何有关非裔美国人历史和文化的课程，但她沉浸在一个"对黑人很重要的环境中"。"一切都集中在我的种族、我的人民，以及我如何能为他们做出贡献。我从不为自己是黑人而感到耻辱。格兰布林大学帮助我看到、认识和接受了自己"。对塔尼莎来说，这是一种至关重要的文化资本形式，因为她当初带着对自己种族的矛盾情绪和对非裔美国人传统有限的知识来到大学。塔尼莎在格兰布林的经历让她摆脱了这种模棱两可、不确定和被忽视的感觉，在她学习所选择的学术研究领域所需要的知识时，她与自己的文化、种族和其他非裔美国人"建立了联系"。

杰瑟琳的文化学习在陶格鲁（Tougaloo）学院得以明确。学校强调非裔美国人的传统以及对密西西比州和全国民权运动的贡献。所有的学生都被要求学习非裔美国人的历史和文化。艾安娜（Ayana）和她在斯佩尔曼（Spelman）学院的同学也接受了关于非裔美国人文化的明确指导。她回忆起长达一年的关于非洲人在世界各地大离散的必修课。它包括黑人男女之间互动的研究，以及对非洲和非裔美国人的历史、生活、经历和社会的各种阅读。这段学习经历验证了艾安娜的种族和文化身份，并帮助她形成了强烈的自我意识，这使她在主流社会环境中"不得不在没有任何保护的情况下自我防卫"中解脱出来。

特里（Terri）在斯佩尔曼（Spelman）学院没有上过那门特殊的课程（她比艾安娜早几年在哈莱姆入学），但非裔美国人文化仍然是她所受教育的一个重要和普遍的特征。她还记得从《圣经》中了解到的几位非裔美国女性，也记得历史上有一些强大的社会活动家，并被提醒要"永远表现得像个淑女，因为你永远不知道谁会在校园里出现"（经常有名人和前斯佩尔曼女校友来参观）。她补充说："我们有机会接触到知名度高、卓有成就的非裔美国女性，以及各个研究领域中的其他人，他们专注于做有意义的事情。我们被灌输的是，我们绝不能辜负这一成功的文化遗产并将其发扬光大。"谢德里克（Shedrick）在莫尔豪斯（Morehouse）学院有着相似的期望、教导和与名人相遇的机会。成为"莫尔豪斯人"是一种荣誉的象征，每个人都被教导应展现出高水平的学术成就、社会礼仪、完美的公众人物形象和积极的政治参与，来给予这个身份应有的尊重。埃德（Ed）深情地回忆起南方大学如何使他和其他同学的外表、举止和穿着以体面的方式展现非裔美国大学生的社会形象的。

并不是所有的黑人院校都同样有效、都那么令人怀念，但他们在教育非裔美国学生方面以多种方式做出了令人钦佩的工作，包括在学术、文化、个人和公民教育方面。许多学生能够获得大学学位，但本科生阶段他们没有被白人占主体的学校（PWIs）录取或取得成功。毕业后，许多人继续在著名的以白人为主体的大学攻读高级学位，并在非裔美国人社区和全国社区和国家社会中从事受人尊敬的职业和胜任有影响力的职位。这里引用的校友评论很有说服力。

戴维斯（Davis，1998）认为，传统黑人院校是明确教授非裔美国人文化和社会资本的场所，因为学生获得文化知识，建立种族社区联系，并坚持文化上可接受的生活方式和行为，以及获得学术成就。它们也证明了学者们提出的关于使有色人种学生教育保持文化持续性的建议——保存和延续他们的文化和社区的实践、语言、文化、遗产和存在方式，作为促进教育公正、公平和卓越的手段（Paris，2012；Paris & Alim，2014，2017）。

结　　论

本章讨论的具体的文化回应项目和实践中产生的一些重要的普遍性指导信息。文化回应式教学的实例证实了这一理论。当教学过程与被边缘化的非洲、亚洲、欧洲、拉丁美洲和美洲原住民的文化取向、经历和学习风格相一致时，他们的学业成就会显著提高。这种成功在文化相关的内容、教师态度和期望以及教学行动相融合的学习空间中最为明显。

不同的文化回应计划和实践对不同族裔学生有相似的积极的整体成就效果。此外当不同类型的学习（例如智力、社会、情感、心理、文化、政治、伦理）同时发生时，就会产生更好的学习成绩。这就解释了为什么在这些经历中，对族裔、种族和文化不同的学生在获得文化知识、感受文化共同体、社交和情感能力、培养自尊和民族自豪感等方面受到的赞扬，与他们提高学业成绩时受到的赞扬一样多。培养多样化学生的整体人文素质是文化回应式教学成功的使命和最终指标。

以下针对和通过民族、种族和文化多样性的教学的具体效果（有时称为种族研究——ES；与文化有关的教育——CRE；与文化有关的教育学——CRP）均来自阿伦森和莱夫特（Aronson & Laughter，2016）、迪（Dee，2015）、迪和彭纳（Dee & Penner，2017）、汉利和诺布利特（Hanley & Noblit，2009）、斯利特（Sleeter，2011）和廷蒂昂寇等人（Tintiangco-Cubales et al.，2015）的原创研究、评论、综合研究和学术研究。他们考察了不同教育类别（小学、中学和大学）、学校环境（主要是城市）、族裔群体（单一和多个）和学科（一个和多个）的课程教学。取得了以下成果：

——取得了更高的成绩和标准化考试分数；

——提高了学生的兴趣、兴奋、参与、动机、舒适感和学习信心；

——改善了"民主成果"，如跨种族的关系、对社会正义倡议的热情和参与以及对不平等的关注；

——增强了对合作学习的承诺；

——课堂环境更有利于文化多样性学生的学习和归属感；

——对学校通常教授的知识和教材内容能更多地意识到其中的偏见；

——增加了对有色人种文化及有色人种对社会、对自身种族和人类贡献的知识了解；

——增进了对历史上不同肤色的个人和团体及个人和公共机构的理解；

——教室是寻求教学和学习的替代途径的"安全的场所"；

——提高了学生和老师的创造力；

——对各种行为表现出积极影响，如减少学校和课堂的干扰、更高的出勤率、更集中的注意力和努力完成作业；

——更多的跨种族和跨文化互动机会，这与更高水平的常规知识的学习、批判性思维、解决问题能力的形成和视角的扩展呈正相关；

——提高了学生的自尊、自信、自我效能感、身份认知发展、政治行动、公民责任、社区参与和整体社会参与。

研究人员和学者的评论进一步证实了这些文化回应式教学的普遍效果，以及特定学科、学校地点和学生群体的教学效果。下面提供一些摘录来说明这些验证。汉利和诺布利特（Hanley & Noblit）观察到"校内和校外的项目可以被设计来发展学术成就和适应能力，并更广泛地促进非裔、拉丁裔、亚裔和印第安人社区的种族提升项目。该方法必须是系统的，直接解决种族主义和赤字思维的问题"（2009，p.11）。鲁格斯和赫毕（Ruggs & Hebi，2012）将不同种族、文化和性别背景的学生换位思考与增加与同龄人之间的平等感联系在一起，这反而提高了自信心，尤其是在学生可能被刻板印象影响的领域。思丽特（Sleeter）强调了跨语境文化回应式教学的不同形式的积极效果的一致性。她指出："不同研究方法……对美国不同地区的中学至大学阶段的学生进行的调查发现，在学术成就、高度的种族意识和对自己种族的积极认同之间存在着联系"（2011，p.8）。阿伦森和劳赫（Aronson & Laughter，2016）解释了文化回应式教学对教师和学生的益处——这是必要的，也是值得讨论的，因为教师的益处往往是假设的或是隐含的，而不是明确指出。齐克尔（Zirkel，2008）的研究表明，文化多元化教育的学术成果和关系结果是相互交织的，其中一个方面的改善会带来另一个方面的改善。本研究结果证实了对多族裔、多种族学生的有质量的教育影响超出了其对学术方面的影响。迪和彭纳（Dee & Penner，2017）对一个九年级的以文化为中心的项目进行了研究，该项目涉及存在"学业风险"的亚裔、拉丁裔和非裔美国学生，他们的总结认为：

  研究结果令人信服地证实了大量文献的观点，这些文献强调了文化相关教学法（CRP）的能力，能够释放历史上被边缘化的学生的教育潜力。我们的结果也与其他理论框架一致。特别是社会心理学已经表明，较为温和的干预措施，缓解学生刻板印象的胁迫可以显著提高学生成绩。（p.158）

  有色人种的学生来到学校时，已经掌握了许多文化技能和认知的方式。在一定程度上，只要教学建立在这些能力的基础上，就会产生学术上的成功。换言之，成功者易成功。这一原则表明，教育者有必要将他们的教育指导方向转向在学校表现不佳的有色人种学生，从"没有，做不到"

转向"有，可以做"的成长心态——也就是说，基于财富——而不是基于"病理学"的教学和学习。将其转化为教学行动，首先要接受多元种族学生的文化知识和技能，并将其作为宝贵的教学资源和取得学术成就的脚手架和桥梁。针对夏威夷土著的卡米哈米哈早期小学项目、韦伯斯特格罗夫斯写作项目、微积分计划、传统黑人学校、埃斯卡兰特数学课程和面向拉丁裔的"个人决定进步"、为美洲原住民和阿拉斯加原住民开设的示范学校和部落学院、针对贫困农村欧裔美国人的狐火（Foxfire）项目和其他效仿的教学干预措施已经成功地做到了这一点。

当多个学习领域（如学术、文化、个人、社会、公民）同时得到促进，并在不同种族群体的文化背景下使用不同的教学技术时，单个领域的成就（如学术表现）就能实现最大化。这适用于专业技能、学校课程中的不同科目以及不同类别的学校教学。对事实信息的理解、问题识别、批判和道德反思是相辅相成的。在教授写作技巧的同时，阅读能力也得到提高。将数学计算嵌入到解决与不同种族的生活经历相关的问题的练习中时，它们会更有意义。如果同时考虑社交、情感和心理学习，则更容易掌握学术技能。因此，多重性和多样性是文化回应式教学的支柱，也是有色人种学生提高学业成绩的关键。

文化回应式教学实践揭示了一些看似无法解决的谜团，通过实践破译了边缘化的有色人种学生的学业成绩长期不佳的困境。这些学生在学校里没有被讲授他们在自己的文化社区里学到的东西。这种不连续性中断了他们的心智图式，使学习变得更加困难。通过原住民、拉丁裔、非裔和亚裔学生的文化镜头过滤教学，可以解决这一问题，使学生在学校取得更大的成功。这些学生值得拥有这些成功。本章讨论过的这些项目和实践采用了一些有效的指导技术，并为其他人提供了遵循的方向。我们需要更多的教师听从这些感人的号召，以勤奋、奉献、想象力、知识、意志和基于文化回应的技能来教学，以实现有色人种学生教育的公平和卓越。教学不需要全盘复制不同种族的文化特点和程序，但首先要了解并反思这些文化特点和程序。在非裔、亚裔、拉丁裔和美洲原住民的学生在他们各自的文化认知方式被肯定并扎根后，他们就能更好地探索新的知识视野和不同的学习途径，而不会使他们的人类尊严和文化身份受到贬低或损害。

实践可能性

教师有许多方式来发起、修订、振兴和验证文化回应式教学。这里提供的建议是关于如何做到这一点的一些有用的提示。它们包括教师个人和教学活动的想法。其他建议和支持可以从下列的专业期刊中获取，主要致力于培养不同民族和种族的学生，并阐明以文化为中心的教学和学习。

一、文化回应式教学的构想与实施

1. 自我监督、自我调节和自我反思。首先问自己这样的问题：我了解学生的文化背景吗？我是否将他们的文化资源整合到我的课程中？我是否总是以学生从他们的家庭、社区、文化和学校中已经知道的知识作为课程的开始？我是否理解学术语言和学生的社交语言之间的差异？我是否找到了连接两者的方法？

2. 不依赖旧的假设。鼓励学生谈论他们文化中的元素，包括积极的和消极的因素，这样你就不用猜测或询问那些你担心过于深入的问题了。让学生描述他们在校外喜欢做什么，他们大部分时间和谁在一起，以及他们崇拜谁。让孩子详细说明他们的文化，是了解他们更多的捷径，同时也能锻炼他们自身的学术技能。

3. 走出教室，超越课本。家长会议是很有价值的工具，但具有文化回应能力的教师会超越这种碰面的传统模式，例如，考虑到学生父母可能会同时做一份以上的工作。看看你的地区是否有翻译或合适的文化口译，并邀请他们参加。或者考虑在他们社区的某个地方与父母见面，并参加社区的文化活动。

4. 教学始于不同文化背景学生已掌握的知识。采用一些良好的通用教学理论，例如使用先前的参考框架、现有的知识图式和脚手架搭建方法，应适应于不同族裔、种族和文化背景的学生。还应将少数族裔和低收入学生的经历视为文化保护、个人能动性、适应力以及学术成就的宝贵资源、资产和基石。

5. 使用前辈、同事和盟友的工作成果。在选择适当的具有文化回应式的内容和教学策略时，不要试图"重新发明轮子"。联系那些在你之前已经成功教育了少数民族学生的人，分享他们的策略。

6. 认识到自己不是在孤军奋战。确定并联系一些个人、机构和组织，并与之建立联系，他们会定期推广文化回应式教学思想、资源和行动。

7. 修改现有的课程内容和教学策略。通常可以调整书本和网上的文化回应课程，以适应不同目的、文化、年级和科目。

8. 欣赏和包容学生文化的异同。以积极的态度识别这些差异。尊重文化差异和掌握跨文化理解等社会技能，可以在你的教学中模仿、教授、促进和加强。

9. 与学生建立关系。了解学生在校外的生活，这有助于增加课程的相关性，使实例更有意义。

10. 关注学生的学习方式，确定他们的学习任务取向。一旦了解了学生的学习取向，就可以考虑设计帮助他们的学习任务。为学生提供准备时间、提前通知组织者并宣布准备时间和任务开始时间。以一种积极的方式来尊重不同学生的工作节奏和需求、仪式感和习俗。

11. 教学生根据环境或情境改变行为。我们在不同的环境和不同的目的下都有不同的行为。因此，教学生适应不同的情境，如在家庭、社区、学校和各种关系中做出恰当的行为。

12. 在教授有关民族、种族、文化和社会差异的问题和经验时，要深思熟虑和有针对性。学生在遇到文化差异、种族主义和不公平现象时，教师不要回避或掩盖这些问题，通过对这些问题的仔细分析，学生可以培养自身适应社会变化的能力和能动性。

13. 将民族和文化多样性的内容融入学校定期教学和实践的仪式、惯例和科目中。避免将对民族、种族、文化多样性和相关问题的学习仅置于特定时间和事件，或仅视为对学术内容和技能的补充。相反，应将多元文化的观点和多元种族的经验融入定期教授的科目中，如数学、读写能力、科学、社会研究、计算机科学和课堂礼仪。

14. 传授文化意识和批判性的分析自我和他人的信念和假设。教师和学生需要理解为什么他们是文化的存在人，以及他们的文化社会化和取向如何体现在对自我和他人的价值观、态度和行为上的。

15. 为学生提供有组织和有指导的活动，使其参与跨文化和跨种族的互动。学生需要这些实践活动，并获得有关不同种族、民族、文化和社会群体、事件、观点和经验的学术知识。这些互动可以是真实的、替代性的、可以通过人与人之间的互动，也可以通过文学、电影、文化交流、在线联系以及学生进行的行为研究而得到促进。

16. 习惯于使用多元文化的视角、资源和方法来教授一般的学术和学科具体的知识和技能。使用文化多样性的例子、场景和小插图说明抽象的学术思想、概念和技能的含义，提高来自不同民族、种族、社会经济和性别的学生的能力和悟性。

17. 在教室中使用符号、标志、图像和图标来体现对文化多样性、社会正义、平等和反压迫的价值责任感。有时这些概念、价值和信仰需要针对不同学习水平的学生进行可视化处理。这些可通过教室装饰、书籍和工艺品的收藏、谚语表述以及教师建模来完成。

18. 适应文化多样化学习风格的差异性教学策略。研究已经发现了非裔、亚裔、欧裔、拉丁裔和美洲原住民学生常见的学习风格的突出属性，这些属性反映了他们的文化遗产的元素。将教学实践与这些学习风格相匹配。

19. 教育各个层次的学生学会把拥抱和尊重与他人的差异（或者相互之间的差异）作为其人性的自然组成部分。运用文化多样性最大限度地提高不同学生文化多样性的潜能。由于文化差异是人类与生俱来的，所以个人潜能（正如许多教育家宣称的）是相互关联的。因此，差异应该被视为个人的资产和人类的常态。

20. 使用文化多样化的课程与教材包括历史和当代遗产、经历和各个民族和个人的贡献。所有学生都需要更多的了解和欣赏他们自己和其他种族对美国社会和人类贡献的知识。这些知识有助于培养自尊；民族、种族和性别群体感的提升；更准确地理解美国历史、生活和文化的协力合作建设。

21. 教给学生促进公平、社会正义、人类尊严、社会政治、文化和个人赋权的变革推动者的知识、技能并成为其意愿。了解和尊重民族、种族和文化的多样性的知识是必要的，但这还不充分。学生需要学习如何系统地、持续地参与变革行动，这些行动展现了这些价值观和意图。

22. 为不同民族、种族、社会和语言背景的学生创造与文化一致的身体、智力和相互关爱的学习环境。学生在关爱、支持和反映自己身份特点的课堂环境中学习得更好。这些心理情绪环境会激发更多的能量、努力和更好的学业成绩。

23. 充分利用不同民族和种族的学生的文化、语言和经历。即使是很年轻的孩子也有广泛的社会和文化资本或知识贮藏的宝库，哪怕在学校内部无用武之地，在学校外也是非常有用的。这些"情境能力"可以成为学校为学术搭建的脚手架，学生们可以成为自身的作者和权威。也就是说，他们也可以成为老师！

24. 创新并使用多种形式的绩效评估。由于不同文化背景的学生有不同的学习风格，他们展示能力的方式也有所不同。因此，应该使用各种各样的口头、书面、视觉和行动工具与技术来诊断他们的需求，并提升他们学习成果的质量和水平。对不同文化背景的学生来说，高质量的学习不仅包括学术，成绩评价指标也应如此。

二、关于种族、多样性和教育公平的期刊

Asia Pacific Education Review

Asia Pacific Journal of Education

Asia Pacific Journal of Teacher Education

Association of Mexican American Education Journal

Education and Urban Society

Gender and Education

Intercultural Education

International Journal of Inclusive Education

International Journal of Multicultural Education

Journal of Latina/o Psychology

Journal of Multicultural Counseling and Development

Journal of Multilingual and Multicultural Development

Journal of Negro Education

Journal of Urban Learning, Teaching, and Research

Multicultural Education

Multicultural Education Review

Multicultural Learning and Teaching

Multicultural Perspectives

Race, Ethnicity Education

Tribal College Journal of American Indian Higher Education

Urban Education

Urban Review:Issues and Ideas in Public Education

第七章　文化回应式教学实践的个人案例

"在文化回应式教学中树立榜样是一种道德责任,也是一种职业要求。"

到目前为止,我主要是作为第一至第六章中构建的文化回应式教学故事的"幕后"叙述者。而在这一章,我转换了角色。现在我将走上舞台中央,与大家分享一些个人经历。它们是关于我自己的教学信念和实践的一些特征,同时也是文化回应实践的例证。这些经历所传达的故事是不完整的,因为它说明了一部分但不是全部文化回应式教学的原则,而我的概念理解、多元文化知识和教学能力仍在持续增长之中。

引　言

一直以来,教学是个人的努力,它在实践中的状况和感觉最好通过个人的故事来传达。这些故事传达了一种情感氛围和清晰程度,即使是最好的抽象或概念性描述也无法与之匹敌。它们以在研究报告、理论阐述和集体实践的总结中不可能产生的效力来告知、执行和鼓励。谢雷尔·沃克(Sherrelle Walker,2012)说人类是讲故事的生物,他们习惯用讲故事来传递信息、分享历史和传授重要信息。本着这种人类习惯的精神,我把自己的文化回应式教学的小故事在本章呈现出来，旨在将文化回应式教学更多地体现在行动中而不只是在想法上，展现在实践中而非理论中。重点更多地聚焦在我的教学过程中，而不是学生的表现成果上。

个人的实践故事推动了对概念和原则的理解，超越了认知，容纳了所有优秀的教学中的心理情感能量、活力和伦理信念。正如约瑟夫·诺塔帕拉（Joseph Catapano，n.d.）所解释的那样，"故事中有一些与我们紧密相连的情节。有组织的叙事教学策略就像一种独特的黏合剂，在事实和公式消失很久之后仍会萦绕在我们心中"。他在教学中进一步阐述了那个故事：

人性化的学习。它们让我们有机会与志趣相投的角色建立联系，或者从不同肤色（种族）人的眼中看世界。故事触动我们的情感，让我们笑，让我们哭，让我们害怕，让我们生气……。另外，无论一本教科书可以组织得多有条理或多详尽，但总得有些故事的叙述形式、问题、求解思路、解决方案——才能与我们的精神和情感产生共鸣。

因此，个人故事的力量为本章的由来提供了支撑。虽然其他讨论提供了关于文化回应式教学丰富多样的信息，但它们大部分是从外部来看待这一问题的。本章的讨论提供了一些由内而外的看法，换句话说，它将读者带入教学的动态中，这是文化回应式教学法的精髓所在。希望我的故事能补充一点诺塔帕拉所说的"黏合剂"，这将使文化回应式教学在课堂老师和其他教育者的脑海、心灵、价值观、信仰和行动中无限期地"留存"下去。

这些理念和行动在某种程度上，构成了我在教授民族、种族和文化多样化学生时的教育信条。关注那些从学前到高中阶段被学校边缘化的有色人种学生，比如非裔、亚裔、拉丁裔和美洲原住民等，是我的教学理念和行动的主要动力。这些理念及其伴随的行为（或接近的行为）也适用于培养专业发展项目中的实习教师和实践教师，并在他们的课堂教学中提升学习经验和成就成果的公平性。所有教育层次的教师都应该从整体上创建、澄清和明确界定文化多样性的信念，尤其是在教育领域，因为个人理念驱动教学行为。如果教师对种族和文化多样性有积极的信念，他们就会按照这些信念去做，反之亦然。因此，信仰是文化回应式教学的关键组成部分。

我的学生主要是欧裔美国人，尤其是那些从事教师教育工作的学生。然而，我的研究生包括了各种各样的民族群体，既有国内的，也有国际的。他们是中国人和华裔美国人、日本人和日裔美国人、非洲人、加勒比海和非裔美国人、菲律宾裔美国人、拉丁裔美国人、韩国人和韩裔美国人、柬埔寨裔美国人、约旦裔和希腊裔美国人、混血和混血美国人以及欧裔美国人。学生们也处于不同的专业教育阶段。有些人参加了教师认证项目，还有一些是有丰富经验的教师，他们重返学校攻读硕士和博士学位。其中一些仍然在课堂教学，一些人在基础教育（K-12）中担任行政职位，另一些人将成为大学教授。我的许多学生对文化多样性和社会公正问题感兴趣。他们还关心如何以不同方式教学，以提高来自不同种族、文化、社会和语言背景的学生的学习效果。因此，文化回应式教学是他们专业议程上的一个重要项目。对我来说也是如此，在自己的教学中，文化回应式教学构建了我期望他人教学的方法和信息的模型。

第一节 提供支持与帮助

无论是在正式的课堂环境，还是在提供建议的场合，或在校园内外非正式的接触中，我都尽量支持和促进学生在智力、个人、社会、种族、文化和教学方面的发展。学生在做作业时经常想知道，"你到底想让我们做些什么？"。当我回答说"我只知道你要付出真正努力，尽你最大努力，在我们的课程目标、阅读材料和讨论的背景下处理分配的任务的各个方面"，他们会对此感到困惑。我的任务从来不只是再现事实信息，而是侧重于知识的应用、分析、解释和迁移。例如，我的学生并没有被要求去了解拉丁裔、亚裔、原住民和非裔美国人之间的文化价值和种族认同发展阶段。但他们将从这些知识中获取提高教与学质量的启示。虽然我心中并没有想让每个人都要完成一个特定的最终产品，但我确实为学生提供了期望他们完成的参数。例如，我可能会指定几个问题来指导他们，如他们在创建模拟课程计划时需要开发的学习活动的数量和类型，或者我要求在一个名为"我们日常生活中的文化多样性"的观察日志中，确定信息的类别（例如，人、事件、地点、图像等）和每一个条目的信息类型（如观察说明的多种族样本、描述、文化特征以及观察结果如何用于教学）。

甚至我的博士生一开始也想让我告诉他们应该在种族和文化多样性的教育研究中做些什么。他们经常会问："我该怎么办？"我的回答是，"这是你的学位论文，所以问题不是让我告诉你该做什么，而是帮助你尽最大努力去做你所想做的事"。然后我请他们提出问题并思考在不同种族的社区或地区参与文化回应和社会公正研究的挑战和机会。这些回答并不意味着问题不敏感，而是为了让学生从一开始就知道我想帮助他们找到自己的关注点，发展自己的技能，而不是把我的专业优势强加给他们。有些教授希望自己的研究生做的研究是他们自己研究的延续，我不赞成这种做法。我也不试图引导学生选择一种方法而贬低另一种方法，或者期望甚至想要他们成为"我的复制品"。但无论他们的选择是否与研究主题和程序有关，我都坚持要求他们要有高质量的表现。在论文写作过程中，我因要求"重做"而成为"声名狼藉"的导师。我慷慨地付出我的时间及其他资源，以确保我的学生取得高水平的成绩。在许多情况下，这意味着与他们一起付出额外的努力，调动专业资源获取超出我个人能力的专业知识。对我来说，这是一个导师应尽的职责，如果这位导师真的是学生的指导者和关心学生学习的合作伙伴。

我认为读研是学生开始发展自己的专业兴趣和智力独立性的时候。为了达到这些目的，我努力成为他们的朋友、导师、榜样、批评者、老师和知己。这并不意味着我只打算成为一个"伙伴"，而忽视了我的教学责任。相反，我试图示范学生和教师以多种方式和在不同层次上建立互动行为模型。在我看来，这对于有效的教学和学习至关重要，因为这两者包含的不仅仅是学术技能的发展。在扮演这些不同角色的过程中，我希望帮助学生在相似的方向上成长,并在自己的职业生涯中采取相应的行动。

我认为生活和学习应该充满意义,有乐趣、有探究和有行动。我相信,只有当个人努力为学业更好而奋斗并与他人分享成功的喜悦时,这才是成就最好的体现。在努力为我自己和我的学生实现这些成就的过程中,我的动力更多的是由遵守自己的职业道德和个人道德所驱使,而不是任何外在资源推动的政策和做法。就我个人而言,这意味着我所做的一切都要真诚和真实。从专业的角度来说,这意味着让我的课堂和其他教学努力都具有智力上的激发和激励效果。这也意味着通过教学生如何提高自己的决策能力、认知处理能力、解决问题能力、想象力和创造力以及自我反思能力来增强他们的能力。对自我和他人的种族和文化意识的持续认同,以及它如何有助于改善教学与学习,贯串于所有这些努力之中。

第二节 仪式和惯例

在我的课堂上存在着一些常见的仪式,它们象征着我的价值观和教育观,让有准备的教师们能够很好地与那些被边缘化且成绩不佳的种族和文化多样化的学生(特别是非洲人、拉丁美洲人、亚洲人和美洲原住民)一起工作。其中之一是在学生之间建立一种社区团队意识,创造一种以探究、讨论、个人参与、新奇和互惠为特征的课堂气氛。我在上课的第一天就开始这样做,通过一些令人难以忘怀的、非正统的破冰式对话和经历。有一次,我让学生成双成对,彼此仔细观察,以便辨认出细微的身体特征。这排除了头发和眼睛的颜色、身高、种族和性别等因素。过了一小段时间,这两组学生轮流向全班同学描述彼此。从表面上看,这听起来是一项简单的任务,事实上,这是非常困难和令人困惑的。在美国,许多人没有充分密切地观察彼此以辨别个人特征,尤其是跨种族的个人特征。这个练习的目的是要传达这样一种理念,即教师确实需要仔细观察种族和文化群体之间的个体差异,并通过经验来教授这一课。

在另一个开学首日的练习中，我随机挑选了几名学生，要求他们公开自己的民族身份，并且给出他们民族身份的"个人凭证"。如果他们说，"我是意大利裔美国人"，或者是韩裔或非裔美国人，那么他们就必须提供一些关于价值观、信仰和行为的例子来表明这种民族身份。每个学生需要深入了解其民族特征后，再提问下一个学生。第一个被要求分享的学生是曾上过我另一堂课的人。她熟悉我的惯例，我知道她能很好地完成练习。她成了其他学生效仿的榜样。她的示范表演与其说是关于她分享的内容，不如说是向其他同学传递了一个信号，那就是他们将经历"调查审讯"。在所有的学生分享之后，我问班上的部分人，他们对正在发生的事情有怎样的看法，其他人对自己族裔的揭示是否促进了他们也这么做，以及这个练习是否有什么信息可以告诉基础教育（K-12）学生那些关于种族和文化多样化的知识。

因此，在上课的第一天，我就向学生们介绍了我教学风格的一些关键元素。他们从一开始就知道，每一次教学交流都涉及描述、记录和分析经历或事件；个人或集体的分享；进行个人和专业的反思；在实践中学习；并不断寻求改善课堂教学，以提高成绩不佳的有色人种学生的学业水平。这是我在所有教学中提倡的，而且总是很明显。解释课堂上发生了什么，为什么发生，以及它们与文化回应式教学产生了哪些联系。此时，我采用了一些学者称之为"透明教学"的方法，还有一些学者称之为"反思性实践"（praxis），即将知识获取与意识形态的宣言、说明性行动和批判性分析相结合。这些破冰活动的意图是：（1）让学生知道，我的课程将以一种可能与他们在其他院校所习惯的截然不同的方式进行；（2）提供一个范例，说明我如何处理与学生相处的问题，以及我希望学生如何与我和其他人互动；（3）开创一种同事情谊、一种团队精神、一种关怀的氛围和一个实践的共同体，这种气氛使我们在奋斗中相互帮助，了解并分享我们的成功。我教学的这些特点将在后续的教学互动中不断发展。

教师需要使用一个既定的程序来为他们的教学给予指示和指导。它有助于学生更好地理解正在发生的事情，并为学习活动提供了一套可靠的指导方针或参数。文中提供了三个可行的示例。我的教学箴言是"知道、思考、感受、行动和反思"。它们在学习阶段中不一定总是以相同的顺序出现，但对我来说，所有这些都需要在教学交流完成之前发生。在研究与种族、文化、民族和教育相关的问题时，我希望我的学生能获得一些知识；审视自己和他人对所学知识的思考；澄清对正在研究的问题和主题的感受和信念；考虑一些把他们的知识、感受和见解转化为变革行动的方法；回顾和评论他们的学习过程，以发现更广泛的见解、信息并将其纳入改进方案。尊重、同理心和公平是蒂德斯（Tied，2010）文化回应式教学法的组织原则，强调尊重是为了认可学生，并提高他们对自己的认知能力；同理心的培养有益于对多种生活和学习方式的理解和欣赏；公平使人们意识到并非所有来学习的学生都有相同的资源和准备的学习环境。这种多样性作为人类的一个自然属性是可以接受的，也是为不同文化背景的学生选择广泛多样的学习机会和经历提供一个一致的标准。韦伯（Weber，2005）的教学方法是一个五阶段的过程，包括：

（1）问题：提出问题以识别不同的学习可能性；

（2）目标：确定目标或具体明确学习目的以避免学习活动中产生混乱；

（3）期望：表达对预期绩效质量水平的期望；

（4）推动：推动学生参与创造性地建构、应用知识的活动实践；

（5）反思：这是一个重新审视学习任务的机会，以指导未来的活动和成长潜力。

老师不必采取任何特定的教学程序，但他们应该拟定一些周期性的草案，为其教学提供秩序、规律和可靠的惯例。这些惯例有助于学生更好地理解和参与教学活动，并确保他们将参与不同类型的学习。我相信当教学在完善的概念和程序框架内开展时，学生们会获得更加多样化和多层次的学习机会，当他们遇到新的和令人困扰的话题，如教育的种族、民族和文化多样性等话题时，会解决得更好。

第三节　合作学习　成功学习

我不相信竞争性学习和惩罚性评分。我不鼓励学生为了分数而相互竞争并把分数当作控制手段，而是通过我的课程设计让所有学生都能最大限度地取得成功。我努力为每个学生提供获得最高成绩的机会（尽管我宁愿不打等级分）。为此，我设计了学习体验和项目，以展示学习是由若干不同组件多层次的复杂构成。没有一项是仅仅消化事实信息。我更感兴趣的是让学生理解他们所阅读的内容、分析关键问题，并将他们学到的知识应用到实践中。当我们研究多元文化课程设计原则时，学生需要从概念上理解这些原则，然后创造一些例子，说明如何将这些原则应用到种族和文化多样性的课堂教学中，并转化为具有实际意义的实践。将原则融入课堂项目中的某些方面，让每个学生都能相对轻松地完成课题。因此，即使是新手教师也不应该在不做任何改动的情况下完成任务。相反，一些作业是所有学生都应该觉得具有智力挑战性的——但并非所有人都能完成。

我非常相信合作学习、边做边学的力量，以及未来的教师在学习方式上应该懂得如何教自己的学生（即建模）。因此，这些是我的课堂动态的显著特征。我和我的学生共同分担教学任务，互换学生和教师的角色。当小组负责向全班教授不同的课程主题时，我就成为每个小组的忠实成员，作为学生/教师以协助完成任务。小型研究小组成员总是被期望在某种程度上是多样化的。有时，由于每个小型研究小组成员过少，不可能有研究项目中的人口统计数据的种族和性别的多样性。然后我们就寻找"隐形"多元化因素，如移民美国居民或在美国居住不同年限的国际学生，在美国的不同地区长大的学生，或有的学生祖先是非洲黑人，但与非裔属于不同种族和文化群体（如非西班牙语言的波多黎各人、牙买加裔美国人和非裔韩国人）。我们通过利用这些"隐形"多元化元素来开展合作学习。这种安排增加了学生在不同层次和以不同方式更积极地参与多元文化互动和课题互动的机会。因此，多样性和建模既是教学锚点，也是我教学的学习成果。我坚信，没有学习者愿意独自学习，合作学习是人类的天性。我们个人和集体人性的隐含的方面应该被明确表达出来。当具有不同身份、技能和能力的学生为了彼此的个人和学术进步而共同努力时，不同类别的高质量教学和学习更容易实现。这种跨文化合作对于建立真正的多元文化社区，提高对不同文化的经验知识，从而实现文化回应式教学和学习的一些基本组成部分是必不可少的。我的目标是尽可能多地实践我所教授或"布道"的内容，或展示我的教学信息。如果我告诉未来的教师，他们应该在K-12的学校里与不同种族的学生进行合作学习，那么我从道德和教学上都有义务在教师教育课程中以我推荐的中小学授课方式进行。

我试图确保所有学生成功的另一种方法是，让他们设计一个自我成长的项目，以表明他们对我们所追求的事业的承诺。在这个项目中，他们与自己和我签订协议，为他们的个人发展做一些事情。例如，在一个案例中，当我们在学习"减少偏见"时，一个学生与自己订立了一个个人契约，即当她父亲在提到拉丁裔、日裔、华裔和非裔美国人而习惯使用蔑称时她不再（通过沉默和不抵抗）做一个温顺的支持者。所有学生必须签署一个最高信用的自我成长契约，履行自己签订的条款，提供对如何影响他们经历的反思，并解释这项活动和所签定的条款文本如何在K-12基础教育教学中开展应用。

第四节　选择和真实是学习的基本要素

当我给学生布置任务，要求他们掌握我们在课堂上探索过的关键概念时，他们应该一直有机会从各种选项中做出选择。其中一种选择是提出他们自己的任务。唯一的规定是，无论他们提议做什么，都必须在规模、焦点和意向上与我提供的选项相似。因此，在如何展示掌握能力的决策过程中，各种各样的任务和个人参与是"学习中的伙伴关系"原则的标志性特征，这在我的教学中构成了一种赋权和力量的形式，这是文化回应式教学的基本要素。

在一个学习多元文化课程和教学的班级里，学生们要完成的一项作业是运用我们所研究的原则，针对选定的问题开发微型多元文化课程。问题清单包括他们在实际的学校和社会环境中可能遇到的问题。其中包括"大众传媒中族群多样化形象的变化""社会相互作用中的文化冲突""文化多样性的主流消费""不同族群和社区的公共交通质量""消费主义的种族多样化模式"。为了完成这些项目，学生们要仿效课程开发中常用的步骤。他们开始组建小型设计委员会，在设计他们的课程之前收集关于这些问题的数据。例如，研究交通问题的学生收集了公交线路和时刻表的信息，乘坐公共汽车穿越不同的社区，对公共汽车的广告、装饰和清洁情况进行观察，并注意到巴士司机和一些老乘客聊天的举止。从事大众传媒工作的小组决定把重点放在广告牌上。在开始创建课程之前，他们浏览了几个不同社区的广告牌。参加这些"侦察"探险的决定是学生们做出的。我只是根据他们课程需要，给予他们"现实一点"的建议。这些初步分析的结果为课程方案提供了依据，使他们最终的项目设计与预定的K–12学生的设计相比更真实，并为他们提供机会，让他们看到共同的问题和经历（如公共交通，或产品和服务的广告）是如何在不同的民族、种族、文化和社会经济社区中表现出来的。这些类型的学习体验还让学生在课堂之外的日常生活中沉浸在文化多样性里，并在实践中观察诸如种族、民族和居住地资源不平等和差异等概念。

在创建多元文化微课时，学生必须完成几项不同的任务。这些任务包括：

——选择目标学生群体和学校环境（如城市多种族学校的七年级学生或农村的单一欧美裔学校的十年级学生），并解释这些选择，以满足多元文化教育需要。这些选择创建了一些基准，以帮助我确定后续任务的质量。

——从多元文化教育的常见清单中选择一个目标作为课程重点，如获得关于种族和文化多样性的知识、减少偏见、参与促进社会正义的社会行动，以及发展批判性的政治和文化意识。

——包括几种不同的内容样本和学习活动（指定数量和类型），如地理、阅读和数学技能，以及认知、情感和行动经验。

——开发一些有创意的技术，向选定的受众推销已完成的微型课程。这些可以是商业广告、口号、标识、商标、广告曲、公告等。

——学生们决定使用的其他任何方法使他们的微课程与众不同，并能令人信服地说明多元文化教育的使命。

在完成这些任务时，学生必须结合文化回应式教学的知识和技能，以及普遍接受的课程开发标准。

为未来的教师在自己的学习中体验文化多样性的真实选择，我采取的另一种技艺是，让他们将常规课堂动态的某些方面进行多元文化化。首先，他们选择一些通常是许多教师在课堂上做的事作为改变目标，如显示主题的标志（如社会研究课上的地图、文学课上突出作者的照片、幼儿园教室中的字母飘带等），提示信号让学生降低噪声再次关注学习任务，与父母通信联系。然后，我的学生重构他们的选择，使它们成为多元文化的和多民族的。具体的内容由学生自己选择，但选定的内容领域必须与多元文化教育的基本原则相一致。

其中一组为小学教师做了一项感知力强的多元化字母表工作。他们创作了一本多媒体的多元文化的字母表书，书中每一个字母都涉及一位来自不同种族的著名人物，并附有一幅视觉图像和一篇关于个人成就的简要说明，该说明适合幼儿园和一年级的学生阅读。另一小组则选择展示如何与双语工薪阶层父母沟通，他们中很多都是新移民。我的学生首先把学校信息从专业术语翻译成一种他们觉得对目标受众更友好、更容易理解的语言。然后他们用不同的格式"写信"，包括标准英语、西班牙语、越南语、汉语和他加禄语的典型信件。他们为那些可能读不懂任何语言的父母制作了一段录音，并制作了一盘由老师亲自与特定孩子的家长或监护人交谈的视频。针对不熟悉美国教育体系的家长，这是一种更温暖的交流和欢迎的方式。这些作品的真实性是显而易见的，因为我的学生的改革建议都是集中在课堂中实际发生的事情，并且与文化回应式教学的原则和他们选择的教育领域相一致。这些学习活动中，隐含的一个重要信息是，未来的教师要懂得文化回应式教学应是教学的不可或缺的组成部分，而不是专门为特殊场合准备的展演作品。

第五节　教学使之可能并赋权

定期的"过程检查"也是我课堂话语的一个常规部分。在完成任务之前，我会与学生一起回顾所分配任务的要求，以确定他们的团队动态进展。这些实际检查的目的是看他们是否清楚任务的期望所在；了解学生在完成任务的过程中是否遇到重要的实质性问题；看看他们社区建设进展如何；增强他们的信心；并通过公开声明重申我对他们有能力成功完成任务的信心。对我而言，公开和真诚地表达对学生有能力实现高质量表现的信心，并随时准备帮助他们取得成就，是有效教学与学习的基础。无论学生是在幼儿园还是在博士研究生阶段，是多数还是少数群体成员，实现还是未实现人口统计学的目标，都应该如此。

我认为我不应该利用自己的教授地位来威胁或恐吓学生，或者把我知道的知识笼罩在神秘之中。我的任务应该是让学生能够获得知识，并消除威胁和焦虑，这往往是学习过程的一部分。为了做到这一点，我试着教我的学生如何通过捕捉作者的中心思想来读懂专业文章的"字里行间"；辨别在他们的想法和解释中嵌入的假设和信念；寻找线索，揭示作者的学科参考系和其偏好的隐喻（这些是非常具有启发性的价值指标），并且只要有可能，分享一些关于作者的个人信息。作为一位学者、理论家、研究者和教育家，我不断地解释自己行为背后的动机。

这一切与文化回应式教学有什么关系？事事都有关联。学者和课堂教师一样，都是民族和文化的存在。他们的态度和价值观渗透在他们的著作、研究和教学中。这些信息需要揭示，然后分析，以更好地理解他们的特定立场、分析重点和观点。学习辨析作者的"立场"如何影响他们在准备课程中对教育问题的分析，可能会成为教师带入课堂并传递给学生的一种习惯。此外，这是一种很好的方式来消除一种观念，即学者是"永远不会错的"，或者"只有学者才是拥有专业合法知识的人"。在揭示某个人的职业局限性的过程中，他人视角的力量也随之展现出来。这一智力交换的结果是一个强有力的例证，并强化了在培养智力能力和捕捉不同民族和种族个人和群体的经验现实时需要多种多样的、文化上不同的声音和观点。这是我特别希望我的学生理解并融入他们的教学中的观念。

作为我讲授的"非裔美国学生教学与文化"课程的一部分，我们研究了影响教学与学习的文化特征。因为我的许多学生与非裔美国人没有个人间互动，他们发现这些描述都是抽象的、难以想象的，除了刻板印象别无任何其他印象。为了帮助他们突破这些理解障碍，我试图举例说明我们正在阅读和讨论的一些文化特征。在我的常规教学交流中，我可能会在学生没有任何心理准备的情况下，穿插一些黑人语言（如主题链接式谈话、讲故事、说教、戏曲性的文字游戏）。过后，我又转回到更典型的学术语言。然后，我可能会停止对话，和学生们一起对他们刚刚经历的事情进行反思分析。我问他们是否意识到语言使用上的差异，是否理解所传递的信息，以及他们对所发生的事情有何感受。既然他们有了一个文化行为的"活生生的例子"，我们就可以将理论和实践进行比较，并且可能对两者都有很好的理解。我用类似的过程来分析其他人的叙述和对话、观察、电影和其他类型的媒体。我们从概念化开始，接着连续采用说明性的行为经历、提供新信息、提出询问和重新概念化。这种教学习惯是基于我的信念，即需要在想法和相应的行动之间建立明确的联系，需要为教师特别是那些在个人生活中缺乏实践经验的教师，提供直观、可视化的文化和种族多样化的多方面内容，指导他们的实践并提高其学习质量。此外，我的非裔美国人文化行为可能是他们在课堂上遇到的非裔美国学生的"摹本"。在经历了这些行为的各种变化后，他们可能不会太轻易地判断这些行为是消极的、不恰当的或无效的。

起初，我的大多数学生并不知道发生了什么，或者他们被我的"表演"吸引，或者他们太有礼貌而不去挑战教授或与教授意见相左。但随着时间的推移、实践和知识的积累，他们变得非常善于观察和分析，并愿意探究我的文化表达行为对他们自身教学的影响。他们寻求澄清这些"表演"是否真实、适用于何人何处，以及如何将从中获得的见解转化为更好的课堂教学。这些教学技巧非常有效地展示了文化回应式教学的重要性和原则。当我对学生说黑人英语时，他们听不懂，于是形成一次个人经验，即他们是聪明的但听不懂自己的老师在说什么。这种经历可能使他们能更好地同情与理解在他们的课堂上有类似情况的不同种族的学生。他们还对"文化风格转换""文化杂交"和"文化跨界"的概念和相关技能有一定的体验。这对于教育来自不同种族背景的学生在学校环境中更能有效地发挥作用，而又不放弃他们的文化遗产是很重要的。这些技能对有色人种学生尤其重要，因为他们的文化社会化可能与主流学校极具优势的文化社会化大相径庭。

第六节 知识+实践势在必行

我经常给学生布置作业，要求他们针对特定的听众在某些问题上采取一个倡导立场。其中之一是要求学生在教师教育课程中选择一个"受众群体"，并向他们解释人类差异和文化多样性对其益处。这些选择可能包括一名"道德多数派"的成员；愿意促进文化多样性但缺乏足够知识的潜在倡导者；一位拉丁裔的祖母，她只想让自己的孙辈们学会成为他们所生活的文化、社区和社会的优秀成员；一群刚到美国的东南亚新移民，或者一名宣称"我的父母说这些关于多样性的东西是浪费时间，而且会妨碍我获得高质量的教育"的小学、初中、高中的欧裔美国学生。我们讨论了"语境化"教学的解释和行动的重要性,并使它们适合于听众。然后,我解释这项任务是如何说明文化回应的前提,即能够在不同情况下与不同的个人和群体,以不同的方式进行交流和联系。学生对作业回答的质量更多地取决于他们"说话的声音是否适合他们的目标听众",而不是仅仅取决于所提供的事实信息。

在完成这项作业过程中,一名学生回应了一些假想的"五年级学生",这些学生极力抵制老师开展文化多样性教学。她首先承认学生的怀疑态度并不例外,并解释说他们已经含蓄地学习了很多关于民族、种族和文化多样性的知识,还举例说明在当下的生活中他们如何意识到文化的多样性。她以一种平和的、不带偏见的、不专横的语气提供了信息。因此,她以一种非常适合五年级学生和文化回应式教学的方式,将多样化变成日常生活中自然和常规的现象,使学生对多样化去神秘化,消除了多样性有威胁的误解。我的学生的倡导声明的一部分是:

我想让你知道,你不是第一个宣称你不需要了解不同种族的人,也不会是最后一个。但是,让我解释一下为什么这很重要。

首先,我想说的是,不管你是否意识到,你已经在学习种族群体的问题了。你看电视吗?如果你在电视上看到了你认为可能与你不同的人,你已经形成了对他们的看法。你看报纸和杂志吗?如果你这样做了,你就是在收集信息并形成关于其他种族、文化群体和个人的信念。你怎么知道这些信息是正确的,或者你的观点和信念是公平的呢?如果你不了解其他民族,你永远不会知道……

接下来的问题就变成了你学到的内容以及学习方式,对你自己和他人来说是积极的还是消极的。这是准确的吗?这对你和其他人是帮助还是阻碍?让我给你举个例子,来说明缺乏信息的了解会妨碍或阻止你认识你需要知道的东西。

你正学习玩一款新的游戏。有10条规则需要掌握,但是在家里,只需掌握其中5条就可以玩。如果你很好地学习了这5条规则,你会赢得很多。之后你去朋友家玩同样的游戏,他已经学会了所有的规则。你输了又输,却不知道为什么。不掌握全部的游戏信息会妨碍你玩游戏,甚至可能导致你与朋友争吵或产生不信任。一旦你学会了这个游戏的其他规则,你会发现你赢得了一些时间,玩这个游戏也会有更多乐趣。

在这门课上,我们试图了解周围很多不同的信息。我们想要思考我们读到和听到的故事。我们想看很多不同经历和不同民族的照片,并讨论它们。我们想要推测其他人的感受以及原因。我们想用不同的方式方法尝试不同的事情。我们想要以更好地为"生活的游戏"做好准备的方式来学习。由于种族和文化多样性是现在和将来生活的重要组成部分,你需要了解它才能更好地玩这个游戏。当我们为人生的游戏做准备时,我们将了解自己和别人的文化差异……,我们会发现学习差异是令人兴奋的。所以,在你认为没有必要之前,试一试吧。

我还经常使用角色扮演和模拟,为学生提供机会将理论转化为实践,以及理解更多信息,并在课堂上对文化多样性做出更积极的教学回应。这些教学技艺对没有任何实际教学经验的学生特别有用。两个例子说明了学习活动是如何运作的以及它们提供的机会范围。在第一个案例中,我告诉我的学生,州教育局的代表要求我与他们协商如何改善高危学生的学业表现,这些学生中有很大一部分是非裔、拉丁裔和美洲原住民。为了回应这个请求,我让这群学生自愿报名参加了一个名为"多民族课程与教学"的课程。他们的任务是开发一个课程原型,内容是"华盛顿州'高危学生'的多元文化公民基本技能"。该模拟课程的基本假设是:(1)整个州的中小学生都面临多元文化的风险,因为他们没有受到合适的种族和文化多样性教育;(2)任何学生在某些情况下都可能处于危险之中。

我希望我的学生在教育种族多样化学生时,要谨慎接受对复杂问题的简单化解释,要理解在教育决策中"情境化"的重要性。因此,"处于危险状态"不应该被看成是特定一类学生群体的标签,而应被理解为一种特定背景条件。我的学生们必须重新思考,如果华盛顿所有学生都受到"处于危险中"的影响,那么面临的危险意味着什么,以此确定州教育局课程的最佳重点和基调,并确定由什么构成"课程原型"。他们需要做出这些初步的决定，以使他们的课程原型更适合受众，在文化上更适当。这种学习经历让学生批判性地参与到这样一种观念中：有效的文化回应式教学必须挑战和改变一些流行的规范性教育假设、意识形态、实践和协议。

第二个例子是运用角色扮演和模拟来给我的文化多样性教学带来一种现实的气氛，这涉及学生将知识从一种形式转换到另一种形式。这一过程可以有效地检验学生对知识理解的质量和深度。他们被要求担任大众传媒生产者和消费者的角色。同时我们学习哲学信念，即对民族、种族、文化和社会多样性做出反应意味着什么，以及为什么将其纳入学校课程与教学很重要。经过讨论，确定的主题是艺术展的开放日。在小组中，学生们通过阅读不同作者关于"什么是文化回应式教育"和"为什么"的思想读本而获得信息，创造出可视图像，成为"艺术家"。然后，我们把教室变成了艺术馆，学生们把自己的作品挂在了教室的各个角落。当展览开始时，有一半的学生是艺术家，他们来这里是为了与观众聊他们的艺术作品。过了一段时间，角色互换。那些曾经是艺术家的学生变成了观众，观众也变成了艺术家来讲解他们的作品。

展览结束时（也正好是下课的时间）学生们转换到另一个角色，他们变成了"记者"，报道他们在"多元文化哲学艺术展览"上的所见所闻。每个小组选择一份报纸的同一版块，在"之声"中写下他们的经历：例如头条新闻、社论、讣告、人事版、广告、分类广告、漫画、占星术、娱乐评论。选定的报纸内容写完后，小组的代表们将自己按照适当的顺序排列好，然后向全班"大声朗读"自己的文章。

有一个小组选择以"出生声明"的形式写下了他们的经历：

世界上最期待的孩子终于来到了西雅图，伴随着"多元文化教育"的诞生。父亲是真正的民主，母亲是必然，他们是最值得骄傲的父母。在经历了近300年的种族主义和不平等之后，多元文化教育在20世纪60年代诞生。经过漫长而艰难的努力，多元文化教育终于在1999年6月28日诞生了（日期是班级安排的），并在以她的名字命名的艺术博物馆盛大开幕式上首次公开亮相。等候她的著名艺术家们为她的到来准备了精彩的多媒体展示。这些引人深思的展览和演讲从不同的维度展示出多元文化教育丰富多彩的、复杂的、创造性的和具有挑战性的个性。艺术家们的作品也暗示了多元文化教育的希望、期望和潜力，希望不同种族群体在学校和社会中进行长久的合作。多元文化教育的哥哥姐姐，正义和社会行动主义，也出席了庆祝活动。

另一组学生以天气预报为主题，写他们对多元文化教育哲学艺术展的看法。他们的创造性的表现是这样的：

在刚刚过去的6月28日星期一，刚进入多元文化教育博物馆后，人们不禁注意到天气的戏剧性变化。外面阴云密布的天空显然与画廊里热烈的希望与令人期待的暖流不相称。参加展览的人为了澄清长期以来围绕多元文化教育的争议风暴中形成的误解迷雾，都取得了成功。他们的演讲包含了大量的信息，揭示了对以文化相关的教学方法为基础的教育的美好未来的乐观预测。在这些净化的洪流之后，是洞察力的灿烂阳光和教学可能性的耀眼彩虹。

为了改变误会和误解的风气，多元文化教育的艺术家创造了大量正面的逸事和基于研究的数据，这些数据肯定会使公众的思想发生巨大的变化。随着错误信息的冷锋被遏制，前方看起来只有晴朗的天空。

10年内的天气预测包括早期持续不断地驱散争议云层，大气逐渐变得更晴朗并对多元文化教育政策的形成和实施提供了一个更有希望的空气指数。最后，我们的卫星气象显示这10年结束时，将沉浸在文化多样性沁润的阳光地带。在解决问题的途中，国家雷达的屏幕上可能偶尔出现怀疑和倒退的几个暴雷。但是总体来看，海面平静、气温温暖，未来会有中等强度的降雨。预计不会发生地震、飓风、干旱或龙卷风等自然灾害。所以，现在就制定计划，庆祝多元文化教育日益成功吧。

分配给一个班学生的任务是，通过经验检验两个相关理念。其中之一是，美国的日常生活充满了不平等、文化霸权、被索取的生存习惯，以及对种族和文化多样化的人和社区的边缘化做法。另一种理念认为，文化回应式教学除了必须在学校、教室和正规的学术课程中进行之外，还可以在学校、教室和课程之外的地点进行。前者涉及美国社会的标志性象征，如国旗、国歌、国家假日以及与之相关的"适当"礼节。教育工作者很少（如果有的话）检验不同的边缘人群会如何对它们做出回应。最近发生的一个案例是，在体育赛事开始前，非裔美国职业运动员在奏国歌时拒绝起立（这是一种荣誉和尊重的仪式）或屈膝。这让人想起1968年墨西哥城夏季奥运会上颁奖牌和奏美国国歌时，向获奖选手汤米·史密斯和约翰·卡洛斯的"黑人力量"致敬。对许多公民来说，国旗是另一个值得尊敬的象征。另一些人，他们的祖先在这些意义的象征下遭受了种族灭绝行为，他们发现这些象征和人们对它们的正常期望的尊重存在问题。有了这些和类似的背景性评论，学生们被要求重建一些典型的美国独立日（7月4日）庆祝活动，使其更具有包容性和文化多样性。

这个班被分成五个研究小组。每个小组都自行选择一项在美国独立日举行的活动或事件，并制定了多元文化计划。其中一组沿着活动的主要通道设计了一个"记忆长廊"，庆祝活动通常在历史事件中心举行。它包括视觉图像的海报和简短的文字说明，跨越时间和种族身份的个人形象，他们是过去和现在一直在为独立而斗争的活动家（广泛定义），这将在整个人行通道上间隔展示。另一组集中在烟花上，这是庆祝活动的一个高光和高潮事件。这组人设想烟花出现在一系列的蒙太奇中，这些蒙太奇由各种颜色组成，象征着美国主要种族群体的原国籍。第三组设计了一份"正宗的"多元文化的烧烤菜单，包括美国五大族群（非裔、亚裔/大洋洲岛民、欧裔、拉丁美洲裔和印第安人）特色食物内容和呈现方式，再加上其他不完全属于这些类别的人，比如中东人和来自不同国家的新移民。第四组学生担任娱乐经理，策划了一场音乐会，由一群不同年龄和风格的多民族音乐家表演不同类型的自由歌曲，有现场表演也有录像，有历史的也有当代的。第五组创建了一个游戏中心，儿童和成年人可以参加个人或团体游戏，包括由不同种族创建或与之相关的交际舞。不允许玩个人或电脑游戏。相反，他们的游戏都是基于群体的和肢体上的活跃互动。

为了提出变革性的提议，让美国独立日庆祝活动在文化和种族上更具包容性，我的学生必须通过收集相关信息来做深入和广泛的研究，以确保他们的想法建立在文化精准性的基础上。在学习过程中培养和应用的技能包括创造力、协作、建立信心和效能，在学习创新、自我评估，为质量控制创建标准并实施，以及参与持续的批评和反思。学生还从他们模拟的实践经验中推断出关键的文化回应式教学原则和标准。他们将教学"超越课堂"之外，并开始意识到，许多高质量的学习，包括学术技能、文化能力和社会情感的发展，显然可以在非教育环境下发生，而且多元文化生活的所有方面都具有教育的潜能。

这些都是未来教师的创造能力和高质量表现的精彩例子。如果老师创造机会、表达高的期望并提供便利的帮助，那么他们就能证明学生的想象力和掌握技能是出乎意料的。虽然这些创作演示是由大学的成人学习者完成的，但如果给小学生和高中生提供充分的机会，他们也可以在学习活动中发挥高质量的创造力。除了为职前教师开发创意和提供实践经验之外，模拟学习机会还具有其他几个与文化回应式教学的理论理念相一致的益处。其中有：

——让学生亲身参与他们自己的学习；

——在教学中采用多种形式、多角度和具有新颖性的方法；

——回应多种学习风格；

——在教学与学习中建模；

——利用学生之间的合作和协作，来实现共同的学习成果；

——在做中学；

——将不同类型的技能发展（如智力、社会、情感、道德）纳入教学和学习经验中；

——将知识从一种形式或环境迁移到另一种形式或环境（知识迁移）；

——将知识、概念、理论与实践相结合（即参与反思性实践）；

——让学生批判性地反思他们的知识、信仰、思想和行动；

——在文化多样性变化中，培养学生作为教育、智力、道德和社会正义的实施者所应具有的能力、信心和效能。

第七节 培养批判性取向很重要

在我的课堂上，学生们所经历的智力过程旨在参与并增强他们自己的认知潜能。我希望他们成为独立的、批判的、反思的、有素质的思考者和决策者，他们能深思熟虑地、有计划地构建自己的个人教育立场，并监测和评估他们的文化多样性信仰和行为的质量。因此，我的学生需要重新配置和整合不同来源的知识片段，以达到新的目的。他们要分析知识的来源，通过在描述性文本中寻找更深层次的含义和原则，来突破现有知识框架，并创造新的方式来组织和区分信息和见解。我经常促使他们去"思考"，去好奇"如果……会怎么样"，去解释"为什么"。当我自己这样做时，我经常会暂停对话，解释我的新分类是如何产生的，以及为什么我认为这些信息应该进行相应的分类。这种"加工诠释"旨在成为我的学生与他们自己的学生进行智力操作时所效仿的具有启发性的模式。

我鼓励并帮助我的研究生解析并重建传统的假设和教学定式，同时寻求更多可行的替代方案，以便于他们对边缘化的有色人种学生进行教学。我的一节"多民族课程和教学"课堂，是为完成这项任务而进行的一项常规活动，旨在揭示导致低学术成就的文化根源，如缺乏动机、不重视教育、处于危险状态、智力受限和父母不参与。我们考虑了承诺不同解决方案的可能性的可选范例。其中包括文化不协调、压力与焦虑、师生之间存在距离、情境能力以及从家庭到学校文化系统的转换所造成的过渡性创伤。每一个问题都经过研究，以确定学生在学校成绩不佳的不同解释，以及对课堂教学的新启示。在另一节关于"教非裔美国学生"的课上，我们认为昆泽（Kwanzaa）原理（Riley，1995）是一种教学法范式。在探索过程中，我的学生们参与了一些活动，比如将昆泽原理迁移到教学领域；解释昆泽原理如何体现非裔美国人的文化价值观和特征；描绘这些如何作为教育思想在课堂实践中发挥作用。学生们还制定了教学策略和学习活动，在各种学科、技能、年级和学校环境中阐明昆泽原理。这些教学活动是基于以下前提：（1）对种族和文化多样性的积极信念产生积极的教学和学习行为；（2）先前成功（而非失败）的教育干预对种族多样性学生会产生后续的学习成功。

在同一门课中，针对不同的学生群体，我们用文学作为文化回应式教学的主题。我希望让我的学生对文学书籍的写作和出版过程有更深入的了解，这样他们就可以反过来用他们的知识来教给学生文化多样性的文学作品，构建教授其他学术和社交技能的过程，如出版、作者、通过文学保留文化、跨学科技能发展和有针对性的问题分析。在分析了儿童绘本（连环画书）作为一种文化制品和传递文化信息的机制后，我要求我的学生必须完成一册儿童绘本。为了让它们在语境上尽可能地真实，这些连环画书必须有一个非裔美国人文化主题，并包含这种文化类型的属性，比如文字很少，但视觉形象或插图很多。由于书籍的创作和生产从来不是出自一个行业（包括那些看起来是单一作者的作品），我的学生不得不以小组形式"写"他们的书。其他成就标准包括学生既是作家又是艺术家/插图画家，研究本书所呈现的文化问题、个人或属性，从而使儿童绘本在文化上具有准确性和真实性。学生还要编制一个出版物发布声明，以培养读者兴趣和确定受众。学生还要创建一个简短的"使用说明"附在书中，帮助读者利用它作为额外学习的催化剂。

就像最好的文化回应式教学一样，这项作业有几个目的，其吸引力在于具有各种不同的学习选择和风格。第一，学生们必须合作完成学习任务。第二，以一种形式获得的知识必须转化为其他形式。第三，除了课堂上所学的知识外，学生必须主动追求额外的学习。第四，多种类型的学习方式，包括学术研究、分析之前发表的出版物样本、运用创造性、发展学生之间的团队协作，以及为高质量地完成任务综合运用不同的能力。这些儿童绘本的制作是了不起的，也是对文化回应式教学的变革潜力和多重积极影响的又一次验证。

第八节　个人力量很强大

我认为人际关系对教与学的质量有巨大的影响。学生在让他们感到舒适和受重视的环境中表现得更好。因此，我努力创造一个温暖、支持、关爱、尊严、非正式和享受的课堂氛围。然而，这些心理情绪因素并没有让我忽视这样一个事实：我的课程对智力要求很高。我要求学生努力学习、高质量学习。在这种情况下，我也处于最佳状态。因此，我试着以老师、朋友和倡导者的身份与我的学生建立联系，让他们以类似的方式接受我和其他人。我做到这一点的一种方法是将个人经验作为重要的知识来源。因此，"讲述我们个人的故事"在我们的对话中及工作中占据着重要的位置，因为我们要努力获取与文化回应式教育相关的理念、理论、原则和实践的精髓。

让学生（即使是那些正在攻读研究生的学生）自我陈述和分享他们的个人故事并不总是容易的。他们往往不愿意讨论自己的经历、印象和对种族歧视、民族不平等和文化霸权的想法。有些人不确定他们自己的种族和文化身份，也不确定自己在倡导教与学的文化多样性方面所扮演的角色。更让他们不情愿的是，他们主要是欧裔美国人，而我是非裔美国人。我的许多学生一开始都很担心他们的评论会不会被我接受。我认为这种犹豫是由我的种族构成的胆怯、害怕表现出无知和受伤害，以及对我双重权威地位（个人和职业）的尊重等综合恐惧因素所导致的。

为了帮助学生们摆脱这种不情愿，在课程的最初阶段，我经常谈论、批评甚至取笑自己。我分享了许多关于我过去所犯错误的情景，以及我早期在课堂上讨论问题时的试探性和不完整性。我也会分享成功和矛盾的经历，以及我目前正在追求（或需要）的成长领域。这些自我披露的目的有三个：示范分享自己的经验，以及这些经验如何体现正在研究的教学原则；为我的学生引领前进的道路，并准备好课堂氛围，使他们更容易讲述和分析自己的故事；为了证明能力不是瞬间产生的，而是随着时间的推移和环境的变化而发展的。换句话说，我用我自己的故事来展示我是如何成为这样的人，为了教学竞争，也为了文化和种族的多样性，我怎样使自己不断提升。

当学生们在分享他们的故事变得更加满意和自信时，我自己分享的故事就少了，但分享的方式却越来越多样化。我可能会等待学生们先分享他们的故事，然后再分享我自己的故事。或者，我可以用学生的故事作为催化剂，来唤起我自己的记忆，并将其与他们的故事联系起来，作为一个典型的次要叙述。在其他情况下，我把讲故事的时间完全交给学生，我把自己的参与限制在从他们身上推断教学原则上。我也改变了我对学生故事的反应。最初，我只是鼓励班级成员"接受"这些故事，为了赞扬这些故事"作者"的分享。接下来，我开始邀请讲故事的人和其他同学共同分析这些故事，寻找其中的教学信息，或请他们阐述文化回应式教学的具体原则或种种潜力。最后，我和学生们一起"评价"他们所讲的故事。我的意思是，我们判断提供的故事是否适合正在进行的讨论，是否适合作为课堂上正在推进的重要问题或想法的例证。有时，这种处理学生故事的方法是在数周内不断发展的教学内容。在其他时候，它发生在一节课的持续时间内，甚至可能在一个学生提供的场景中展开。

我也运用各种技巧和学生对话，吸引他们的注意力，并参与他们在课堂内外的深层情感和思想。例如，当我对他们的文章给予反馈时，我会分享他们的想法和感受。有时是一个新的见解、一个问题、一段记忆、一个微笑、一个新的想法、一种他们掌握了一项任务的喜悦，或者是一个对他们表现得低于潜力水平的批评。换句话说，我对书面作业的反馈成为一种通过学生的文章变成了与他们的"互动对话"，也是我继续教学过程的一种方式，有时比课堂教学更个性化。

我对文化回应式教学个性化的方法还体现在其他几个方面，也有很多其他的原因。但这里只强调三点。第一，在我的文化回应倡导和行动中，存在着不少自传性的细微描述。我曾经是一个贫穷的、农村的、被边缘化的学生，与同学难以相处，在老师面前感到非常不自在（即使在我的

K–12老师中，大多数都是非裔美国人；在本科阶段，他们都是白人，只有一个例外），对他们讲授的内容也不适应。我为自己的种族身份、民族和文化感到羞愧。我虽然没有试图逃避他们或在他们面前做出伪装，但我花了很多时间，动了很多脑筋，试图根据我对白人主流规范和期望的理解，让自己变得过分正确。我们家庭的很多孩子在学校里仍然处于"危险"之中，他们在学业上挣扎，缺乏归属感，感觉是不受欢迎的人。在我的教育、职业和人生旅程的某个地方，我真正地重建了自己，声言自我接受，并培养了一种作为非裔美国人的自豪感。随着自我归属感的增强，我在学术上的灵活性也增强了。这种"自我重建"不是轻而易举、一蹴而就的，也不是单靠我自己的努力就能实现的。教师对这一过程做出了很大贡献。我经常用这样的话来表达这种转变的影响："直到我成为真正的黑人，我才成为真正的知识分子"。因此，在很多方面，我都是自己的拥护者，我个人也知道研究结果和理论主张的真相，即在有色人种学生的教学和学习中，文化多样性的个人和教育赋权的潜力。在分享我的民族身份转变的故事及其与提高学习成绩的关系时，我把个人的"面孔"放在了拥抱和促进文化多样化的社会情感和学术效应上。希望这也能让学生更容易地揭示自己关于类似挑战的故事，并在文化多元的课堂上建立有亲和力的关系。所有这些都是文化回应式教学的关键要素。

第二，正如我写作是为了教学一样，我教学是为了学习。在写作和教学中，我都想去揭开学术和文化语言的神秘面纱，并化解它们的威胁，以便学生（以及我学术研究的读者）能够进入我的思想、解释和分析的"内部"，而不是简单的陈述它们，并期待它们的功绩像前文所言，"因为我，专家和作者，是这样说的"，我总是提供所展现思想和分析描述和解释的细节。我总是以概念化的方式开始写作和教学，然后在行动中对某种想法或概念加以某种形式的说明。因此，对我来说，教学中的案例是概念抽象和经验关联之间的桥梁。在我的教学中使用丰富的案例也是一种将理论转化为实践的方法。为了将这一实践置于文化回应式教学的背景中，我谨慎而勤勉地、系统地使用来自不同民族、种族和文化群体的例子，这些案例涵盖了不同学科、社会经济定位和时间段。这是一种努力，以小规模的方式示范公平和平等地包容多元文化和多种族的多样性。我希望学生从我的案例中学习，并在他们自己的文化回应式教学中做同样的事情。在2013年的一篇文章中，我以自传体形式对自己在学术和教学中的状况做了如下陈述。

我作为非裔美国人的民族、种族和文化身份，是我在分析当前的教育现实和被边缘化的有色人种学生未来可能性时所强调的主要定位和解释。我从个人经验中了解到文化回应式教学带来的变革益处，以及由于教育的缺乏关联性和无效而导致的持续失败的灾难性影响。因此，我主张通过多元文化教学来提高不同种族学生的成绩，这既是我个人的首要任务，也是一种更有普遍意义的教育使命。它注入了超越智力能力和积累的专业经验的信念。我既不为我的学术研究中这些自传式的细微描述感到抱歉，也不假装它们不存在。虽然我较少明确地表达这些声明，但它们的存在也不难辨别。在写作和教学方面，我并不是唯一亮明自己身份和归属关系的人，这在研究文化多样性的学者和一般的课堂教师中是常见的现象（Gay，2013，p.53）。

第三，在教不同种族学生时，我也希望了解他们的文化差异。毫无疑问，在我看来，来自不同种族和背景的学生可以教给我很多关于他们的文化、传统和经历的知识。我不会放弃老师应有的责任，也不会期望我的学生做我的工作。我只是认为，教师必须始终是学习者，不断发展、完善和更新他们的能力。我邀请学生通过我的经历分享他们自身的种族和文化。这些不是揭示亲密关系，也不是宗教忏悔，更不是精神分析治疗会议，只是邀请学生解释他们自身的种族和文化及其形成过程。一些关于文化、种族和民族差异的事物，最好是通过亲身体验来学习，我的文化多样性的学生是这些挑战活动的资源和权威。我和他们的关系是建立在互惠互利的基础上的——我们共同教学、共同学习。因此，我希望学生既是老师也是学习者，就像我的教和学同时进行一样。我们分享专业知识和作者身份的力量和特权。这在文化回应式教学中是一种有益的配置和策略，因为它认识到不同的学生有不同的财富被认可、尊重、接触，并被纳入教学和学习中。它还将学生的经历和遗产形象化，发展文化自豪感和文化意义，并符合"着手了解我们的学生"这一有效教学条件的使命。

结　　论

在实施我的文化回应式教学和其他与学生的互动中，贯穿始终的主题是"我们是寻求学习的伙伴"和"我们能够更好地联合我们的资源，我们所有人就会变得更好。我会教得更好，你也会学得更好"。

我把教学当作一出正在展开的戏剧，一个正在制作中、永远不会结束的故事。每节课都是这部剧新的一集。它有自己独特的结构和功能，而且对构建更大的故事是一个重要的贡献。我负责创造场景、道具和发生学习邂逅的剧本草稿。但这些事情是如何展开的，却超出了我单方面的控制，因为学生在我的教学中扮演着至关重要的角色。我既不命令也不控制这些角色，只是简单地设定角色，然后由学生们建构角色。我们一起创建最适合我们的教学和学习动态，以及我们试图实现的目标。

因此，完成学习任务既是值得庆祝的事，也是对我们再次回到舞台的邀请，为这场持续不断的教与学的戏剧增添另一个片段。我们汇集了努力、资源、经验和智慧，使学习探险成为所有参与其中的人的最佳选择。因此，我的学生和我密切合作，发展学习经验，同时是对个人认可、学术上丰富、社会赋权、道德提升和教学上的转变。有时，展开的剧本和戏剧对我和学生都很有效，但并非总是如此。尽管我希望如此，但当我的教学不尽如人意时，我也不会因为不完美而放弃努力。我深知学习是无止境的，我并不完全了解已知道的种族和文化多样性的所有知识，优秀的教师总是在学习，在教学中没有永远成功的保证或万无一失的公式。我享受这种不确定性和不完美，将其视为想象力和创新的邀请，以重申文化回应式教学是一个持续的发展过程，并接受威廉·埃尔斯（William Ayers，2004）雄辩陈述的现实"教学永远不会重复同一件事"（p.43）。

第八章　回顾与展望

"教学中的文化回应能力始终处于成长的过程中,而不是一个固定的目标或一套成熟的技能。"

对于艾米和亚伦的弟弟妹妹、他们的孩子,以及所有被边缘化的有色人种学生的未来一代,文化回应式教学会扭转他们在学校的成绩的趋势吗?"是的,但是……"从理论与实践、道德勇气与政治权力、转型与保守、潜力与现实的双重视角来思考这一问题时,会出现这种模棱两可的回答。毫无疑问,理论、道德和变革性的答案是"是的"。它的确定性源于这样一种观点:即文化、教学和学习是相互联系的,学校的成绩随着教学使用其所指导的学生的文化参照物的程度而提高。实践和政治权力的回答也是"是的",但多少有些牵强。

研究的结果和课堂实践表明,文化回应式教学可以提高不同类型的学习成就。唯一的问题是,关于这些课堂实践的证据仍然相对较少。在综合研究与文化相关的教育(或基于文化的教育)的效果中,阿伦森和拉夫特(Aronson & Laugher, 2016)承认这种状况,但仍宣称,有足够的研究机构提供了关于其有效性的一致性和持久性的重要见解。未来可能会进行更多的研究,但幅度和体量是否会拓宽加大,研究成果的实施在面对学校改革的其他计划(如标准化考试和反复寻找适合所有的学生的教学良方)是否占优势和扩大范围,是难以预测的。大多数教师是否有勇气、能力和信心去做他们必须做的事情，使他们的教学在文化上更适应来自边缘群体、贫困、语言多样化背景和新移民的有色人种学生？理应支持课堂教学的学校教育的其他方面，如行政、政策、人员配备和评估等改革，是否实现了？不久后能否会改变社会上长期存在的种族歧视和社会不平等？如果不做出上述种种改变，有色人种学生的成绩就不会最大化提高。现有教育实践中的糟糕先例将会盛行，而新一代学生将会在学校经历不成比例的失败和不愉快的记忆。

引　言

前面的章节中，展示了教师如何以及为什么使用文化回应式教学，来教成绩不佳的非裔、拉丁裔、亚裔和美洲原住民学生，即使在一些没有朝着类似的方向努力的学校和社会环境中，教师们也能提高这些学生的在校表现。受这些成功经历的鼓励，其他教师也会这样做。从第一——第七章的讨论中收集到的一些观点为学校加强文化回应式教学的实施提供了一些重要的方向，这些将在本章中讨论。这些想法的出现像桑科法（Sankofa）原则，即回顾过去以更好地理解现在，并构建一个更理想的未来。从字面上讲，桑科法的意思是"我们应该回顾并收集过去教给我们的最好的东西，这样我们才能在前进的过程中充分发挥自己的潜力"。无论我们失去了什么、遗忘了什么、放弃了什么、或被剥夺了什么，都可以被收回、复活、保存和延续下去。本书的前几章是"过去"，这一章是"现在"（虽然对作者来说是非常短暂的），所有章节的效果以其相关的建议和邀请象征着文化回应式教学的"未来"。

第一节 以文化为中心的增量努力会带来改变

虽然系统的、多方位的教育公平和符合文化要求的教学是理想的，但个人不必等到这些事情发生自己身边后才采取行动。微观层面的改变，比如发生在教室里的改变，也很重要。它们的有效性需要根据具体情况来确定。否则，他们的一些积极成果可能会被忽视。本书关于文化回应式教学的描述、建议和实践是一种微型教育改革的典型，它已经改善了许多不同种族的有色人种学生的学术、社会和情感发展。

一个重要的问题是，微观层面的变化所取得的进展是否会长期持续下去，特别是因为产生这些变化的倡议可能寿命很短，或比学校其他方面的教育倡议显得相对孤立。例如，课程和教学改革可以提高学生在课堂上的成绩，而这并不体现在标准化考试成绩中。发生这种情况的原因可能是国家和州层面考试的内容与课堂上的文化回应式教学内容不一致。

要想让有色人种学生的学业成绩显著提高，就必须在如何教育大量有色人种学生方面做出根本性变革。这不是一种选择，而是必须的并且相当紧迫。部分非裔、原住民、拉丁裔和亚裔美国学生群体中学习成绩不成比例的低位现象太过持久，不可能是偶然发生的，其改善也不可能仅靠零星的、表面性的和选择性的改革就能奏效。改革必须是持久的、实质性的和全面的。这也是为什么教室里的教师，不管他们多么专注、多么能干，都不能独自完成任务的一个原因。学校也是势单力薄，为有色人种提供更高质量和公平机会的相应改善，必须发生在社会各层面。然而，在教师的主要影响范围内，他们可以（也确实）通过自己的教学内容和教学方法对学生的成就做出重要贡献。因此，文化回应式教学法对于提高有色人种成绩不佳学生的成绩具有基础性作用。

一些教师已经在教育被边缘化的拉丁裔、原住民、非裔和亚裔美国学生方面取得了显著的成功。就像前面章节所提及的一些人物一样，他们值得称赞。毫无疑问，还有许多其他的老师也同样值得赞扬，但是他们的故事在这里尚未提及。还有一些老师在实施文化回应式教学方面做得不够好，如果再掌握一些文化知识、教学技能、得到鼓励和支持，他们会做得更好。文化回应式教学是针对所有这些教师的。对于那些成功的老师来说，这是值得肯定的。对于那些愿意尝试用不同的方法来教不同种族的学生，但还有些犹豫的教师来说，这应该是令人鼓舞的。对于那些拒绝对成绩不佳的有色人种学生开展文化回应式教学的老师来说，第一——第七章中提出的项目和实践代表了变革的要求。提高这些学生成绩的需求对教师来说太迫切了，他们不能忽视可以因材施教的教学法技能。

这些变革应该如何实施其实并不神秘。有色人种学生应该永远是为他们设计的教学方案和实践的中心——来源、焦点和效果。由于他们在种族和文化上都具有多样化，他们的教育机会和经历也必须是多样化的。这种文化敏感性、教学可变性和多样性应成为教学有效性问责制的新规范标准。

第二节　直面惯例，对抗阻力

为了实践这些观点，教师需要解构和转变一些长期存在的教学假设、信念和实践，并理解和对抗它们。大多数教育惯例并不是有意歧视有色人种学生，但实际效果确实如此。它们深深根植于教育常规之中。在主流教育过程中，这些假设和做法可能被认为是"做事方式而已"，但它们可能恰恰是教学改革的强大障碍，阻碍着有效改进非裔、拉丁裔、原住民和亚裔学习成绩不佳学生的教学。文化回应式教育者不应该使他们的倡导和行动取决于受欢迎程度和大众认可程度。处于不同的边缘状态的人群的教育平等和社会公正（以及美国社会的其他方面）问题对于大部分人，特别是教育工作者来说仍然是一个普遍和具体的问题。教师和其他教育工作者需要了解障碍是什么，以及它们的行为表现，然后才能有效地揭示、抵制和解决它们。下面将讨论其中一部分教育惯例和障碍。

一、传统

在这些障碍中，最难以克服的就是顽固不化的传统。美国教育机构是出了名的保守和抵制变革。他们为自己的长久不变感到自豪，一再呼吁旧日回归（例如，"回归基本"）的复活，反对创新（尤其是在新颖性黯然失色而没有留下奇迹般的变化之后），这并不令人意外。一个典型的例子是，在进行了全语言教学和"从写到读"的实验后，二者并没有对阅读成绩产生根本的改善，当前出现了以语音为中心的、技能训练为基础的阅读项目的回归，如算术与阅读直接教学系统（DISTAR）和公开法庭（Open Court）等。另一个现象是对职前标准化考试成绩的关注，这种考试长期以来未能提高有色人种学生的学业成绩，除了一些东南亚裔群体，如日本人、中国人和韩国人。这些诉求的关键问题在于它们所基于的选择性记忆。那段记忆习惯性地"忘记"了对有色人种学生不是很光彩的"过去"。他们当时表现不佳，现在同样如此。学校所教授的课程中也没有让种族群体可引以为荣的文化和贡献。某些主流社会成员认为的教育"好时代"——希望回归的传统，对许多被边缘化的少数民族来说却是最糟糕的时代。

然而，还有其他一些常常被忽视的"过去"和"传统"，它们可能会赋予而不是阻碍文化回应式教学。许多不同种族的美国新移民群体建立了社区、文化或语言学校，以教授和保护他们的文化遗产，帮助自己和孩子适应一个新的国家和文化，并弥补主流学校的失败。这些活动的一个生动的例子是历史上的黑人学院和大学（HBCUS）的先驱机构，其中许多机构最初是培训非裔美国人的高中和职业培训机构，这些非裔美国人甚至曾经无法获得主流学校提供的基础教育。这些学校的长盛不衰本身就是成功的见证，并且也有见证其成功的其他确凿证据。另外一些由不同种族社区创建的历史社区和文化为基础的学校和教学项目的例子，可能对在当代文化回应式教学的主流学校和教师具有指导意义：如抵制种族主义和歧视的街角和政治学院（如20世纪60年代和70年代的学生非暴力协调委员会，主要针对大学政治活动人士）；20世纪20年代为意大利和德国移民开设的语言和文化学校；菲律宾社区中心和社区网络；以及遍布在美国各个城市的当代日语和汉语学校。要展现这些以民族为基础的教育传统对当今的主流教育工作者的价值，还需要做许多工作。这项工作应该包括：承认美国过去和现在的教育传统不止一个，而是很多；承认有色人种的个人和社区能够而且确实对他们的生活提升和幸福做出了有价值的贡献；并挽救那些被主流社会忽视、边缘化的历史遗产，挽回对种族、文化和种族多元化群体和社区涂污的名誉档案。

二、志愿服务

规模化实施文化回应式教学的另一个障碍是专业志愿服务的实践，而这是可持续变革所需要的。教师教育工作者、在职人力资源开发人员、行政和监督人员、决策者和认证机构必须停止倡导或容忍这样一种观点，即在教育过程中处理种族和文化多样性仅是一种选择，或者，如果完成了其他任务后还有剩余时间，教师才应该关注课堂上的种族多样性和专业发展。没有比这一观点更远离现实了。如果要扭转有色人种学生的成就模式，就必须要求每个人都进行文化回应式教学准备和实践。

不允许教师正式教授他们没有任何学术准备的科目。专业规定甚至不允许在不同的文化和国家接受过教育的教师，在没有额外准备的情况下在美国任教。例如，移民前在柬埔寨、尼日利亚或斯里兰卡担任高职位的教育领导人，其就业状况不会转移到美国学校。如果他们真的想教书，就必须重新开始，完成新的专业准备课程，接受初级职位。对教师就业中施加这些条件并不被认为是苛刻或不寻常的，因为我们相信社会文化内容和背景的知识对教学效果是重要前提条件。由于许多有色人种学生的成绩，取决于他们的种族和文化差异在课堂上是否被接受，教师不能误认为，文化回应式教学不是他们专业准备和绩效问责之内的任何义务或必要组成部分。因此，针对民族、种族、社会和居住条件多样化的学生进行文化回应式教学，是他们教育公平和卓越的规范和教学要求。

三、专业种族主义

然而，广泛有效实施文化回应式教学还有一个障碍，是一种不易察觉的专业种族主义。它的幌子是通过强调需要更多有色人种教师来教不同种族的学生。毫无疑问，美国学校需要更多的拉丁裔、亚裔、原住民和非裔美国教师。但是，把改善有色人种学生成绩仅仅寄托于满足这一需求之上，是源自极其错误和危险的假设。它假定，与学生同一或相似种族成员身份是教师能够胜任文化回应式教学的充分必要条件。这就像仅仅因为一个人的母语是英语，就自然而然地知道如何教别人英语，或者一个人必须是一个穿越时空的旅行者，才能教授古希腊、阿兹特克或埃及的历史一样可笑。这些观念也忽略了从研究中得到的教训，即在教学中对文化遗产、经验和种族群体的知识和使用，对提高学生成绩远比共享群体成员的身份更重要。此外，有色人种教师可能既不应仅靠身份认同或强烈证明与学生种族的联系，也不应仅仅因为自己具有少数民族的身份，就能自然而然地熟练进行文化回应式教学了。诚然，学生和教师相似的种族可能有潜在的好处，但这并不能保证教学效果。

事实上，一些非裔美国教师在教欧裔美国人的效果比教非裔美国学生更好。一些欧裔美国教师在教非裔美国人、美洲原住民、亚裔美国人和拉丁裔美国学生上取得了惊人的成功。一些日裔美国教师能够非常有效地教不同亚洲背景的学生（例如，日本人、中国人、菲律宾人、柬埔寨人、越南人、东印度人），以及欧洲人、土著人、拉丁裔和非裔美国人，而另一些人可能连这些群体中的任何一个的教学都难以胜任。还有些老师确实很擅长教来自本种族背景的学生。在所有这些例子中（还有许多未命名的例子），老师能否让他们的教学对学生个人有意义、在文化上适合学生才是他们成功的关键，而不是他们的种族身份本身。许多在第三—第六章中介绍的"文化和种族的边界跨越者"（第三章中的维达霍尔、第二章中的路易斯、第六章中 AVID 项目的教师），因为他们既是某一个民族的成员，同时也是其他民族和种族学生的成功教师。

由于成绩不佳的学生需要更多成功的种族角色榜样来认同和效仿，让更多有色人种教师参与文化回应式教学是合理的。乍一听，这好像是一个可信的教育理念，也被许多有色人种教育工作者认同。然而仔细审视可能会揭示出一个更深层次、更微妙的信息（无论有意还是无意），即有色人种教师只能是他们自己种族的专家。然而，当他们自发参与特定种族学校或项目（如以非洲为中心的学院和针对不同种族的独立研究课程）时，这些人却经常被他们的主流同行指责为"分裂主义者"或"逆向种族主义者"。当有权势的主流人士提出基本相同的建议，让有色人种教师教授本种族的学生并得到鼓掌欢呼时，却遭到他们有色人种同行的强烈反对。这里除了种族主义，还有什么其他解释？当然，欧裔美国人的观点更加微妙，有色人种支持者的观点更加公开，但两者传递的信息非常相似——有色人种教师应该承担本种族学生教学的主要任务。

有色人种学生只由本种族的老师教授的想法也是站不住脚的，因为这是行不通的。即使所有的有色人种教师都是非常称职的，并且愿意倡导文化回应式教学法（当然，情况并非如此），但也没有足够多的人能够独自承担这项任务，并对学生的成长真正做到因材施教。在可预见的未来，他们目前在这个职业中的比例，相对于学校中有色人种学生的数量，不会显著增加。事实上，绝大多数美国教师都是欧裔美国人。即使这样做是智慧的，问题也不会迎刃而解，欧裔教师也不能对有效地教育有色人种学生这一任务推卸责任。因此，民族和种族身份本身不能作为教师或学生未能最大限度发挥各自角色的"替罪羊"。所有教师，不论其属于哪个民族，都必须被教导如何为不同的学生进行文化回应式教学，并对其负责任，就像所有民族和种族的学生都必须为高水平的学术成就承担责任，教师则为实现这一成就提供可行的方案。

四、个性主义和教育分化

　　传统学校对个性和区分的强调也阻碍有效的文化回应式教学的障碍。许多教育工作者由衷地相信，在学习过程中，真正起作用的只有个人，而不是种族、民族、文化或性别。无论持这种观点的人多么希望如此，在设计和实施提高学生成绩的教学实践时，这些变量都不能被忽视。如果要尊重个人的人格并使其成就潜力最大化，个人就不能脱离其生活环境（总有某种形式的群体）。文化遗产、社会背景、背景经验以及个人属性，都是教学和学习的关键因素。

　　随着教育过程的日益复杂化，简单的专业化已经成为有效管理这种复杂性的有效方法。因此，学习经验、教学职责和教学计划是根据科目或学科的专业化（如数学、科学、文学）和这些领域（如代数和微积分、生物和化学、美国和英国文学）来组织的。课程内容和教学活动，是根据促进智力还是情感发展而分别设计的。有些内容和技能被认为是教育事业首要的功能（比如智力发展），而另一些功能则不那么重要，即使重要，这些内容和技能（文化、道德和精神发展）也要退居其次。甚至"个性才是最重要的"这种充满激情的主张也是一种分裂。

　　实际上，学习的最佳潜力和实际水平是整体的。它们同时涉及要学习的现象的多个方面（如事实、观点、感受、批评、应用、重建和重构），以及人类行为的各个维度（如智力、社会、个人、情感、身体、伦理等）。约翰·杜威（John Dewey，1902）在一个多世纪前就提出了一个令人信服的论点，至今仍然适用。尽管他并没有具体谈到对不同种族和文化学生的教育，但他的观点可以应用到这个挑战中，值得重申。他说：

　　孩子的生活是一个整体，是全部的。他快速而轻松地从一个话题转到另一个，就像从一个地点到另一个地点，但没有转化或中断的感觉……他生活所经历的个人利益和社会利益的统一性占据了他整个心灵。此刻他心中最重要的东西，就是整个宇宙。宇宙是流动的、流畅的，它的内容物以惊人的速度溶解和重构。然而，毕竟这是孩子自己的世界。它有自身的统一和完整。他去上学，各种各样的学科为他划分和分裂了世界（pp.8-10）。

当有色人种学生将文化遗产、经验、需求和能力带到学校，而这些往往得不到学校的认可和奖励时，教育分化就加剧了。由此产生的忠诚的分裂和文化的不一致引发高度的心理失衡和智力/情感压力。难怪那么多有色人种学生表现得不如他们本可以表现得那么好。为了预防这些消极的后果，教学计划和实践应该同时兼顾他们的人类整体性、民族和文化特殊性以及他们的个人独立性的现实。这些优先事项既不是两分的，也不是同义词。相反，这些不同水平的学习在其内部和相互之间都存在着一种共生互惠的相互作用。当教师处理好个别学生的问题时，并不能宣称其能解决好所有学生的问题，即使有人倾向于相信。他们不可能通过个别学生的成功来关联到所有学生。

五、文化霸权

文化回应式教学最大的障碍是主流民族中心主义和霸权主义。在教育非裔、拉丁裔、原住民和亚裔美国学生时，它们有效地阻碍了新的、与文化相关的教学知识、技能和意愿的获得和应用。一些教育工作者没有意识到，传统教育中被认为是规范性的假设、期望、协议和实践不是普遍的和不可改变的。它们是以一个种族群体——欧裔美国人——的文化体系标准为基础的，而这个标准一直强加给了所有其他种族。这种文化体系是人为创造的，因此是容易犯错误和被改变的。它最大的错误是它假设的普遍性，以及"这是正确的方式"为它的信仰、价值观和行为辩护。海姆斯（Hymes，1985）提出"人所创造的东西，人也能改变"，在这里对重新概念化学校教育的规范文化基础具有指导意义（p.33）。

把以欧洲为中心的价值观和价值取向强加给其他所有人，都是非美国的和不人道的，更不用说在道德上令人怀疑，在教学上也不健全。事实上，美国的社会和文化是由多民族、多种族的成员及其贡献和影响所构成。这就要求学校的课程和实践同样具有多元文化。此外，研究证据（尽管还没有完全证明包容性和广泛性）始终表明，当教学和学习渗入有色人种学生的文化体系时，他们的多项成绩会显著提高。那么，为什么所有学校都不急于做出必要的改变呢？可能是因为这些变革需要改变教育事业中权力、特权和常态的主流模式。无论这会使教育传统的捍卫者何等不安，如果要扭转种族多元化学生的表现，如果要为所有学生提供更好、更相关、更体面的教育，这种变革就必须发生。如果不这样做，可能会对一些学生的智力、社会、情感、心理、文化和学术成就，造成不可避免的伤害。正如联合黑人学院基金的宣传口号所告诫的那样，"浪费一个人的头脑是件可怕的事情"，这意味着人的思想太宝贵了，不能营养不良。此告诫中还有两个与文化回应式教学相关的同等重要的观点。他们认为，真正的教育质量体现在它如何为最需要的学生服务；一个社会的未来取决于它现在能否为孩子提供最好的教育。在美国，文化多样性是实现这一切的看似可行的方式。

第三节 文化回应式教学的综合效益

文化回应式教学在许多方面对许多不同的公民，包括整个社会产生了积极的效果。如果做法得当，它的理论和实践推广了这样一种理念：对所有学生的优秀教育比掌握学校强制性掌握的学术知识更具包容性。最终，作为不公平拙劣教育牺牲品的两类学生，无论他们是边缘状态的学生抑或主流学生，少数民族学生抑或多数民族学生，经济特权抑或贫困学生，女性抑或男性，原住民抑或移民学生，都需要从权力、资源、机会分配不公的后果中摆脱出来，并学会以更人道的方式与自己和他人相处。例如，如果学生在学术竞赛和标准化测试中表现优异，但在个人、社会和公民行为中存在种族主义、性别歧视和不道德行为，就会被认为是不可容忍的和教育上的"未完成"者。相反，许多人都是精明能干的社区成员，是社会公正的积极倡导者，在文化上有丰富的知识和社区归属关系，生活上有很高的道德和伦理标准，经济上很成功，即使他们所接受的正规教育只是一般水平也应被视为很有成就的人。

所以，关键不是只重视一个方面、排斥其他方面的成长和发展，而应同时发展多种能力。有技能和知识丰富的成年人有助于使社会更公平、更包容、也更容易接受和回应对不同的人、经验、观点和贡献。因此，个人的、社区的、学校的、课堂的和社会的多样性都在明确地、毫不含糊地表明，它在生活和学习的各个方面都是规范的和可辨识的。

第四节　从哪开始、何时结束

文化回应式教学从哪开始、何时结束，对这些问题的快速回答是"非常年轻""无处不在""永远不会"。这些问题，或是一些类似问题，经常被教育工作者提起，他们仍然对在非常受限的环境下进行文化回应式教学的有效性和可行性持怀疑态度。他们不理解，文化回应式教学不是一种快速见效的临时措施、短期内让学校和教师恢复日常事务的权宜之计。相反，它应该被视为面对美国学校为人口结构多样化的学生，提供公平和优秀教育的"新规范"和长久的标准。既然教学和学习总是叠置于文化中，而且这两个过程都包含多元文化，只要有教师教和学生学，就离不开文化回应式教育。换句话说，如果高质量和有效的学习经验总是提供给民族和种族多样化的学生，那么文化回应式教学必须始终存在，它也必须"无处不在"。因为，学生在整个学校的基础设施中学习，有时是正式的，有时是非正式的；有时有意，有时无意；有时结果是预设的，有时纯属偶然；有时通过直接的个人经验，有时则是间接经验。所有这些"学习方式"都是文化回应式教学的机会。因此，当充分发挥作用时，它无处不在，无时不在！它当然属于教育事业的所有部分、所有学科和所有层次的学校教育。

这个困境的另一部分是，从发展角度讲，何时是开始对学生进行文化回应式教学的最佳时机。一些教育者认为，这种创新解决的一些问题，比如种族主义和歧视，对幼小的学龄前孩子和幼儿园学生来说过于严峻。另一些人则通过有意排除或简单忽视表明，有色人种和贫困大学生不需要这种干预，因为能上大学就是他们学业成功的证明。他们的教育重点应该放在发展更高层次的学术专长上。这两种观点都忽视了一些主要问题，而这些问题可以通过针对幼儿和大学生的文化回应式教学加以补救。研究表明，儿童在很小的时候就意识到了种族和种族主义。万利斯和克劳福德（Wanless & Crawford，2016）以及德尔曼·斯帕克和艾华德（Derman-Spark & Edwards）解释说，孩子们关于自己和他人的种族的想法在幼儿时期就形成了，无论这个话题是在课堂上被直接讨论、完全忽视还是积极抑止。许多儿童早期教育者试图忽视种族和其他人类差异的实际存在的做法是站不住脚的。相反，在幼儿教育中有意识地、常规地讲授民族、种族和文化多样性可以避免未来的困境和负面后果。

年幼的孩子甚至婴儿，在他们人生中第一次发现、遭遇和与周围的世界互动时，对一切都非常好奇——他们是探险者和冒险者。他们永不满足的求知、观看、行动的渴望，可以成为他们在自然发现学习中解决民族、种族和文化多样性的理想框架。在这些性格形成时期，文化回应式教学可以接触到儿童天生的好奇心，并确保他们获得关于不同民族、种族和文化个体和经历的准确的信息、积极的态度和有效的不同关系。它还可以帮助这些孩子从一开始就理解，人类的差异是自然和正常的，应该始终被认识、尊重和重视，作为尊重自我和他人人性的一部分。

在推广艺术作为早期儿童教育学生的媒介时，帕奈尔、阿里、贝根和卡特（Purnell et al.，2007）提到两种媒介（译者注：艺术和语言）的一些其他属性，这些属性可以作为这一年龄组文化回应式教学的切入点。根据这些作者的观点，小孩子有一种天生成为讲故事的人、演员和艺术家的倾向，对他们来说，艺术——绘画、动画、歌唱和创造性戏剧都是一种独特的语言。艺术内在的特征与文化回应式教学的最终目标（和许多方法）是非常一致的，即最大限度地提高不同学生的人格尊严、能力和可能性。正如帕奈尔等人解释的那样，艺术：

> 提供基于新方式思考和学习的机会，它们能让我们在其他语言形式失效时进行交流，它们丰富了我们的生活空间。当我们把这些益处应用到课堂上时，我们就扩大了教学范围，包括了学生所有的感官、学习风格、智力和背景。艺术既是一种交流方式，也是人们培养文化和个人认同感的最重要的方式之一……对于幼儿来说，多元文化的故事可以作为一面镜子，反映和确认学生的文化身份。对于来自不同文化背景的孩子来说，这些故事是通向全新体验领域的窗口。（2007，p.421）

由于幼儿是自然主义和毫无约束的艺术家和探索者，这一阶段似乎是让他们开始有意地将民族、种族和文化多样性的知识纳入他们不断发展的知识储备、道德标准和生存行为指南的理想时机。而教育光谱另一端的问题是在大学是否有必要进行文化回应式教学。许多人认为有色人种大学生和研究生已经"成功了"的假设不一定正确。主流大学校园或白人学校，经常对他们充满敌意和不友好。许多有色人种、移民和国际学生即使在学业上表现良好，在这种环境中也会感到孤立和文化漂泊。换句话说，他们的校园生活质量远不理想，也未得到文化认可。因此，他们可以从文化回应式教学的社会、情感、政治和文化可持续方面获益，即使学业不是必需的，但这也是有争议的。

第五节 可供选择的实践范式

文化多样性在不同种族学生教学和学习中的合法性和可行性还远未得到教育工作者的普遍接受。即使那些能够接受它们的人，往往也不具备足够的知识、能力和信心来指导教学实践。教师经常表达这样一种概念，在种族和民族多样化的课堂中，"意识、敏感、欣赏和尊重"非常重要。还有一些人坦诚对强加在有色人种身上的教育和社会不公感到内疚，但又害怕在跨种族、跨文化交流中犯错误或被无端伤害。另一些人则对为学生和有色人种社区争取教育公平和公正的事业感到同情，但除了"意识到"之外，他们感到无能为力。或者他们被"违背现行体制"的前景以及现行的教育政策和优先事项（比如共同核心标准和标准化测试）吓到了。这些声明给人一种变化的感觉，但实际上，它们是虚幻而非真实的。个人对种族和文化多样性的意识和同情感受，如果没有相应的教学行动，对有色人种学生的教学并不会得到改进。对有色人种学生和文化多样性的积极认可态度是必要的，但并不足以有效处理和挖掘文化多样性的教育需求和潜力。一些教师可能已经意识到，仅有态度不足以完成健全的教学改革，但依然把精力和注意力放在它们身上，以避免真正做任何事情。

具有文化竞争力的教育行动对于真正实现有色人种学生的教育公平、正义和卓越至关重要。真正关心学生的教师，会坚持对学生高绩效期望，并努力确保这些期望得以实现。他们知道，要真正实现为族裔多样化的学生提供教育机会的承诺，就需要了解不同族裔群体的文化特征，了解文化如何影响教学和学习，以及将这些知识转化为新的教学机会和经验的教学技能。他们还必须有道义上的勇气和意志，坚持不懈地努力以使教育事业更具多文化和多种族的回应能力，即使必定面对来自某处的反对也不放弃。正如迪拉德（Dillard，1997）所言：

学习如何通过多样性生活和教学，包括不可避免的斗争和矛盾，显得尤为重要。要成为一名具有文化多样性的老师，意味着不仅仅是写作和阅读有关文化的知识，而且还要学习如何在视野、技能和知识上具有多样性。它意味着理解、影响和参与不同学生、学校和更广泛的社会的生活。因此，多样化和多元文化的融合和重视，对哲学、教学方法、教师教育的实践和教师培养非常重要。（p.94）

培养实施文化回应式教学所需的能力和信心，应该从职前教师教育项目开始，并在职后专业发展中继续。职前教育应包括获取关于文化特征和贡献的信息、教学原理以及族裔和文化多样性的方法和材料。这种知识应该与师范教育学生的学习经历互补，以便学生批判性地审视现有的教育思想和实践范式，以确定这些范式是否可以修订以适应种族和文化的多样性，或者是否需要被取代。这些分析还应在设计和实施替代模式的种种监督实践中加以补充，例如，在种族多样性和文化回应式教学的背景下，确定"写实性评估"意味着什么，如何修改公文式的评估，以更好适应不同种族的学习风格的组成部分。或者在解决问题的结构性学术辩论（SAC）方法中，需要做出哪些修改，才能使它们阐明文化回应式教学的理念和方法。

还需要建立基础设施，来支持试图实施文化回应式教学的在职教师。这些可能需要包括几个不同的组成部分，例如：

（1）人员开发以获得种族多样性和文化回应式教学的知识；

（2）必要的和有效的教学材料；

（3）以系统的方式，使教师在实施文化回应式教学过程中获得对其努力的建设性反馈和对其成就的认可；

（4）教育事业单位其他方面活动，如管理、咨询、课程设计、绩效评估和课外活动等，这些活动方与文化回应式课堂教学相媲美（但管理上有弹性）；

（5）明确规定对不同背景的人或项目在学校和社区中可能遭遇到反对的应对技巧。

这些认知、教学和行政机构中任何一方面的缺失，都可能导致低估为有色人种学生提供更好教育所面临的挑战。这有可能让那些未来的教师乐观而天真地认为，他们"关心和欣赏文化多样性的愿望"和新颖的多元文化课程设计将自动加速学生学习的根本改善，但进入课堂后不久就可能会失望。这种希望和乐观主义对教授成绩不佳的有色人种学生很重要，但它需要通过勤奋努力奋斗的准备和承诺来锚定和巩固。这场奋斗需要关爱，辅之以教学内容和教学能力，个人的职业信心以及道德和伦理信念。韦伯斯特格洛夫斯写作项目（Krater et al., 1994）的创建者们是如何实施这些课程的，值得其他人效仿。项目实施4年后，参与项目的老师们意识到，如果他们希望提高学生的写作表现，就必须改变自己。教师的文化中立性和学生的文化隐形面具和虚构故事都需要被重新建构。参与项目的教师们开始意识到：

> 除非我们仔细审视自己，研究我们所看到的，改变我们的视野，并实施一个新的解决方案——一个超出我们所熟悉领域的解决方案，否则我们在解决问题（提高写作成绩）上是不会有任何进展的……我们必须走出自己的舒适区……勇于去尝试全新的、不同寻常的解决方案。我们通过自学、观察孩子和反思来做到这一点。（Krater et al., pp.426-427）

这个故事中最引人注目的和最有教育意义的一点是，教师不再一味指责和试图"修复"学生，而是认可学生的文化遗产价值，接受文化对自己的信仰和行为的不可避免的影响，否认教育习俗的神圣性，并主动承担改变的重任。在第三—六章中讨论的研究、项目和实践中，这些观点对教育有色人种学生教学的倾向得到了明显的支持。它们提供了强有力的课程，所有教师都应该学习和使用它，以指导对种族和文化多样性学生的教学行为。

开展文化回应式教学的教师，也会通过扩展他们的教学剧目，"去他们以前没有去过的地方"，这些地方有时是新奇和非正统的，对不同民族和文化的学习风格的学生开展教学也会要求这么做。此外，教师必须乐于开展实验，使用新颖的方法，在教学实践中进行"信仰的跳跃"。有时，创新的教学和学习可以打开创造力的空间，加速掌握貌似神秘的学术内容。正如马克辛·格林（Maxine Greene）所说的，"让不熟悉的东西变得熟悉"。通过电影、摄影、小说、传记和自传、游戏、真实的和间接的经历、戏剧、网络关系和旅行等主题和内容对学生开展文化多样性的教学。对于教师来说，这是一种令人兴奋的、可行的教学方式，可以提高自己的教学有效性。

第六节 挑战和邀请

对于文化回应式教学迄今为止的发展，前几章的研究、理论和实践尚不详尽，随着需求的持续增长，将会出现更多的阐释和实践建议。本书不可能包含所有现在可用的或正在创作的内容。希望教师和其他使用者将本书作为文化回应式教学"未完成的故事"，在追求附加的见解和机会时，你们仍然会发现它是有效的、诱人的、有益的。它还应该鼓励你贡献自己的分析、解释和创作。这个领域以及它所服务的学生都在不断成长。为了所有学生的进一步成长和发展，我们需要新的知识和行动。

第七节 恰逢其时

教师和其他教育工作者现在就应该采取行动，毫不犹豫、从容不迫地迅速行动起来，改革整个教育事业，使其反映和回应美国社会和学校所特有的种族和文化多样性。被边缘化的非洲人、亚洲人、原住民和拉丁美洲学生成绩不佳的现象太普遍了，到了无以复加的地步。问题不在于是否采取行动，而在于多快采取行动、以何种方式采取行动。从容不迫地迅速行动并不意味着反复无常、冲动或不负责任。它也不意味着仅仅出于良好的意愿。相反，教师应该接受针对种族多样性的文化回应式教学的知识和技能培训，在实践中得到系统的支持，并对文化多样性背景下高质量的表现承担责任。

改革不能等到教师和其他教育工作者都对文化回应式教学感到满意，或者确信他们掌握了实施这种方法所必需的技能之后才开始。变革从来都不是一件容易的事情，其影响也不能绝对准确的预测。但是，如果教师真诚地关心（如第三章所述）有色人种学生的全面福祉，那么不变革的后果应该足以促使他们转向新教学方式。如果这还不足以激励他们进行教学改革的动机，那么应该严格执行实施问责制。精通是一种随着时间的推移而获得的发展现象。在整个教学领域中，特别是在被边缘化的有色人种学生的教育方面，唯一可以绝对确定的是，过去所做的许多事情在未来一定不能延续下去。

失败和错误不会自我纠正，它们必须被有意地改造。教师可以通过勤奋和热情接受文化回应式教学，为自己和种族多样化的学生加速这种转变。在一段时间内，他们的训练和实践可能必须同时进行。这种观念并非非正统或没有先例。在某些教育领域，"边做边学""理论、研究和实践相结合""基于场域的、情境的教师教育"和"面向不同学生的基于现场的教学和学习"得到了很多支持。同时进行文化回应式教学的培训和试验的好处是，知识和实践可以相互加强和完善。

第八节　进步的支柱

教师在他们尝试开展文化回应式教学时需要被指导。前几章中详细讨论的项目和实践中推演出的通用原则，可能对教师有启发和指导作用。它们在这里被作为"进步的支柱"或评估基准提出，通过这些基准，可以确定实施文化回应式教学的努力是否充分。理想情况下，所有的事情都应立刻动手去做，即使少做也总比延续传统要好得多。文化回应式教学具有以下特征。

（1）它是所有年级所教授的所有科目和技能的一部分。

（2）它对所有学生都有多种好处。在前几章所讨论的所有课程计划、教学实践和研究项目中，并没有出现某些族裔群体或学术功能领域得到改善，而其他族裔或领域没有得到改善的例子。

（3）文化回应式教学不是未经筹划、偶然出现或零碎发生的。相反，它必须是深思熟虑的、明确的、系统的和持续的。它不应仅作为一种特殊事件的符号出现；它必须始终在孩子任何时期的学习机会和经历中发生作用。

（4）它有多个侧重点、特征和效果。它同时强调学术、心理、情感、社会、道德、政治和文化技能的发展；它在不影响或限制学生的民族（身份）认同和文化归属的前提下促进学生在学校的成功发展。事实上，它还能在所有这些领域培养能力、信心和提高效能。

（5）它使用全面和综合的方式来教学和学习，这些方式都是由不同肤色学生群体的生活经历及文化背景提供的信息而产生的。

（6）它培养了一种学术成功的风气，以及学生之间的学习共同体意识、同道情谊、友善和互惠感，学生们为了共同的个人福祉和学术成就而合作。

（7）它要求课程内容、学校和课堂学习氛围、教学策略和人际关系进行互动，以反映不同肤色的种族群体的文化、经验和观点。

（8）它涉及种族和文化多样性的一般和特殊问题；也就是说，它包括适用于所有族裔群体的概念和原则、模式和趋势，以及这些在特定族裔群体和个人的文化和经历中独特表现的方式。

（9）它包括关于不同种族的文化和贡献的准确信息，以及他们在美国遭遇的道德和伦理困境，权力和特权的再分配，以及对教育和社会种族主义和霸权的解构。

（10）它向有色人种学生教授在学校成功所需要的"文化资本"（即非正式的、默认的知识、技能和行为，以协商在教育机构中生活的规则、规章、协议和生活要求）。

（11）它认为成功是多维的，并使用多焦点指标来评估学生的成就水平。成绩各维度的获得和展示都与不同民族偏好的学习、表现、参与和交流方式相协调。

（12）它让学生不断参与到自我认识和自我评估的过程中。

（13）它展示了真正的关爱，通过要求有色人种的学生高水平的表现，体现关爱并帮助他们实现这些期望。

（14）它在学校的学术学习和学校外不同种族群体的社会文化生活和经历之间建立了文化桥梁和学习脚手架。

（15）它教学生想象和发展所需的技能，以构建理想的未来，并成为这些创造中的积极的全程参与者。

（16）它培养了学生对各种压迫、歧视和剥削的不容忍，以及在促进不同种族群体的学术、社会、文化和政治正义方面采取行动的道德勇气。

（17）它需要教师具有专业发展能力，包括文化知识和教学技能，配合个人自我反思和自我监督技术，以促进适应种族多样性的教学。

（18）它致力于利用机构和个人资源，以及创造性的想象力促进有色人种学生取得最大成就。

结　　论

儿童是我们未来最宝贵的资源和投资。它远比无限量的金钱、无可挑战的声望或最昂贵的珠宝更为珍贵。他们是我们对未来最好的投资。如果他们不能接受高质量的教育，富裕未来的承诺就无法实现。让我们现在行动起来，确保所有儿童得到最好的教育，以防止一场不可想象的灾难发生。要做到这一点，现在和将来都要对来自不同民族的学生实施文化回应式教学。

我们所有的孩子都应该在多个层面上被赋予权力。授权包括能力、成就、自信和效能等方面。他们需要的成就是学术、社会、情感、心理、文化、道德和政治上的。有色人种的孩子应该从他们的教育经历中获得这种赋权，这样他们对安全、成功的未来梦想就不会被推迟、最小化或被击败，而是得以实现和最大化。教育工作者需要通过为学生提供最好的学习机会，来为实现这一目标做出贡献。这是一种不容讨价还价的道德义务和强制性的职业责任。我们不能再让有色人种学生成绩不佳的状况长期延续下去，这样风险太高、后果太严重。

"少数民族有质量的教育项目"（The Quality Education for Minorities Project）在结束其1990年的政策声明《有效的教育》（Education That Works）时，强烈重申了一种信念，即有色人种拥有教育的救赎权利。这就是为什么我们要以一种恰当的方式来阐明对有色人种学生进行文化回应式教学的必要性、性质和效果。《有效的教育》一书的作者以一种与其选区选民群体（阿拉斯加原住民、美洲原住民、墨西哥裔美国人、波多黎各人和非裔美国人）有密切联系和亲缘关系辩护人的身份讲话，宣称："对我们来说，通往更好生活的大门一直是教育……对我们来说，教育是自由的基础，为优质教育而奋斗是我们追求自由的核心。"（p.1）还有：

有一股力量支撑并赋予我们所有人权力，那就是教育的力量。我们的学校培养了每个人，使他们能够在把愿景转变为现实的伟大工作中获取一席之地。少数族裔儿童有权利，也有无限的潜力，理应扮演实现他们自己愿景者和建设者的角色，但却被拒于门外。如果教育确实是我们迎接未来、应对未来的必由之路，那么如果我们不竭尽全力为少数族裔儿童提供机会，我们就真的把未来抛弃在了一边。对于每个孩子来说，通往未来的门首先是通往学校的门。（p.89）

这个"门"更多的是隐喻，而不是字面意思，它象征着儿童和青少年有机会在尊重他们的人格的学习方式和环境中，尽其所能地学习。教师和其他教育工作者必须对孩子们的学习能力充满信心，就像孩子们对教育的力量抱有同样的信心一样。这些共同的信念为提高学生的学习成效开辟了道路。但是，如果没有文化回应式的教学能力，它们就无法实现。如果教师没有做好充分的准备，就不能合理地期待他们能迎接这些挑战。因此，无论是职前和职后的教育机构都必须在他们的教师专业发展计划中纳入文化回应式教学的技能。这对于提高成绩不佳的有色人种学生的表现至关重要，就像教师需要从幼儿园到12年级基础教育课堂教学中纳入文化回应式教学一样。

参 考 文 献

AAUW report: How schools shortchange girls. (1995). The AAUW [American Association of University Women] Educational Foundation, Wellesley College Center for Research on Women.

Abrahams, R. D. (1970). Positively Black. Englewood Cliffs, NJ: Prentice-Hall.

Abrahams, R. D., & Troike, R. C. (Eds.). (1972). Language and cultural diversity in American education. Englewood Cliffs, NJ: Prentice-Hall.

Adichie, C, N. (2009). The danger of a single story. Youtube, Retrieved from youtube.com/watch?v=D9Ihs241zeg.

Alaska Native Knowledge Network (ANKN). (2010). Guidelines for respecting cultural knowledge. Retrieved from ankn.uaf.edu/publications/knowledge.html

Albury, A. (1992). Social orientations, learning conditions, and learning outcomes among low-income Black and White grade school children. Unpublished doctoral dissertation, Howard University, Washington, DC.

Alim, H. S., & Baugh, J. (Eds.). (2007). Talkin' Black talk: Language, education and social change. New York, NY: Teachers College Press.

Allen, B. A. (1987). The differential effects of low and high movement and sensate stimulation affordance on the learning of Black and White working class children. Unpublished doctoral dissertation, Howard University, Washington, DC.

Allen, B. A., & Boykin, A. W. (1991). The influence of contextual factors on AfroAmerican and Euro-American children's performance: Effects of movement opportunity and music. International Journal of Psychology, 26 (3), 373–387.

Allen, B. A., & Boykin, A. W. (1992). African-American children and the educational process: Alleviating cultural discontinuity through prescriptive pedagogy. School Psychology Review, 21 (4), 586–598.

Allen, B. A., & Butler, L. (1996). The effects of music and movement opportunity on the analogical reasoning performance of African American and White school children: A preliminary study. Journal of Black Psychology, 22 (3), 316–328.

Allen, J. E. (1998, May 6). Children see minorities stereotyped on TV. Seattle Times, p. A8.

American Association of Colleges of Teacher Education. (1973, November). No one model American: A statement on multicultural education. Retrieved from eric.ed.gov/?id=ED143631

American Evaluation Association. (2011). American Evaluation Association statement on cultural competence in evaluation. Retrieved from eval.org/ccstatement

American Textbook Council. (2003). Islam and the textbooks: A report of the American Textbook Council. Middle East Quarterly, 10 (3), 69–78.

Anyon, J. (1988). Schools as agents of social legitimization. In W. F. Pinar (Ed.), contemporary curriculum discourses (pp. 175–200). Scottsdale, AZ: Gorsuch Scarisbrick.

Anyon, J. (1997). Ghetto schooling: A political economy of urban educational reform. New York, NY: Teachers College Press.

Anzaldua, G. (2004). Linguistic terrorism. In O. Santa Ana (Ed.), Tongue tied: The lives of multilingual children in public education (pp. 270–271). Lanham, MD: Rowman & Littlefield.

Apple, M. W. (1985). The culture and commerce of the textbook. Journal of Curriculum Studies, 17 (2), 147–162.

Aragon, J. (1973). An impediment to cultural pluralism: Culturally deficient educators attempting to teach culturally different children. In M. D. Stent, W. R. Hazard, & H. N. Rivlin (Eds.), Cultural pluralism in education: A mandate for change (pp. 77–84). New York, NY: Appleton-Century-Crofts.

Arciniega, T. A. (1975). The thrust toward pluralism: What progress? Educational Leadership, 33 (3), 163–167.

Armstrong, T. (2000). Multiple intelligences in the classroom (2nd ed.). Alexandria, VA: Association for Supervision and Curriculum Development.

Aronson, B., & Laughter, J. (2016). The theory and practice of culturally relevant education: A synthesis of research across content areas. Review of Educational Research, 86 (1), 163–206.

Aronson, J. (2004). The threat of stereotype. Educational Leadership, 62 (2), 14–19.

Asante, M. K. (1991/1992). Afrocentric curriculum. Educational Leadership, 49 (4), 28–31.

Asante, M. K. (1998). The Afrocentric idea (rev. and exp. ed.). Philadelphia, PA: Temple University Press.

Asante, M. K. (2014). Facing south to Africa: Toward an Afrocentric critical orientation. Lanham, MD: Lexington Books.

Ascher, M. (1992). Ethnomathematics. New York, NY: Freeman.

Ashton, P. T., & Webb, R. B. (1986). Making a difference: Teachers' sense of efficacy and student achievement. New York, NY: Longman.

Au, K. H. (1980). Participation structures in a reading lesson with Hawaiian children: Analysis of a culturally appropriate instructional event. Anthropology and Education Quarterly, 11 (2), 91–115.

Au, K. H. (1993). Literacy instruction in multicultural settings. New York, NY: Harcourt Brace.

Au, K. H., & Kawakami, A. J. (1985). Research currents: Talk story and learning to read. Language Arts, 62(4), 406–411.

Au, K. H., & Kawakami, A. J. (1991). Culture and ownership: Schooling of minority students. Childhood Education, 67(5), 280–284.

Au, K. H., & Kawakami, A. J. (1994). Cultural congruence in instruction. In E. R. Hollins, J. E. King, & W. C. Hayman (Eds.), Teaching diverse populations: Formulating a knowledge base (pp. 5–23). Albany, NY: State University of New York Press.

Au, K. H., & Mason, J. M. (1981). Social organizational factors in learning to read: The balance of rights hypothesis. Reading Research Quarterly, 17(1), 115–152.

August, D., & Shanahan, T. (Eds.). (2006). Developing literacy in second-language learners: Report of the National Literacy Panel on language-minority children and youth. Mahwah, NJ: Erlbaum.

Austin, A. M. B., Salehi, M., & Leffler, A. (1987). Gender and developmental differences in children's conversations. Sex Roles, 16(9–10), 497–510.

AVID. (n.d.). Retrieved from avidonline.org

Axtman, K. (1999, January 15). Native American to shine from new coin. The Christian Science Monitor, 4.

Ayers, W. (2001). To teach: The journey of a teacher (2nd ed.). New York, NY: Teachers College Press.

Ayers, W. (2004). Teaching the personal and the political: Essays on hope and justice. New York, NY: Teachers College Press.

Baber, C. R. (1987). The artistry and artifice of Black communication. In G. Gay & W. L. Baber (Eds.), Expressively Black: The cultural basis of ethnic identity (pp. 75–108). New York, NY: Praeger.

Ball, A. F., & Muhammad, R. J. (2003). Language diversity in teacher education and in the classroom. In G. Smitherman & V. Villanueva (Eds.), Language diversity in the classroom: From intention to practice (pp. 76–88). Carbondale, IL: Southern Illinois University Press.

Banks, J. A. (1974). Cultural pluralism and the schools. Educational Leadership, 32(3), 163–166.

Banks, J. A. (1991). A curriculum for empowerment, action, and change. In C. E. Sleeter (Ed.), Empowerment through multicultural education (pp. 125–141). Albany, NY: State University of New York Press.

Banks, J. A. (2003). Teaching strategies for ethnic studies (7th ed.). Boston, MA: Allyn & Bacon.

Banks, J. A. (Ed.). (2009). The Routledge international companion to multicultural education. New York, NY: Routledge.

Banks, J. A. (Ed.). (2012). Encyclopedia of diversity in education (Vols. 1–4). Thousand Oaks, CA: Sage.

Banks, J. A., & Banks, C. A. M. (Eds.). (2010). Multicultural education: Issues and perspectives (7th ed.). New York: Wiley.

Bankston, C. L., III, & Zhou, M. (1995). Effects of minority-language literacy on the academic achievement of Vietnamese youths in New Orleans. Sociology of Education, 68(1), 1–17.

Barbe, W. B., & Swassing, R. H. (1979). Teaching through modality strengths: Concepts and practice. Columbus, OH: Zaner-Bloser.

Barham, J., & Thomas, A. (n.d.). Jaime Escalante in the 21st century: Still standing and delivering. Retrieved from thebestschools.org/magazine/jaime-escalante-21st-century-still-standing-delivering/Baron, N. (2016, July 20). Do students lose depth in digital reading? The Conversation. Retrieved from the conversation.Com /do-students-lose-depth- in-digitalreading-61897

Bartell, T. G. (2011). Caring, race, culture, and power: A research synthesis toward supporting mathematics teachers in caring with awareness. Journal of Urban Mathematics Education, 4(1), 50–74.

Basic Education Act. (1993). Olympia, WA: State Department of Education. Retrieved from k12wa.us/curriculumInstruct/default.aspx

Baugh, J. (1999). Out of the mouths of slaves: African American language and educational malpractice. Austin: University of Texas Press.

Baugh, J. (2000). Beyond Ebonics: Linguistic pride and racial prejudice. New York, NY: Oxford University Press.

Belenky, M. F., Clinchy, B. M., Goldberger, N. R., & Tarule, J. M. (1986). Women's ways of knowing: The development of self, voice, and mind. New York, NY: Basic Books.

Bendall, R. C. A., Galpin, A., Marrow, L. P., & Cassidy, S. (2016). Cognitive style: Time to experiment. Frontiers in Psychology, 7(1786), 1–4.

Bennett, C. I. (1995, April). Teacher perspectives as a tool for reflection, partnerships, and professional growth. Paper presented at the annual meeting of the American Educational Research Association, San Francisco, CA.

Bennett, C. I. (2007). Comprehensive multicultural education: Theory and practice (6th ed.). Boston, MA: Pearson/Allyn & Bacon.

Bensman, D. (2000). Central Park East and its graduates: "Learning by heart." New York, NY: Teachers College Press.

Berman, L. M. (1994). What does it mean to be called to care? In M. E. Lashley, M. T. Neal, E. T. Slunt, L. M. Berman, & F. H. Hultgren (Eds.), Being called to care (pp. 5–16). Albany, NY: State University of New York Press.

Bernardo, A. (1996). Fitting in. Houston, TX: Arte Publico.

Biggs, M. (Producer & Director). (1987). Ethnic notions [Video]. San

Francisco, CA: California Newsreel.

Biklen, S. K., & Pollard, D. (Eds.). (1993). Gender and education. Part I (Ninety-second yearbook). Chicago, IL: National Society for the Study of Education.

Bishop, R. (1992). Extending multicultural understanding. In B. Cullinan (Ed.), Invitation to read: More children's literature in the reading program (pp. 80–91). Newark, DE: International Reading Association.

Bleich, E., Bloemraad, I., & Graauw, E. (2015). Migrants, minorities, and the media: Information, representations and participation in the public sphere. Journal of Ethnic and Migration Studies, 41 (6), 857–873.

Bloom, B. (1956). Taxonomy of educational objectives. New York, NY: David McKay.

Boggs, S. T. (1985). The meaning of questions and narratives to Hawaiian children. In C. B. Cazden, V. P. John, & D. Hymes (Eds.), Functions of language in the classroom (pp. 299–327). Prospect Heights, IL: Waveland.

Boggs, S. T., Watson-Gegeo, K., & McMillen, G. (1985). Speaking, relating, and learning: A study of Hawaiian children at home and at school. Norwood, NJ: Ablex.

Bondy, E., & Ross, D. D. (2008). The teacher as warm demander. Educational Leadership, 66 (1), 54–58.

Botelho, M. J., & Rudman, M. K. (2009). Critical multicultural analysis of children's literature: Mirrors, windows, and doors. New York, NY: Routledge.

Boucher, P. (2013). The spirit of Foxfire is alive in Appalachia. Retrieved from appvoices.org/2013/10/03/the-spirit-of-foxfire-is-alive-in-appalachia/

Bowers, C. A., & Flinders, D. J. (1990). Responsive teaching: An ecological approach to classroom patterns of language, culture, and thought.

New York, NY: Teachers College Press.

Bowers, C. A., & Flinders, D. J. （1991）. Culturally responsive teaching and supervision: A handbook for staff development. New York, NY: Teachers College Press.

Bowie, R., & Bond, C. （1994）. Influencing future teachers' attitudes toward Black English: Are we making a difference? Journal of Teacher Education, 45（2）, 122–118.

Boyd, F. B., Causey, L. I., & Galda, L. （2015）. Culturally diverse literature: Enriching variety in an era of Common Core State Standards. Reading Teacher, 68（5）, 378–387.

Boyd, H. （1997）. Been dere, done dat. Black Scholar, 27（1）, 15–17.

Boykin, A. W. （1978）. Psychological/behavioral verve in academic task performance: Pretheoretical considerations. Journal of Negro Education, 47（8）, 343–354.

Boykin, A. W. （1982）. Task variability and the performance of Black and White schoolchildren: Vervistic explorations. Journal of Black Studies, 12（4）, 469–485.

Boykin, A. W. （1986）. The triple quandary and the schooling of Afro-American children. In U. Neisser （Ed.）, The school achievement of minority children: New perspectives （pp. 57–92）. Hillsdale, NJ: Erlbaum.

Boykin, A. W. （1994）. Afrocultural expression and its implications for schooling. In E. R. Hollins, J. E. King, & W. C. Hayman （Eds.）, Teaching diverse populations: Formulating a knowledge base （pp. 243–256）. Albany, NY: State University of New York Press.

Boykin, A. W. （2002）. Talent development, cultural deep structure, and school reform: Implications for African immersion initiatives. In S. J. Denbo & L. M. Beaulieu （Eds.）, Improving schools for African American students: A reader for educational leaders (pp. 81–94). Springfield, IL: Charles C Thomas.

Boykin, A. W., & Bailey, C. T. (2000a). Experimental research on the role of cultural factors in school relevant cognitive functioning: Description of home environmental factors, cultural orientation, and learning preferences (Report No. 43). Baltimore, MD: Johns Hopkins University, Center for Research on Education on Students Placed At Risk (CRESPAR).

Boykin, A. W., & Bailey, C. T. (2000b). The role of cultural factors in school relevant cognitive functioning: Synthesis of findings on cultural contexts, cultural orientations, and individual differences (Report No. 42). Baltimore, MD: Johns Hopkins University, Center for Research on the Education of Students Placed At Risk (CRESPAR).

Boykin, A. W., Coleman, S. T., Lilja, A. J., & Tyler, K. M. (2004). Building on children's cultural assets in simulated classroom performance environments: Research vistas in the communal learning paradigm (Report No. 68). Baltimore, MD: Johns Hopkins University, Center for Research on the Education of Students Placed At Risk (CRESPAR).

Brackett, M. A., & Rivers, S. E. (2013). Transforming students' lives with social and emotional learning. Retrieved from ei.yale.edu/wp-content/uploads/2013/09/Trans forming-Students%E2%80%99-Lives-with-Social-and-Emotional-Learning.pdf Brackett, M. A., Rivers, S. E., & Salovey, P. (2011). Emotional intelligence: Implications for social, academic, and workplace success. Social and Personality Compass, 5(1), 88–103.

Bravo, E. (2007). Taking on the big boys: Or why feminism is good for families, business, and the nation. New York, NY: Feminist Press at CUNY.

Brisk, M. E. (2006). Bilingual education: From compensatory to quality schooling (2nd ed.). Mahwah, NJ: Erlbaum.

Brown, J. C. (2015, September 4). Reach your students with culturally responsive STEM education methods. Retrieved from cehdvision2020. umn.edu/ blog/culturally -responsive-stem-education/Bruner, J.（1996）. The culture of education.Cambridge, MA: Harvard University Press.

Burnett, C.（Director）.（1998）. The wedding [Film]. Chicago, IL: Harpo.

Byers, P., & Byers, H.（1985）. Nonverbal communication and the education of children. In C. B. Cazden, V. P. John, & D. Hymes（Eds.）, Functions of language in the classroom（pp. 3–31）. Prospect Heights, IL: Waveland.

Byrne, M. M.（2001）. Uncovering racial bias in nursing fundamentals textbooks. Nursing and Health Care Perspectives, 22（6）, 299–303.

Cai, M.（2002）. Multicultural literature for children and young adults: Reflections on critical issues. Westport, CT: Greenwood Press.

Campbell, C. P.（1995）. Race, myth, and the news. Thousand Oaks, CA: Sage.

Campbell, L., Campbell, B., & Dickinson, D.（2004）. Teaching and learning through multiple intelligence（3rd ed.）. Boston, MA: Pearson/Allyn & Bacon.

Canagarajah, S.（2003）. Foreword. In G. Smitherman & V. Villanueva（Eds.）, Language diversity in the classroom: From intention to practice（pp.ix–xiv）. Carbondale, IL: Southern Illinois University Press.

Carhill, A., Suárez-Orozco, C., & Páez, M.（2008）. Explaining English language proficiency among adolescent immigrant students. American Educational Research Journal, 45（4）, 1155–1179.

Carlson, P. E.（1976）. Toward a definition of local-level multicultural education. Anthropology & Education Quarterly, 7（4）, 28–29.

Carroll, J. B.（Ed.）.（1956）. Language, thought, and reality: Selected writings of Benjamin Lee Whorf. Cambridge, MA: MIT Press.

Cart, M.（2008）. The value of young adult literature. Young Adult Library

Services Association (YALSA). Retrieved from ala.org/yalsa/guidelines/whitepapers/yalit Case, K. A., & Hemmings, A. (2005). Distancing strategies: White women preservice teachers and antiracist curriculum. Urban Education, 40(6), 606–626.

Catapano, J. (n.d). Storytelling in the classroom as a teaching strategy. Retrieved from teachhub.com/storytelling-classroom-teaching-strategy

Cazden, C. B. (1988). Classroom discourse: The language of teaching and learning. Portsmouth, NH: Heinemann.

Cazden, C. B., John, V. P., & Hymes, D. (Eds.). (1985). Functions of language in the classroom. Prospect Heights, IL: Waveland.

Champion, T. B. (1997). "Tell me something good": A description of narrative structures among African American children. Linguistics and Education, 9(3), 251–286.

Champion, T. B. (2003). Understanding storytelling among African American children: A journey from Africa to America. Mahwah, NJ: Erlbaum.

Chan, S. (Ed.). (1991). Asian Americans: An interpretative history. Boston, MA: Twayne.

Chang, J. (2005). Can't stop, won't stop: A history of the hip hop generation. New York, NY: St. Martin's Press.

Chapman, I. T. (1994). Dissin' the dialectic on discourse surface differences. Composition Chronicle, 7(7), 4–7.

Chen, C. (2015). Starting in Brookline, a math project quickly adds up. Retrieved frombostonglobe.com/metro/regionals/west/2015/10/02/starting-brookline-mathproject-quickly-adds-up

Christian, D. (2011). Dual language education. In E. Hinkel (Ed.), Handbook of research in second language teaching and learning (Vol. II, pp. 3–20). New York, NY: Routledge.

Chun-Hoon, L. K. Y. (1973). Teaching the Asian-American experience. In J. A. Banks (Ed.), Teaching ethnic studies: Concepts and strategies (pp. 118–146). Washington, DC: National Council for the Social Studies.

Class divided, A. [Film]. (1986). Washington, DC: PBS Video.

Coggins, K., Williams, E., & Radin, N. (1997). The traditional tribal values of Ojibwa parents and the school performance of their children: An exploratory study. Journal of American Indian Education, 36(3), 1–15.

Cohen, E. G. (1984). Talking and working together: Status interactions and learning. In P. Peterson, L. C. Wilkinson, & M. Hallinan (Eds.), Instructional groups in the classroom: Organization and processes (pp. 171–188). Orlando, FL: Academic Press.

Cohen, E. G., Brody, C. M., & Sapon-Shevin, M. (Eds.). (2004). Teaching cooperative learning: The challenge to teacher education. Albany, NY: State University of New York Press.

Cohen, E. G., Kepner, D., & Swanson, P. (1995). Dismantling status hierarchies in heterogeneous classrooms. In J. Oakes & K. H. Quartz (Eds.), Creating new educational communities (Ninety-fourth Yearbook of the National Society for the Study of Education) (pp. 16–31). Chicago, IL: University of Chicago Press.

Cohen, E. G., & Lotan, R. A. (1995). Producing equal-status interaction in the heterogeneous classroom. American Educational Research Journal, 32(1), 99–120.

Cohen, E. G., & Lotan, R. A. (Eds.). (1997). Working for equity in heterogeneous classrooms: Sociological theory in practice. New York, NY: Teachers College Press.

Colannino. A. (2016, March 15). The Calculus Project: A growth mindset success story. Retrieved from blog.mindsetworks.com/entry/the-calculus-project-agrowth -mindset-success-story

Collier, V. P. (1992). A synthesis of studies examining long-term language minority student data on academic achievement. Bilingual Research Journal, 16 (1&2), 187–212.

Collier, V. P., & Thomas, W. P. (2014). Creating dual language schools for a transformed world: Administrators speak. Albuquerque, NM: Fuente Press.

Collins, B. A. (2014). Dual language development of Latino children: Effect of instructional program type and the home and school language environment. Early Childhood Research Quarterly, 29 (3), 389–397.

Collins, M. (1992). Ordinary children, extraordinary teachers. Norfolk, VA: Hampton Roads.

Connecticut Framework: K–12 Curricular Goals and Standards. (1998). State of Connecticut, Department of Education.

Cortés, C. E. (1991). Empowerment through media literacy: A multicultural approach. In C. E. Sleeter (Ed.), Empowerment through multicultural education (pp. 143–157). Albany, NY: State University of New York Press.

Cortés, C. E. (1995). Knowledge construction and popular culture: The media as multicultural educator. In J. A. Banks & C. A. M. Banks (Eds.), Handbook of research on multicultural education (pp. 169–183). New York, NY: Macmillan.

Crawford, J. (1997a). English plus. Retrieved from ourworld.compuserve.com/homepages/jwcrawford/langleg.htm

Crawford, J. (1997b). The official English question. Retrieved from ourworld.compuserve.com/homepages/jwcrawford/langleg.htm

Crawford, J. (2000). Anatomy of the English-Only movement. Retrieved from ourworld.compuserve.com/homepages/JWCRAWFORD/anat

Crawford, J. (2003). Language legislation in the U.S.A. Retrieved from ourworld.compuserve.com/homepages/jwcrawford/langleg.htm

Crawford, L. W. (1993). Language and literacy learning in multicultural classrooms. Boston, MA: Allyn & Bacon.

Crawford, M. (1995). Talking difference: On gender and language. Thousand Oaks, CA: Sage.

Crichlow, W. C., Goodwin, S., Shakes, G., & Swartz, E. (1990). Multicultural ways of knowing: Implications for practice. Journal of Education, 172(2), 101–117.

Crum, M. (2015, February 27). Sorry, Ebooks. These 9 studies show why print is better. Huffington Post. Retrieved from huffingtonpost.com/2015/02/27/print-ebooks-studies_n_6762674.html

Cuban, L. (1972). Ethnic content and "White" instruction. Phi Delta Kappan, 53(5), 270–273.

Cullen, C. (1970). Incident. In A. Murray & R. Thomas (Eds.), The journey (p. 93). New York, NY: Scholastic.

Cummins, J. (1989). Empowering minority students. Sacramento, CA: California Association of Bilingual Education.

Dandy, E. B. (1991). Black communications: Breaking down the barriers. Chicago, IL: African American Images.

Daniels, J. (2012). Race and racism in Internet studies: A review and critique. New Media and Society, 15(5), 1–25.

Darling-Hammond, L. (2007). The flat earth and education: How America's commitment to equity will determine our future. Educational Researcher, 36(6), 319–335.

Danovich, T. (2017). The Foxfire book series that preserved Appalachian foodways. Retrieved from npr.org/sections/thesalt/2017/03/17/520038859/the-foxfire-book-series-that-preserved-appalachian-foodways

Dates, J. L., & Barlow, W. (1990). Split image: African Americans in the mass media. Washington, DC: Howard University Press.

Davis, B. M. (Ed.). (2012). How to teach students who don't look like you: Culturally relevant teaching strategies (2nd ed.). Thousand Oaks, CA: Corwin.

Davis, J. E. (1998). Cultural capital and the role of historically Black colleges and universities in educational reproduction. In K. Freeman (Ed.), African American culture and heritage in higher education research and practice (pp. 143–153). Westport, CT: Praeger.

Davis, O. L., Jr., Ponder, G., Burlbaw, L. M., Garza-Lubeck, M., & Moss, A. (1986). Looking at history: A review of major U.S. history textbooks. Washington, DC: People for the American Way.

Deane, P. (1989). Black characters in children's fiction series since 1968. Journal of Negro Education, 58(2), 153–162.

Dee, T. S. (2015). Social identity and achievement gaps: Evidence from an affirmation intervention. Journal of Research on Educational Effectiveness, 8(2), 149–168.

Dee, T. S., & Penner, E. K. (2017). The causal effects of cultural relevance: Evidence from an ethnic studies curriculum. American Educational Research Journal, 54(1), 127–166.

De Jesus, A. (2003). "Here it's more like your house": The proliferation of authentic caring as school reform at El Puente Academy for Peace and Justice. In B. C. Rubin & E. M. Silva (Eds.), Critical voices in school reform: Students living through change (pp. 133–151). New York, NY: Routledge.

Delain, M. T., Pearson, P. D., & Anderson, R. C. (1985). Reading comprehension and creativity in Black language use: You stand to gain by playing the sounding game. American Educational Research Journal, 22(2), 155–173.

Delgado-Gaitan, C., & Trueba, H. (1991). Crossing cultural borders:

Education for immigrant families in America. New York, NY: Falmer.

Delpit, L.（2006）. Other people's children: Cultural conflict in the classroom（2nd ed.）. New York, NY: New Press.

Delpit, L., & Dowdy, J. K.（2002）.（Eds.）. The skin that we speak: Thoughts on language and culture in the classroom. New York, NY: New Press.

Demmert, W. G., Jr., & Towner, J. C.（2003）. A review of the research literature on the influences of culturally based education on the academic performance of Native American students. Portland, OR: Northwest Regional Educational Laboratory. Retrieved from docstoc.com/docs/2391651

Denman, G. A.（1991）. Sit tight, and I'll swing you a tail . . . Using and writing stories with young people. Portsmouth, NH: Heinemann.

Derman-Sparks, L., & Edwards, O. J.（2010）. Anti-bias education for young children and ourselves. Washington, DC: National Association for the Education of Young Children.

Dewey, J.（1902）. The child and the curriculum. Chicago, IL: University of Chicago Press.

Deyhle, D.（1995）. Navajo youth and Anglo racism: Cultural integrity and resistance. Harvard Educational Review, 65（3）, 403–444.

Deyhle, D., & Swisher, K.（1997）. Research in American Indian and Alaska native education: From assimilation to self-determination. In M. W. Apple（Ed.）, Review of research in education（Vol. 22, pp. 113194）. Washington, DC: American Educational Research Association.

Diamond, B. J., & Moore, M. A.（1995）. Multicultural literacy: Mirroring the reality of the classroom. New York, NY: Longman.

Dick, G. S., Estell, D. W., & McCarty, T. L.（1994）. Saad naakih bee'enootiltji na'aikaa: Restructuring the teaching of language and literacy in a Navajo community school. Journal of American Indian Education, 33（3），31–46.

Digest of Education Statistics, 2007.（2008）. Washington, DC: Department of Education, National Center of Education Statistics.

Dill, E., & Boykin, A. W.（2000）. The comparative influence of individual, peer tutoring, and communal learning contexts on the text recall of African American children. Journal of Black Psychology, 26（1），65–78.

Dillard, C. B.（1997）. Placing student language, literacy, and culture at the center of teacher education reform. In J. E. King, E. R. Hollins, & W. C. Hayman（Eds.）, Preparing teachers for cultural diversity（pp. 85–96）. New York, NY: Teachers College Press.

Dolberry, M. E.（2015）. From "they" science to "our" science: Hip hop epistemology in STEAM education [Dissertation]. University of Washington, Seattle, WA. Retrieved from digital.lib.washington.edu/researchworks/handle/1773/33734

Dotson, J. M.（2001）. Cooperative learning structures increase student achievement. Retrieved from kaganonline.com/free_articles/research_and_rationale/increase_ achievement.php

Doyle, T.（2011）. Learner-centered teaching: Putting the research on learning into practice. Sterling, VA: Stylus Publishing.

Dunn, R., Dunn, K., & Price, G. E.（1975）. Learning style inventory. Lawrence, KS: Price Systems.

Dupuis, V. L., & Walker, M. W.（1988）. The circle of learning at Kickapoo. Journal of American Indian Education, 28（1），27–33.

Durden, R., Escalante, E., & Blitch, K.（2015）. Start with us! Culturally relevant pedagogy in the preschool classroom. Early Childhood Education Journal, 43（3），223–232.

Durlak, J. A., Domitrovich, C. E., Weissberg, R. P., & Gullotta. T. P.（Eds.）.

(2015). Handbook of social and emotional learning: Research and practice. New York, NY: Guilford Press.

Duval, C. A. (2005). Navajo bilingual language and cultural education programs: Will the Navajo be able to revitalize and maintain their language and culture? Retrieved from bunkyo.ac.jp/faculty/lib/kiyo/Int/it150206.pdf

Dyson, A. H., & Genishi, C. (Eds.). (1994). The need for story: Cultural diversity in classroom and community. Urbana, IL: National Council of Teachers of English.

Eaker-Rich, D., & Van Galen, J. (Eds.). (1996). Caring in an unjust world: Negotiating borders and barriers in schools. Albany, NY: State University of New York Press.

Education Commission of the States. (2012). Teacher expectations of students: A self-fulfilling prophecy? Retrieved from ecs.org/clearinghouse/01/05/51/10551.pdf Education that works: An action plan for the education of minorities. (1990). Cambridge, MA: Quality Education for Minorities Project, Massachusetts Institute of Technology.

Education Week. Retrieved from edweek. org/ew/articles/2015/04/15/k-12-schools still-mix-print-and-digital.html

Eisenhart, M., & Cutts-Dougherty, K. (1991). Social and cultural constraints on students' access to school knowledge. In E. Hiebert (Ed.), Literacy for a diverse society: Perspectives, programs, and policies (pp. 28–43). New York, NY: Teachers College Press.

Ellison, C. M., Boykin, A. W., Towns, D. P., & Stokes, A. (2000). Classroom cultural ecology: The dynamics of classroom life in schools serving low-income African American children. Report No. 44. Washington, DC: Center for Research on the Education of Students Placed At Risk (CRESPAR), Howard University.

Ellsworth, E. (1990). Educational films against critical pedagogy. In E. Ellsworth & M. H. Whatley (Eds.), The ideology of images in educational media (pp. 10–26). New York, NY: Teachers College Press.

Ellsworth, E., & Whatley, M. H. (Eds.). (1990). The ideology of images in educational media. New York, NY: Teachers College Press.

Emdin, C. (2010). Urban science education for the hip hop generation: Essential tools for the urban science educator and researcher. Boston, MA: Sense Publishers.

Emdin, C. (2016). For White folks who teach in the hood ... and the rest of y'all too: Reality pedagogy and urban education. Boston, MA: Beacon Press.

Erickson, F. (1987). Transformation and school success: The politics and culture of educational achievement. Anthropology and Education Quarterly, 18(4), 335–383.

Erickson, F. (2010). Culture in society and in educational practices. In J. A. Banks & C. A. M. Banks (Eds.), Multicultural education: Issues and perspectives (7th ed., pp. 33–56). Hoboken, NJ: Wiley.

Ernest, P. (2009). New philosophy of mathematics: Implications for mathematics education. In B. Greer, S. Mukhopadhyay, A. B. Powell, & S. Nelson-Barber (Eds.), Culturally responsive mathematics education (pp. 43–84). New York, NY: Routledge.

Escalante, J., & Dirmann, J. (1990). The Jamie Escalante math program. Journal of Negro Education, 59(30), 407–423.

Estes, L., & Rosenfelt, S. (Producers). (1998). Smoke signals [Film]. New York, NY: Miramax Films.

Expectations of excellence: Curriculum standards for the social studies (Bulletin 89). (1994). Washington, DC: National Council for the Social Studies.

Eye of the storm [Video]. (1970). Washington, DC: ABC Media Concepts.

Fairview Capital. (2015). The value of ethnic and gender diversity in private equity and venture capital. Retrieved from fairviewcapital.com/download_file/view/32/192

Farmer, L. S. J.（2004）. Left brain, right brain, whole brain. School Library Activities Monthly, 21（20）, 27–28, 37.

Farrell, J. P.（n.d.）. Overview, school textbooks in the United States. Education Encyclopedia. Retrieved from http://education.stateuniversity.com/pages/2507/Textbooks.html

Fashola, O. L., Slavin, R. E., Calderón, M., & Durán, R.（1997）. Effective programs for Latino students in elementary and middle schools（Report No.11）. Baltimore, MD: Johns Hopkins University, Center for Research on Education of Students Placed At Risk（CRESPAR）.

Fass, P. S.（1989）. Outside in: Minorities and the transformation of American education. New York, NY: Oxford University Press.

Figlar, G.（1998, June 27）. Sacagawea likely choice for dollar coin. The Denver Post, pp. 25A, 27A.

Figueroa, A.（2004）. Speaking Spanglish. In O. Santa Ana（Ed.）, Tongue tied: The lives of multilingual children in public education（pp. 284–286）. Lanham, MD: Rowman & Littlefield.

First, J. C., & Carrera, J. W.（1988）. New voices: Immigrant students in U.S. public schools: A NCAS research and policy report. Boston, MA: National Coalition of Advocates for Students.

Fives, H., & Gill, M. G.（Eds.）.（2015）. International handbook of research on teachers' beliefs. New York, NY: Routledge.

Fleming, J.（1991）. Blacks in college: A comparative study of students' success in Black and White institutions. San Francisco, CA: Jossey-Bass.

Flippo, R. F., Hetzel, C., Gribouski, D., & Armstrong, L. A.（1997）. Creating a student literacy corps in a diverse community. Phi Delta Kappan, 78（8）, 644–646.

Fogel, H., & Ehri, L. C. (2000). Teaching elementary school students who speak Black English Vernacular to write in Standard English: Effects of dialect transformation practice. Contemporary Educational Psychology, 25(2), 212–235.

Forbes, J. D. (1973). Teaching Native American values and cultures. In J. A. Banks (Ed.), Teaching ethnic studies: Concepts and strategies (43rd Yearbook, pp. 200–225). Washington, DC: National Council for the Social Studies.

Fordham, S. (1993). "Those loud Black girls": (Black) women, silence, and gender "passing" in the academy. Anthropology and Education Quarterly, 24(1), 3–32.

Fordham, S. (1996). Blacked out: Dilemmas of race, identity, and success at Capital High. Chicago, IL: University of Chicago Press.

Fordham, S., & Ogbu, J. U. (1986). Black students' school success: Coping with the "burden of 'acting white.'" Urban Review, 18(3), 176–206.

Fortune, T. W. (2014). What the research says about immersion. Center for Advanced Research on Language Acquisition. Retrieved from carla.umn.edu/immersion/documents/ImmersionResearch_TaraFortune.html

Foster, J. T., Jr. (1994, Spring). The Songhai Empire: An Afrocentric academy for science, math, and technology. Sine of the Times, pp. 26–27.

Foster, M. (1989). It's cooking now: A performance analysis of the speech events of a Black teacher in an urban community college. Language in Society, 18(1), 1–29.

Foster, M. (1991). Just got to find a way: Case studies of the lives and practice of exemplary Black high school teachers. In M. Foster (Ed.), Readings on equal education: Vol. 11. Qualitative investigations into schools and schooling (pp. 273–309). New York, NY: AMS Press.

Foster, M. (1994). Effective Black teachers: A literature review. In E.

R. Hollins, J. E. King, & W. C. Hayman (Eds.), Teaching diverse populations: Formulating a knowledge base (pp. 225–241). Albany, NY: State University of New York Press.

Foster, M. (1995). African American teachers and culturally relevant pedagogy. In J. A. Banks & C. A. M. Banks (Eds.), Handbook of research on multicultural education (pp. 570–581). New York, NY: Macmillan.

Foster, M. (1997). Black teachers on teaching. New York, NY: New Press.

Fowler, L. C. (2006). A curriculum of difficulty: Narrative research in education and the practice of teaching. New York, NY: Peter Lang.

Fox, H. (1994). Listening to the world: Cultural issues in academic writing. Urbana, IL: National Council of Teachers of English.

Franklin, W. J., & Dowdy, J. K. (2005). Storytelling. In J. K. Dowdy (Ed.), Readers of the quilt: Essays on being Black, female, and literate (pp. 119–136). Cresskill, NJ: Hampton Press.

Freire, P. (1980). Education for critical consciousness. New York, NY: Continuum.

Friedman, A. (2015, July 9). Can we just, like, get over the way women talk? Retrieved from thecut.com/2015/07/can-we-just-like-get-over-the-way-womentalk.html

Fuligni, A. J. (2007). Contesting stereotypes and creating identities: Social categories, social identities, and educational participation. New York, NY: Russell Sage Foundation.

Fullilove, R. E., & Treisman, P. U. (1990). Mathematics achievement among African American undergraduates at the University of California, Berkeley: An evaluation of the Mathematics Workshop Program. Journal of Negro Education, 59(3) 463–478.

Gallimore, R., Boggs, J. W., & Jordan, C. (1974). Culture, behavior and education: A study of Hawaiian Americans. Beverly Hills, CA: Sage.

Garcia, C., & Chun, H. (2016). Culturally responsive teaching and teacher expectations for Latino middle school students. Journal of Latina/o Psychology, 4(3), 173–187.

Garcia, E. (1999). Student cultural diversity: Understanding and meeting the challenge (2nd ed.). Boston, MA: Houghton Mifflin.

Garcia, J., Hadaway, N. L., & Beal, G. (1988). Children's multicultural literature: Promoting pluralism? Ethnic Forum, 8(2), 62–71.

Garcia, O., & Wei, L. (2014). Translanguaging: Language, bilingualism, and education. New York, NY: Palgrave MacMillan.

Garcia-Vasquez, E., Vasquez, I. A., & Lopez, I. C. (1997). Language proficiency and academic success: Relationships between proficiency in two languages and achievement among Mexican American students. Bilingual Research Journal, 21, 334–347.

Gardner, H. (1983). Frames of mind: The theory of multiple intelligences. New York, NY: Basic Books.

Gardner, H. (2006). Multiple intelligences: New horizons. New York, NY: Basic Books.

Gardner, J. W. (1984). Excellence: Can we be equal and excellent too? (rev. ed.). New York, NY: Norton.

Garza, R., Alejandro, E. A., Blythe, T., & Fite, K. (2014). Caring for students: What teachers have to say. International Scholarly Research Notices (ISRN). Retrieved from hindawi.com/journals/isrn/2014/425856/Gasman, M., & Tudico, C. L. (Eds.). (2008). Historically Black colleges and universities: Triumphs, troubles, and taboos. New York, NY: Palgrave Macmillan.

Gay, G. (1975). Organizing and designing culturally pluralistic curriculum. Educational Leadership, 33(3), 176–183.

Gay, G. (1988). Designing relevant curricula for diverse learners. Education and Urban Society, 2(4), 327–340.

Gay, G. (1995). Bridging multicultural theory and practice. Multicultural Education, 3(1), 4–9.

Gay, G. (2002). Preparing for culturally responsive teaching. Journal of Teacher Education, 53(2), 106–116.

Gay, G. (Ed.). (2003a). Becoming multicultural educators: Personal journey toward professional agency. San Francisco, CA: Jossey-Bass.

Gay, G. (2003b). Deracialization in social studies teacher education textbooks. In G. Ladson-Billings (Ed.), Critical race theory perspectives on social studies:

The profession, policies, and curriculum (pp. 123–148). Greenwich, CT: Information Age.

Gay, G. (2009). Preparing culturally responsive mathematics teachers. In B. Greer, S. Mukhopadhyay, A. B. Powell, & S. Nelson-Barber (Eds.), Culturally responsive mathematics education (pp. 189–205). New York, NY: Routledge.

Gay, G. (2013). Teaching to and through cultural diversity. Curriculum Inquiry, 43(1), 48–70.

Gay, G. (2015). Teachers' beliefs about cultural diversity: Problems and possibilities. In H. Fives & M. G. Gill (Eds.), International handbook of research on teachers' beliefs (pp. 436–452). New York, NY: Routledge.

Gee, J. (1985). The narrativization of experience in oral style. Journal of Education, 167(1), 9–15.

Gee, J. P. (1989). What is literacy? Journal of Education, 171(1), 18–25.

Genesee, F., Lindhom-Leary, K., Sanders, W. M., & Christian, D. (2006). Educating English language learners: A synthesis of research evidence. New York, NY: Cambridge University Press.

Gentemann, K. M., & Whitehead, T. L. (1983). The cultural broker concept in bicultural education. Journal of Negro Education, 52(2), 118–129.

Gewertz, C. (2017, February 15). National testing landscape continues to shift. Education Week, 36(21), pp. 1, 8.

Giamati, C., & Weiland, M. (1997). An exploration of American Indian students' perceptions of patterning, symmetry, and geometry. Journal of American Indian Education, 36(3), 27–48.

Giarrizzo, T. (2013). History losing its value: Representation of minorities within high school history [Master's Degree Thesis], Rochester, NY. St. John Fisher College. Retrieved from fisherpub.sjfc.edu/education_ETD_masters/213/Gillies, R. M. (2007). Cooperative learning: Integrating theory and practice. Los Angeles, CA: Sage.

Gillies, R. M. (2014). Cooperative learning: Developments in research. International Journal of Educational Psychology, 3(2), 125–140.

Gilligan, C. (1982). In a different voice: Psychological theory and women's development. Cambridge, MA: Harvard University Press.

Ginsberg, A. E., Shapiro, J. P., & Brown, S. P. (2004). Gender in urban education: Strategies for student achievement. Portsmouth, NH: Heinemann.

Ginsberg, M. B. (2015). Excited to learn: Motivation and culturally responsive teaching. Thousand Oaks, CA: Corwin.

Giroux, H. (1992). Border crossings: Cultural workers and the politics of education. New York, NY: Routledge.

Glaser, S. (n.d.). The Foxfire project. Retrieved from porterbriggs.com/the-foxfireproject/Glasgrow, N. A., & Hicks, C. D. (2009). What successful teachers do: 101 research-based classroom strategies for new and veteran teachers. Thousand Oaks, CA: Corwin.

Glickman, C. (2016). Whatever happened to Foxfire: Still glowing? Phi Delta Kappan, 97(5), 55–59.

Goldblatt, P. (2008). Reciprocity between life and art: Telling stories. Multicultural Review, 17 (3), 23–28.

Gonzales, R. (1972). I am Joaquin. New York, NY: Bantam.

González, N., Moll, L. C., & Amanti, C. (2005). Funds of knowledge: Theorizing practices in households, communities, and classrooms. Mahwah, NJ: Erlbaum Good, T. L., & Brophy, J. E. (1978). Looking in classrooms (2nd ed.). New York, NY: Harper & Row.

Good, T. L., & Brophy, J. E. (1994). Looking in classrooms (6th ed.). New York, NY: HarperCollins.

Good, T. L., & Brophy, J. E. (2003). Looking in classrooms (9th ed.). Boston, MA: Allyn & Bacon.

Goodlad, J. I. (1984). A place called school: Prospects for the future. New York, NY: McGraw-Hill.

Goodman, D. J. (2013). Cultural competency for social justice. Retrieved from acpacsje.wordpress.com/2013/02/05/cultural-competency-for-social-justiceby-diane-j-goodman-ed-d/Goodwin, B. (2016). "High touch" is crucial for "high tech" students. Educational Leadership, 74 (1), 81–83.

Goodwin, B. (2017). Learning styles: It's complicated. Educational Leadership, 74 (7), 79–80.

Goodwin, M. H. (1990). He-said she-said: Talk as social organization among Black children. Bloomington, IN: Indiana University Press.

Gordon, B. M. (1993). African American cultural knowledge and liberatory education: Dilemmas, problems, and potentials in a postmodern American society. Urban Education, 27 (4), 448–470.

Gordy, L. L., & Pritchard, A. M. (1995). Redirecting our voyage through history: A content analysis of social studies textbooks. Urban Education, 30 (2), 195–218.

Goto, S. T. (1997). Nerds, normal people, and homeboys: Accommodation and resistance among Chinese American students. Anthropology & Education Quarterly, 28 (1), 70–84.

Gougis, R. A. (1986). The effects of prejudice and stress on the academic performance of Black-Americans. In U. Neisser (Ed.), The school achievement of minority children: New perspectives (pp. 145–158). Hillsdale, NJ: Erlbaum.

Graham, M., & Dutton, W. H. (Eds.). (2014). Society and the Internet: How networks of information and communication are changing our lives. New York, NY: Oxford University Press.

Gray-Schlegel, M. A., & Gray-Schlegel, T. (1995/1996). An investigation of gender stereotypes as revealed through children's creative writing. Reading Research and Instruction, 35 (2), 160–170.

Greenbaum, P. E. (1985). Nonverbal differences in communication style between American Indian and Anglo elementary classrooms. American Educational Research Journal, 22 (1), 101–115.

Greene, J. P. (1998). A meta-analysis of the effectiveness of bilingual education. Claremont, CA: Thomas Rivera Policy Institute.

Greer, B., Mukhopadhyay, S., Powell, A. B., & Nelson-Barber, S. (Eds.). (2009). Culturally responsive mathematics education. New York, NY: Routledge.

Grice, M. O., & Vaughn, C. (1992). Third graders respond to literature for and about Afro-Americans. The Urban Review, 24 (2), 149–164.

Grossman, H., & Grossman, S. H. (1994). Gender issues in education. Boston, MA: Allyn & Bacon.

Guild, P. B. (1997). Where do the learning theories overlap? Educational Leadership, 55 (1), 30–31.

Guild, P. B. (2001). Diversity, learning style and culture. Retrieved from newhorizons. org/strategies/styles/guild.htm

Guild, P. B., & Garger, S. (1985). Marching to different drummers. Alexandria, VA: Association for Supervision and Curriculum Development.

Gullicks, K. A., Pearson, J. C., Child, J. T., & Schwab, C. R. (2005). Diversity and power in public speaking textbooks. Communication Quarterly, 53 (2), 247–258.

Gutiérrez, K. D. (2005). The persistence of inequality: English language learners and educational reform. In J. Flood & P. L. Anders (Eds.), Literacy development of students in urban schools: Research and policy (pp. 288–304). Newark, DE: International Reading Association.

Guttentag, M. (1972). Negro-White differences in children's movement. Perceptual and Motor Skills, 35 (2), 435–436.

Guttentag, M., & Ross, S. (1972). Movement responses in simple concept learning. American Journal of Orthopsychiatry, 42 (4), 657–665.

Hafen, P. J. (1997). "Let me take you home in my one-eyed ford": Popular imagery in contemporary Native American fiction. Multicultural Review, 6 (2), 38–44.

Haley, A. (1976). Roots: The saga of an American family. Garden City, NY: Doubleday.

Hall, W. S., Reder, S., & Cole, M. (1979). Story recall in young Black and White children: Effects of racial group membership, race of experimenter, and dialect. In A. W. Boykin, A. J. Franklin, & J. F. Yates (Eds.), Research directions of Black psychologists (pp. 253–265). New York, NY: Russell Sage Foundation.

Hampton, H. (Executive Producer). (1987). Eyes on the prize, I–VIII [Video]. Los Angeles, CA: PBS.

Hanley, M. S. (1998). Learning to fly: Knowledge construction of African American adolescents through drama. Unpublished doctoral dissertation,

University of Washington, Seattle.

Hanley, M. S., & Noblit, G. W. (2009). Cultural responsiveness, racial identity, and academic success: A review of literature. Retrieved from heinz.org/userfiles/library/culture-report_final.pdf

Hansen, J. W. (1995). Student cognitive styles in postsecondary technology programs. Journal of Technology Education, 6(2), 19–33. Retrieved from scholar. lib.vt.edu/ejournalsjte/v6n2/jhansen.jte/html

Harada, V. H. (1994). An analysis of stereotypes and biases in recent Asian American fiction for adolescents. Ethnic Forum, 14(2), 44–58.

Harlin, R., Sirota, E., & Bailey, L. (2009). Review of research: The impact of teacher expectations on diverse learners' academic outcomes. Childhood Education, 85(4), 253–256.

Harry, B. (1992). Cultural diversity, families, and the special education system: Communication and empowerment. New York, NY: Teachers College Press.

Hart, K. (2011). Uncovering YA covers: 2011. Retrieved from katehart.net/2012/05/uncovering-ya-covers-2011.html

Harvey, K. (Ed.). (1994). American Indian voices. Brookfield, CT: Millbrook Press.

Haskins, J., & Butts, H. F. (1973). The psychology of Black language. New York, NY: Barnes & Noble.

Heath, S. B. (1983). Ways with words: Language, life, and work in communities and classrooms. Cambridge, UK: Cambridge University Press.

Hecht, M.L., Jackson, R.L., II, & Ribeau, S. A. (2003). African American communication: Exploring identity and culture. Mahwah, NJ: Erlbaum.

Hegi, U. (1997). Tearing the silence: On being German in America. New York, NY: Simon & Schuster.

Hein, J. (2006). Ethnic origins: The adaptation of Cambodian and Hmong refugees in four American cities. New York, NY: Russell Sage Foundation.

Heller, C. (1997). Selecting children's picture books with strong Black fathers and father figures. Multicultural Review, 6 (1), 38–53.

Hilliard, A. G., III. (1991/1992). Why we must pluralize the curriculum. Educational Leadership, 49 (4), 12–14.

Hogben, M., & Waterman, C. K. (1997). Are all of your students represented in their textbooks? A content analysis of coverage of diversity issues in introductory psychology textbooks. Teaching of Psychology, 24 (2), 95–100.

Hoijer, H. (1991). The Sapir-Whorf hypothesis. In L. A. Samovar & R. E. Porter (Eds.), Intercultural communication: A reader (6th ed., pp. 244–251). Belmont, CA: Wadsworth.

Holliday, B. G. (1981). The imperatives of development and ecology: Lessons learned from Black children. In J. McAdoo, H. McAdoo, & W. E. Cross, Jr. (Eds.), Fifth conference on empirical research in Black psychology (pp. 50–64). Washington, DC: National Institute of Mental Health.

Holliday, B. G. (1985). Towards a model of teacher-child transactional processes affecting Black children's academic achievement. In M. B. Spencer, G. K. Brookins, & W. R. Allen (Eds.), Beginnings: The social and affective development of Black children (pp. 117–130). Hillsdale, NJ: Erlbaum.

Hollins, E. R. (1996). Culture in school learning: Revealing the deep meaning. Mahwah, NJ: Erlbaum.Hollins, E. R., King, J. E., & Hayman, W. C. (Eds.). (1994). Teaching diverse populations: Formulating a knowledge base. Albany, NY: State University of New York Press.

Homing, K. T. (n.d.). Publishing statistics on children's books about people of color and First/Native Nations, and by people of color and First/Native

Nations authors and illustrators. Madison, WI: Cooperative Children's Book Center, School of Education, University of Wisconsin. Retrieved from ccbc. education.wisc.edu/books/pcstats.asp#USonly

Horton, Y., Price, R., & Brown, E. (1999, June 1). Portrayal of minorities in the film, media and entertainment industries. Retrieved from web.stanford. edu/class/e297c/poverty_prejudice/mediarace/portrayal.htm.

Houston, M. (2000). Multiple perspectives: African American women conceive their talk. Women and Language, 23 (1), 11–17.

Howard, T. C. (1998). Pedagogical practices and ideological constructions of effective teachers of African American students. Unpublished doctoral dissertation, University of Washington, Seattle.

Howe, M. J. A. (1999). A teacher's guide to the psychology of teaching (2nd ed.). Malden, MA: Blackwell.

Hoyenga, K. B., & Hoyenga, K. T. (1979). The question of sex differences: Psychological, cultural, and biological issues. Boston, MA: Little, Brown.

Hudley, C. A. (1995). Assessing the impact of separate schooling for African American male adolescents. Journal of Early Adolescence, 15 (10), 38–57.

Huffman, T. E., Sill, M. L., & Brokenleg, M. (1986). College achievement among Sioux and White South Dakota students. Journal of American Indian Education, 25 (2), 32–38.

Hurston, Z. N. (1990). Their eyes were watching God: A novel. New York, NY: Perennial Library.

Husband, T., Jr. (2012). "I don't see color": Challenging assumptions about discussing race with young children. Early Childhood Education Journal, 39 (6), 365–371.

Hymes, D. (1985). Introduction. In C. B. Cazden, V. P. John, & D. Hymes (Eds.), Functions of language in the classroom (pp. xi–xvii).

Prospect Heights, IL: Waveland.

Igoa, C. (1995). The inner world of the immigrant child. New York, NY: St. Martin's Press.

Irvine, J. J. (1990). Black students and school failure: Policies, practices, and prescriptions. New York, NY: Greenwood.

Irvine, J. J., & Foster, M. (Eds.). (1996). Growing up African American in Catholic schools. New York, NY: Teachers College Press.

Irvine, J. J., & York, D. E. (1995). Learning styles and culturally diverse students: A literature review. In J. A. Banks & C. A. M. Banks (Eds.), Handbook of research on multicultural education (pp. 484–497). New York, NY: Macmillan.

Jackson, J. J. (1997). On Oakland's Ebonics: Some say gibberish, some say slang, some say dis den dat, me say dem dumb, it be mother tongue. Black Scholar, 27(1), 18–25.

Johnson, D. W., & Johnson R. T. (1999). Learning together and alone: Cooperative, competitive, and individualistic learning (5th ed.). Boston, MA: Allyn & Bacon.

Johnstone, B. (1993). Community and contest: Midwestern men and women creating their worlds in conversational storytelling. In D. Tannen (Ed.), Gender and conversational interaction (pp. 62–80). New York, NY: Oxford University Press.

Jones, C., & Shorter-Gooden, K. (2003). Shifting: The double lives of Black women in America. New York, NY: Harper Collins.

Jones, D. E., Greenberg, M., & Crowley, M. (2015). Early socio-emotional functioning and public health: The relationship between kindergarten social competence and future wellness. American Journal of Public Health, 105(11), 2283–2290.

Jones, F. (1981). A traditional model of educational excellence. Washington,

DC: Howard University Press.

Jordan, C. (1985). Translating culture: From ethnographic information to educational reform. Anthropology & Education Quarterly, 16 (2), 105–123.

Jordan, C., Tharp, R. G., & Baird-Vogt, L. (1992). "Just open the door": Cultural compatibility and classroom rapport. In M. Saravia-Shore & S. F. Arvizu (Eds.), Crosscultural literacy: Ethnographies in communication in multiethnic classrooms (pp. 3–18). New York, NY: Garland.

Journal of Black Psychology, 23 (3). (1997, August). K–10 grade level expectations: A new level of specificity (writing). Olympia, WA: Office of Superintendent of Public Instruction. Retrieved from wsipp.wa.gov/rpt-files/07−01−2201.pdf

Kahn, A., & Onion, R. (2016, January 6). Is history written about men, by men? Slate. Retrieved from slate.com/articles/news_and_politics/history/2016/01/popular_history_why_are_so_many_history_books_about_men_by_men.html

Kana'iaupuni, S., Ledward, B., & Jensen, U. (2010). Culture-based education and its relationship to student outcomes. Retrieved from ksbe.edu/_assets/spi/pdfs/CBE_relationship_to_student_outcomes.pdf

Kane, J. (1994). Knowing and being. Holistic Education Review, 7(12), 2–4.

Kanganis, C. T. (Director). (1996). Race the sun [Film]. Culver City, CA: TriStar Pictures.

Kendall, J. S., & Marzano, R. J. (1997). Content knowledge: A compendium of standards and benchmarks for K–12 education. Retrieved from mcrel.org/standards-benchmarks/

Kiang, P. N., & Kaplan, J. (1994). Where do we stand? Views of racial conflict by Vietnamese American high school students in Black-and-White context. The Urban Review, 26 (2), 95–119.

Kim, B. L. (1978). The Asian Americans: Changing patterns, changing needs. Montclair, NJ: Association for Korean Christian Scholars of North America.

Kim, B. S. K., & Park, Y. S. (2015). Communication styles, cultural values, and counseling effectiveness with Asian Americans. Journal of Counseling & Development, 93(3), 269–279.

Kim, E. (1976). Survey of Asian American literature: Social perspectives. Unpublished doctoral dissertation, University of California.

Kim, Y., Roehler, L., & Pearson, P. D. (2009). Strength-based instruction for early elementary students learning English as a second language. In H. R. Milner (Ed.), Diversity and education: Teachers, teaching, and teacher education (pp. 103–115). Springfield, IL: Thomas.

King, J. E. (1994). The purpose of schooling for African American children: Including cultural knowledge. In E. R. Hollins, J. E. King, & W. C. Hayman (Eds.), Teaching diverse populations: Formulating a knowledge base (pp. 25–56). Albany, NY: State University of New York Press.

King, J. E., Hollins, E. R., & Hayman, W. C. (Eds.). (1997). Preparing teachers for cultural diversity. New York, NY: Teachers College Press.

King, J. E., & Wilson, T. L. (1990). Being the soul-freeing substance: A legacy of hope in Afro humanity. Journal of Education, 172(2), 9–27.

King, N. (1993). Storymaking and drama: An approach to teaching language and literature at the secondary and postsecondary levels. Portsmouth, NH: Heinemann.

Kitano, H., & Daniels, R. (1995). Asian Americans: Emerging minorities (2nd ed.). Englewood Cliffs, NJ: Prentice-Hall.

Klein, S. S. (Ed.). (1982). Handbook for achieving sex equity through education. Baltimore, MD: Johns Hopkins University Press.

Kleinfeld, J. (1973). Effects of nonverbally communicated personal warmth on the intelligence test performance of Indian and Eskimo adolescents. Journal of Social Psychology, 91（1）, 149–150.

Kleinfeld, J.（1974）. Effects of nonverbal warmth on the learning of Eskimo and White students. Journal of Social Psychology, 92（1）, 3–9.

Kleinfeld, J.（1975）. Effective teachers of Eskimo and Indian students. School Review, 83（2）, 301–344.

Klug, B.（Ed.）.（2012）. Standing together: American Indian education as culturally responsive pedagogy. Lanham, MD: Rowman and Littlefield.

Knapp, C. E.（1993）. An interview with Eliot Wigginton: Reflecting on the Foxfire approach. Phi Delta Kappan, 74（10）, 779–782.

Kochman, T.（Ed.）.（1972）. Rappin' and stylin' out: Communication in urban Black America. Urbana, IL: University of Illinois Press.

Kochman, T.（1981）. Black and White styles in conflict. Chicago, IL: University of Chicago Press.

Kochman, T.（1985）. Black American speech events and a language program for the classroom. In C. B. Cazden, V. P. John, & D. Hymes（Eds.）, Functions of language in the classroom（pp. 211–261）. Prospect Heights, IL: Waveland.

Kohn, A.（1999）. The schools our children deserve: Moving beyond traditional classrooms and "tougher" standards. Boston, MA: Houghton Mifflin.

Kozol, J.（1991）. Savage inequalities: Children in America's schools. Boston, MA: Houghton Mifflin.

Kozol, J.（2007）. Letters to a young teacher. New York, NY: Crown.

Krater, J., Zeni, J., & Cason, N. D.（1994）. Mirror images: Teaching writing in black and white. Portsmouth, NH: Heinemann.

Kuykendall, C.（2004）. From rage to hope: Strategies for reclaiming Black and Hispanic students（2nd ed.）. Bloomington, IN: Solution Tree Press.

Laal, M., & Ghodsi, S. M.（2012）. Benefits of collaborative learning. Social and Behavioral Sciences, 31, 486–490.

LaBelle, J.（2010）. Selecting ELL textbooks: A content analysis of ethnicity depicted in illustrations and writing. Retrieved from epublications.marquette.edu/cgi/viewcontent.cgi?article=1175&context=edu_fac.

Ladson-Billings, G.（1992）. Reading between the lines and beyond the pages: A culturally relevant approach to literacy teaching. Theory Into Practice, 31（4）, 312–320.

Ladson-Billings, G.（1995a）. But that's just good teaching! The case for culturally relevant pedagogy. Theory Into Practice, 34（3）, 159–165.

Ladson-Billings, G.（1995b）. Multicultural teacher education: Research, practice, and policy. In J. A. Banks & C. A. M. Banks（Eds.）, Handbook of research on multicultural education（pp. 747–759）. New York, NY: Macmillan.

Ladson-Billings, G.（1995c）. Toward a theory of culturally relevant pedagogy. American Educational Research Journal, 32（3）, 465–491.

Ladson-Billings, G.（2009）. The dreamkeepers: Successful teachers for African-American children（2nd ed.）. San Francisco, CA: Jossey-Bass.

Ladson-Billings, G., & Henry, A.（1990）. Blurring the borders: Voices of African liberatory pedagogy in the United States and Canada. Journal of Education, 172（2）, 72–88.

Lakoff, R.（1975）. Language and women's place. New York, NY: Harper & Row.

Lakoff, R.（2004）. Language and woman's place: Text and commentaries. New York, NY: Oxford University Press.

Landrine, H., & Klonoff, E. A.（1996）. The schedule of racist events: A measure of racial discrimination and a study of its negative physical and mental health consequences. Journal of Black Psychology, 22（3）, 144–

168.

Larke, P. J., Webb-Hasan, G., & Young, J. L.（Eds.）.（2017）. Cultivating achievement, respect, and empowerment（CARE）for African American girls in Pre-K–12 Settings: Implications for access, equity, and achievement. Charlotte, NC: Information Age Publishing.

Larkin, M.（2017, April 14）. This teacher's mission is readying minority students for calculus class. Retrieved from wbur.org/edify/2017/04/14/calculus-project-mims

Lazarus, M.（Producer & Director）.（1979）. Killing us softly [Video]. Cambridge, MA: Cambridge Documentary Films.

Lazarus, M.（Producer & Director）.（1987）. Still killing us softly [Video]. Cambridge, MA: Cambridge Documentary Films.

Lazarus, M., & Wunderich, R.（Producers & Directors）.（2000）. Beyond killing us softly: The impact of media images on girls and women [Video]. Cambridge, MA: Cambridge Documentary Films.

Lazear, D.（1991）. Seven ways of knowing: Teaching for multiple intelligences: A handbook of techniques for expanding intelligence. Palatine, IL: Skylight.

Lazear, D.（1994）. Multiple intelligence approaches to assessment: Solving the assessment conundrum. Tucson, AZ: Zephyr.

Lee, C. D.（1991）. Big picture talkers/words walking without masters: The instructional implications of ethnic voices for an expanded literacy. Journal of Negro Education, 60（3）, 291–304.

Lee, C. D.（1993）. Signifying as a scaffold to literary interpretation: The pedagogical implications of a form of African-American discourse（NCTE Research Report No. 26）. Urbana, IL: National Council of Teachers of English.

Lee, C. D.（2000）. Signifying in the zone of proximal development. In C.

D. Lee & P. Smagorinsky (Eds.), Vygotskian perspectives on literacy research: Constructing meaning through collaborative research (pp. 191–225). New York, NY: Cambridge University Press.

Lee, C. D. (2001). Is Charlie Brown Chinese: A cultural modeling activity system for underachieving students. American Educational Research Journal, 38 (1), 97–142.

Lee, C. D. (2007). Culture, literacy, and learning: Taking bloom in the midst of the whirlwind. New York, NY: Teachers College Press.

Lee, C. D. (2009). Cultural influences on learning. In J. A. Banks (Ed.), The Routledge international companion to multicultural education (pp. 239–251). New York, NY: Routledge.

Lee, C. D., Rosenfeld, E., Mendenhall, R., Rivers, A., & Tynes, B. (2004). Cultural modeling as a frame for narrative analysis. In C. Daiute & C. Lightfoot (Eds.), Narrative analysis: Studying the development of individuals in society (pp. 39–62). Thousand Oaks, CA: Sage.

Lee, C. D., & Slaughter-Defoe, D. T. (1995). Historical and sociocultural influences on African American education. In J. A. Banks & C. A. M. Banks (Eds.), Handbook of research on multicultural education (pp. 348–371). New York, NY: Macmillan.

Lee, J., & Bean, F. D. (2010). The diversity paradox: Immigration and the color line in twenty first century America. New York, NY: Russell Sage Foundation.

Lee, J., & Zhou, M. (2015). The Asian American paradox. New York, NY: Russell Sage Foundation.

Lee, O., & Luykx, A. (2006). Science education and student diversity: Synthesis and research agenda. New York, NY: Cambridge University Press.

Lee, S. J. (1996). Unraveling the "model minority" stereotype: Listening to Asian American youth. New York, NY: Teachers College Press.

Lee, S. J.（2009）. Unraveling the "model minority" stereotype: Listening to Asian American youth（2nd ed.）. New York, NY: Teachers College Press.

Lenkei, A.（2016, March 7）. Students prefer print. Why are schools pushing digital textbooks? Education Week. Retrieved from blogs.edweek.org/edweek/bookmarks/2016/03/students_prefer_print_schools_pushing_digital_textbooks.html?qs=Lenkei

Leonard, J.（2008）. Culturally specific pedagogy in the mathematics classroom: Strategies for teachers and students. New York, NY: Routledge.

Leung, B. P.（1998）. Who are Chinese American, Japanese American, and Korean American children? In V. O. Pang & L-R. L. Cheng（Eds.）, Struggling to be heard: The unmet needs of Asian Pacific American children（pp. 11–26）. Albany, NY: State University of New York Press.

Levmore, S., & Nussbaum, M.（Eds.）.（2010）. Offensive Internet: Speech, privacy, and reputation. Cambridge, MA: Harvard University Press.

Lin, E.（2006）. Cooperative learning in the science classroom. Retrieved from nsta.org/publications/news/story.aspx?id=52116

Lindsey, D. B., Kearney, K. M., Estrada, D., Terrell, R. D., & Lindsey, R. B.（2015）. A culturally proficient response to the Common Core. Thousand Oaks, CA: Corwin.

Lipka, J.（1994）. Culturally negotiated schooling: Toward a Yup'ik mathematics. Journal of American Indian Education, 33（3）, 14–30.

Lipka, J.（with Mohatt, G. V., & the Ciulistet Group）.（1998）. Transforming the culture of schools: Yup'ik Eskimo examples. Mahwah, NJ: Erlbaum.

Lipka, J., & McCarty, T. L.（1994）. Changing the culture of schooling: Navajo and Yup'ik cases. Anthropology & Education Quarterly, 25（3）,

266–284.

Lipka, J., Yanez, E., Andrew-Ihrke, D., & Adam. S.（2009）. A two-way process for developing effective culturally based math: Examples from Math in a Cultural Context. In B. Greer, S. Mukhopadhyay, A. B. Powell, & S. Nelson-Barber(Eds.), Culturally responsive mathematics education (pp. 257–280）. New York, NY: Routledge.

Lipman, P.（1995）. "Bringing out the best in them": The contribution of culturally relevant teachers to educational reform. Theory Into Practice, 34（3）, 202–208.

Loewen, J. W.（1995）. Lies my teacher told me: Everything your American history textbook got wrong. New York, NY: New Press.

Lomawaima, K. T., & McCarty, T. L.（2006）. To remain an Indian: Lessons in democracy from a century of Native American education. New York, NY: Teachers College Press.

Longstreet, W.（1978）. Aspects of ethnicity: Understanding differences in pluralistic classrooms. New York, NY: Teachers College Press.

Lopez, F. A.（2017）. Altering the trajectory of the self-fulfilling prophecy: Assetbased pedagogy and classroom dynamics. Journal of Teacher Education, 68（2）, 193–212.

Lopez, N.（2003）. Hopeful girls, troubled boys: Race and gender disparity in urban education. New York, NY: Routledge.

Losey, K. M.（1997）. Listen to the silences: Mexican American interaction in the composition classroom and community. Norwood, NJ: Ablex.

Maccoby, E. E.（1988）. Gender as a social category. Developmental Psychology, 24（6）, 755–765.

MacSwan, J.（2017）. A multilingual perspective on translanguaging. American Educational Research Journal, 54（1）, 167–201.

Malcolm X, & Haley, A.（1966）. The autobiography of Malcolm X. New

York, NY: Grove.

Maltz, D. N., & Borker, R. A. (1983). A cultural approach to male-female miscommunication. In J. J. Gumperz (Ed.), Communication, language, and social identity (pp. 196–216). Cambridge, UK: Cambridge University Press.

Mandelbaum, D. G. (Ed.). (1968). Selected writings of Edward Sapir in language, culture and personality. Berkeley, CA: University of California Press.

Margulies, S., & Wolper, D. L. (Producers). (1977). Roots, Parts I–VII [Video]. Burbank, CA: Warner Home Video.

Margulies, S., & Wolper, D. L. (Producers). (1978). Roots: The next generation, Parts I–VII [Video]. Burbank, CA: Warner Home Video.

Masland, S. W. (1994). Gender equity in classrooms: The teacher factor. Equity & Excellence in Education, 27(3), 19–27.

Mason, J. M., & Au, K. H. (1991). Reading instruction for today. Glenview, IL: Scott Foresman.

Mathews, J. (1988). Escalante: The best teacher in America. New York: Henry Holt.

Matthews, C. E., & Smith, W. S. (1994). Native American related materials in elementary science instruction. Journal of Research in Science Teaching, 31(4), 363–380.

Matthews, J. (2015). Questioning everything: The rise of AVID as America's largest college readiness program. San Francisco, CA: Jossey-Bass.

Mayeroff, M. (1971). On caring. New York, NY: Harper and Row.

McCarthy, A., Lee, K., Itakura, S., & Muir, D. W. (2006). Cultural display rules drive eye gaze during thinking. Journal of Cultural Psychology, 37(6), 717–722.

McCarty, T. L. (2002). A place to be Navajo: Rough Rock and the struggle for self-determination in indigenous schooling. Mahwah, NJ: Erlbaum.

McCarty, T. L., & Lee, T. S.（2014）. Critical culturally sustaining/revitalizing pedagogy and Indigenous education sovereignty. Harvard Educational Review, 84（1）, 101–124.

McCarty, T. L., Wallace, S., Lynch, R. H., & Benally, A.（1991）. Classroom inquiry and Navajo learning styles: A call for reassessment. Anthropology & Education Quarterly, 22（1）, 42–59.

McDonnell, T. L., & Hill, P. T.（1993）. Newcomers in American schools: Meeting the educational needs of immigrant youth. Santa Monica, CA: Rand.

McFadden, A. C., Marsh, G. E., Price, B. J., & Hwang, Y.（1992）. A study of race and gender in the punishment of school children. Education and Treatment of Children, 15（2）, 140–146.

McNeil, F.（2009）. Learning with the brain in mind. Los Angeles, CA: Sage.

Mehan, H., Hubbard, L., Lintz, A., & Villanueva, I.（1994）. Tracking untracking: The consequences of placing low track students in high track classes. San Diego: University of California, San Diego, National Center for Research on Cultural Diversity and Second Language Learning.

Mehan, H., Hubbard, L., Villanueva, I., & Lintz, A.（1996）. Constructing school success: The consequences of untracking low-achieving students. New York, NY: Cambridge University Press.

Meier, D., & Wood, G.（Eds.）.（2004）. Many children left behind: How the No Child Left Behind Act is damaging our children and our schools. Boston, MA: Beacon Press.

Mendoza, J., & Reese, D.（2001）. Examining multicultural picture books for early childhood classrooms: Possibilities and pitfalls. Early Childhood Research and Practice, 3（2）. Retrieved from ecrp.uiuc.edu/v3n2/mendoza.html

Menendez, R. (Director). (1988). Stand and deliver [Film]. Burbank, CA: Warner Home Video.

Mercado, C. I. (1993). Caring as empowerment: School collaboration and community agency. The Urban Review, 25(1), 79–104.

Mestre, L. (2009). Accommodating diverse learning styles in an online environment. Reference & User Services Quarterly, 46(2), 27–32.

Michaels, S. (1981). "Sharing time": Children's narrative styles and differential access to literacy. Language in Society, 10(3), 423–442.

Michaels, S., & Cazden, C. B. (1986). Teacher/child collaboration as oral preparation for literacy. In B. B. Schieffelin & P. Gilmore (Eds.), The acquisition of literacy: Ethnographic perspectives (pp. 132–154). Norwood, NJ: Ablex.

Mickelson, R. A. (1990). The attitude-achievement paradox among Black adolescents. Sociology of Education, 63(1), 44–61.

Mihesuah, D. A. (1996). American Indians: Stereotypes & realities. Atlanta, GA: Clarity Press.

Miller, P. S. (1991). Increasing teacher efficacy with at-risk students: The sine qua non of school restructuring. Equity & Excellence, 25(1), 30–35.

Min, P. G. (1995). Major issues relating to Asian American experiences. In P. G. Min (Ed.), Asian Americans: Contemporary trends and issues (pp. 38–57). Thousand Oaks, CA: Sage.

Moll, L. C., Amanti, C., Neff, D., & Gonzalez, N. (1992). Funds of knowledge for teaching: Using a qualitative approach to connect homes and classrooms. Theory into Practice, 31(2), 132–141

Moll, L. C., & Combs, M. C. (2015). Funds of knowledge as a multicultural project. In H. P. Baptiste, A. Ryan, & B. Araujo (Eds.), Multicultural education: A renewed paradigm of transformation and call to action (pp. 149–161). San Francisco, CA: Caddo Gap Press.

Moll, L. C., & González, N. (2004). Engaging life: A funds-of-knowledge approach to multicultural education. In J. A. Banks & C. A. M. Banks (Eds.), Handbook of research on multicultural education (2nd ed., pp. 699–715). San Francisco, CA: Jossey-Bass.

Montagu, A., & Matson, F. (1979). The human connection. New York, NY: McGraw-Hill.

Montaño, T., & Metcalfe, E. L. (2003). Triumphs and tragedies: The urban schooling of Latino students. In V. I. Kloosterman (Ed.), Latino students and American schools: Historical and contemporary views (pp. 139–151). Westport, CT: Praeger.

Montecel, M. R., & Cortez, J. D. (2002). Successful bilingual education programs: Development and the dissemination of criteria to identify promising and exemplary practices in bilingual education at the national level. Bilingual Research Journal, 26(1), 1–21.

Morgan, B. M. (2012). Teaching cooperative learning with children's literature. National Forum of Teacher Education Journal, 22(3), 1–12.

Morgan, H. (1990). Assessment of students' behavioral interactions during on-task activities. Perceptual and Motor Skills, 70(2), 563–569.

Morris, L., Sather, G., & Scull, S. (Eds.). (1978). Extracting learning styles from social/cultural diversity: A study of five American minorities. Washington, DC: Southwest Teacher Corps Network.

Moses, R. P., & Cobb, C. E. (2001). Radical equations: Math literacy and civil rights. Boston, MA: Beacon Press.

Moses, R., West, M. M., & Davis, F. E. (2009). Culturally responsive mathematics in the Algebra Project. In B. Greer, S. Mukhopadhyay, A. B. Powell, & S. Nelson-Barber (Eds.), Culturally responsive mathematics education (pp. 239–256). New York, NY: Routledge.

Mun Wah, L. (Producer and Director). (1994). The color of fear [Film].

Berkeley, CA: Stir Fry Productions.

Murdock, T. B., & Miller, A. (2003). Teachers as sources of middle school students' motivational identity: Variable-centered and person-centered analytic approaches. The Elementary School Journal, 103(4), 383–399.

Nadel, A. (2005). Television in Black and White America: Race and national identity. Lawrence, KS: University Press of Kansas.

Nakamura, L. (2002). Cybertypes: Race, ethnicity, and identity on the Internet. New York, NY: Routledge.

Nakamura, L. (2014). Race and gender online. In M. Graham & W. D. Dutton (Eds.), Society and the Internet: How networks of information and communication are changing our lives (pp. 81–98). New York, NY: Oxford University Press.

Nakamura, L., & Chow-White, P. (Eds.). (2012). Race after the Internet. New York, NY: Routledge.

Nakamura, R. A. (Producer). (1994). Something strong within [Film]. Los Angeles, CA: Japanese American National Museum.

Nakanishi, D. T., & Nishida, T. Y. (Eds.). (1995). Asian American educational experience: A sourcebook for teachers and students. New York, NY: Routledge.

National Council of Teachers of English. (1992). The national language policy. Retrieved from ncte.org/resources/positions/123796.htm

National Indian Education Association. (2005). Preliminary report on No Child Left Behind in Indian country. Retrieved from NIEA. org National Public Radio. (2015, July 23). From upspeak to vocal fry: Are we "policing" young women's voices? Retrieved from npr. org/2015/07/23/425608745/from-upspeak-to-vocal-fry-are-we-policing-young-womens-voices

Nebraska statewide assessment program: STARS. (n.d.). Retrieved from education.com/reference/article/Ref_Statewide_Assessment/New FBI hate crimes confirm need for stronger federal response. Retrieved from commondreams.org/2008/10/27-6

Nguyen, A., Shin, F., & Krashen, S.（2001）. Development of the first language is not a barrier to second-language acquisition: Evidence from Vietnamese immigrants to the United States. International Journal of Bilingual Education and Bilingualism, 4（3）, 159–164.

Nicolopoulou, A., Scales, B., & Weintraub, J.（1994）. Gender differences and symbolic imagination in the stories of four-year-olds. In A. H. Dyson & C. Genishi（Eds.）, The need for story: Cultural diversity in classroom and community（pp. 102–123）. Urbana, IL: National Council of Teachers of English.

Nieto, S.（1999）. Critical multicultural education and students' perspectives. In S.

May（Ed.）, Critical multiculturalism: Rethinking multicultural and antiracist education（pp. 191–215）. Philadelphia, PA: Falmer.

Nieto, S.（2004）. Puerto Rican students in U.S. schools: A troubled past and the search for a hopeful future. In J. A. Banks & C. A. M. Banks（Eds.）, Handbook of research on multicultural education（2nd ed., pp. 515–541）. San Francisco, CA: Jossey-Bass.

Noddings, N.（1992）. The challenge to care in schools: An alternative approach to education. New York, NY: Teachers College Press.

Noddings, N.（1996）. The cared-for. In S. Gordon, P. Brenner, & N. Noddings（Eds.）, Caregiving: Readings in knowledge, practice, ethics, and politics（pp. 21–39）. Philadelphia, PA: University of Pennsylvania Press.

Norton, D.（1992）. Through the eyes of a child: An introduction to children's literature. Columbus, OH: Merrill.

Oakes, J. (1985). Keeping track: How schools structure inequality. New Haven, CT: Yale University Press.

Oakes, J. (1986a, September). Keeping track, Part 1: The policy and practice of curriculum inequality. Phi Delta Kappan, 68, 12–17.

Oakes, J. (1986b, October). Keeping track, Part 2: Curriculum inequality and school reform. Phi Delta Kappan, 68, 148–153.

Obidah, J. E., Jackson-Minot, M., Monroe, C. R., & Williams, B. (2004). Crime and punishment: Moral dilemmas in the inner-city classroom. In V. Siddle-Walker & J. R. Snarey (Eds.), Race-ing moral formation: African American perspectives on care and justice (pp. 111–129). New York, NY: Teachers College Press.

Oh, E. (2012). Why the pretty White girl YA book cover trend needs to end. Retrieved from elloecho.blogspot.com/2012/03/why-pretty-white-girl-ya-bookcover.html

Oliva, P. F. (2009). Developing the curriculum (7th ed.). Boston, MA: Pearson.

Oliver, J. (2011). The story and legacy of the Foxfire cultural journalism program. Doctoral dissertation, University of Georgia, Athens, GA.

Olneck, M. R. (2004). Immigrants and education in the United States. In J. A. Banks & C. A. M. Banks (Eds.), Handbook of research on multicultural education (2nd ed., pp. 381–403). San Francisco, CA: Jossey-Bass.

Olson, S. L. (n.d.). Long-term academic effects of elementary school bilingual education on a national sample of Mexican American sophomores: A component analysis and the role of ancestral and cultural history. Retrieved from ncela. gwu.edu/pubs/symposia/third/olson.htm Ormrod, J. E. (1995). Human learning (2nd ed.). Columbus, OH: Merrill/Prentice-Hall.

Ortiz, A. A. (2013). Why is it important to ensure instruction and interventions are culturally responsive? Retrieved from intensive intervention. org/video-resource/why-it-important-ensure-instruction-and-interventions-are-culturally-responsive

Osajama, K. H. (1991). Breaking the silence: Race and the educational experiences of Asian-American college students. In M. Foster (Ed.), Readings on equal education: Vol. 11. Qualitative investigations into schools and schooling (pp. 115–134). New York, NY: AMS Press.

Otnes, C., Kim, K., & Kim, Y. C. (1994). Yes, Virginia, there is a gender difference: Analyzing children's requests to Santa Claus. Journal of Popular Culture, 28 (1), 17–29.

Owens, L. M., & Ennis, C. D. (2007). The ethic of care in teaching: An overview of supportive literature. Quest, 57, 392–425.

Page, R. (1987). Teachers' perceptions of students: A link between classrooms, school climate, and the social order. Anthropology & Education Quarterly, 18 (2), 77–99.

Pai, Y., Adler, S. A., & Shadiow, L. K. (2006). Cultural foundations of education (4th ed.). Upper Saddle River, NJ: Merrill/Prentice-Hall.

Palardy, J. (1969). What teachers believe—What students achieve. Elementary School Journal, 69 (7), 370–374.

Palcy, E. (Director). (1998). Ruby Bridges (Film). New York, NY: Home Box Office.

Pang, V. O., & Cheng, L-R. L. (Eds.). (1998). Struggling to be heard: The unmet needs of Asian Pacific American children. Albany, NY: State University of New York Press.

Pang, V. O., Kiang, P. N., & Pak, Y. K. (2004). Asian Pacific American students: Challenging a biased educational system. In J. A. Banks & C. A. M. Banks (Eds.), Handbook of research on multicultural education (2nd ed., pp. 542–563). San Francisco, CA: Jossey-Bass.

Pang, V. O., & Sablan, V. (1995, April). Teacher efficacy: Do teachers believe they can be effective with African American students? Paper presented at the annual meeting of the American Educational Research Association, San Francisco.

Papageorge, N., & Gershenson, S. (2016). Do teacher expectations matter? Retrieved frombrookings.edu/blog/brown-center-chalkboard/2016/09/16/doteacher-expectations-matter/

Paris, D. (2012). Culturally sustaining pedagogy: A needed change in stance, terminology, and practice. Educational Researcher, 4(3), 93–97.

Paris, D., & Alim, H. S. (2014). What are we seeking to sustain through culturally sustaining pedagogy? A loving critique forward. Harvard Educational Review, 84(1), 85–100.

Paris, D., & Alim, H. S. (Eds.). (2017). Culturally sustaining pedagogies: Teaching and learning for justice in a changing world. New York, NY: Teachers College Press.

Park, C. C. (2002). Crosscultural differences in learning styles of secondary English learners. Bilingual Research Journal, 26(2), 443–459.

Park, C. C., Goodwin, A. L., & Lee, S. J. (Eds.). (2003). Asian American identities, families, and schooling. Greenwich, CT: Information Age.

Parker, M. A., Eliot, J., & Tart, M. (2013). An exploratory study of the influence of the Advancement via Individual Determination (AVID) program on African American young men in southeastern North Carolina. Journal of Education for Students Placed at Risk, 18, 153–167.

Pasteur, A. B., & Toldson, I. L. (1982). Roots of soul: The psychology of Black expressiveness. Garden City, NY: Anchor Press/Doubleday.

Perkins, K. R. (1996). The influence of television images on Black females' self-perceptions of physical attractiveness. Journal of Black Psychology, 22(4), 453–469.

Perkins, M. (2009). Straight talk on race: Challenging stereotypes in kids' books. School Library Journal, 55 (1). Retrieved from school library journal.com/ articles/CA6647713.html.

Perry, T., & Delpit, L. (Eds.). (1998). The real Ebonics debate: Power, language, and the education of African American children. Boston, MA: Beacon.

Perry, T., Steele, C., & Hilliard, A. G., III. (2003). Young, gifted, and Black: Promoting high achievement among African American students. Boston, MA: Beacon.

Peters, J., & Barone, T. (Producers). (1997). Rosewood [Film]. Burbank, CA: Warner Brothers.

Pewewardy, C. D. (1991). Native American mascots and imagery: The struggle of unlearning Indian stereotypes. Journal of Navajo Education, 9 (1), 19–23.

Pewewardy, C. D. (1994). Culturally responsive pedagogy in action: An American Indian magnet school. In E. R. Hollins, J. E. King, & W. C. Hayman (Eds.), Teaching diverse populations: Formulating a knowledge base (pp. 77–92). Albany, NY: State University of New York Press.

Pewewardy, C. (1996/1997). The Pocahontas paradox: A cautionary tale for educators. Journal of Navajo Education, 14 (1/2), 20–25.

Pewewardy, C. (1998). Fluff and feathers: Treatment of American Indians in the literature and the classroom. Equity & Excellence in Education, 31 (1), 69–76.

Philips, S. U. (1983). The invisible culture: Communication in classroom and community on the Warm Springs Indian Reservation. Prospect Heights, IL: Waveland.

Phillips, K. W. (2014, October 1). How diversity makes us smarter. Scientific American, 311 (4), 1–14.Retrieved from scientificamerican. com/article/

how diversity -makes -us-smarter/.

Piatek-Jimenez, K., Madison, M., & Przybyla-Kuchek, J.（2014）. Equity in mathematics textbooks: A new look at an old issue. Journal of Women and Minorities in Science and Engineering, 20（1）, 55–74.

Piestrup, A. M.（1973）. Black dialect interference and accommodation of reading instruction in first grade（Monograph of the Language Behavior Research Laboratory）. Berkeley, CA: University of California.

Plummer, D. L., & Slane, S.（1996）. Patterns of coping in racially stressful situations. Journal of Black Psychology, 22（3）, 302–315.

Porter, R. E., & Samovar, L. A.（1991）. Basic principles of intercultural communication. In L. A. Samovar & R. E. Porter（Eds.）, Intercultural communication: A reader（6th ed., pp. 5–22）. Belmont, CA: Wadsworth.

Powell, R. R., & Garcia, J.（1985）. The portrayal of minorities and women in selected elementary science series. Journal of Research in Science Teaching, 22（6）, 519–533.

Prado-Olmos, P., Rios, F., & Castañeda, L.（2007）. "We are multiculturalism": A self study of faculty of colour with preservice teachers of colour. Studying Teacher Education, 3（1）, 85–102.

PreK to 12: Results matter.（n.d.）. Retrieved from mheducation.com/programs/resultsMatter.shtml

Puckett, J. L.（1989）. Foxfire reconsidered: A twenty-year experiment in progressive education. Urbana, IL: University of Illinois Press.

Pugh, P. M., & Tschannen-Moran, M.（2016）. Influence of a school district's Advancement via Individual Determination（AVID）program on self-efficacy and other indicators of student achievement. NASSP Journal, 100（3）, 141–158.

Purnell, P. G., Ali, P., Begum, N., & Carte, M.（2007）. Windows, bridges and mirrors: Building culturally responsive early childhood classrooms through the integration of literacy and the arts. *Early Childhood Education Journal, 34*(6), 419–424.

Rajagopal, K. (2011). *Create success: Unlocking the potential of urban students*. Alexandria, VA: Association for Supervision and Curriculum Development.

Ramirez, J. D., Wiley, T. G., de Klerk, G., Lee, E., & Wright, W. E. (Eds.). (2005). *Ebonics: The urban education debate* (2nd ed.). Clevedon, England: Multilingual Matters.

Ramírez, M., III, & Castañeda, A. (1974). *Cultural democracy, bicognitive development and education*. New York, NY: Academic Press.

Ramírez, M., & Dowd, F. S. (1997). Another look at the portrayal of Mexican-American females in realistic picture books: A content analysis, 1990–1997. *Multicultural Review, 6*(4), 20–27, 54.

Rayford, D. D. (2014). Can you see me?: The necessity of an Afrocentric education. In F. E. Goodwyll, P. O. Ojiambo, & P. A. Bedu-Addo (Eds.), *Perspectives on empowering education* (pp. 69–89). New York, NY: Nova Science Publishers.

Reardon, S. F., Greenberg, E. H., Kalogrides, D., Shores, K. A., & Valentino, R. A. (2013). *Left behind: The effect of No Child Left Behind on academic achievement gaps*. Retrieved from cepa.stanford.edu/content/left-behind-effect-no-child-left-behind-academic-achievement-gaps

Reed, F. (Producer & Director). (1995). *Skin deep* [Video]. Berkeley, CA: Iris Films.

Reyhner, J. (2006, March). *Indian Education Today*, pp. 19–20.

Rickford, J. R. (2005). Using the vernacular to teach the standard. In J. D. Ramirez, T. G. Wiley, G. de Klerk, E. Lee, & W. E. Wright (Eds.), *Ebonics: The urban education debate* (2nd ed, pp. 18–40). Clevedon, England: Multilingual Matters.

Rickford, J. R., & Rickford, R. J.（2000）. Spoken soul: The story of Black English. New York, NY: Wiley.

Rickford, J. R., Sweetland, J., & Rickford, A. E.（2004）. An annotated bibliography of African American English and other vernaculars in education. Journal of English Linguistics, 32（3）, 230–320.

Riding, R. J., & Rayner, S. G.（Eds.）.（2000）. International perspectives on individual differences: Vol. I. Cognitive styles. Stamford, CT: Ablex.

Riley, D. W.（1995）. The complete Kwanzaa: Celebrating our cultural heritage. New York, NY: HarperCollins.

Ritts, V., Patterson, M. L., & Tubbs, M. E.（1992）. Expectations, impressions, and judgments of physically attractive students: A review. Review of Educational Research, 62（4）, 413–426.

Rocha, O. M. J., & Dowd, F. S.（1993）. Are Mexican American females portrayed realistically in fiction for grades K–3? A content analysis. Multicultural Review, 2（4）, 60–69.

Rodriguez, E. R., Bellanca, J. A., & Esparza, D. R.（2017）. What is it about me you can't teach: Culturally responsive instruction in deeper learning classrooms（3rd ed.）. Thousand Oaks, CA: Corwin.

Roehrig, G., & Moore, T.（2012, March 15）. How to make STEM socially and culturally relevant. Retrieved from cehdvision 2020.umn.edu/blog/make- stemsocially -culturally-relevant/

Rolstad, E., Mahoney, K., & Glass, G. V.（2005）. The big picture: A meta-analysis of program effectiveness research on English language learners. Educational Policy, 19（4）, 572–594.

Roper Organization.（1993）. America's watching: Public attitudes toward television. New York, NY: Network Television Association.

Rosaldo, R.（1989）. Culture & truth: The remaking of social analysis. Boston, MA: Beacon.

Rosenthal, R., & Jacobson, L.（1968）. Pygmalion in the classroom: Teacher expectations and pupils' intellectual development. New York, NY: Holt, Rinehart & Winston.

Rosenwald, M. S.（2015, February 22）. Why digital natives prefer reading in print. Yes, you read that right. The Washington Post. Retrieved from washingtonpost.com/local/why-digital-natives-prefer-reading-in-print-yes-youread-that-right/2015/02/22/8596ca86-b871-11e4-9423-f3d0a1ec335c_story.html?utm_term=.ef2194b75fc7

Rothschild, A.（2015, March 8）. The world of children's books is still very White. Retrieved from five thirty eight. com/ features/ the-world-of-childrens-books-isstill -very-white/

Ruggs, E., & Hebi, M.（2012）. Diversity, inclusion, and cultural awareness for classroom and outreach education. In B. Bogue & E. Cady（Eds.）, Apply research practice（ARP）resources（pp. 1–16）. Retrieved from engr.psu.edu/awe/ARPAbstracts/DiversityInclusion/ARP_DiversityInclusionCulturalAwareness_Overview.pdf

Sadker, D., Sadker, M., & Zittleman, K. R.（2009）. Still failing at fairness: How gender bias cheats girls and boys in school and what we can do about it. New York, NY: Scribner.

Sadker, M. P., & Sadker, D. M.（1982）. Sex equity handbook for schools. New York, NY: Longman.

Saenz, B. A.（2004）. I want to write an American poem III. In O. Santa Ana（Ed.）, Tongue tied: The lives of multilingual children in public education（pp. 281–283）. Lanham, MD: Rowman & Littlefield.

Samovar, L. A., Porter, R. E., McDaniel, E. R., & Roy, C. S.（2017）. Communication between cultures（9th ed.）. Boston, MA: Cengage Learning.

Sampson, D., & Garrison-Wade, D. F.（2011）. Cultural vibrancy: Exploring the preferences of African American children toward culturally relevant and non-culturally relevant lessons. Urban Review, 43（2）, 279–309.

Sanchez, C.（2010, March 31）. Jaime Escalante's legacy: Teaching hope. Retrieved from npr.org/templates/story/story.php?storyId=125398451

Sanchez, T. R.（2007）. The depiction of Native Americans in recent（1991–2004）secondary American history textbooks. Equity & Excellence in Education, 40（4）, 311–320.

Sapir, E.（1968）. The status of linguistics as a science. In D. G. Mandelbaum（Ed.）, Selected writings of Edward Sapir in language, culture and personality（pp. 160–166）. Berkeley, CA: University of California Press.

Savage, G. C., O'Connor, K., & Brass, J.（2014）. Common Core State Standards: Implications for curriculum, equality and policy. Journal of Curriculum and Pedagogy, 11（1）, 18–20.

Saville-Troike, M.（1989）. The ethnography of communication: An introduction（2nd ed.）. New York, NY: Blackwell.

Schildkraut, D. J.（2005）. Press "one" for English: Language policy, public opinion, and American identity. Princeton, NJ: Princeton University Press.

Schoem, D., Frankel, L., Zuniga, X., & Lewis, E. A.（Eds.）.（1993）. Multicultural teaching in the university. Westport, CT: Praeger.

Schram, T.（1994）. Playing along the margin: Diversity and adaptation in a lower track classroom. In G. Spindler & L. Spindler（Eds.）, Pathways to cultural awareness: Cultural therapy with teachers and students（pp. 61–91）. Thousand Oaks, CA: Corwin.

Schrodt, K., Fain, J. G., & Hasty, M.（2015）. Exploring culturally relevant texts with kindergartners and their families. Reading Teacher, 68（8）, 589–598.

Scott, E., & McCollum, H.（1993）. Making it happen: Gender equitable classrooms. In S. K. Biklen & D. Pollard（Eds.）, Gender and education, Part I（92nd Yearbook of the National Society for the Study of Education, pp. 174–190）. Chicago, IL: University of Chicago Press.

Secada, W. G., Fennema, E., & Adajian, L. B.（Eds.）.（1995）. New directions for equity in mathematics education. New York, NY: Cambridge University Press.

Shade, B. J.（1994）. Understanding the African American learner. In E. R. Hollins, J. E. King, & W. C. Hayman（Eds.）, Teaching diverse populations（pp. 175–189）. Albany, NY: State University of New York Press.

Shade, B. J.（Ed.）.（1997）. Culture, style, and the educative process（2nd ed.）. Springfield, IL: Thomas.

Shade, B. J., Kelly, C., & Oberg, M.（1997）. Creating culturally responsive classrooms. Washington, DC: American Psychological Association.

Shade, B. J., & New, C. A.（1993）. Cultural influences on learning: Teaching implications. In J. A. Banks & C. A. M. Banks（Eds.）, Multicultural education: Issues and perspectives（2nd ed., pp. 317–329）. Boston, MA: Allyn & Bacon.

Sheets, R. H.（1995a）. From remedial to gifted: Effects of culturally centered pedagogy. Theory Into Practice, 34（3）, 186–193.

Sheets, R. H.（1995b）. Student and teacher perceptions of disciplinary conflicts in culturally pluralistic classrooms. Unpublished doctoral dissertation, University of Washington, Seattle.

Sheets, R. H.（1996）. Urban classroom conflict: Student-teacher perception: Ethnic integrity, solidarity, and resistance. The Urban Review, 28（2）, 165–183.

Sheffield, C. M.（2014）. The efficacy of students toward learning within an Afrocentric program. Dissertation, Argosy University, Atlanta, GA.

Shinn, R. (1972). Culture and school: Socio-cultural significances. San Francisco, CA: Intext Educational Publishers.

Shor, I. (1992). Empowering education: Critical teaching for social change. Chicago, IL: University of Chicago Press.

Shor, I., & Freire, P. (1987). A pedagogy for liberation: Dialogues on transforming education. South Hadley, MA: Bergin & Garvey.

Siddle-Walker, E. V. (1993). Interpersonal caring in the "good" segregated schooling of African-American children: Evidence from the case of Caswell County Training School. The Urban Review, 25 (1), 63–77.

Siddle-Walker, E. V., & Snarey, J. R. (Eds.). (2004). Race-ing moral formation: African American perspectives on care and justice. New York, NY: Teachers College Press.

Silver, H. F., Strong, R. W., & Perini, M. J. (2000). So each may learn: Integrating learning styles and multiple intelligences. Alexandra, VA: Association for Supervision and Curriculum Development.

Simkins-Bullock, J. A., & Wildman, B. G. (1991). An investigation into the relationship between gender and language. Sex Roles, 24 (3/4), 149–160.

Singleton, G. E., & Linton, C. (2005). Courageous conversations about race: A field guide for achieving equity in schools. Thousand Oaks, CA: Corwin.

Skelton, C., Francis, B., & Smulyan, L. (Eds.). (2006). The Sage handbook of gender and education. Thousand Oaks, CA: Sage.

Skerrett, A., & Hargreaves, A. (2008). Student diversity and secondary school change in the context of increasingly standardized reform. American Educational Research Journal, 45 (4), 913–945.

Slavin, R. E. (1987). Cooperative learning: Student teams (2nd ed.). Washington, DC: National Education Association.

Slavin, R. E. (1992). When and why does cooperative learning increase achievement? Theoretical and empirical perspectives. In R. Hertz-

Lazarowitz & N. Miller（Eds.）, Interaction in cooperative groups（pp. 145–173）. Cambridge, UK: Cambridge University Press.

Slavin, R. E.（1994）. Cooperative learning and intergroup relations. In J. A. Banks & C. A. M. Banks（Eds.）, Handbook of research on multicultural education（pp. 628–634）. New York, NY: Macmillan.

Slavin, R. E.（2015）. Cooperative learning in elementary schools. International Journal of Primary, Elementary, and Early Years Education, 43（1）, 5–14.

Slavin, R. E., & Cheung, A.（2003）. Effective reading programs for English language learners: A best-evidence synthesis. Retrieved from csoc.jhu.edu/crespar/reports.htm

Sleeter, C. E.（2005）. Un-standardizing curriculum: Multicultural teaching in the standards-based classroom. New York, NY: Teachers College Press.

Sleeter, C. E.（2011）. The academic and social value of ethnic studies: A research review. Washington, DC: National Education Association.

Sleeter, C. E., & Grant, C. A.（1991a）. Mapping terrains of power: Student cultural knowledge versus classroom knowledge. In C. E. Sleeter（Ed.）, Empowerment through multicultural education（pp. 49–67）. Albany, NY: State University of New York Press.

Sleeter, C. E., & Grant, C. A.（1991b）. Race, class, gender, and disability in current textbooks. In M. W. Apple & L. K. Christian-Smith（Eds.）, The politics of textbooks（pp. 78–110）. New York, NY: Routledge.

Smart-Grosvenor, V.（1982）. We got a way with words. Essence, 13（6）, 138.

Smith, B. O.（1971）. On the anatomy of teaching. In R. T. Hyman（Ed.）, Contemporary thought on teaching（pp. 20–27）. Englewood Cliffs, NJ: Prentice-Hall.

Smith, G. P.（1998）. Common sense about uncommon knowledge: The knowledge bases for diversity. Washington, DC: American Association of Colleges for Teacher Education.

Smith, K. (2009). Learning together and alone: Cooperation, competition and individualization. North American Colleges and Teachers of Agriculture Journal, 53 (3), 71–74.

Smith, S.L., Choueiti, M., & Pieper, K. (2016). Inclusion or invisibility? Comprehensive Annenberg report on diversity in entertainment. Los Angeles, CA: Institute for Diversity and Empowerment Annenberg (IDEA), University of SouthernCalifornia.

Smitherman, G. (1972). Black power is Black language. In G. M. Simmons, H. D. Hutchinson, & H. E. Simmons (Eds.), Black culture: Reading and writing Black (pp. 85–91). New York, NY: Holt, Rinehart & Winston.

Smitherman, G. (1986). Talkin and testifyin: The language of Black America. Detroit, MI: Wayne State University Press.

Smitherman, G. (1996). African-American English: From the hood to the amen corner. Retrieved from writing.umn.edu/docs/speakerseries

Smitherman, G. (1998). What go round come round: King in perspective. In T. Perry & L. Delpit (Eds.), The real Ebonics debate: Power, language, and the education of African American children (pp. 163–171). Boston, MA: Beacon.

Smitherman, G. (2000). Talkin that talk: Language, culture and education in African America. New York, NY: Routledge.

Smitherman, G. (2003). The historical struggle for language rights in CCCC. In G. Smitherman & V. Villanueva (Eds.), Language diversity in the classroom: From intention to practice (pp. 7–39). Carbondale, IL: Southern Illinois University Press.

Smitherman, G. (2005). Black language and the education of Black children: One mo once. In J. D. Ramirez, T. G. Wiley, G. de Klerk, E. Lee, & W. E.

Wright (Eds.), Ebonics: The urban education debate (2nd ed., pp. 49–61). Clevedon, England: Multilingual Matters.

Smitherman, G. (2006). Word from the mother: Language and African Americans. New York, NY: Routledge.

Smitherman, G. (2007). Afterword. In H. S. Alim & J. Baugh (Eds.), Talkin Black talk: Language, education, and social change (pp. 153–155). New York, NY: Teachers College Press.

Smitherman, G., & Villanueva, V. (Eds.). (2003). Language diversity in the classroom: From intention to practice. Carbondale, IL: Southern Illinois University Press.

Songhai Empire, The. (n.d.). Philadelphia: Philadelphia Public Schools, Northwest Region. [Mimeograph]

Sonneborn, L. (2000). Pomp: The true story of the baby on the Sacagawea dollar. Retrieved from pompstory.home.mindspring.com/Pages/chapter6.html

Sowell, T. (1976). Patterns of Black excellence. The Public Interest, 43, 26–58.

Spindler, G. D. (Ed.). (1987). Education and cultural process: Anthropological approaches (2nd ed.). Prospect Heights, IL: Waveland.

Spindler, G., & Spindler, L. (1993). The process of culture and person: Cultural therapy and culturally diverse schools. In P. Phelan & A. L. Davidson (Eds.), Renegotiating cultural diversity in American schools (pp. 21–51). New York, NY: Teachers College Press.

Spindler, G., & Spindler, L. (Eds.). (1994). Pathways to cultural awareness: Cultural therapy with teachers and students. Thousand Oaks, CA: Corwin.

Spring, J. (1992). Images of American life: A history of ideological management in schools, movies, radio, and television. Albany, NY: State University of New York Press.

Spring, J. (1995). The intersection of cultures: Multicultural education in the United States. New York, NY: McGraw-Hill.

Springer, S. P., & Deutsch, G. (1998). Left brain right brain: Perspectives from cognitive neuroscience (5th ed.). New York, NY: Freeman.

Squire, J. (1995). Language arts. In G. Cawelti (Ed.), Handbook of research on improving student achievement (pp. 71–95). Arlington, VA: Educational Research Service.

St. John, N. (1971). Thirty-six teachers: Their characteristics and outcomes for Black and White pupils. American Educational Research Journal, 8(4), 635–648.

Steele, C. M. (1997). A threat in the air: How stereotypes shape intellectual identity and performance. American Psychologist, 52(6), 613–629.

Steele, C. M. (2010). Whistling Vivaldi: How stereotypes affect us and what we can do. New York, NY: W. W. Norton.

Steele, C. M., & Aronson, J. (1995). Stereotype threat and the intellectual test performance of African Americans. Journal of Personality and Social Psychology, 69(5), 797–811.

Sternberg, R. J. (2006). Recognizing neglected strengths. Educational Leadership, 64(1), 30–35.

Stevens, R. J., & Slavin, R. E. (1995). The cooperative elementary school: Effects on students' achievement, attitudes, and social relations. American Educational Research Journal, 32(2), 321–351.

Strauss, V. (2014, March 10). The myth of Common Core equity. The Washington Post. Retrieved from washingtonpost.com/newssearch/?datefilter=All%20 Since%202005&query=Burris%20%26%20 Aja&sort=Relevance&utm_term=.f51fe8bb50fd

Streitmatter, J. (1994). Toward gender equity in the classroom: Everyday teachers' beliefs and practices. Albany, NY: State University of New York

Press.

Suárez-Orozco, C., Suárez-Orozco, M. M., & Doucet, F.（2004）. The academic engagement and achievement of Latino youth. In J. A. Banks & C. A. M. Banks（Eds.）, Handbook of research on multicultural education（2nd ed., pp. 420–437）. San Francisco, CA: Jossey-Bass.

Sullivan, A. R.（1974）. Cultural competence and confidence: A quest for effective teaching in a pluralistic society. In W. A. Hunter（Ed.）, Multicultural education through competency-based teacher education（pp. 56–71）. Washington, DC: American Association of Colleges of Teacher Education.

Sutton, M.（2005）. The globalization of multicultural education. Indiana Journal of Global Legal Studies, 12（1）, 97–108.

Swanson, M. C., Mehan, H., & Hubbard, L.（1995）. The AVID classroom: Academic and social support for low-achieving students. In J. Oakes & H. Quartz（Eds.）, Creating new educational communities, Part I（94th Yearbook of the National Society for the Study of Education, pp. 53–69）. Chicago, IL: University of Chicago Press.

Tan, A.（1989）. The joy luck club. New York, NY: Ivy Books.

Tan, L.（2002–2003）. Implementing a social justice curriculum in an inner city school. Teaching to Change LA's Report Card, 3, 1–7. Retrieved from tcla.gsels.ucla.edu/reportcard/features/5–6/curriculum.html

Tannen, D.（1990）. You just don't understand: Women and men in conversation. New York, NY: Morrow.

Tannen, D.（1994）. Gender and discourse. New York, NY: Oxford University Press.

Tarlow, B.（1996）. Caring: A negotiated process that varies. In S. Gordon, P. Brenner, & N. Noddings（Eds.）, Caregiving: Readings in knowledge, practice, ethics, and politics（pp. 56–82）. Philadelphia, PA: University of

Pennsylvania Press.

Taylor, H. U. (1989). Standard English, Black English, and bidialectalism: A controversy. New York, NY: Peter Lang.

Taylor, M. D. (1981). Let the circle be unbroken. New York, NY: Dial.

Taylor, M. D. (1984). Roll of thunder, hear my cry. New York, NY: Bantam.

Taylor, T. (1969). The cay. New York, NY: Doubleday.

Teel, K. M., & Obidah, J. E. (Eds.). (2008). Building racial and cultural competence in the classroom. New York, NY: Teachers College Press.

Tetreault, M. K. T. (1985). Phases of thinking about women in history: A report card on the textbook. Women's Studies Quarterly, 13 (2/3), 35–47.

Tharp, R. G., & Gallimore, R. (1988). Rousing minds to life: Teaching, learning, and schooling in social context. Cambridge, UK: Cambridge University Press.

Thompson, A. (2004). Caring and colortalk: Childhood innocence in White and Black. In V. Siddle-Walker & J. R. Snarey (Eds.), Race-ing moral formation: African American perspectives on care and justice (pp. 23–37). New York, NY: Teachers College Press.

Tiedt, P. L., & Tiedt, I. M. (2010). Multicultural teaching: A handbook of activities, information, and resources (8th ed.). Boston, MA: Pearson/Allyn & Bacon.

Tintiangco-Cubales, A., Kohlit, R., Sacramento, J., Henning, N., Agarwall-Rangnath, R., & Sleeter, C. E. (2015). Toward an ethnic studies pedagogy: Implications for K–12 schools from the research. The Urban Review, 47 (1), 104–125.

Tomlinson, C. A., & Javius, E. L. (2012). Teach up for excellence: All students deserve equitable access to an engaging and rigorous curriculum. Educational Leadership, 69 (5), 28–33.

Tong, B. R. (1978). Warriors and victims: Chinese American sensibility and learning styles. In L. Morris, G. Sather, & S. Scull (Eds.), Extracting learning styles from social/cultural diversity: A study of five American minorities (pp. 70–93). Washington, DC: U.S. Office of Education, Southwest Teacher Corps Network.

Tong, F., Lara-Alecio, R., Irby, B., Mathes, P., & Kwok, O. (2008). Accelerating early academic oral English development in transitional bilingual and structured English immersion programs. American Educational Research Journal, 45(4), 1011–1044.

Treisman, P. U. (1985). A study of the mathematics achievement of Black students at the University of California, Berkeley. Unpublished doctoral dissertation, University of California, Berkeley.

Tuan, M. (1998). Forever foreigners or honorary Whites? The Asian ethnic experience today. New Brunswick, NJ: Rutgers University Press.

Tuck, K. (1985). Verve inducement effects: The relationship of task performance to stimulus variability and preference in working class Black and White school children. Unpublished doctoral dissertation, Howard University, Washington, DC.

Tuck, K., & Boykin, A. W. (1989). Verve effects: The relationship of test performance to stimulus preference and variability in low-income Black and White children. In A. Harrison (Ed.), The eleventh conference on empirical research in Black psychology (pp. 84–95). Washington, DC: National Institute of Mental Health.

Tucker, M. S., & Codding, J. B. (1998). Standards for our schools: How to set them, measure them, and reach them. San Francisco, CA: Jossey-Bass.

Turkle, S. (2010). Always on: Language in an online and mobile world. New York, NY: Oxford University Press.

Turkle, S. (2011). Alone together: Why we expect more from technology and less from each other. New York, NY: Oxford University Press.

Turkle, S. (2015). Words n screen: The fate of reading in a digital world. New York, NY: Oxford University Press.

Turney, M. A., & Sitler, R. L. (2012). Communication challenges—Gender patterns in talking. Retrieved from womanpilot.com/?p=115.

Tyson-Bernstein, H., & Woodward, A. (1991). Nineteenth century politics for twenty-first century practice: The textbook reform dilemma. In P. G. Altbach, G. P. Kelly, H. G. Petrie, & L. Weis (Eds.), Textbooks in American society: Politics, policy, and pedagogy (pp. 91–104). Albany, NY: State University of New York Press.

U.S. Civil Rights Commission. (1973). Mexican American education study: Report V. Differences in teacher interaction with Mexican American and Anglo students. Washington, DC: U.S. Civil Rights Commission.U.S. Department of Education. (2007, April 19). Reading First achievement data demonstrate dramatic improvements in reading for America's neediest children. Retrieved from ed.gov/news/pressreleases/2007/04192007.html

Valenzuela, A. (1999). Subtractive schooling: U.S.-Mexican youth and the politics of caring. Albany, NY: State University of New York Press.

Valuing diversity [Video]. (1987). San Francisco: Copeland-Griggs Productions.

Vernez, G., & Abrahamese, A. (1996). How immigrants fare in U.S. education. Santa Monica, CA: Rand.

Vygotsky, L. S. (1962). Thought and language. Cambridge, MA: MIT Press.

Wade, R. C. (1993). Content analysis of social studies textbooks: A review of ten years of research. Theory and Research in Social Education, 21 (3), 232–256.

Wade-Gayles, G. (Ed.). (1997). Father songs: Testimonies of African-American sons and daughters. Boston, MA: Beacon.

Walker, A. (1985). The color purple. New York, NY: Pocket Books.

Walker, S. (2012, June 14). Using stories to teach: How narrative structure helps students learn. Retrieved from scilearn.com/blog/using-stories-to-teach

Walker-Dalhouse, D., & Dalhouse, A. D. (2006). Investigating White preservice teachers' beliefs about teaching in culturally diverse classrooms. The Negro Educational Review, 57(1–2), 69–84.

Walls, K. (2017). Fire on the mountain: The Appalachian culture. Retrieved from wander.media/fire-on-the-mountain-the-appalachian-culture

Wanless, S. B., & Crawford, P. A. (2016). Reading your way to a culturally responsive classroom. Young Children, 71(2), 8–16.

Ward, C. J. (1994). Explaining gender differences in Native American high school dropout rates: A case study of Northern Cheyenne schooling patterns. Family Perspective, 27(4), 415–444.

Ware, F. (2006). Warm demander pedagogy: Culturally responsive teaching that supports a culture of achievement for African American students. Urban Education, 41(4), 427–456.

Warfa, A-R. M. (2016). Using cooperative learning to teach chemistry: A metaanalytic review. Journal of Chemistry, 93(2), 248–255.

Warren, P. (2016). Uptalk: The phenomenon of rising intonation. Cambridge, UK: Cambridge University Press.

Watkins, A. F. (2002). Learning styles of African American children: Developmental considerations. Journal of Black Psychology, 28(1), 3–17.

Watkins, S. C. (2005). Hip hop matters: Politics, culture, and the struggle for the soul of the movement. Boston, MA: Beacon.

Watson, C., & Smitherman, G. (1996). Educating African American males: Detroit's Malcolm X Academy solution. Chicago, IL: Third World Press.

Watt, K. M., Johnston, D., Huerta, J., Mendiola, I. D., & Alkan, E. (2008). Retention of first-generation of college-going seniors in college preparatory AVID. American Secondary Education, 37(1), 17–40.

Watt, K. M., Powell, C. A., & Mendiola, I. D. (2004). Implications of one comprehensive school reform model for secondary school students underrepresented in higher education. Journal of Education for Students Placed At Risk, 9 (3), 241–249.

Watt, K. M., Powell, C. A., Mendiola, I. D., & Cossio, G. (2006). Schoolwide impact and AVID: How have selected Texas high schools addressed the new accountability measures? Journal of Education for Students Placed At Risk, 11 (1), 57–73.

Webb, J., Wilson, B., Corbett, D., & Mordecai, R. (1993). Understanding caring in context: Negotiating borders and barriers. The Urban Review, 25 (1), 25–45.

Weber, E. (2005). MI strategies in the classroom and beyond: Using roundtable learning. Boston, MA: Pearson/Allyn & Bacon.

Wheeler, R. S., & Swords, R. (2006). Code-switching: Teaching Standard English in urban classrooms. Urbana, IL: National Council of Teachers of English.

Whorf, B. L. (1952). Collected papers on metalinguistics. Washington, DC: Department of State, Foreign Service Institute.

Whorf, B. L. (1956). Language, mind, and reality. In J. B. Carroll (Ed.), Language, thought, and reality: Selected writings of Benjamin Lee Whorf (pp. 246–270). Cambridge, MA: MIT Press.

Wigginton, E. (1985). Sometimes a shining moment: The Foxfire experience. Garden City, NY: Anchor Press/Doubleday.

Wigginton, E. (Ed.). (1991). Foxfire: 25 years. New York, NY: Doubleday.

Wiley, T. G. (2005). Ebonics: Background to the current policy debate. In J. D. Ramirez, T. G. Wiley, G. de Klerk, E. Lee, & W. E. Wright (Eds.). Ebonics: The urban education debate (2nd ed., pp. 3–17). Clevedon,

England: Multilingual Matters.

Wilkins, R. (1982). A man's life: An autobiography. New York, NY: Simon & Schuster.

Williams, L. Q. (2017). How to accept and respect other cultures. Retrieved from owlcation.com/social-sciences/How-to-Accept-and-Respect-other-Cultures

Williams, R. L. (1997). The Ebonics controversy. Journal of Black Psychology, 23(3), 208–214.

Willig, A. C. (1985). A meta-analysis of selected studies on the effectiveness of bilingual education. Review of Educational Research, 55(3), 269–318.

Willingham, D. T., Hughes, E. M., & Dobolye, D. G. (2015). The scientific status of learning style theories. Teaching of Psychology, 42(3), 266–271.

Witherell, C., & Noddings, N. (Eds.). (1991). Stories lives tell: Narrative and dialogue in education. New York, NY: Teachers College Press.

Wong, M. G. (1980). Model students? Teachers' perceptions and expectations of their Asian and White students. Sociology of Education, 53(4), 236–247.

Wong Fillmore, L., & Meyer, L. M. (1992). The curriculum and linguistic minorities. In P. W. Jackson (Ed.), Handbook of research on curriculum (pp. 626–658). New York, NY: Macmillan.

Woodson, C. G. (1969). The mis-education of the Negro. Washington, DC: Associated Publishers. (Original work published 1933).

Wright, W. E. (2003). The success and demise of a Khmer (Cambodian) bilingual education program: A case study. In C. C. Park, A. L. Goodwin, & S. J. Lee (Eds.), Asian American identities, families, and schooling (pp. 225–252). Greenwich, CT: Information Age.

Wright, W. E. (2006). Heritage language programs in the era of English Only and No Child Left Behind. Los Angeles, CA: Center for World Languages.

Wurdeman-Thurston, K., & Kaomea, J. (2015). Fostering culturally relevant literacy instruction: Lessons from a Native Hawaiian classroom. Language Arts, 92 (6), 424–435. You can vote however you like. (2008). [Video]. Retrieved from huffingtonpost. com/2008/10/29/vote-however-you-like-vid_n_139101.html

Zeni, J., & Krater, J. (1996). Seeing students, seeing culture, seeing ourselves. Retrieved from nwp.org/cs/public/print/resource/304Zhou, M., & Bankston, C. L., III (1999). Growing up American: The adaptation of Vietnamese children to American society. New York, NY: Russell Sage Foundation.

Zirkel, S. (2008). The influence of multicultural educational practices on student outcomes and intergroup relations. Teachers College Record, 110 (6), 1147–1181.

Zuniga, X., & Nagda, B. A. (1993). Dialogue groups: An innovative approach to multicultural learning. In D. Schoem, L. Frankel, X. Zuniga, & E. A. Lewis (Eds.), Multicultural teaching in the university (pp. 233–248). Westport, CT: Praeger.

关于作者

日内瓦·盖伊（Geneva Gay）是华盛顿大学（西雅图）教育学教授。她曾获美国教育研究协会（AERA）少数族裔在教育研究和发展中的角色和地位委员会颁发的杰出学者奖、美国国家多元文化教育协会颁发的首届多元文化教育家奖、美国教育研究协会黑人教育研究特别利益小组颁发的杰出讲师奖、教育教授协会颁发的杰出教育奖学金。

她在多元文化教育方面的研究在美国和国际上都很著名，特别是在课程设计、师资发展、课堂教学和文化学习方面尤为突出。她的成果包括许多文章和书籍，如《黑人的表达：民族的文化基础》的合作编辑，《学习的本质：多元文化教育》的作者，并主编了《成为多元文化的教育者：走向专业机构的个人旅程》。

她的专业服务还包括了成为几个国家相关的论文编审和咨询委员会成员。她经常为美国全国各地的学校、专业组织和教师项目提供文化回应式教学方面的咨询指导。她曾前往加拿大、巴西、芬兰、日本、苏格兰、澳大利亚、韩国、贝宁、德国和中国台湾等地参加多元文化教育和多元文化回应式教学的国际咨询。

出 版 人　郑豪杰
责任编辑　叶小峰
版式设计　沈晓萌
责任校对　贾静芳
责任印制　李孟晓

图书在版编目（CIP）数据

文化回应式教学：理论、研究与实践：第3版／（美）日内瓦·盖伊（Geneva Gay）著；余祖光译. ―北京：教育科学出版社，2023.3
书名原文：Culturally Responsive Teaching: Theory, Research, and Practice（Third Edition）
ISBN 978-7-5191-3386-3

Ⅰ.①文⋯　Ⅱ.①日⋯　②余⋯　Ⅲ.①教学研究　Ⅳ.①G420

中国国家版本馆CIP数据核字（2023）第040509号
北京市版权局著作权合同登记　图字：01-2023-0114号

文化回应式教学――理论、研究与实践（第3版）
WENHUA HUIYINGSHI JIAOXUE――LILUN、YANJIU YU SHIJIAN（DI 3 BAN）

出版发行	教育科学出版社			
社　　址	北京·朝阳区安慧北里安园甲9号	邮　　编	100101	
总编室电话	010-64981290	编辑部电话	010-64981152	
出版部电话	010-64989487	市场部电话	010-64989009	
传　　真	010-64891796	网　　址	http://www.esph.com.cn	
经　　销	各地新华书店			
制　　作	北京京久科创文化有限公司			
印　　刷	中煤（北京）印务有限公司			
开　　本	720毫米×1020毫米　1/16	版　　次	2023年3月第1版	
印　　张	27.75	印　　次	2023年3月第1次印刷	
字　　数	385千	定　　价	78.00元	

图书出现印装质量问题，本社负责调换。

Culturally Responsive Teaching: Theory, Research, and Practice
By Geneva Gay

Copyright © 2018 by Teachers College, Columbia University

First published by Teachers College Press, Teachers College, Columbia University, New York, USA. All Rights Reserved. This Simplified Chinese edition is translated and published by permission of the Proprietor. Educational Science Publishing House Limited shall take all necessary steps to secure copyright in the Translated Work in Chinese Mainland where it is distributed.

本书中文版由权利人授权教育科学出版社独家翻译出版。未经出版社书面许可，不得以任何方式复制或抄袭本书内容。

版权所有，侵权必究。